中国乡村振兴蓝皮书

(2019—2020)

BLUE BOOK OF CHINA'S RURAL REVITALIZATION
(2019—2020)

中国社会科学院哲学研究所

中共山东省委党校（山东行政学院）／编

山东乡村振兴研究院

主　编／冯颜利　刘　岳

副主编／惠　鸣　牛竹梅

经济管理出版社
ECONOMY & MANAGEMENT PUBLISHING HOUSE

图书在版编目（CIP）数据

中国乡村振兴蓝皮书 . 2019—2020 ／ 冯颜利，刘岳主编. —北京：经济管理出版
社，2021. 8
ISBN 978-7-5096-8193-0

Ⅰ. ①中… Ⅱ. ①冯… ②刘… Ⅲ. ①农村—社会主义建设—研究报告—中国-
2019-2020 Ⅳ. ①F320. 3

中国版本图书馆 CIP 数据核字（2021）第 157131 号

策划编辑：宋　娜
责任编辑：宋　娜　张　昕　张鹤溶　王　倩
责任印制：张馨予
责任校对：陈　颖

出版发行：经济管理出版社
　　　　　（北京市海淀区北蜂窝 8 号中雅大厦 A 座 11 层　　100038）
网　　　址：www. E-mp. com. cn
电　　　话：（010）51915602
印　　　刷：唐山昊达印刷有限公司
经　　　销：新华书店
开　　　本：720mm×1000mm ／16
印　　　张：30. 25
字　　　数：392 千字
版　　　次：2021 年 9 月第 1 版　　2021 年 9 月第 1 次印刷
书　　　号：ISBN 978-7-5096-8193-0
定　　　价：298. 00 元

主要编撰者简介

冯颜利　湖南岳阳人，哲学博士，教授，博士生导师，中央"马工程"首席专家，中国社科院创新工程首席研究员，中国社科院哲学研究所纪委书记、副所长，《世界哲学》杂志主编，中国社会科学院大学首批特聘教授。中国辩证唯物主义研究会副会长、法人兼秘书长，中国历史唯物主义学会副会长，马克思恩格斯哲学研究会副会长，教育部大中小学教材审定委员会委员，全国吴玉章哲学社会科学奖评审委员，国家社科基金后期与学术外译项目评审专家，国家科学名词审定委员会马克思主义名词审定委员，国家社科基金与博士后科学基金项目通讯评审专家，国家社科基金结项成果评审专家，《中国社会科学》等杂志论文匿名评审专家，《马克思主义研究》编委。山东乡村振兴研究院理事长，在《中国社会科学》《哲学研究》《马克思主义研究》《政治学研究》《人民日报》《光明日报》等发表论文200多篇，被《新华文摘》《中国社会科学文摘》与"人大复印库"等全文转摘50多篇，出版著作15部。主持并完成国家社科基金青年项目1项、一般项目2项、重点项目2项，主持在研国家社科基金重点项目2项，多次获省市部级科研奖。

刘　岳　法学博士，中共山东省委党校教授，山东乡村振兴研究院院长。对农村基层实践有深刻理解，曾担任市委副秘书长，市委办公室主任，乡镇党委书记；担任山东省委办公厅副处长，参与大量省委重要文件和会议报告的起草工作，对农业农村政策制定和实施有深切的认识体会；长期从事农村治理和县域发展理论研究，著有《国家政策在农村实践过程的理解社会学》《农业供给侧结构性改革研究》等专著，发表《作为方法的县》《乡村振兴战略：新时代农业农村工作的总遵循》等学术文章。特别是在乡村振兴战略研究方面，在全国学术界和政策研究界率先提出一系列有影响力的重要概念、新的研究方法和研究路径，为深化乡村振兴政策理论研究，推动山东乡村振兴事业开展，做出了积极贡献。

惠　鸣　中国社会科学院中国文化研究中心副研究员，中国社会科学院大学哲学院硕士生导师，山东乡村振兴研究院副院长。主要从事文化产业、文化政策和文化哲学研究。文化蓝皮书《中国少数民族文化发展报告》执行主编。主持或参与了"体育文化的时代内涵和实现路径研究""中国少数民族文化发展战略研究""现代文化市场体系建设"等多个国家级和部委级项目研究工作。发表相关学术论文和研究报告数十篇，出版专著《文化强国：理念与实践》《全面构建现代文化市场体系》（合著）等。

牛竹梅　中共山东省委党校教授，硕士导师，束怀瑞院士博士后流动站出站。长期从事农村经济、产业经济、区域经济等方面的教学和科研工作。曾多次荣获校级及全省党校系统优秀教学奖。在国家重要报刊等刊物中发表学术论文50多篇，出版学术专著、学术著作3部。作为项目负责人主持承担国家、省社科规划课题20多项，多次获山东省社会科学优秀成果二等奖、三等奖。主持、参与的成果多项被省领导签批。先后短期、长期到美国加州大学圣芭芭拉校区、东田纳西州立大学、澳大利亚拉筹伯大学等地访问。长期兼任山东省经济学会、山东省农业经济等地学会、协会的常务理事等。

序　言

王伟光[*]

　　乡村振兴是以习近平总书记为核心的党中央对新时代中国农业和农村发展做出的重大战略部署。2017 年，党的十九大报告首次提出实施乡村振兴战略，明确指出要坚持农业农村优先发展，建立健全城乡融合发展的体制机制和政策体系，加快推进农业农村现代化，实现广大农村地区产业兴旺、生态宜居、乡风文明、治理有效、生活富裕。此后，党中央、国务院和相关部委出台了一系列政策文件，全面部署推动乡村振兴战略。

　　乡村振兴战略的提出和实施具有深刻的历史背景。从中华民族发展的大历史来看，乡村振兴是中国持续数千年的农业社会主导下的乡村文明形态向当代工业文明和城市文明主导下的乡村文明形态转型的过程。从当代中国发展的历程来看，乡村振兴是 1949 年以来，特别是改革开放以来，中国在工业化和城市化两大领域取得辉煌成就的基础上，为消除城乡二元结构、实现城乡融合和城乡一体化发展所开展的又一项伟大的社会变革，具有重大的时代意义。

　　在工业化方面，在 1949—2020 年的 70 多年间，中国人民在中国共产党的领导下，将人口基数庞大、一穷二白的中国从落后农业国建设成为工业增加值世界第一、制造业高度发达、经济总量世界第二、

---

　　* 王伟光，十三届全国政协常务委员（民族和宗教委员会主任），中国社会科学院原院长，中国辩证唯物主义研究会会长。

人均 GDP 超过 10500 美元的世界强国，创造了全球经济发展史上的中国奇迹。在城市化方面，中国的城市化率从 1949 的不足 11% 上升到 2020 年的超过 60%。

工业化和城市化的成就极大地提升了中国在全球的综合实力和国际地位，也极大地提升了全体中国人民的生活水平、发展空间和幸福指数。但同时，长期以来国家经济和社会生活中城乡二元结构和相应的制度安排所造成的城乡之间发展水平、生活水平的差距，以及改革开放以来全国城市化过程中乡村人口向城市的大规模转移，使得全国绝大部分乡村人口减少、发展滞后、活力不足。这一方面制约了全社会的整体协调发展，另一方面也影响了数亿乡村人口生活水平和幸福感的提升。城乡之间发展不协调与不平衡已经成为实现中华民族伟大复兴的重要掣肘因素。实现中国民族伟大复兴，必定要实现乡村振兴，无论是从中华民族伟大复兴战略全局看，还是从世界百年未有之大变局看，乡村振兴都是新时代我国最为重要的国家发展战略。

促进乡村振兴，一方面要通过产业振兴、人才振兴、组织振兴、文化振兴和生态振兴等方式，全面缩小城乡之间人均收入、基本公共服务水平、人居环境等领域的差距，逐渐消除长期以来形成的二元对立。另一方面，要努力建构城乡融合发展、城乡一体化发展的新型发展模式，为中华民族克服各种内外挑战、实现伟大复兴固本强根。

为乡村振兴战略的实施提供科学的理论和决策依据，是包括"三农"问题研究者在内的各个学科领域的专家学者责无旁贷的使命，只有多学科、跨学科的深入研究，才能为乡村振兴提出真正具有实践价值的观点。乡村振兴战略的综合性和复杂性决定开展相关研究必须高度重视以下几个方面：

一是要高度关注乡村发展水平、自然条件和禀赋的差异性、多样性。要关注乡村振兴的案例，开展深入、充分的调研，掌握乡村形态的复杂性。目前，我国仍然有 55 万多个行政村，200 万个以上的自然村。这些乡村的发展水平和区位条件千差万别，其振兴的路径和战略也会千差万别。长三角、珠三角大湾区、若干东南沿海城市、国内特大城市和大城市的周边区域已经或正在实现城乡一体化；我国广大的农村腹地，则需要坚持县域整体视角，通过重点经营县城和少数中心城镇，引导本地人口的城镇化，优化县域产业布局和人口布局，不断提升基本公共服务的覆盖面及其内在品质；而边境地区相对分散少数民族聚居乡村，则应兼顾边境安全和经济发展等因素，加大国家在城镇化和基本公共服务领域的投资，促进这些地方形成经济和文化发展的高地，增加人民群众的国家认同感和中华民族自豪感。

二是要从文化空间建构的角度来认识乡村振兴的复杂性。乡村振兴不仅是广大乡村地区生产空间、人居空间、经济空间和生态空间的重构的过程，更是城乡融合发展背景下广大乡村地区文化空间、精神空间重构的过程。这一过程，既是乡村文化在现代进程中重建的过程，也是中华民族精神现代化的重要实践领域，因此需要人文社会科学研究者投以格外的关注和深入的研究。

三是要坚持广采博取的开放意识。乡村振兴需要从历史纵深和国外经验等角度广泛吸取经验和启迪。纵向上，要深入研究近代以来中国现代进程中乡村经济、社会、文化的演变历史，从中吸取历史智慧；横向上，要深入研究工业革命以来，欧美发达国家、东亚地区、拉美、东欧等全球各个地区的乡村现代化进程，从中辨析正反两个方面的经验与启示，不断拓展中国乡村振兴的理论纵深与实践范围。

四是要坚持前瞻意识。乡村振兴是面向当下、指向未来的伟大事业。中国正处在城市化进程的中后期，每年城市化率还在不断增加，乡村人口仍然在急剧下降的过程中。如果按照每年增长 1% 的城市化率，那么到 2040 年，中国的城市化率将达到 80%，基本达到发达国家的城市化水平。乡村人口规模的急剧变动，要求乡村振兴战略的具体实施要有高度前瞻性，树立未来意识、前瞻意识。乡村振兴中，要做到战略优先、前瞻优先、规划优先。宁可谋而后动，慢工出细活，也要避免急功近利、短视冒进，造成不必要的折腾和资源浪费。

五是要有强烈的使命感。历史正在见证中华民族国运昌盛、走向伟大复兴的新时代，也正在见证中国人民为此而进行的伟大斗争，中国乡村振兴事业正是这场伟大斗争的重要组成部分。在这样一个伟大的时代，每一位中国科学家、每一位中国人文社会科学学者都应担当责任、奉献智慧，以强烈的使命感投身其中。强烈的使命感会使乡村振兴的理论与实践研究更加具有现实感和应用价值。

近年来，我国学术界围绕乡村振兴战略研究出版了众多成果，由中国社会科学院哲学研究所、中共山东省委党校（山东行政学院）、山东乡村振兴研究院合作编写的这本《中国乡村振兴蓝皮书（2019—2020）》是其中之一。这本以乡村振兴为基本主题的蓝皮书通过"总报告""产业兴旺篇""生态宜居篇""文化繁荣篇""现代治理篇""人才振兴篇""案例篇"等模块，全方位展示了2019—2020年我国乡村振兴各个领域取得的成就，分析了其中存在的突出问题并提出了相关对策。全书数据充分、论断明晰、分析到位、理论与观点融合、案例丰富，值得关心乡村振兴战略的各级党政领导干部、乡村振兴战略的组织者和研究者阅读和关注。

值此《中国乡村振兴蓝皮书（2019—2020）》付梓出版之际，我特向本书主编单位和作者团队表示祝贺！同时，我也衷心祝愿《中国乡村振兴蓝皮书》编撰团队在未来不懈努力，以更加强烈的学术使命感把《中国乡村振兴蓝皮书》越办越好，为我国乡村振兴事业做出更大贡献。

是为序。

2021 年 5 月

摘　要

乡村振兴战略，是以习近平总书记为核心的党中央立足于我国农业和农村发展现状，从决战决胜全面建成小康社会、全面建设社会主义现代化强国的历史任务出发，对推动我国农业农村全面实现现代化所做出的重大战略决策，是新时代"三农"工作的总抓手。这一战略的提出，具有深刻的时代背景和重大的历史意义。

乡村振兴战略旨在通过城乡融合发展，逐步消除历史上形成的城乡二元结构和城乡发展差距，实现乡村经济、政治、社会、文化和生态的全面发展，提高乡村人口的获得感和幸福感，使广大农村地区和城市地区共同推动我国到2035年基本实现社会主义现代化，到21世纪中叶建成富强、民主、文明、和谐、美丽的社会主义现代化强国的宏伟目标。

2019—2020年，我国乡村振兴战略全面发力，在产业振兴、人才振兴、文化振兴、生态振兴、组织振兴五大领域全面推进，积极开展。各项工作克服了新型冠状肺炎疫情的影响等不利因素，成效显著。在产业振兴领域，农村地区经济繁荣，扶贫攻坚取得历史性胜利，各项产业兴旺发展，乡村电商快速增长，乡村旅游增长旺盛，成为乡村经济发展的重要推手和增长点；在人才振兴领域，返乡创业人员规模壮大，各类针对乡村实用人才培训项目提升了乡村产业振兴能力，乡贤人才向乡村汇聚；在文化振兴领域，优秀传统文化传承保护体系建设和传统村落保护工作体系化推进，文明乡风建设与时俱进，乡村公共文化服务体系进一步完善，文化治理水平普遍提升，乡村教育资源进一步优化，城乡之间的教育公平问题受到重视；在生态振兴领域，生态治理全面开展，山水林田湖草生态不断优化，绿色农业取得显著成效，生态友好型农业发展格局初步形成，人居环境持续提升；在组织振兴领域，乡村基层党组织建设全面加强，组织振兴开创新局面，村民自治实践不断创新，乡村治理示范体系发挥榜样引领作用，乡村治理正在迈入数字化时代。

乡村振兴是一项复杂的系统性工程，要深入总结提炼各地在乡村振兴各个领域形成的重要案例和经验。云南省乡村振兴经验的系统总结，浙江省湖州市安吉县鲁家村、福建省建瓯市湖头村、河南省焦作市修武县生态建设的系列案例，以及广东省佛山市青田艺术融入乡村、山东省乡村振兴的诸城实践、山东省泗水县龙湾湖"三生三美"融合发展等创新经验，都为全国其他地区乡村振兴实践提供了启迪。同时，也要深刻认识到乡村振兴过程的复杂性和艰巨性。要深入探讨并努力解决建构现代农业体系、城乡融合发展、提升乡村社会自组织化程度，以及如何充分发展农民主体性作用等重大理论和相应的制度创新问题。

乡村振兴已经成为举国上下着力推动的时代主题。"十四五"期间，我国"三农"工作的战略重心全面转向乡村振兴。乡村振兴的各个领域必将开创崭新的局面：农业产业结构将会发生重要变化，粮食生产的科技化和数字化水平将大幅提升，特色农业、智慧农业将快速发展；乡村人居环境将会更加优化，城乡融合发展将为乡村带来更多的经济收入；历史村落保护、文明乡风建设和乡村旅游文化发展将迈上更高水平；乡村经济发展的潜力将会吸引更多的返乡人才和专业技术人才投身乡村，针对乡村发展需要的线上专业技术服务也将进一步提升；乡村治理方式将更加科学和民主。

Abstract

The rural revitalization strategy is based on the current situation of our country's agricultural and rural developmentunder the strong leadership of the Party Central Committee with General Secretary Xi Jinping at its core, starting from the historical task of decisively winning the building of a moderately prosperous society in an all-round way and building a modern and powerful socialist country in an all-round way, contributes to the comprehensive modernization of our country's agricultural and rural areas, and the key to our efforts concerning "Agriculture, Rural Areas and Farmers" in the New Era. The proposal of this strategy has a profound background and great historical significance.

The rural revitalization strategy aims to gradually eliminate the urban-rural development gap caused by the urban-rural dual structure formed in history through the integration of urban and rural development, realize the overall development of rural economy, politics, society, culture and ecology, and improve the sense of gain and happiness of the rural population. This will enable the vast rural areas and urban areas to jointly promote our country's grand goal of basically realizing socialist modernization by 2035 and building a prosperous, democratic, civilized, harmonious, and beautiful socialist modernized country by the middle of the 21st century.

From 2019 to 2020, our country's rural revitalization strategy will be fully implemented, and the five major areas of industrial revitalization, talent revitalization, cultural revitalization, ecological revitalization, and organizational revitalization will be comprehensively promoted. Various tasks have overcome the impact of the COVID-19 epidemic and other unfavorable factors, and have achieved remarkable results. In the field of industrial revitalization, rural areas are economically prosperous and poverty alleviation has achieved historic victories. Various industries have prospered, rural e-commerce has grown rapidly, and rural tourism has grown vigorously, becoming an important driving force and growth point for rural economic development. In the field of talent revitalization, the scale of entrepreneurs returning to their hometowns has enlarged. Various training programs for rural talents have improved the ability of rural industry revitalization, and talents from the villages are gathered in the countryside. In the field of cultural revitalization, the construction of an excellent traditional cultural inheritance and protection system and the systemization of the protection of traditional villages have been promoted, the construction of civilized rural customs has advanced with the times, the rural public cultural service system has been further improved, the level of cultural governance has generally been improved, and rural education resources have been further optimized, and the issue of educational equity between urban and rural areas has been paid attention to. In the field of ecological revitalization, ecological governance has been carried out in an all-round way, the ecology of landscapes, forests, fields, lakes and grasses has been continuously optimized, green agriculture has achieved remarkable results, an eco-friendly agricultural development pattern has initially taken shape, and the living environment has continued to improve. In the area of organizational revitalization, the construction of rural grass-roots Party organizations has been comprehensively strengthened, organizational revitalization has opened up a new situation, villagers' self-government practices have continued to innovate, the rural governance demonstration system has played a role model, and rural governance is entering a digital age.

Rural revitalization is a complex and systematic project. It is necessary to thoroughly summarize and refine important cases and experiences in various fields of rural revitalization. A systematic summary of rural revitalization experience in Yunnan Province, a series of cases of ecological construction in Lujia Villag (in Anji County, Huzhou City, Zhejiang Province), Hutou Village (in Jianou City, Fujian Province), Xiuwu County (in Jiaozuo City, Henan Province), and the integration of art into Qingtian countryside (in Foshan City, Guangdong Province), Zhucheng practice of rural revitalization in Shandong Province, and the integration and development of the "Production beauty, Ecological beauty and Life beauty" of Longwan Lake (in Sishui County, Shandong Province), have provided inspirations for the practice of rural revitalization in the other regions of China. At the same time, we must also deeply understand the complexity and arduousness of the rural revitalization process, discuss in-depth and make efforts to solve major theories and the corresponding system innovation issues, such as the construction of a modern agricultural system, the development of urban-rural integration, the improvement of the degree of self-organization of rural society, and how to fully develop the role of farmer subjectivity.

Rural revitalization has become the theme of our times that the whole nation from top to bottom is pushing hard. During the "14th Five-Year Plan" period, the strategic of our country's "Agriculture, Rural Areas and Farmers" work has focus on rural revitalization. All areas of rural revitalization will inevitably create a new situation.

目　录

总　报　告
General Report

全面推进乡村振兴战略，开创城乡融合发展新格局

产业兴旺篇
Industry Prosperity Report

2019—2020 年中国粮食安全问题报告

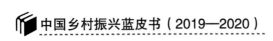

生态宜居篇
Ecological Livability Report

文化繁荣篇
Cultural Prosperity Report

现代治理篇
Modern Governance Report

人才振兴篇
Talent Boom Report

案例篇
Case Report

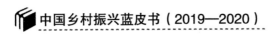

Contents

General Report

Industry Prosperity Report

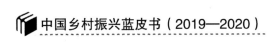

Ecological Livability Report

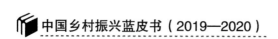
Cultural Prosperity Report

Contents

China Rural Public Cultural Service Development Report:
2019—2020

China Rural Education Development Report: 2019

Modern Governance Report

Construction of China's Rural Governance System and
Innovation Report: 2019—2020

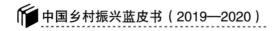
China's Rural Poverty Alleviation Report: 2019—2020

Talent Boom Report

China Rural Talent Development Report: 2019—2020

Construction of the Basic-Level Party Organizations and Party Members in China's Rural Areas Report: 2019

Case Report

Practice, Challenges and Strategic Countermeasures of Rural Revitalization in Yunnan

Practice of Rural Revitalization in Zhucheng

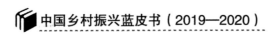

Contents

Qingtian: Possibilities of Integrating Art into the Countryside

Lead by Party Building and Boost Rural Revitalization:
The Case of Mingyue Village Among Rural Revitalization

Emei Practice of Rural Governance

Memorabilia of China's Rural Revitalization (2017—2020)

总报告
General Report

内容提要

　　乡村振兴战略是新时代我国"三农"工作的总抓手，它的提出具有深刻的历史背景和重大的时代意义。改革开放以来，在工业化和城市化的双重动力推动下，城市成为社会财富创造的核心区域，农业人口大量进入城市经济体系，乡村人口急速减少，城乡之间的经济、社会、文化、教育发展水平及公共服务水平差距进一步扩大。

　　乡村振兴战略旨在从根本上解决改革开放以来中国乡村发展所面临的各种困境，重塑乡村的发展格局，为建成富强、民主、文明、和谐、美丽的社会主义现代化强国奠定坚实基础。乡村振兴是落实以人民为中心的发展理念，大幅缩小城乡发展差距，提升乡村人口的获得感、幸福感的过程。实施乡村振兴战略，要坚持工业反哺农村、城市支持农村的路径，形成城乡之间融合发展的新格局。

　　2019—2020年，我国乡村振兴战略全面发力，各项工作克服新冠肺炎疫情的影响等不利因素，成效显著。在产业振兴领域，粮食生产创历史新高，农村各项产业兴旺发展，为全球减贫事业做出重大贡献，农村电商快速增长，乡村旅游增长旺盛。在人才振兴领域，国家鼓励和引导返乡创业人员积极创业，返乡创业人员规模壮大，乡贤人才资源向乡村汇聚，成为推动乡村振兴的重要力量。在文化振兴领域，优秀传统文化传承保护体系建设和传统村落保护工作体系化推进，成为文化自信的源泉，文明乡风建设与时俱进，乡村公共文化服务体系进一步完善，文化治理水平普遍提升，乡村教育资源进一步优化。在生态振兴领域，生态治理全面开展，山水林田湖草生态不断优化，绿色农业取得显著成效，生态友好型农业发展格局初步形成，人居环境持续提升。在组织振兴领域，乡村基层党组织建设全面加强，组织振兴开创新局面，村民自治实践不断创新，乡村治理正在迈入数字化时代。

乡村振兴面临复杂而艰巨的挑战，要深入探讨并努力解决构建现代农业体系、城乡融合发展、提升乡村社会自组织化程度，以及如何充分发展农民主体性作用等重大理论和相应的制度创新问题。

全面推进乡村振兴战略，开创城乡融合发展新格局

惠　鸣　冯颜利*

摘　要：乡村振兴战略是新时代"三农"工作的总抓手，它的提出具有深刻的历史背景和重大的时代意义。2019—2020年，我国乡村振兴战略全面发力，在产业振兴、人才振兴、文化振兴、生态振兴和组织振兴五大领域全面突破，取得了显著成绩。各项工作克服新冠肺炎疫情的影响等不利因素，成效显著。在产业振兴领域，农村各项产业兴旺发展，扶贫攻坚取得历史性胜利，农村电商快速增长，乡村旅游增长旺盛；在人才振兴领域，返乡创业人员规模壮大，各类针对性乡村实用人才培训项目提升了乡村产业振兴能力，乡贤人才向乡村汇聚；在文化振兴领域，优秀传统文化传承保护体系建设和传统村落保护工作体系化推进，文明乡风建设与时俱进，乡村公共文化服务体系进一步完善，文化治理水平普遍提升，乡村教育资源进一步优化，城乡之间的教育公平问题受到重视；在生态振兴领域，生态治理全面开展，山水林田湖草生态不断优化，绿色农业取得显著成效，生态友好型农业发展格局初步形成，人居环境持续提升；在组织振兴领域，乡村基层党组织建设全面加强组织振兴开创新局面，村民自治实践不断创

---

* 惠鸣，中国社会科学院大学哲学院、中国社会科学院中国文化研究中心副研究员，山东乡村振兴研究院副院长；冯颜利，中国社会科学院哲学研究所纪委书记、副所长、研究员，中央"马工程"首席专家，中国社会科学院创新工程首席专家，中国辩证唯物主义研究会会长、法人兼秘书长，中国历史唯物主义学会副会长，山东乡村振兴研究院理事长。

新，乡村治理示范体系发挥榜样引领作用，乡村治理正在迈入数字化时代。在这五大领域，乡村振兴面临复杂而艰巨的挑战，要深入探讨并努力解决构建现代农业体系、城乡融合发展、提升乡村社会自组织化程度，以及充分发挥农民主体性作用等重大理论和相应的制度创新问题。

关键词：乡村振兴；三农；城乡融合；主体性；再组织化

一、中国乡村振兴的历史背景和时代意义

习近平总书记在党的十九大报告中首次提出乡村振兴的历史任务："农业农村农民问题是关系国计民生的根本性问题，必须始终把解决好'三农'问题作为全党工作重中之重。要坚持农业、农村优先发展，按照产业兴旺、生态宜居、乡风文明、治理有效、生活富裕的总要求，建立健全城乡融合发展体制机制和政策体系，加快推进农业农村现代化。"① 2018年，《中共中央 国务院关于实施乡村振兴战略的意见》提出了实施乡村振兴战略三个阶段性目标：到2020年，乡村振兴取得重要进展，制度框架和政策体系基本形成；到2035年，乡村振兴取得决定性进展，农业农村现代化基本实现；到2050年，乡村全面振兴，农业强、农村美、农民富全面实现。2018年9月，中共中央、国务院印发了我国第一个全面推进乡村振兴战略的五年规划《乡村振兴战略规划（2018—2022年）》，提出了五年内的重点任务和多项具体指标。2018—2020年，党中央、国务院和中央各部委出台了一系列政策文件，从战略规划、战略目标和政策措施方面动员各个领域对乡村振兴做出系统而周密的部署，全面奏响了乡村振兴的时代乐章。

乡村振兴战略，是决胜全面建成小康社会、全面建设社会主义现代化国家的重大历史任务，是新时代"三农"工作的总抓手。这一战略的提出，具有深刻的时代背景。

---

① 习近平：《习近平谈治国理政·第三卷》，外文出版社2020年版，第25页。

1949 年以来，中国现代化进程是由工业化和城市化双重力量主导的。改革开放前的 30 年，我国主要依靠工业产品与农业产品的价格的"剪刀差"来完成工业化的积累，初步建成了完整的现代工业体系。这一时期，城乡二元结构下的农村与城市发展差距显著。农村地区经济发展水平及公共服务水平与城市差别很大，占全国人口 80% 以上的农民的生活水平与城市居民生活水平差距分明。

改革开放之初，通过实施联产承包责任制，我国农村的经济活力得到初步释放，城乡居民收入差距一度有所缩小。随着对外开放的不断扩大，我国全面参与到世界经济大循环以后，工业的自我造血能力不断增加，带动规模城市不断扩张，城市的财富创造力、知识创造力、文化创造力空前释放。21 世纪第一个 10 年结束时，中国已经成为世界第二大经济体，工业能力、生产能力居世界首位。城市化吸纳了数以亿计的农村人口进入城市，为工业化和城市发展提供了巨大的人口红利。但同时，城乡居民在收入水平以及义务教育、医疗、文化等公共服务领域存在较大差距。1978—2000 年，全国农村居民和城镇居民人均消费支出比从 1∶2.8 扩大到 1∶3.5，同期全国农村居民人均可支配收入与城镇居民人均可支配收入之比从 1∶2.57 扩大到 1∶2.74。此后，全国城乡居民人均消费支出之比和人均可支配收入之比缓慢下降，至 2019 年，这两项指标分别降低至 1∶2.3 和 1∶2.65。①

城乡差距造成了城市对农村地区的吸附效应，农村地区的青壮劳力流入城市，有条件的农村家庭纷纷选择让子女进城镇和城市接受义务教育和高中阶段教育，农田弃种、村庄凋敝、产业衰落的现象大量出现。乡村的相对衰落一方面制约着数亿农村人口的生活品质的提升和幸福感的增进，另一方面也成为我国城乡一体全面协调发展、实现中华民族伟大复兴的重大掣肘因素。

---

① 国家统计局农村社会经济调查司编：《中国农村统计年鉴 2020》，中国统计出版社 2020 年版，第 20—21 页。

21 世纪以来，党和国家高度重视"三农"工作和农村发展，2005 年 10 月 11 日，党的十六届五中全会提出了建设新农村的重大历史任务。2013 年，中央一号文件提出了建设美丽乡村的目标。新农村建设工作和美丽乡村建设使我国农村地区的道路、环境、村容村貌和公共服务设施发生了巨大变化。我国城乡发展的关系进入了新的历史阶段。2015 年 4 月，习近平总书记在十八届中央政治局第二十二次集体学习会议上指出，"当前，我国经济实力和综合国力显著增强，具备了支撑城乡一体化发展物质技术条件，到了工业反哺农业、城市支持农村的发展阶段。顺应我国发展的新特征新要求，必须加强发挥制度优势，加强体制机制建设，把工业反哺农村、城市支持农村作为一项长期坚持的方针，坚持和完善实践证明行之有效的强农惠农富农政策，动员社会各方面力量加大对'三农'的支持力度，努力形成城乡发展一体化新格局"。[1]

乡村振兴战略正是在这一背景下提出的。要全面落实党中央提出创新、协调、绿色、开放、共享五大发展理念，推动我国政治、经济、社会、文化、生态五大领域协调发展，就需要比以往"三农"工作更加全面、更加综合的高度，调动一切资源，着力消除城乡二元对立，促进新的历史条件下我国城乡融合发展，最终实现乡村全面振兴的宏伟蓝图。

乡村振兴战略的提出和实施具有重大的时代意义。在经济层面，乡村振兴聚焦于农业现代化和乡村第一、第二、第三产业融合发展，为乡村经济流入强大的发展动力，推动广大农村地区人口的收入大幅增长，提高农村地区收入。在构建国内国外经济双循环的背景下，乡村振兴对启动我国农村消费市场，有效扩大内需，以及促进城乡经济协调发展和全方位高质量增长具有重大意义。同时，繁荣美丽的农村是我国社会主义建设事业的"压舱石"，对于我国全面发展具有双重的安全意义。一方面，在城乡差距长期存在的背景下，乡村依然是进

---

[1] 习近平：《在十八届中央政治局第二十二次集体学习时的讲话》，《人民日报》2015 年 5 月 2 日第 1 版。

城农民家庭和个人安全可靠的退路，是国家的"稳定器与蓄水池"[1]；另一方面，广大农村地区是我国参与全球经济竞争的大后方，在全球发展始终面临各种不确定性的情况下，乡村能够充当"国家安全危机软着陆的载体"[2]，赋予我国现代化进程极大的安全弹性。就国家安全而言，推动乡村振兴具有固本强根的重大意义。

在生态层面，乡村振兴强调绿色发展、生态优化，重新定义农村和农业发展的自然环境，统筹山水林田湖草系统治理，实现人与自然和谐相处。这是对高度依赖农药等的化学工业、人与环境关系高度紧张的农业发展现状的根本性调整，具有重大的生态意义。从发展范式上讲，乡村振兴战略的出台是我国超越工业文明发展模式、全面转向生态文明的重要标志。

在文化层面，乡村振兴强调我国农耕文明优秀传统和乡土社会所承载的文化意蕴，通过完善的公共文化服务丰富农村居民的日常文化生活，发掘传统美德、弘扬文明乡风，培育中华文明的传统根基，推动优秀传统文化与革命文化、社会主义先进文化融合在一起，共同铸造中华文化的当代主体性，使城乡融合，共同发展、共同繁荣的中华文明成为新时代世界文明样板。

乡村振兴战略是落实以人民为中心的发展理念，通过城乡融合发展，大幅缩小城乡发展差距，提升乡村人口的获得感、幸福感的过程。为全面建成小康社会和建成富强、民主、文明、和谐美丽的社会主义现代化强国奠定坚实基础，是乡村振兴的重大意义。从长远看，乡村振兴的实施将从根本上解决近代以来中国乡村发展所面临的各种困境，重塑乡村的发展格局，使中国乡村发展转向城乡融合发展的全新轨道。

中国有世界各国最复杂多样的、规模最大的乡村，2019年末，我

---

① 贺雪峰：《大国之基：中国乡村振兴诸问题》，东方出版社2019年版，第17页。
② 福建农林大学课题组，温铁军、张俊娜、邱建生：《居安思危：国家安全与乡村治理》，东方出版社2016年版，第36页。

国仍有农村人口 55162 万，占全国人口的 39.4%。① 根据国家统计局公布的数据，至 2020 末，全国有超过 3.4 万个乡镇、55 万多个行政村，约 2 亿农户，农民工总量为 28560 万人，其中外出农民工 16959 万人。在如此复杂多样的范围内实施超大规模的乡村振兴战略，是人类历史上前所未有的壮举。中国乡村振兴的伟大实践不仅具有世界意义，也将为全球乡村发展提供有重要借鉴意义的中国方案。正如习近平总书记所指出的，"迄今为止，还没有哪个发展中大国能够解决好农业农村农民现代化问题。我国干好乡村振兴事业，本身就是对全球的重大贡献"。②

二、2019—2020 年中国乡村振兴的新成就

2019—2020 年，我国乡村振兴战略全面发力，两个中央一号文件都全面聚焦，把坚决打赢脱贫攻坚战、促进乡村振兴作为"三农"工作核心。2019 年中央一号文件《中共中央　国务院关于坚持农业农村优先发展做好"三农"工作的若干意见》提出，要围绕"巩固、增强、提升、畅通"深化农业供给侧结构性改革，坚决打赢脱贫攻坚战，充分发挥农村基层党组织战斗堡垒作用，全面推进乡村振兴。2020 年是全面建成小康社会目标实现之年，也是全面打赢脱贫攻坚战的收官之年，中央一号文件《中共中央　国务院关于抓好"三农"领域重点工作确保如期实现全面小康的意见》提出，要全面完成脱贫任务，要对标全面建成小康社会加快补上农村基础设施和公共服务短板，保障重要农产品有效供给和促进农民持续增收，加强农村基层治理。在全年面对新冠肺炎疫情严峻考验，全国经济生活和生产活动受到严重影响的复杂局面下，我国乡村振兴逆势而上，各项工作成效显著。

---

① 数据来源：《中华人民共和国 2019 年国民经济和社会发展统计公报》。
② 习近平：《在中央农村工作会议上的讲话》，载中共中央党史和文献研究院《习近平关于"三农"工作论述摘编》，中央文献出版社 2019 年版，第 14 页。

（一）农村地区产业繁荣兴旺

1. 粮食生产创历史新高，口粮安全有效保障

粮食安全是我国"三农"工作的重点目标之一。习近平总书记历来高度重视国家粮食安全问题。早在 2012 年，习近平总书记就指出，"手中有粮，心中不慌。我国有十三亿人口，如果粮食出了问题谁也救不了我们，只有把饭碗牢牢端在自己手中才能保持社会大局稳定。因此，我们决不能因为连年丰收而对农业有丝毫忽视和放松"。① 2017 年，在党的十八大报告中，习近平总书记明确强调："确保国家粮食安全，把中国人的饭碗牢牢端在自己手中。"②

2019—2020 年，在乡村振兴战略推动下，各地加大对粮食生产的力度，积极落实各项福利政策，提高农民群众种粮积极性，我国粮食生产取得历史佳绩。2020 年，全国粮食总产量达到 13390 亿斤，相比 2019 年，增加了 113 亿斤，涨幅达到 0.9%；当年全国粮食播种面积超过 17.52 亿亩，扭转了连续 4 年下滑的势头。其中，谷物播种面积达 14.69 亿亩，比上年新增 176 万亩，涨幅达到 0.1%。粮食产量已经连续 6 年稳定在 1.3 万亿斤以上。

2020 年，全国人均粮食占有量达到 478 公斤左右，同比增长了 1.7%，高于国际粮食安全人均 400 公斤的标准线，口粮安全得到有效保障。

种业是粮食安全的基础，我国现代种业发展成就斐然。根据农业农村部公布的数据，我国以海南、甘肃、四川三大国家级基地为核心的 152 个制种基地县为全国提供了 70% 以上农作物用种，农作物良种覆盖率在 96% 以上，自主选育品种面积占比超过 95%。全国有 7200 多

---

① 习近平：《在中央经济工作会议上的讲话》，载中共中央党史和文献研究院《习近平关于"三农"工作论述摘编》，中央文献出版社 2019 年版，第 67 页。
② 习近平：《习近平谈治国理政·第三卷》，外文出版社 2020 年版，第 25 页。

家持证种子企业，种业总体安全。

实现农业生产的规模化、合作化、企业化运营，大力培育规模以上龙头农业企业，促进农业现代化，是提升我国农业生产效率和实现粮食产量增长的重要保障。2019 年，我国家庭农场超过 70 万家，农民合作社达到 220.1 万家，当年全国新认定了 299 家农业产业化国家重点龙头企业，新增 52 个国家现代农业产业园和 298 个农业产业强镇。① 截至 2020 年 11 月，全国农民合作社达到 224.1 万家，坚持以农民为主体，辐射带动近一半的农户。农民合作社加强社际联合，通过共同出资、共创品牌、共享收益，组建联合社 1.3 万余家，社均带动 12 个单体合作社，经营收入是单体合作社近 4 倍。②

2. 农村扶贫攻坚取得历史性进展，为全球减贫事业做出重大贡献

2019—2020 年是全面建成小康社会的决胜期，也是扶贫攻坚的关键一年。党中央国务院连续下发两个一号文件，对决战决胜脱贫攻坚做出周密部署。在以习近平同志为核心的党中央坚强领导下，全国上下共同努力下，扶贫攻坚取得决定性胜利。截至 2019 年底，我国贫困村从 2012 年底的 12.87 万个减少至 2707 个，贫困人口从 9899 万降到 551 万，贫困发生率从 10.2%降至 0.6%。2020 年，全国 832 个贫困县中的最后 52 个贫困县摘帽，我国现行标准下农村贫困人口全部脱贫，绝对贫困历史性消除。全年贫困地区农村居民人均可支配收入 12588 元，比上年增长 8.8%，扣除价格因素，实际增长 5.6%。③ 这标志着我国扶贫工作取得历史性胜利，提前 10 年实现了联合国 2030 年可持续发展议程的减贫目标，为全面建成小康社会奠定了良好基础。

2012—2020 年，我国举全国全党之力进行扶贫事业，开创了一系

---

① 数据来源：《2020 全国县域数字农业农村电子商务发展报告》。

② 数据来源：农业农村部新闻办公室，http：//www.moa.gov.cn/xw/zwdt/202012/t20201228_6358978.htm。

③ 《中华人民共和国 2020 年国民经济和社会发展统计公报》，国家统计局网站，http：//www.stats.gov.cn/tjsj/zxfb/202102/t20210227_1814154.html。

列中国特色的经验和做法，其中包括：

（1）进行开发式扶贫。培育贫困地区特色产业，通过产业扶贫、电商扶贫、光伏扶贫、旅游扶贫、订单扶贫等方式提升贫困地区经济活力和发展后劲，引导和支持有劳动能力的贫困人口依靠自己的双手创造美好明天。

（2）对贫困人口建档立卡，开展精准帮扶。对他们提供产业支持和就业支持，大幅提高他们的生产性收入和工业性收入，帮助他们建立自主脱贫的能力。经济发展水平较好的地区和城市对口帮扶穷困地区。

（3）通过大幅改善贫困地区公共服务基础设施和提高贫困地区社会保障水平扶贫。解决贫困地区人民群众出行难、用电难、上学难、看病难、通信难等老大难问题，提高义务教育、基本医疗、住房安全的保障水平。

（4）发挥公共财政、税收、金融等工具在扶贫工作中的作用。公共财政方面，财政部发布的数据表明，中央财政每年投入巨量资金用于扶贫事业，2016—2020年，专项扶贫资金连续五年每年新增200亿元，2020年达到1461亿元。此外，2020年还额外投入300亿元用于专项扶贫支出。税收方面，来自国家税务总局的数据显示，2015—2020年，全国税务机关落实支持脱贫攻坚税收优惠政策，实现减税金额从2015年的263亿元增加到2019年的742亿元和2020年的1022亿元，年均增长超过30%，对推动贫困地区脱贫脱困发挥了重要作用。在金融方面，银行业金融机构积极响应党中央、国务院号召，在人民银行、银保监会的指导下，形成多层次的金融扶贫服务体系，有力支持了贫困地区的发展和贫困人口脱贫致富。截至2019年末，各级银行全国贫困人口贷款余额7139亿元，产业精准扶贫贷款余额1.41万亿元，带动730万人（次）贫困人口增收。[①]

---

① 数据来源：国务院扶贫办政策法规司，http://fpzg.cpad.gov.cn/429463/430986/431004/index.html。

通过全社会共同努力，中国成功走出了一条中国特色的扶贫开发道路，形成了一系列具有中国特色的重要经验，为全球减贫事业贡献了中国智慧和中国方案。

3. 农村电商快速增长，成为乡村经济发展的重要推手

农村电商是将农村、农民家庭、农业和农产品与广阔的国内外消费市场紧密连接在一起的经济纽带。它为农户家庭特色农产品和手工艺品出村进城插上了"互联网+"的翅膀。同时，大量淘宝村以销售各类工业制品为主要业务，成为专业化的商品流通服务商，有的淘宝村甚至带动了周边地区相关制造业的发展和升级。农村电商已成为便利繁荣农村经济、增加农民收入的重要帮手。

农村电商发展受到各级政府部门高度重视。2015—2020年，中央一号文件连续六年明确支持发展农村电商。2019年5月，中共中央办公厅、国务院办公厅印发了《数字乡村发展战略纲要》，提出要"实施'互联网+'农产品出村进城工程，加强农产品加工、包装、冷链、仓储等设施建设。深化乡村邮政和快递网点普及，加快建成一批智慧物流配送中心。深化电子商务进农村综合示范，培育农村电商产品品牌"。2020年1月，农业农村部、国家发展改革委、财政部、商务部联合印发了《关于实施"互联网+"农产品出村进城工程的指导意见》，针对解决农产品"卖难"问题、实现优质优价带动农民增收做出重大决策部署。该意见提出，要结合特色农产品优势区等建设，以县为单位，聚焦优质特色农产品，因地制宜打造特色产业，形成区域公用品牌、企业品牌、产品品牌，把"特色"转变为市场优势、经济优势，进而带动小农户有效参与电商市场，实现收入提升。

在政府与市场的全力推动下，近年来，我国农村电商商户快速增加，成为乡村振兴的重要经济推手。2019年8月，阿里研究院、阿里乡村振兴研究中心、中国社会科学院信息化研究中心等多家研究机构共同发布了《淘宝村十年：数字经济促进乡村振兴之路——中国淘宝

村研究报告（2009—2019）》。根据这一报告，在此前的一年中，全国淘宝村和淘宝镇网店年销售额合计超过 7000 亿元，在全国农村网络零售额中占比接近 50%，活跃网店数达到 244 万个，带动就业机会超过 683 万个。2020 年 6 月，由阿里研究院领衔完成的《2020 中国淘宝村研究报告》揭示：2020 年，全国 28 个省市区共有 5425 个淘宝村，约占全国行政村总数的 1%，比上年增加 1115 个，全国淘宝村的年交易总额突破 1 万亿元，共吸纳了 828 万人口就业。全国共有 745 个淘宝村年交易额过亿元。

据统计，包括淘宝、天猫、京东、拼多多、苏宁、中国邮政等大型电商平台在内，2019 年全国农产品网络零售总额超过 5000 亿元。[①] 当年，全国县域农产品网络零售额达 2693.1 亿元，同比增长 28.5%。其中，植物类农产品的网络零售额为 2142.9 亿元，占比 79.6%；动物类农产品的网络零售额为 433.3 亿元，占比 16.1%；农资类产品的网络零售额为 116.9 亿元，占比 4.3%。[②]

2019—2020 年，伴随着国内短视频热，网红带货、农民网上直播销售成为农村电商销售的重要形式。此外，各种扶贫项目、国家节日和电商促销节日也成为带动农产品电商销售的重要动力，共同推动农村电商规模不断扩大。

在数字农村等重大工程的推动下，我国农村电商正在不断智能化、品牌化、订单化、绿色化，向着更为便利、优质的方向提升，日益成为全球电商体系的重要牵引力。

4. 乡村旅游增长旺盛，成为重要的经济增长点

乡村是具有特定的自然区位、生态景观、人文积淀的以农业生产为主要生活方式的人居环境。乡村形成于人类农业社会发展过程中，在漫长的历史中曾经长期是人类最主要的物质生活和精神生活家园。

———————————

① 数据来源：《2020 中国农产品电商发展报告》。
② 数据来源：《2020 全国县域数字农业农村电子商务发展报告》。

在我国社会快速工业化和城市化的过程中，乡村的人文生态价值日益凸显，成为人们守望精神家园，亲近自然环境，连接传统文化的重要精神纽带。"青山绿水就是金山银山""望得见山，望得见水，留得住乡愁"的美丽乡村观念不断深入人心。

2017年，我国实施乡村振兴战略以来，大力发展乡村旅游成为乡村环境优化和产业提升的重要动力。2019年中央一号文件提出，要加强规划引导，采取以奖代补、先建后补、财政贴息、设立产业投资基金等方式扶持休闲农业与乡村旅游业发展。2020年中央一号文件进一步提出，要开发休闲农业和乡村旅游精品线路，完善配套设施。

2019—2020年，国家相关部委持续发力，推动乡村旅游发展。农业农村部先后两批共公布了506个中国美丽乡村，中国美丽乡村总数达到1216个，累计推出精品旅游线路1000条。这些美丽乡村在引领各地农村第一、第二、第三产业融合、促进乡村生态宜居、人文和谐、兴业富民方面发挥了重要示范作用。2019年7月和2020年9月，文化和旅游部、国家发展改革委先后联合发布了第一批和第二批全国乡村旅游重点村名单，北京古北口村、北京门头沟区斋堂镇爨底下村、浙江余村、贵州云舍村、四川战旗村等1000个乡村入选。文化和旅游部通过多种方式，在旅游规划、创意下乡、人才培训、宣传推广、投融资支持等方面对全国乡村旅游重点村和精品项目予以支持。2020年12月，文化和旅游部共公布了第二批97个国家全域旅游示范区名单，全国国家全域旅游示范区总数达到168个。这些示范区在文旅融合发展、旅游扶贫富民、城乡统筹、生态依托、边境开发开放等方面为各地不断优化全域旅游提供了借鉴。

在各方力量的推动下，我国乡村旅游市场持续扩大。根据农业农村部、文化和旅游部在全国休闲农业和乡村旅游大会上发布的数据，2019年我国乡村休闲旅游业接待游客33亿人次，营业收入超过8500亿元，直接带动吸纳就业人数1200万，带动受益农户800多万户。

2020 年，受新冠肺炎疫情影响，国内外旅游业均大幅下滑。2020 年 1—8 月，中国休闲农业和乡村旅游接待人数为 12.07 亿人，同比下降 62.5%。面对疫情，各地政府和旅游主管部门积极应对，在严格防控疫情的同时，积极促进乡村旅游复工复产，利用休闲农业、生态观光农业、乡村游、红色旅游、研学旅游、民宿度假等各种方式推动乡村旅游恢复和发展。以北京市为例，2020 年全市观光园和乡村旅游的总接待人次为 1877.5 万人，总收入为 25 亿元。在新媒体应用和乡村旅游转型升级推动下，休闲农业与乡村旅游人均消费水平提升，全市全年乡村旅游人均消费增长 25.5%。[①]

我国乡村旅游市场大规模兴起的时间还比较短。无论是各个景点的整体规划设计水平和水、电、路、网络、游乐等基础设施的完善情况，还是从业服务人员的专业素养和旅游体验感的良好程度，都需要不断提升和完善。2020 年 11 月，文化和旅游部、国家发展改革委、教育部、工业和信息化部、公安部、财政部、交通运输部、农业农村部、商务部、市场监管总局这十个部门联合印发了《关于深化"互联网+旅游"推动旅游业高质量发展的意见》，提出利用智慧旅游提升村镇旅游业升级发展。通过数字技术、财政和税收扶持、金融支持多种方式，进一步提升乡村旅游的市场规模和整体发展水平，促进乡村就业和农民收入增长，是我国乡村旅游下一步发展需要着力解决的问题。

（二）乡村建设人才汇聚迎来新局面

人才是推动乡村发展的根本力量。改革开放以来，随着我国城市化进程的不断推进，乡村人口在总人口中的比例逐年降低。同时，由于大量农村青壮年人口进城务工，"能人""技能型"人员流出，以及人口出生率持续下降，我国广大乡村出现了人才短缺的现象。这造成了乡村地区基层组织领导力和组织力弱化，经济发展缓慢的现象，进

---

① 数据来源：北京市统计局，http://www.moa.gov.cn/xw/qg/202102/t20210222_6361906.htm。

而带来城乡差别扩大，城乡二元结构固化等一系列发展问题。

实施乡村振兴，必须促进乡村人才振兴。习近平总书记指出："乡村振兴要靠人才，靠资源。如果乡村人才、资金、土地等要素一直单向流向城市，长期处于'贫血''失血'状态，振兴就是一句空话。要着力抓好招才引智，促进各路人才'上山下乡'投身乡村振兴。"① 只有在广大乡村重新形成人才兴旺、能人云集的格局，乡村才能实现产业兴旺、生态宜居、乡风文明、治理有效、生活富裕的发展目标。《乡村振兴战略规划（2018—2022年）》提出，把人力资本开发放在首要位置，从大力培养新型职业农民、加强农村专业人才队伍建设、发挥科技人才支撑作用、鼓励社会各界投身乡村建设等角度，破解人才瓶颈的制约，促进乡村振兴。2019—2020年，我国多策共举，从各个角度推动乡村人才汇聚。

1. 鼓励和引导返乡创业人员积极创业，壮大农村产业人才队伍

2019年，农业农村部会同人力资源社会保障部等部门印发了《关于进一步推动返乡入乡创业工作的意见》，落实了对返乡创业人员的税费减免、担保贷款、场地安排等政策，引导返乡人员创业。截至2019年底，全国返乡入乡创新创业人员达850万人，种养专业人员和乡土创客等产业人员3100万人，全国有84万科技特派员活跃在农村一线生产领域。② 2020年，受新冠肺炎疫情影响返乡留乡农民工增多。当年3月，农业农村部会同人力资源和社会保障部印发了《扩大返乡留乡农民工就地就近就业规模实施方案》，通过"回归农业稳定一批""工程项目吸纳一批""创新业态培育一批""扶持创业带动一批""公益岗位安置一批"等方式，着力推动各地返乡留乡农民工就业。全年返乡入乡创业创新人员超过1010万，带动农村新增就业岗位超过

---

① 习近平：《走中国特色社会主义乡村振兴道路》，载中共中央党史和文献研究院《习近平关于"三农"工作论述摘编》，中央文献出版社2019年版，第39页。
② 规划实施协调推进机制办公室编著：《乡村振兴战略规划实施报告（2018—2019年）》，中国农业出版社2020年版，第7页。

1000 万。截至 2020 年底，我国 60% 以上返乡入乡创业项目中具有创新因素，85% 以上属于第一、第二、第三产业融合类型，55% 运用"互联网+"等新模式，创业创新领域向农产品初加工、农村电商等方向拓展。①

2. 开展针对性乡村实用人才培训项目，提升乡村产业振兴能力

2020 年，农业农村部利用"全国农业科教云平台"为各级农业科教管理部门、农业专家、农技推广人员和广大农民提供在线学习、互动交流、成果速递和服务对接等项目板块，并通过"云教学""云培训"等线上学习交流活动，开展乡村休闲旅游政策、规划、创意、管理等业务知识的教学与宣讲。

文化和旅游部连续 6 年，单独或与其他部委联合举办"乡村旅游扶贫重点村村干部培训班""全域旅游培训班""深度贫困地区旅游扶贫培训班"等短期专题培训，累计培训乡村旅游产业人才超过 8000 人次。2020 年新冠肺炎疫情期间，文化和旅游部资源开发司指导全国乡村旅游监测中心开设"乡村旅游面对面"直播课堂，邀请专家学者和乡村旅游优秀从业人员面向全国乡村旅游监测点、旅游扶贫监测点、乡村旅游重点村及各省（区、市）乡村旅游管理人员进行网络授课，并进行"面对面"互动答疑，为疫情后企业复苏、转型升级做准备。截至 2020 年上半年，已完成 32 期直播课程，累计在线学习超过 42 万人次。② 同年 6 月，农业农村部、国家发展改革委等 9 部委联合印发了《关于深入实施农村创新创业带头人培育行动的意见》，要求各地培育一批饱含乡土情怀、具有超前眼光、充满创业激情、富有奉献精神，带动农村经济发展和农民就业增收的农村创新创业带头人，力争到

① 《乡村产业发展良好　预计 2020 年返乡创业创新人员达 1010 万》，搜狐网，https://www.sohu.com/a/441171840_114731。

② 《中国数字乡村发展报告（2020）》，中华人民共和国农业农村部网站 http://www.cqxumu.com/upload/2020/11/637423294227055808.pdf。

2025 年，培育农村创新创业带头人 100 万以上。① 截至 2020 年 11 月，全国农村实用人才总量约 2254 万人，占主体的高素质农民超过 1700 万人。"十三五"以来，我国累计培育高素质农民达到 500 万人，直接培训农村实用人才带头人 11 万人。②

全国各省、市也从本地实际出发，大力培养乡村实用型人才。近年来，河南省文化和旅游厅持续推进"十百千万"旅游扶贫示范工程，全省累计培训乡村旅游扶贫干部、乡村旅游重点村村干部、乡村旅游致富带头人等超万人，有力地促进了乡村旅游发展和旅游扶贫工作③。湖北省农业农村系统多年来通过各种方式，培养高素质农民 27 万人，全省农村实用人才超过 120 万人，成为湖北脱贫攻坚、乡村振兴和农业高质量发展的重要支撑。④

3. 建设乡贤文化，引导乡贤人才向乡村汇聚

乡贤是具有深厚的爱村爱乡情怀、热心家乡乡村公益事业、积极推动乡村经济发展和乡村治理的人员。乡贤是具有城市工作背景的退休或在职专业人士，以及立足乡村发展的各类优秀人士。他们眼界开阔，思想活跃，社会资源和商业人脉资源广泛。乡贤参与乡村发展和治理，能够为乡村带来丰富的思想资源、经济资源和社会治理资源。近年来，全国各地把汇聚乡贤人才作为乡村振兴的重要途径，大力吸引乡贤人才参与乡村治理和乡村发展，形成了乡贤参与乡村德治与法制建设、乡贤参与乡村公共文化服务建设、乡贤参与乡村教育促进、乡贤担当乡村产业"领头雁"等乡村合力共建方式。乡贤人才在我国

---

① 《九部委联合实施农村创新创业带头人培育行动，力争到 2025 年培育农村创新创业带头人 100 万以上》，农业农村部网站，http：//www.moa.gov.cn/xw/zwdt/202006/t20200617_6346639.htm。

② 李晓晴：《全国农村实用人才约 2254 万人　高素质农民超 1700 万人》，《人民日报》2020 年 11 月 20 日第 7 版。

③ 《强化人才支撑　推进旅游扶贫——省文化和旅游厅举办全省乡村旅游重点村村干部培训班》，河南省人民政府网，http：//www.henan.gov.cn/2020/09-22/1814590.html。

④ 《中国农网报道：湖北培养农村实用人才超 120 多万人》，湖北省农业厅官网，http：//nyt.hubei.gov.cn/bmdt/yw/mtksn/202010/t20201022_2967177.shtml。

乡村振兴中发挥着日益重要的推动作用。

（三）乡村文化繁荣发展

乡村是中华文明的基本载体，是中华优秀传统文化传承发展的深厚土壤。习近平总书记指出，"优秀传统文化是一个国家、一个民族传承和发展的根本，如果丢掉了，就割断了精神命脉。我们要善于把弘扬优秀传统文化和发展现实文化有机统一起来，紧密结合起来，在继承中发展，在发展中继承"。① 弘扬中华优秀传统文化，既要积极开展传统农耕文明优秀成分的继承和创新性发展，也要着力推进乡村文化生活的丰富和乡村文化创造力的提升。

2019—2020 年，在乡村振兴的战略目标下，我国乡村优秀传统文化的传承发展、传统村落保护、文明乡风建设、乡村公共文化服务体系完善，以及乡村教育水平的提升等领域，均开创了良好局面。

1. 优秀传统文化传承保护的体系化推进，成为文化自信的源泉

中华文明根植于农耕文化，农耕文化的特点是高度依赖和尊重自然环境，通过维持自然生态的平衡和环境持续稳定，获得长期的生存条件。在数千年的农耕文化史上，我国农耕文明的地理区域由黄河流域不断向周边扩大，但全国范围基本实现了生态平衡，环境可持续、生物多样性也得到很好的维持。尊时守位、节气时农的气候与时令观念，套作、换作休耕制的优化种植观念，桑基鱼塘、稻渔共作等农林养殖复合生产观念，保护森林、水源、草原的敬畏自然观念，节制渔猎的生态再生与可持续观念等，都蕴含着丰富的生态和谐理念。习近平总书记指出，"中华文明根植于农耕文明。从中国特色的农事节气，到大道自然、天人合一的生态伦理；从各具特色的宅院村落，到巧夺天工的农业景观；从乡土气息的节庆活动，到丰富多彩的民间艺术；从耕读传家、父慈子孝的祖传家训，到邻里守望、诚信重礼的乡风民

---

① 习近平：《习近平谈治国理政·第二卷》，外文出版社 2017 年版，第 313 页。

俗等，都是中华文明的鲜明标签，都承载着中华文明生生不息的密码，都彰显着中华民族的思想智慧和精神追求"。① 我国农耕文化的生态和谐理念，对于发展绿色农业、保护生物多样性和建设当代生态文明都具有重要的启发意义，是中华文明奉献给世界文明的宝贵财富。

我国高度重视传统农业文化遗产的保护和传承。2012年，农业部启动中国重要农业文化遗产遴选工作，并于2013年公布了第一批中国重要农业文化遗产名单。2016年12月，农业部办公厅印发了《关于公布2016年全国农业文化遗产普查结果的通知》，向社会公布408项具有潜在保护价值的农业生产系统。② 截至2018年4月，我国共有15个项目进入联合国粮农组织认定的全球重要农业文化遗产保护名单，位居世界第一。2019年12月，农业农村部公布第五批中国重要农业文化遗产公示名单，河北宣化传统葡萄园、天津津南小站稻种植系统、湖南永顺油茶林农复合系统等项目入选。至此，全国入选中国重要农业文化遗产的项目达到118个。2020年12月，农业农村部启动了第六批中国重要农业文化遗产发掘认定工作。

2004年，我国加入联合国教科文组织主导的《保护非物质文化遗产公约》，开始推动国内非物质文化遗产保护工作。建立了县、市、省和国家四级非物质文化遗产保护体系，各级各地政府都对非物质文化遗产保护投入了大量的财力。截至2019年末，全国共有非遗保护机构2453个，工作人员1.7万人，工作队伍基本完备，工作基础逐步夯实。③ 2006—2014年，我国共公布民间文学，传统音乐、传统舞蹈、传统戏剧、曲艺、传统体育、游艺与杂技、传统美术、传统技艺、传

---

① 习近平：《走中国特色社会主义乡村振兴道路》，载中共中央党史和文献研究院《习近平关于"三农"工作论述摘编》，中央文献出版社2019年版，第124页。

② 《中国重要农业文化遗产保护工作成就》，中国农业展览馆、全国农业博物馆网站，http://www.ciae.com.cn/detail/zh/16403.html。

③ 《文化和旅游部关于政协十三届全国委员会第三次会议第0957号（文化宣传类047号）提案答复的函》，文化和旅游部网站，http://zwgk.mct.gov.cn/zfxxgkml/zhgl/jytadf/202012/t20201204_907034.html。

统医药，民俗等十大类 1372 个国家级非物质文化遗产代表性项目，共计 3145 个子项。① 2007—2018 年，国家文化主管部门先后命名了五批国家级非物质文化遗产代表性项目代表性传承人，共计 3068 人。此外，全国各地还认定了省级非物质文化遗产代表性项目 15777 项，省级非物质文化遗产代表性传承人 16432 名。40 个非遗代表性项目列入联合国教科文组织非遗名录（名册），位居世界第一。非物质文化传承保护体系已经成为我国优秀传统文化传承与发展的重要实践领域。

此外，我国还建立了国家级文化生态保护实验区和文化生态保护区。截至 2018 年，我国共设立了 21 个国家级文化生态保护实验区，146 个省级文化生态保护区。2019 年 12 月，我国正式公布了 7 个国家级生态保护区名单。文化生态保护区已经成为我国非物质文化遗产保护的重要方式。

传承人是"非遗"传承保护的关键力量，根据《国家"十三五"时期文化发展改革规划纲要》，我国于 2015 年开始实施"中国非物质文化遗产传承人群研修研习培训计划"，组织非遗项目持有者、从业者等传承人群到高校学习专业知识、研究技艺和技术、开展交流研讨与实践，帮助非遗传承人提高专业技术能力和可持续发展能力。截至 2019 年 6 月，全国有 110 余所高校积极参与研培计划，举办研修研习培训 670 余期，培训传承人群近 2.8 万人次；加上各地延伸培训，全国参与人数达 9.7 万人次。

经过多年的系统努力，我国初步形成了优秀传统文化传承保护与社会生活全面融合的格局。在教育领域，我国各地开展了形式多样的"非物质文化遗产"进校园活动。邀请各级非物质文化遗产传承人向青少年学生介绍、演示非物质文化遗产技艺，培养他们对非物质文化遗产的兴趣。许多艺术院校，纷纷邀请或聘请优秀的非物质文化传承人走进课堂，担任专业导师，推进"非遗"与艺术教育的融合。2020

---

① 数据来源：中国非物质文化遗产网，http://www.ihchina.cn/project.html#target1。

年底，由中国曲艺家协会和辽宁科技大学合作历经 8 年编写的首批全国高等院校曲艺本科系列教材由高等教育出版社出版，其中包括《中国曲艺艺术概论》《评书表演艺术》《相声表演艺术》《山东快书表演艺术》《中国少数民族曲艺艺术》《苏州评弹表演艺术》等，这是我国"非遗"传承与高等教育融合发展的重大突破，具有标志性意义。

在文化产业领域，我国积极推动非物质文化遗产的产业化应用，借助市场流通激活传统文化资源。实施中国传统工艺振兴计划，发布了第一批国家传统工艺振兴目录，对 14 类 383 个传统工艺项目予以重点支持，设立了 15 个传统工艺工作站，推动现代设计走进传统工艺，推动传统工艺融入现代生活。① 非物质文化遗产与文化创意产品和时尚设计相融合，已经深刻影响了我国文化创意产业发展。截至 2020 年 6 月，全国 393 个国家级贫困县和 150 个省级贫困县共设立 2000 多个非遗就业工坊，带动近 50 万人在本地就业，帮助 20 万建档立卡贫困户实现脱贫② 。2020 年 6 月，文化和旅游部会同商务部、国务院扶贫办共同支持多家电商平台联合举办"非遗购物节"，推动非遗相关企业复工复产，助力决战决胜脱贫攻坚。"非遗购物节"当天，平台非遗产品下单数超过 300 万笔，销售非遗产品超过 800 万件，成交金额近 4 亿元。③

在传媒领域，近年来我国涌现了一批收视率高、口碑良好的以弘扬优秀传统文化为主题的电视节目。2019—2020 年，《中国诗词大会》（第四季和第五季）、《我有传家宝》、《经典咏流传》（第二季和第三季）、《国家宝藏》、《非遗公开课》等节目延续了以往的热播效应，在激发广大公众对优秀传统文化的兴趣和热情方面发挥了重要作用。

① 《文化和旅游部举行第七届中国成都国际非物质文化遗产节发布会》，国务院新闻办公室网站，http：//www.scio.gov.cn/xwfbh/gbwxwfbh/xwfbh/whb/Document/1664446/1664446.htm。

② 《文化和旅游部 国务院扶贫办大力推进非遗扶贫就业工坊建设》，中国政府网，http：//www.gov.cn/xinwen/2020-01/08/content_5467602.htm。

③ 《文化和旅游部 2020 年第四季度例行新闻发布会》，https：//www.mct.gov.cn/vipchat/home/site/2/325/。

2020 年，新冠肺炎疫情期间，四川省、北京市等地的文化旅游部门，以及《中国旅游报》、《中国文化报》、央广网、新华视频等国家级媒体，纷纷以各种形式，开办线上"非遗公开课"，引导公众走近和了解"非遗"。在民间，许多"非遗"传承人和视频发布者纷纷利用哔哩哔哩、微信、抖音、快手等新媒体平台，以更接地气的方式发布和传播"非遗"内容，这种大众化的生产与传播，进一步拉近了普通公众与"非遗"的距离，使"非遗"与人们的日常生活形成了更好的对接。

2019—2020 年，国务院办公厅和科技部、文化和旅游部、国家发展改革委、商务部等部门分别发布了《国务院办公厅关于印发体育强国建设纲要的通知》（2019）、《国务院办公厅关于进一步激发文化和旅游消费潜力的意见》（2019）、《关于促进文化和科技深度融合的指导意见》（2019）、《国务院办公厅关于加快发展流通促进商业消费的意见》（2019）、《文化和旅游部关于推动数字文化产业高质量发展的意见》（2020）等文件。这些文件分别从体育文化建设、文化与旅游融合发展、文化与科技融合、文化消费、优秀传统文化与数字文化产业融合发展等角度强调了非物质文化遗产与我国社会发展各个领域的深度融合。

多年来，我国优秀传统文化保护与传承领域陆续实施了一系列重大工程。截至 2020 年，我国已经或正实施的国家级文化保护和传承工程包括：传统中华文化资源普查工程、国家古籍保护工程、中国传统村落保护工程、中华民族音乐传承出版工程、中国民间文学大系出版工程、戏曲振兴工程、中国经典民间故事动漫创作工程、中华文化电视传播工程、中华老字号保护发展工程、中国传统节日振兴工程、中华文化新媒体传播工程、《曲艺传承发展计划》，等等。它们与非物质文化遗产传承发展体系共同构成了中华优秀文化传承发展工程的重要内容。

在全社会的共同努力下，传承和发展优秀传统文化已经成为中华民族深刻的文化自觉意识和强大的文化自信力量。

2. 传统村落保护工作持续推进，中国经验走向世界

乡村是中国传统社会的基本形态，而村落则是其基本单位。中国乡村的生活世界是由家庭居家空间、农耕生产空间和自然环境有机融合而成。中国传统社会依托村落而发展。20 世纪 30 年代，梁漱溟先生在《乡村建设理论》一书中用"伦理本位"和"职业社会"等概括中国乡村社会的特点。20 世纪 40 年代，费孝通先生在《乡土社会》中将中国传统社会的特点概括为"熟人社会""差序格局""礼治秩序"等。传统村落是中华优秀传统文化生产、传承和发展的基本地理和空间单元。近代以来，工业化、现代化进程使我国传统村落急剧减少。改革开放以来的城市化进程加剧了传统村落的消失。传统村落的大量破坏和消失，不仅带来数千年来农耕文明所积累的丰富多样的文化生活空间和生活形态的消失，也使当代中国人普遍失去传统文化的精神根系，从文化上的"根系式生存"堕入精神上的"漂泊式生存"。[①]

21 世纪以来，传统村落大量消失的时代之殇日益被人们所意识，保护日益减少的传统村落，守护中华文明的传统根系渐成社会共识。2006 年 6 月，由中国文联、中国民间文艺家协会主办的中国古村落保护国际高峰论坛在江南古镇浙江嘉善的西塘举行，会议发布了中国古村落保护——《西塘宣言》，呼吁立刻开展中国古村落及其文化的调查，摸清文化家底，建立古村落名录，全面整理村落遗产，分类保护，揭开了我国全面保护传统村落的序幕。2012 年 12 月，住房和城乡建设部、原文化部、国家文物局、财政部发布了《关于加强传统村落保护发展工作的指导意见》，明确指出："传统村落是指拥有物质形态和非物质形态文化遗产，具有较高的历史、文化、科学、艺术、社会、

---

① 李河：《从根系式生存到漂泊式生存——中国城市化进程的生存论解读》，《求是学刊》2018 年第 2 期。

经济价值的村落。传统村落承载着中华传统文化的精华，是农耕文明不可再生的文化遗产。传统村落凝聚着中华民族精神，是维系华夏子孙文化认同的纽带。传统村落保留着民族文化的多样性，是繁荣发展民族文化的根基。"根据该意见，我国开始对全国范围内的传统村落进行摸底调查，着手建立传统村落保护名录。截至 2019 年，我国共分 5 批认定了 6819 个传统村落，并从人才培养、村落发展规划编制、村落保护的技术与规范、人居环境改善等方面对这些传统村落保护与利用进行了全方位支持①。从 2014—2019 年，中央财政分批次投入 130 多亿元，给予每一个传统村落一次性补助 300 万元，支持 4350 个村落传统村庄的基础设施建设、人居环境整治、传统建筑修缮和利用、文物保护和非物质文化遗产传承等方面的保护工作。② 为鼓励各地政府积极开展传统村落保护工作，财政部办公厅和住房城乡建设部办公厅于 2020 年 6 月发布了 10 个传统村落集中连片保护利用示范市，包括大理白族自治州、渭南市、黄南藏族自治州等。中央财政分别向这 10 个传统村落集中连片保护示范市拨付 1.5 亿元额外补助，用于传统村落传统建筑改造、公共基础设施建设、对民间资本投资改造传统村落给予奖励等。③

为推动民族地区传统村落保护，国家民族事务委员会与财政部于 2009 年共同启动少数民族特色村寨保护与发展试点工作。2012 年，国家民族事务委员会颁布《少数民族特色村寨保护与发展规划纲要（2011—2015 年）》。2020 年 1 月，国家民族事务委员会发布了第三批 595 个"中国少数民族特色村寨"。2014—2020 年，国家民族事务委员会共命名三批 1652 个"中国少数民族特色村寨"，并通过多种方

---

① 《31 省市全覆盖！2019 年度中国传统村落数字博物馆村落单馆名单公布》，中国传统村落数字博物馆网站，http：//www.dmctv.cn/zxShow.aspx？id=150。

② 《中国已对 4350 个传统村落给予财政补助 130 多亿元》，搜狐网，https：//www.sohu.com/a/343114963_123753。

③ 《2020 传统村落集中连片保护利用示范市评审结果公示》，中国建设新闻网，http：//www.china/sb.cn/html/202006/02/10657.html。

式对这些村寨的保护与发展进行支持。

经过10多年不懈努力，传统村落保护已经成为我国乡村发展的重要动力。2019年5月，首届联合国人居大会在肯尼亚内罗毕召开，浙江松阳县受邀参会并向全球各国介绍了以传统村落保护为基础的乡村振兴的"松阳经验"。同年6月，"乡村振兴眉山经验"通过联合国教科文组织在我国四川省眉山市主办的"文化2030 | 城乡发展：历史村镇的未来"国际会议走向世界。我国传统村落保护事业，正在成为人类可持续发展提供重要的参考标的。

3. 文明乡风建设与时俱进，推动乡村走向文化自觉

文明乡风是引领农村社会风气健康和谐，促进人民群众精神面貌积极向上的重要保证，也是乡村振兴中文化建设的重要目标。习近平总书记指示，"要推动乡村文化振兴，加强农村思想道德建设和公共文化建设，以社会主义核心价值观为引领，深入挖掘优秀传统农耕文化蕴含的思想观念、人文精神、道德规范，培育挖掘乡土文化人才，弘扬主旋律和社会正气，培育文明乡风、良好家风、淳朴民风，改善农民精神面貌，提高乡村社会文明程度，焕发乡村文明新气象"。[1]

2019—2020年，我国各地政府和文化部门以社会主义核心价值观为引领，遵循习近平总书记的相关指示，以多种方式积极推动文明乡风建设，积累了丰富的实践和经验，取得了良好的社会效益。

一是以家庭文明建设为抓手，推动农村思想道德建设。家庭是社会的细胞，也是乡村社会道德文明的基础。习近平总书记指出，"我们要重视家庭文明建设，努力使千千万万个家庭成为国家发展、民族进步、社会和谐的重要基点，成为人们梦想启航的地方"。[2] 2019—2020年，各地广泛开展了文明家庭创建，建设"五星级文明户"，好

---

① 习近平：《在参加十三届全国人大一次会议山东代表团审议时的讲话》，《人民日报》2018年3月9日第1版。

② 习近平：《习近平谈治国理政·第二卷》，外文出版社2017年版，第353页。

家风好家训展示、好媳妇、好儿女、好公婆评选表彰活动等，弘扬温馨关爱的家庭氛围，推动农村传统美德和优良家风家教的建设。

二是关注农村空巢老人，加强对农村老年人口的精神关怀。各地完善乡村敬老院和幸福院基本条件，通过集体生日、组织老年文艺活动队等方式，解决农村老人精神寂寞、日常生活缺乏关心关照等问题，为乡村老人创建安度晚年的幸福居所，引领尊老爱老的文明乡风。

三是以丰富的文化、体育和娱乐活动，陶冶人的精神，建设阳光乡村。各地在乡村文化建设中，积极发掘乡村综合文化站、村文化中心以及新时代文明实践所和新时代文明实践站的文化引领作用，组织农民书画摄影展、乡土诗歌征集展示、"我的书屋我的梦"农村少年儿童阅读实践、新时代乡村阅读季、经典诵读、乡村体育健身活动、乡村篮球队、村广场舞队等丰富多样的乡村文化活动，打造村级、镇级和县级特色文化活动品牌，激发农村文化内生活力，培养广大村民的乡村自豪感，提升村民的精神品味，使广大乡村成为陶冶心灵的阳光乡村。

四是积极培养各类乡村自治组织，发挥村民自治组织的道德约束和风尚引领作用，扫除农村公共生活的"灰色空间"（如地下非法宗教、赌博、吸毒现象），破除攀比、铺张浪费以及各种陈规陋习，树立新风尚，推进乡风文明建设。

五是利用村史馆等方式，打造乡村历史记忆。近年来，各地农村以建设村史馆为抓手，建设本村历史和农耕文化展示平台，通过旧时生产生活用具、乡贤名人、村规民约等内容展示，为村民提供了解村庄历史文脉、回忆田间乡愁的文化空间，为后代留下珍贵的历史展示空间。

六是依托有机农业和特色农业品牌打造，培养提升村民的市场诚信和个人信用观念。2019—2020年各地利用农业合作社、打造有机农产品品牌等市场机制，引导村民建立市场诚信意识和个人信用积累观念。一些地方通过推动"星级文明户"、荣誉村民信用挂钩的方式，支持"星级文明户"优先获得家庭农业产业发展贷款，激发村民建设"星级文明户"的热情，取得良好效果。还有一些地方，通过建立村民"道德银行"的方式，引导村民积极向善，参与乡村公益事业，形成良好乡风。

4. 乡村公共文化服务体系进一步完善，文化治理水平普遍提升

公共文化服务是实现公民文化权益的重要制度。我国已经初步建成覆盖城乡的公共文化网络。截至 2019 年底，全国共建有博物馆 5535 个、美术馆 559 个、公共图书馆 3196 个、文化馆 3326 个、文化站 40747 个、基层综合性文化服务中心 564277 个，公共文化产品和服务日益丰富。[1] 同年，全国农村广播节目综合人口覆盖率 98.84%，农村电视节目综合人口覆盖率 99.19%。其中，农村有线广播电视实际用户数 0.73 亿户，直播卫星公共服务有效覆盖全国 59.5 万个行政村，1.43 亿用户。[2]

全面推动农村公共文化服务体系进一步完善是 2019—2020 年我国文化建设的基本主题。2019 年 11 月，《中共中央关于坚持和完善中国特色社会主义制度 推进国家治理体系和治理能力现代化若干重大问题的决定》提出，要完善城乡公共文化服务体系，优化城乡文化资源配置，推动基层文化惠民工程扩大覆盖面、增强实效性，健全支持开展群众性文化活动机制，鼓励社会力量参与公共文化服务体系建设。文化和旅游部会同中宣部等制定了《关于提高基层文化惠民工程覆盖面和实效性的意见》，提出要推动基层文化惠民工程提档升级，更好地发挥服务民生的作用。同年，中央宣传部会同有关部门在新出台的《国家基本公共服务标准（2020 年版）》中，将服务内容和服务重点

---

① 《中国初步建成覆盖城乡的公共文化设施网络》，中国新闻网，https://baijiahao.baidu.com/s? id=1686849533698608488&wfr=spider&for=pc。

② 《中国数字乡村发展报告（2020 年）》，中华人民共和国农业农村部网站，http://www.moa.gov.cn/xw/zwdt/202011/P020201129305930462590.pdf。

向农村基层倾斜。在深入推动乡村振兴的历史背景下，我国乡村公共文化服务体系进一步完善，公共文化服务的内容更加优化。

一是农村公共文化服务供给机制进一步完善，公共文化服务优质资源和服务向农村下沉。2019 年，全国共有 2325 个县（市、区）出台公共文化服务目录，占比 83%；494747 个行政村（社区）建成综合性文化服务中心，占比 86%；1649 个县（市、区）建成文化馆总分馆制，1711 个县（市、区）建成图书馆总分馆制，分别占比 68.5%、73.8%。①自 2017 年"戏曲进乡村"工程实施以来，许多地方的传统戏曲剧种得到有效传承，取得了良好社会效益，一些边远地区的小剧种逐渐恢复了生机和活力，各地戏曲品牌活动和戏曲传承基地影响越来越大，实现了丰富乡村人民精神生活和促进优秀传统文化传承发展的双丰收。2019 年，中央财政投入 3.89 亿元，为 12984 个贫困地区乡镇共配送约 8 万场以地方戏曲为主的演出。

2020 年，我国农村公共文化服务体系进一步完善，仅中央财政就安排了 152.9 亿元资金，用于支持地方公共文化服务体系建设补助。各地落实国家基本公共文化服务指导标准，推进广播电视户户通、公共数字文化建设、县级应急广播体系建设、贫困地区村综合文化服务中心设备购置等项目，开展各类基层群众性文化活动和文化志愿服务。同时，中央文明办会同有关部门制定实施了《关于提高基层文化惠民工程覆盖面和实效性的意见》，推动将农村文化礼堂等基层文化惠民工程纳入新时代文明实践中心和县级融媒体中心建设体系，加大对其支持力度。②

近年来，我国乡村应急广播体系建设不断推进。中央财政资金支持 443 个深度贫困县应急广播建设，32042 个符合条件的行政村综合

---

① 《文化和旅游部召开第四季度例行新闻发布会》，文化和旅游部官网，https：//www.mct. gov.cn/whzx/whyw/201912/t20191225_849877.htm。

② 《农业农村部关于进一步建好管好用好农村文化礼堂的建议答复》，惠农网，https：// news.cnhnb.com/sannong/detail/424919/。

文化服务中心广播器材体系配置获得中央财政资金补助。2020年，在新冠肺炎疫情防控期间，全国各省份使用127.2万个农村应急广播终端设备，展开疫情防控政策和知识宣传，涉及各省（区、市）6182个乡镇、近10.5万个行政村（社区），覆盖2亿多农村人口，为农村疫情防控织密了"安全网"①。

二是农村公共文化数字化升级。2019年4月，文化和旅游部印发了《公共数字文化工程融合创新发展实施方案》，以国家公共文化云为统一界面，将原来的全国文化信息资源共享工程、数字图书馆推广工程、公共电子阅览室建设计划纳入统一管理，统称为公共数字文化工程，向全国提供了"一站式"数字文化服务。

2019年，由文化和旅游部等部门共同推动的"我和我的祖国"——文化新生活全国广场舞展演活动、"2019年全国乡村春晚百县万村网络联动"等活动在全国蓬勃开展。公共文化服务部门依托国家公共文化云、地方云共同打造"云上群星奖""云上广场舞"等专题，推动公共文化服务活动的线上与线下联动，取得良好效果。其中"云上群星奖"总访问量超过5000万人次，"乡村春晚"网络联动吸引3078.7万人次在线观看，春节元宵节期间，各地群众文化活动网络参与超过4.65亿人次。②

2020年，全国数字图书馆推广工程服务内容辐射全国2744个县级馆，共享服务的数字资源超过140TB。此外，全国已经建设230多个不同层次的地方文化云，为群众提供了共享直播、场馆导航、视听空间、在线培训等订单式、菜单式公共数字文化服务。③同年5月，中央网信办等四部门联合印发了《2020年数字乡村发展工作要点》，提出打造乡村网络文化阵地，全面推进县级融媒体中心建设，加快建设

①③《中国数字乡村发展报告（2020年）》，中华人民共和国农业农村部网站，http://www.moa.gov.cn/xw/zwdt/202011/P020201129305930462590.pdf。

②《2019年全国文化和旅游公共服务工作情况》，文化和旅游部：https://www.mct.gov.cn/vipchat/home/site/2/317/abstract/2019122403585035.html。

中国历史文化名镇、名村数字博物馆，构建乡村文物资源数据库等目标，重点推动我国公共文化服务数字化水平的提升。

三是优化农村公共文化服务的内容，增加吸引力。国家广播电视总局在全国实施"新时代记录工程""新时代精品工程""网络视听节目精品创作传播工程"，支持鼓励"三农"题材网络视听作品生产，全国涌现了一批受农村群众欢迎的网络剧、网络电影、网络栏目。2020年上半年，118部农村题材重点网络影视剧通过拍摄规划备案，十余部"三农"题材作品纳入重大题材网络影视剧项目库。

为提升我国公共文化服务绩效，开创各种富有地域特色、贴近本地人民群众文化娱乐需求的公共文化服务模式和内容，"十二五"期间我国开始创建"国家公共文化服务示范区"。2019年2月，《文化和旅游部 财政部关于公布第三批国家公共文化服务体系示范区（项目）名单的通知》显示，北京市石景山区公共文化服务目录制等54个项目列入第三批国家公共文化服务体系示范项目名单，其中河北省迁安市基层公共文化服务中心社会文化资源共享项目、广东省梅州市建设"三多三促"模式农村文化俱乐部、甘肃省陇南市康县"乡村舞台"建设、新疆维吾尔自治区哈密市村级公共文化服务"九位一体"建设项目等多个乡村公共文化服务创新项目入选。这些项目是近年来我国各地公共文化服务以人民为中心，锐意创新，在形式和内容上不断提高实效的见证。国家级公共文化服务示范区浙江省嘉兴市多年来坚持创建"具有嘉兴特色、东部地区示范、全国领先的现代公共文化服务体系"。2020年，嘉兴市第十四届"乡镇文化艺术周"的主题为"城乡一体 共奔小康"，由全市"三团三社"（三团指艺术团、合唱团、民乐团，三社指书画社、摄影社、文学社）和村级民间精品文艺节目展演、农民画大赛、2020嘉兴市村歌大赛等活动构成。各类活动以农民为主体，农民参与、农民创作、农民表演，特色浓郁、生动鲜活，展示了当地城乡一体化背景下乡村发展新风貌，深受广大群众欢迎。

公共文化服务体系的完善和内容的优化，使广大农村群众能够以更积极、主动的方式参与到本地公共文化事务和文化内容提供的决策过程中，农村地区的文化民主和文化治理水平实现普遍提升。

5. 乡村教育资源进一步优化，城乡之间的教育公平问题受到重视

农村地区教育资源短缺，生均教育经费和教育水平与城市差距较大，一直是我国教育事业发展的短板。2017 年，我国地方农村幼儿园、小学、初中、普通高中生均教育经费支出分别为 6897.31 元、11365.24元、15514.66 元和 14610.14 元，分别是全国平均水平的 70.8%、93.3%、88.4%和 76.5%。① 全国城乡之间各级学校之间的教育经费差别更大。优化农村地区教育资源，提升农村地区教育水平，促进城乡教育公平一直是我国教育事业面临的重大挑战。

"十三五"期间，国务院相关部门加强政策扶持，通过推进城乡义务教育一体化，提高农村教育整体水平，缩小城乡教育发展差距。2014 年以来，教育部通过教育现代化推进工程、义务教育学校建设项目、义务教育薄弱环节改善与能力提升项目等，加大对农村义务教育的资金扶持，全国累计新建、改扩建校舍 2.6 亿平方米、运动场地2.5 亿平方米，购置设施设备超 1100 亿元，乡村教育基础条件得到显著改善。②

"十三五"期间，全国各地积极推动城乡义务教育一体化发展，着力解决县域义务教育"乡村弱、城镇挤"问题。2019—2020 年，我国持续实施农村中小学数字教育资源全覆盖项目，通过卫星和宽带网络免费推送优质数字教育资源，帮助薄弱学校和教学点开齐开好国家规定课程。国家数字教育资源公共服务体系接入各级上线平台 177 个，数字教学资源共计覆盖中小学 85 个学科 873 个教材版本，总数近 5000

① 教育部财务司、国家统计局社会科技和文化产业统计司编：《中国教育经费统计年鉴（2018）》，中国统计出版社 2015 年版，第 610—628 页。

② 参见 https://baijiahao.baidu.com/s? id = 1678137456651831087&wfr = spider&for = pc。

万条。[①] 教育部加强优质在线课堂建设，晒课 2012 万余堂，遴选部级免费优课近 7 万堂。截至 2000 年 9 月底，全国中小学互联网接入率达 99.7%，配备多媒体教学设备的普通教室达 413.8 万间，93.5% 的学校已拥有多媒体教室。在各类教育资源数字化工程的推动下，我国农村地区教育资源不断优化。

高等教育是教育脱贫攻坚的重要一环，贫困家庭子女接受高等教育是阻断贫困代际传递的关键环节。党的十八大以来，全国累计有 514.05 万建档立卡贫困学生接受高等教育，数以百万计的贫困家庭走出了首个大学生。[②] 为促进高等教育公平，我国持续实施重点高校招收农村和贫困地区学生专项计划，通过"国家专项计划""地方专项计划""高校专项计划"，多方位构建保障农村和贫困地区学生上重点高校的长效机制。这些项目实施以来，计划招生人数由 2012 年的 1 万人增至 2020 年的 11.7 万人，累计已有 70 万名学子通过专项计划走出贫困地区，走进重点大学。[③]

（四）生态文明建设持续推进

良好的生态环境和人居环境是广大农村最基础、最公平的公共产品，是乡村发展的最大优势。实现农业现代化，推动农村第一、第二、第三产业融合发展，都需要良好的生态环境。2015 年，中共中央政治局审议通过了《生态文明体制改革总体方案》，该方案指出，要树立发展和保护相统一的理念，按照主体功能定位控制开发强度，调整空间结构，给子孙后代留下天蓝、地绿、水净的美好家园，实现发展与保护的内在统一、相互促进，必须保护森林、草原、河流、湖泊、湿地、海洋等自然生态。习近平总书记在党的十九大报告中指出，"我

---

① 《中国数字乡村发展报告（2020）》，中华人民共和国农业农村部网站，http://www.moa.gov.cn/xw/zwdt/202011/P020201129305930462590.pdf。

②③ 《创造更为公平的受教育机会（新数据 新看点）》，中国共产党新闻网，http://cpc.people.com.cn/n1/2021/0302/c64387-32039920.html。

们要建设的现代化是人与自然生态和谐的现代化，既要创造更多物质财富和精神财富以满足人民日益增长的美好生活需要，也要提供更多优质生态产品以满足人民日益增长的优美生态环境需要。必须坚持节约优先、保护优先、自然恢复优先为主的方针，形成资源节约和环境保护的空间格局、产业结构、生产方式、生活方式，还自然以宁静、和谐、美丽"。① 习近平总书记强调，"建设好生态宜居的美丽乡村，让广大农民在乡村振兴中有更多获得感、幸福感"。② 2020 年 6 月，国家发展改革委、自然资源部联合印发了《全国重要生态系统保护和修复重大工程总体规划（2021—2035 年）》，提出到 2035 年，全国森林、草原、荒漠、河湖、湿地、海洋等自然生态系统状况实现根本好转，生态系统质量明显改善，优质生态产品供给能力基本满足人民群众需求，人与自然和谐共生的美丽画卷基本绘就。党的十九届五中全会对"十四五"期间我国生态文明建设目标做出了总体部署，提出要使国土空间开发保护格局得到优化，生产生活方式绿色转型成效显著，主要污染物排放总量持续减少，生态环境持续改善，生态安全屏障更加牢固，城乡人居环境明显改善。

2019—2020 年，生态文明建设各项工作按照国家部署持续推进，在自然生态修复、绿色农业发展和乡村人居环境优化等领域取得全面进展。

1. 生态治理全面开展，山水林田湖草生态不断优化

习近平总书记指出，"实施乡村振兴战略，一个重要的任务就是推行绿色发展方式和生活方式，让生态美起来，环境靓起来，再现山清水秀、天蓝地绿、树美人和的美丽画卷"。③ 长期以来，由于采矿、

① 习近平：《习近平谈治国理政·第三卷》，外文出版社 2020 年版，第 39-40 页。
② 习近平：《习近平近日作出重要指示强调，建设好生态宜居的美丽乡村 让广大农民有更多获得感幸福感》，《人民日报》2018 年 4 月 24 日第 1 版。
③ 习近平：《走中国特色社会主义乡村振兴道路》，载中共中央党史和文献研究院《习近平关于"三农"工作论述摘编》，中国文献出版社 2019 年版，第 111 页。

伐木、粗放式增长和水土资源过度开发等原因，我国土地损毁、水体污染、湿地减少、水土流失、土地沙化等生态破坏比较严重，生态环境承受较大压力，可持续发展和生态化发展受到严重影响。仅以开采业为例，截至 2018 年底，全国矿山开采占用损毁土地约 5400 万亩，其中历史遗留矿山占用损毁约 3400 万亩。[①] 2019—2020 年，在全面推进生态文明建设的背景下，我国全面加强了国土修复工作。2019 年 12 月，自然资源部对外公布了《关于探索利用市场化方式推进矿山生态修复的意见》，倡导构建了以政府为主导、企业为主体、社会组织和公众共同参与的环境治理体系，通过激励、吸引社会投入，加快推进矿山生态修复。河北、辽宁、江西、甘肃、陕西、贵州、重庆和云南等省份也出台了实施细则，鼓励社会资本以参与、合作、特许经营等多种模式进入矿山生态保护修复领域。2020 年 11 月，自然资源部发布了《社会资本参与国土空间生态修复案例》（第一批），公布了 10 个国土资源修复案例，其中包括山东威海华夏城建设中通过矿山生态修复优化生态环境，带动社会资本投资和产业发展的案例，以及安徽淮北绿金湖采煤塌陷地治理中采用政府和社会资本合作（PPP）方式解决历史遗留问题，推动矿山环境治理与发展新产业相结合的案例，等等。这些案例为社会资本参与国土资源修复提供了有益参考。2020 年 9 月，自然资源部、财政部、生态环境部联合印发了《山水林田湖草生态保护修复工程指南》，该指南从生态修复理念的时代性、项目实施的系统性和科学性等角度，为我国生态环境修复工程的整体提升提供了系统性指导，对于我国生态修复水平的全面提升具有重要意义。

2019 年，我国国土绿化事业取得了新成绩。全国共完成造林 706.7 万公顷、森林抚育 773.3 万公顷、种草改良草原 314.7 万公顷、防沙治沙 226 万公顷、保护修复湿地 9.3 万公顷。其中，天然林保护

---

① 《我国将以市场化方式修复矿山生态》，中华人民共和国中央人民政府网，http://www.gov.cn/xinwen/2019-12/24/content_5463686.htm。

工程全年完成公益林建设 24.4 万公顷、中幼林抚育 175.3 万公顷、后备森林资源培育 7.8 万公顷，完成森林管护任务 1.15 亿公顷。[①] 同年，我国全面停止天然林商业性采伐，国务院批准扩大贫困地区退耕还林还草规模 138 万公顷，当年完成退耕还林还草任务 80.3 万公顷。此外，"三北"工程，黄土高原综合治理建设，长江、珠江、沿海和太行山绿化等重点防护林工程持续推进。

湿地是生物多样性和良好生态环境的重要组成部分。"十三五"期间，我国湿地保护与修复水平全面提升，新增湿地面积 20.26 万公顷，湿地保护率达 50% 以上，新增国家湿地公园 201 处。截至 2020 年，国家湿地公园共 899 处。[②]

21 世纪以来，我国持之以恒的防沙治沙事业取得丰硕成果。"十三五"期间，全国累计完成防沙治沙任务 880 万公顷，占"十三五"规划治理任务的 88%。毛乌素沙地、浑善达克沙地、科尔沁沙地和呼伦贝尔沙地生态状况整体改善，林草植被增加 226.7 万公顷，沙化土地减少 16.9 万公顷。[③] 库布齐沙漠治理率达到 25% 以上，植被覆盖率达到 53%，降雨量和生物种类大幅增长，区域生态状况全面好转。

"十三五"期间，我国加强了地表水污染治理，全国地表水质较"十二五"期间有了明显改善。2020 年 12 月，我国主要江河水质分类统计中，Ⅰ类水质断面占 13.4%，比 2015 年 12 月提高 7.7 个百分点；Ⅱ类水质占 40.9%，比 2015 年 12 月提高 7.9 个百分点；Ⅲ类水质占 30.3%，比 2015 年降低 2 个百分点；Ⅳ类水质占 11.0%，比 2015 年 12 月降低 2.5 个百分点；Ⅴ类和劣Ⅴ类水质占 4.3%，比 2015 年 12 月降低 11.6 个百分点。与 2015 年 12 月我国地表水质总体上"轻度污

① 《2019 年中国国土绿化状况公报》，国家林业和草原局、国家公园管理局官网，http://www.forestry.gov.cn/main/63/20200312/101503103980273.html。

② 《"十三五"期间新增湿地 20.26 万公顷》，经济网，http://www.ceweekly.cn/2021/0203/331533.shtml。

③ 《"十三五"我国荒漠化防治成绩单来了!》，新华网，http://www.xinhuanet.com/politics/2020-06/17/c_1126125612.htm。

染"相比，2020 年 12 月我国地表水质为"总体良好"。① 这表明，"十三五"期间我国地表水污染治理取得重大突破。

在生态文明发展理念的引导下，我国生态环境修复持续开展，整体生态不断改善，产业生态化和生态产业化相互推进，乡村生态环境日益优化。

2. 绿色农业取得显著成效，生态友好型农业发展格局初步形成

中华人民共和国成立以来，特别是改革开放以来，我国农业产业发展较好，粮食、棉花、油料、蔬菜、鱼肉蛋奶类等农产品产量不断创造出历史新高，为提高人民生活水平和保障国家粮食安全发挥了重大作用。但我国也付出了巨大的环境和生态代价，成为基于化学品消耗的农业总产量最高的国家。农药、动物生长激素、化肥、除草剂、不可降解的农用地膜、秸秆焚烧、农用机械燃油等因素，对土地和地表水乃至地下水都造成了严重污染，同时也对粮食和各类食品的品质造成损害，并危及人民的生命健康。在我国全面转向生态文明导向发展的背景下，推动农业振兴，必然要求农业发展从不可持续的粗放型增长向可持续的集约型增长转型，从化学工业依赖型向自然生态友好型转型，走绿色农业之路。

"十三五"期间，我国绿色农业发展成效显著。2019 年，全国农用化肥使用量为 5403.6 万吨，比 2018 年下降 4.4%，比 2016 年下降 9.7%。同年，全国农用塑料薄膜使用量为 240.8 万吨，比 2018 年下降 3.4%，比 2016 年下降 7.5%；2019 年，全国农药使用量为 139.2 万吨，比 2018 年下降 7.4%，比 2016 年下降 20%。②

2017—2020 年，农业农村部会同财政部累计安排中央财政资金 176.5 亿元，实现 585 个畜牧大县全覆盖，推动全国畜禽粪污综合利

① 数据来源：《2020 全国地表水质月报》（第 12 期）、《2015 全国地表水质月报》（第 12 期）。
② 国家统计局农村社会经济调查司编：《中国农村统计年鉴 2020》，中国统计出版社 2020 年版，第 42 页。

用率达到 75%，在减轻畜禽粪环境污染的同时，推动了农村能源和农用有机肥利用的产业发展。[①] 在秸秆利用方面，2016—2020 年，农业农村部会同财政部共安排中央财政资金 86.5 亿元，面向 684 个秸秆产生大县，以肥料化、饲料化、能源化为主要利用方向，支持秸秆利用，推动全国秸秆综合利用率达到 86.7%。[②]

在多力共振的格局下，我国生态友好型农业发展格局正在初步形成。

3. 农村生活环境综合治理不断细化，人居环境持续提升

2018 年，为加快推进农村人居环境整治，建设美丽乡村，进一步提升农村人居环境水平，中共中央办公厅、国务院办公厅印发了《农村人居环境整治三年行动方案》。该方案提出，要重点围绕厕所粪污治理、农村生活污水治理、提升村容村貌、村庄规划管理等领域，加快农村人居环境优化，到 2020 年实现农村人居环境明显改善，村庄环境基本干净整洁有序，村民环境与健康意识普遍增强。为推动这一方案的贯彻，农业农村部联合国家发展改革委实施了农村人居环境整治整县推进工程。2019—2020 年共安排中央资金 51 亿元，支持贵州省等中西部地区 141 个县，因地制宜建设农村人居环境设施，推进农村生活垃圾、污水、粪污治理和村容村貌提升。[③]

2020 年，中央财政投入 74 亿元，用于支持农村厕所革命。截至当年 12 月，全国 95% 以上的村庄开展了清洁行动，村容村貌明显改善，全国农村卫生厕所普及率超过 65%。2018—2020 年，全国新改造农村户厕累计超过 3500 万户，90% 以上的行政村加入农村生活垃圾收运处置体系，农村生活污水治理水平有了新的提高。[④] 全国涌现出了

①② 《农业部拨付 176.5 亿元支持农业废弃物资源化利用，助力乡村振兴》，https：//view.inews.qq.com/a/20201009A0GNFR00。

③ 《对十三届全国人大三次会议第 6224 号简称的答复》，农业农村部网站，https：//baijiahao.baidu.com/s？id=1678137456651831087&wfr=spider&for=pc。

④ 《农村人居环境整治三年行动方案目标任务基本完成》，央广网，http：//news.cnr.cn/native/gd/20201228/t20201228_525376788.shtml。

北京市门头沟区等 106 个措施有力、成效突出、群众满意的全国村庄清洁行动先进县①。我国乡村生态建设正在迈入新的历史阶段。

（五）乡村治理体系在探索中开拓前行

优化乡村治理体系是我国乡村振兴的固本之策。《乡村振兴战略规划（2018—2022）》指出，要建立健全党委领导、政府负责、社会协同、公众参与、法治保障的现代乡村社会治理体制，推动乡村组织振兴，打造充满活力、和谐有序的善治乡村。2019—2020 年，我国乡村治理体系在多个方面取得新突破和新进展。

1. 乡村基层党组织建设全面加强，组织振兴开创新局面

组织振兴是乡村振兴的基础和保障。习近平总书记指出，"要推动乡村组织振兴，打造千千万万个坚强的农村基层党组织，培养千千万万名优秀的农村基层党组织书记，深化村民自治实践，发展农民合作经济组织，建立健全党委领导、政府负责、社会协同、公众参与、法治保障的现代乡村社会治理体制，确保乡村社会充满活力，安定有序"。② 基层党组织为引领我国乡村社会治理和全面的发展核心力量。根据中共中央组织部对 2019 年中国共产党党内统计公报，截至 2019 年 12 月 31 日，全国共有农牧渔民党员 2556.1 万名，533824 个行政村已建立党组织，覆盖率超过 99%。③

2019—2020 年，在全面从严治党的背景下，我国基层党组织建设全面加强，培养了大批坚强的基层党组织和优秀的基层党组织书记。各地农村基层组织全面落实"三会一课"、《中国共产党农村基层组织工作条例》，加强学习习近平总书记关于乡村振兴的讲话精神和党的

---

① 《中央农办、农业农村部通报表扬 106 个全国村庄清洁行动先进县》，搜狐网，https：//www.sohu.com/a/380168669_120066313。

② 习近平：《在参加十三届全国人大一次会议山东代表团定审议时的讲话》，《人民日报》2018 年 3 月 9 日第 1 版。

③ 《2019 年中国共产党党内统计公报》，新华网，http：//www.xinhuanet.com/politics/2020-06/30/c_1126178928.htm。

十九届一中、二中、三中、四中、五中全会精神，提高全体党员的思想认识水平和党组织的战斗力，在全面决战决胜扶贫攻坚、促进乡村振兴和抗击新冠肺炎疫情过程中发挥了关键作用。

高度重视农村党支部建设，发挥支部书记的引领作用。近年来，全国派出25.5万个驻村工作队、累计选派290多万名县级以上党政机关和国有企事业单位干部到贫困村和软弱涣散村担任第一书记或驻村干部。截至2020年3月，仍有91.8万名上级选派的第一书记或驻村干部工作在乡村第一线。在农村党支部书记培养和选拔方面，各地结合"能人强村"战略，"头雁工程"等方式，从本村优秀现任村干部、致富能手、农民专业合作组织负责人、优秀民营企业经营管理人员、复员退伍军人、回乡居住的企事业单位退休等人员中的党员任村党支部书记。山东省青岛市在乡村党建中，在社区或新村设立共建议事会，吸纳区域的两新组织、"两代表一委员"、离退休干部、具有较高威望的乡村优秀人才作为成员，提高乡村基层党组织的引领能力。中央农村工作领导小组办公室秘书局，农业农村部办公厅联合发布的"第二批全国乡村治理典型案例"中，黑龙江省桦南县、上海市崇明区、浙江省温岭市、山东省平原县、海南省琼海市、青海省甘德县江千乡等地，坚持以党建为引领，通过强化党组织覆盖和工作覆盖纵深下沉，推动基层治理和为民服务不断延伸。江苏省常州市天宁区郑陆镇牟家村党支部书记袁洪度自2009年担任本村党支部书记以来，带领村"两委"班子，艰苦创业，开创"牟+"工作法，坚持"站位有高度、锤炼出纯度、指向刻精度、推进重力度、服务有热度、做人讲尺度"的"六度"要求，大力发展村域经济，优化村容和人居环境，将牟家村建设成三产融合、治理良好、环境优美的"中国生态魅力村""全国乡村振兴示范村"。山东省济南市章丘区三涧溪村党委书记高淑贞，通过抓党建促发展，发挥党组织在村庄发展中的"聚力""凝魂"和引领作用，整合144名党员，成立了青年创业、旅游服务和社区管理等5个党支部，在村党委的领导下统一发挥作用，党员群众拧成一股绳，带领全村流转土地4000余亩，建设现代农业基地和集约型工业园区，成功激活集体资产资源，推动村域产业转型升级，使三涧溪村成为"全国乡村治理示范村"和"全国文明村"。

经费保障是发挥基层党组织引领作用的重要因素。自2020年起，国家将村干部基本报酬和村级组织办公经费两项合计由每村每年不低于9万元，提高至每村每年不低于11万元。同时，建立正常增长机制，确保村级经费落实到村、使用在村，以进一步激励农村基层干部担当作为。

2. 村民自治实践不断创新，乡村治理实现效率提升

村民自治是指广大农民群众直接行使民主权利，选举村委会，并依托村委会的组织和带动力量，依法办理自己的事情，创造自己的幸福生活，实行自我管理、自我教育、自我服务的一项基本社会政治制度。村民自治的核心内容是"四个民主"，即民主选举、民主决策、民主管理、民主监督。在乡村振兴的背景下，各地农村结合实际，积极探索，不断创新村民自治基础上的乡村多元共治形式，积累了丰富的实践经验。

一是落实村党支部、村委会全面执行"四议两公开"议事决策程序，在工作中贯彻村党组织提议、村"两委"会议商议、党员大会审议、村民会议或者村民代表会议决议，决议公开、实施结果公开。通过党务、村务公开，畅通监督渠道，及时解决涉及群众利益的难点、热点问题，建立村党委和村委会的公信力和领导力，发挥好基层党组织的领头羊作用。

二是发挥农民主体作用，创新村民协商议事形式。内蒙古自治区伊金霍洛旗多年来坚持强化村级民主管理，创立了"四权四制三把关"制度，对村党支部、村委会、村民代表会议、村民监督委员会的权力行使范围进行了明确，完善了村民代表常设制和村民代表会议参

与重大决策的制度，有效发挥了镇党委、政府的把关指导作用和村民代表会议、村委会的自治作用，激发了村民自治活力。重庆市渝北区在乡村治理中，充分发挥"民情茶室"的作用，通过村党组织负责人与村民定期进行茶室交流，掌握民情民意，取得良好效果。

三是充分发挥各类群众性、社会性公益组织或互助组织的作用，提高乡村社会治理的效率。《中共中央 国务院关于实施乡村振兴战略的意见》指出，要大力培育服务性、公益性、互助性社会组织。近年来，各地在乡村治理领域，充分发挥各种自治性、公益性农村社会组织的作用，提高社会治理的水平。例如，山西省运城市通过建立和完善村规民约、村民议事会、红白理事会、老年协会、新乡贤理事会、道德评议会、禁赌禁毒协会和民调理事会这"一约七会"制度，引导群众破除陋习、移风易俗、遏制攀比浪费的风气、树立节约文明的社会新风、化解矛盾纠纷，维护基层社会和谐稳定，取得了突出成效，社会风气和地方治安连年好转。2019年，全市城市农村治安案件同比下降31.2%，刑事案件下降14.3%；2020年第一季度，治安案件下降86.3%，刑事案件下降59.7%。[①] 山西省长子县、河南省新密市支持多方主体参与乡村治理，发挥社团组织的作用，推动协同共治，形成共建共治共享的乡村治理格局。

四是创新基层治理方式，提升现代治理水平。入选第二批全国乡村治理典型案例的湖南省津市市、宁夏回族自治区固原市将积分制引入乡村治理，强化"正向激励"，促进党员和村民担当作为，争当先进；山东省荣成市创新"信用+"乡村治理模式、广东省清远市建立乡村治理新闻官制度，创造了乡村治理的新工具。

3. 积极构建乡村治理示范体系，发挥榜样引领作用

我国有50多万个行政村，各地的村情、民情差异巨大。充分发挥各地乡村治理的实践经验，为其他地区提供示范和借鉴，是我国乡村

---

① 王荔：《河东大地盛开乡村文明之花》，《山西日报》2020年9月2日第5版。

治理体系建设过程中形成的宝贵经验。近年来，国家相关部委深入开展乡村治理示范体系建设。2019 年 6—9 月，司法部、民政部对 2003 年以来命名的七批"全国民主法治示范村（社区）"进行了复核，保留北京市昌平区北七家镇郑各庄村等 2899 个村（社区）"全国民主法治示范村（社区）"称号，并对"全国民主法治示范村（社区）"实施"亮牌"管理，设立"全国民主法治示范村（社区）"标识，增强群众荣誉感和责任感，并接受社会监督。

2019 年 12 月，中央农村工作领导小组、农业农村部、中央宣传部、民政部、司法部共同认定北京市平谷区刘家店镇等 99 个乡（镇）为全国乡村治理示范乡镇，北京市海淀区温泉镇白家疃村等 998 个村为全国乡村治理示范村。

2019—2020 年，中央农村工作领导小组办公室秘书局、农业农村部办公厅先后公布两批 54 家全国乡村治理典型案例，其中包括天津市宝坻区"深化基层民主协商制度"、河北省邯郸市肥乡区"红白喜事规范管理"等。①

4. 自觉运用数字技术，推动乡村治理迈入数字化时代

随着我国数字技术的不断进步，依托大数据开展农村党建、农业生产和乡村治理，已经成为全面提升我国乡村治理水平的基本趋势。根据《中国数字乡村发展报告（2020 年）》介绍，2019 年，全国党员干部现代远程教育终端点 68.5 万个，其中乡镇（街道）3.8 万个、行政村 50.1 万个，农村党员全年接受远程教育培训 19984 万人次。2020 年 1 月，农业农村部、中央网络安全和信息化委员会办公室印发的《数字农业农村发展规划（2019—2025 年）》提出，要推进乡村管理服务数字化转型，建立健全农业农村管理决策支持技术体系和重要农产品全产业链监测预警体系，建设数字农业农村服务体系、农村人

---

① 《第二批全国乡村治理典型案例名单公布》，中国新闻网，https：//baijiahao.baidu.com/s？id=1684927194196559451&wfr=spider&for=pc。

居环境智能监测体系、乡村数字治理体系，推进乡村治理现代化。

在全面建设数字乡村战略的推动下，我国不少地方积极推进乡村治理数字化，搭建"互联网+政务服务""互联网+党建"平台，促进农业行政审批制度改革、农业农村信息化建设和数字化管理深化发展，涌现了一批乡村治理数字化的范例。吉林打造的"新时代e支部"智慧党建平台，将全省8.3万个基层党组织、160.3万名党员纳入平台，实现了组织建设数字化。云南省建成了集党务、政务、服务于一体，县乡村三级全覆盖的"云岭先锋"综合数字服务平台中心。四川等一些地方依托腾讯"为村"数字平台，将党支部建设在云端，打通党组织与党员联系交流直通车，有效提升了基层组织建设的实效。[1] 浙江省余姚市中村大力提升数字治理能力，利用互联网和"E宁波"平台，促进农产品销售，发展乡村旅游业。同时，利用电视屏、手机屏、触摸屏、电脑屏"四屏联动"，实现村务公开，促进乡村治理精细化。中村还积极建设智慧乡村，为村民创造远程医疗平台，利用大数据提升公共服务，实现了数字化推动的山乡巨变，一跃成为生态优美、经济繁荣、治理良好的"网红村。"

三、推进乡村振兴面临的若干挑战

全面推进乡村振兴，需要深入贯彻党的十九大以来党和政府对乡村振兴所做出的系列战略部署。同时，也要深刻认识到乡村振兴目标的复杂性和艰巨性。乡村振兴是一个系统工程，不仅包括农业产业、人居环境、数字乡村、公共服务体系等硬件的提升和改善，更涉及现代农业生产体系与流通体系的建构、城乡融合发展背景下城乡关系的建构、农村社会组织的建构、农民主体性作用的发挥等多个复杂领域。

---

[1] 《中国数字乡村发展报告（2020年）》，中华人民共和国农业农村部网站，http://www.moa.gov.cn/xw/zwdt/202011/P020201129305930462590.pdf。

推进乡村振兴，需要高度关注并深入探讨这些复杂领域的挑战。

（一）建构现代农业体系的挑战

现代农业体系包括农业生产的生产主体、土地、资本、技术等生产要素和市场流通等部门。现代农业生产体系建设的核心是解决农户与市场的对接，形成有利于促进农户农业生产积极性、有利于保护国家粮食安全和提升我国农业国际竞争力的现代农业市场体系。目前，我国农业生产主体包括大型农场、合作社、家庭小型农场和小农户等。从提高农业生产效率的角度看，通过土地流转、土地股权等方式，提高单个生产主体的土地规模，实现规模化经营，是提高我国农业生产国际竞争力的重要方式。但是，由于自然环境的制约，我国除东北、华北等若干平原地区外，土地大多不适合大规模机械化作业。这决定了我国未来仍将保留大量中小型家庭农场和小农户。习近平总书记指出，"当前和今后一个时期，要突出抓好农民合作社和家庭农场两类农业经营主体发展，赋予双层经营体制新的内涵，不断提高农业经营效率"。[①]

提高这些中小型生产主体的生产效率，需要因地制宜，根据气候和地理条件走特色化、品牌化的发展模式，大力发展高附加值的订单农业。通过订单农业，实现生产和需求的有机匹配，一方面降低农户和生产主体因为单个农产品供需失衡引起的市场风险，另一方面实现农产品市场预期价格的最优化。为此，需要建设包括种业、土壤与水肥、市场供需中介、流通与配送服务等社会化的专业性服务体系，培养各类专业化农业服务公司。同时，现代农业生产体系需要建设一大批具有引领作用的农业形态，如智慧农业、生物种业、创意农业、景观农业、田园生态农业等农业生产综合体。

在实现这些目标的过程中，有一系列问题需要通过不断创新和尝

---

① 习近平：《习近平谈治国理政·第三卷》，外文出版社 2020 年版，第 260 页。

试来寻求解决之道。如何大规模培养能够适应订单农业、特色农业、有机生态农业的市场竞争和科技能力要求的新型农民，并通过收入保障、乡村人居环境和公共服务的系统性优化使这些新型农民家庭愿意留在本土，长期从事农业生产？如何完善农业生产保险体系，从而系统性降低农业生产的气候和灾害风险，使农业生产成为可以稳定收益预期的产业活动？如何通过村域、镇域、县域和行业等农产品信息系统，以及合作社、产业联合体等平台，解决单个农户或中小型农业生产主体"分散的小农与市场对接成本太高"①，风险和不确定性等突出问题？如何因地、因村制宜，实现农业产业的第一、第二、第三产业叠加，使农业生产向产业链复合化、高附加值化迈进？如何减少电商与特色农业对接中的农户利益保护问题，以及电商农业中信用治理问题？

建构现代农业体系是实现我国广大农村地区产业振兴的重要基础，也是我国实现农业现代化的基石。把建构现代农业体系作为重中之重，从基础做起，绵绵用力，逐领域、逐问题、逐环节去建构农业生产体系的各个要素和相应的运行机制，奠定我国农业和农村现代化的产业基础，是乡村振兴战略的重要任务。

（二）城乡融合发展的挑战

推动城乡融合是我国乡村振兴的基本原则和指导思想。习近平总书记指出，"要把乡村振兴这篇大文章做好，必须走城乡融合发展之路。我们一开始就没有提城市化，而是提城镇化，目的就是促进城乡融合。要向改革要动力，加快建立健全城乡融合发展体制机制和政策体系"。② 城乡融合发展，是对城乡二元对立体制的超越。我国长三角、珠三角地区，以及许多大中城市的周边地区，基本已经实现了城

---

① 王立胜：《中国农村现代化社会基础研究》（修订版），济南出版社 2018 年版，第 2 页。
② 习近平：《习近平谈治国理政·第三卷》，外文出版社 2020 年版，第 260 页。

乡融合发展。主要体现在这些地区的农村经济发展水平较高，村民生活基本实现了城市化，承接或建立了一定的制造业或服务业，并为城市提供休闲、娱乐及生态优化空间。但相比之下，其他广大农村地区城乡之间无论是基础公共设施还是公共服务领域，差别依然十分明显。"十四五"期间，我国需要着力推动县域发展的城乡一体化，积极推动水、电、路、燃气、5G 网络等基础设施建设向乡村下沉，并系统提升乡村文化、教育、医疗、信息与通信、交通等领域的公共服务，使全国城乡融合发展跨上新台阶。

但是，如果城乡融合发展仅限于城市公共服务和社会资源向乡村下沉，就只是在缩小城乡在公共服务的差别，乡村依然只会是城市文明的追随者，人们依然会选择离开乡村，进入城市，城乡差别的鸿沟从根本上将难以消除。国家禁止城市居民到农村购地或租地修建别墅或私人会馆，是因为按制度，城市居民家庭有可自由交易的具有金融属性的房产，而农村居民的宅基地和住房不具有金融属性，不能用于金融抵押或面向村集体内部家庭以外的对象出售。这造成在家庭财富积累方面，农村家庭从起点上就远低于城市家庭。根据国内学者的研究，"2020 年城镇居民财产性收入是农村居民的 11.65 倍。农民没有财产性收入，和城镇居民的收入差距很难缩小"。[①] 在这种情况下，如果允许城市居民到乡村修改别墅或私人会馆，会造成农村居民家庭宅基地的廉价流失，加剧城乡居民家庭之间的财富差距。

"为什么城市可以相对轻易地提取乡村中的各项要素，而乡村却陷于被动，无法充分利用城市中累积的先进要素"？[②] 消除城乡之间的鸿沟，需要破除造成城乡巨大差别的制度前提。城乡融合发展的标志，应当是乡村和城市之间实现身份的对等，各类资源和要素双向交流。

[①] 《周天勇：城镇居民财产性收入是农村居民的 11.65 倍，要加快农村土地市场化改革》，搜狐网，https://www.sohu.com/na/454655939_100160903。

[②] 吴重庆、陈奕山：《新时代乡村振兴战略下的农民合作路径探索》，《山东社会科学》2018 年第 5 期。

乡村不仅应当是人们观山乐水、寄托乡愁的文化空间，更应当是环境美好、每个人都乐于生活其中宜居宜业的生活空间和事业空间。要解决城市空间的产业和资本随着土地、劳动和价格提升而向农村空间流动，以及乡村的自然生态、特色农产品和服务业实现自主化定价的问题，从而在城市与乡村之间形成相互补充、相互支持、共同发展的新型关系。

要实现这种乡村和城市的身份对等，需要从根本上打破造成城乡二元对立的一系列制度性因素，如农民身份的全面取消，城乡居民养老金制度的一体化，农村金融体系的建立，农村自然环境和生态体系价值可货币化或可兑现化，等等。

因此，农村地区的山林水田湖草不仅是一个有机生命共同体，更应当是属于广大农村集体和家庭的可兑现、可交易、可货币化的资产，以及可以作为货币发行之锚的国家战略资产，"要用乡村资源货币化来吸纳现在过量增发的货币，扩大乡村资源和物业的价值化的增长空间，这也是通过生态资本深化的体制改革来实现习近平总书记讲的'青山绿水就是金山银山'"。[1]乡村生态环境和土地资源的价值松绑蕴含着巨大的经济增长潜力。"十四五期间，如果能促进土地、劳动力和资本三大要素市场化改革，其综合带动的新经济增长大概能达到6.5%～7%之间"。[2]

因此，如何深化促进城乡一体化的深层改革，利用好乡村自然生态环境资源、土地这些战略资产，并将其作为大幅增加农村家庭财富和市场购买力的重要资源，是我国乡村振兴面临的又一重要挑战。

（三）乡村社会自组织化的挑战

乡村振兴的五大主题之一就是组织振兴。组织振兴是指建设强有

---

① 董筱丹、温铁军：《去依附：中国化解第一次经济危机的真实经验》，东方出版社2019年版，第20~21页。

② 《周天勇：最大增长潜能将来自农村剩余土地市场化改革》，新浪网，https：//finance.sina.com.cn/roll/2020-11-17/doc-iiznctke1840004.shtml。

力的乡村基层党组织，使党组织成为提升乡村治理水平和引领乡村全面振兴的核心力量。但乡村社会是高度复杂的，农户之间、农民之间、农民和市场、农民与政府之间包含着各种不同层次的利益关系。这决定了农村基层党组织在乡村治理中不能包办一切，也做不到包办一切，而是需要充分激发乡村社会的自治潜能，积极培养乡村社会的各类自治组织，实现基层党组织领导下的乡村社会自组织化。

传统上，我国农村社会主要依靠宗族和乡绅力量进行自治，国家力量很少深入到乡村社会内部。中华人民共和国成立后，传统的宗族和乡绅治理结构被清除，取而代之的是基层党组织及其领导下的各类村级政治经济组织，如农业生产大队、村妇联、民兵组织、共青团、贫农协会等。由此，党组织代表的国家力量深入农村社会最基层，形成了与传统社会完全不同的现代治理结构。但是，与传统社会治理体系中乡村自组织力量的多层次、有机性和充分弹性相比，计划经济时期的乡村基层管理体系具有刚性执行党和政府意志的特点，其服务目标的重心是国家和政府。当国家的利益需求与乡村本身及农民家庭的利益需求存在冲突时，这一治理体系在立场上明确倾向于国家，由此造成农民与政府部门关系的紧张以及乡村自我治理能力的削弱，"政府为了从分散的小农为主体的农村提取剩余而在基层形成了'对上代理型'治理结构，与乡村'自我稳定机制'所需要的治理方式刚好相反，村舍的自我治理和风险内部化功能受到极大削弱"。[①] 在这种模式下，当国家和社会遇到较大的危机时，乡村社会很容易受挤压，承受较大压力和代价。即使在正常情况下，乡村治理也存在弹性不足的问题。

改革开放以来，我国建立了村民自治制度，并经历了30多年的实践和完善过程。但由于实现联产承包责任制以后，绝大多数村庄集体经济解散、农民致力于发展家庭经济，以及工业化和城市化吸引大量

---

① 温铁军、张俊娜、邱建生、福建农林大学课题组：《居家思危：国家安全与乡村治理》，东方出版社2016年版，第35页。

农村青壮劳力进城打工，包括党支部、村委会在内各种乡村的基层组织功能逐渐弱化。一方面，家庭联产承包责任制实行以后，村集体已经在政治、经济和公共领域全面失去了对农民家庭的决定性影响，绝大多数村委会无力推动村庄内部公共设施的建设，村庄集体福利极为有限，村民与村委会之间、村民之间已经由人民公社时期的强绑定联系转变为弱联系。另一方面，在村庄内部，由于村委会履职的方式主要是完成"三提五统""两工""计划生育"等国家义务，即对农民的纳税等义务的监督和强制完成的角色。因而从联产承包责任制实施到2005年农业税取消之前，在大多数农村地区，村委会与农民家庭的联系是逐渐疏远甚至在某种程度上逐渐紧张的过程。

作为改革开放以来农村地区的核心管理制度安排，村民自治制度主要体现在"民主监督、民主选举、民主决策、民主管理"四个环节中。但实际上，各地在数十年的村民自治制度实践中，落实最充分的是"民主选举"环节，而"民主决策""民主监督""民主管理"三个领域落实情况要弱得多，多年来推进缓慢。其原因一方面在于，"对上负责的体制机制和地方政府的利己动机使得地方在制定政策时产生了目标替代，以地方政府绩效而不是以推广基层民主为第一目标，导致民主选举这种过程明确、易于分解、易操作化、能够量化的任务驱逐了民主决策、管理、监督等难以量化的任务，从而产生了政策偏差"；① 另一方面的原因在于，在大多数地区，由于村集体经济缺失，村委会与村民之间的经济依赖关系已经极大弱化。村民因而缺少了对村集体事务进行民主决策、民主监督和民主管理的兴趣。

经济上的关系弱化，同时也使村委会本身已经失去在村庄治理中的伦理道德约束和精神价值引领作用。"一旦地方村落的管理机构或某个次级等团体丧失了主要的制度功能，个人减少对这些传统组织的

---

① 张树旺、谢小兰、杨秋婷：《乡村振兴战略实施背景下村民自治制度的完善路径与演进逻辑——基于184份政策文本的内容分析》，《中国发展》2020年第5期，第91页。

忠诚也就顺理成章了。既然传统的社会生活联合体中已经没有任何制度的内容，无论有意无意，他当然会转移他的忠诚；它们与自己生活中的主要道德体验已经失去联系，他就要重新为自己寻找精神的方向"。① 正是在这种背景下，乡村社会生活一定程度上出现失序状态，各种灰色的文化形态，如非法宗教传播、封建迷信、奢侈攀比之风在农村地区出现，甚至形成主流意识形态在农村地区失去主导作用的现象："官方意识形态缺乏组织载体，而流于形式的同时，宗族、宗教、宗派等非正规组织的亚文化已经占据主流。"②

实行联产承包责任制以来，在以村委会为代表机构的村民自治系统中，村民最关心的是家庭核心利益的维护和实现，如经济利益、计划生育指标和宅基地获取等，而对其他集体领域参与的动机往往要小很多。但如果村民家庭能够从村委会代表的"集体"获得较显著的收益，如年度分红，甚至是巨额的拆迁补偿款或征地款，那么他们对村"两委"管理权威的认同度，对村集体事务的议事、决策和监督意识就要强烈得多。这一特点已经在过去 40 多年间被大量的事例所证明。如国内极少数坚持经济集体化的村庄，以及大量因城市扩张、兴建工业区、开发区等原因集体土地被国家"征用"而获得高额土地收益，并建立了一定规模村庄集体经济的"城中村""近郊村"和"幸运村"。在这类村庄中，因为存在巨大分红收益和集体福利，村"两委"推动村庄集体公共设施建设能力强，村民与村集体或"两委"之间存在着密切的相互制约关系，甚至村民资格都受到严格的保护和限制。正如一些学者所指出的，"强调个体权利和个体发展，在市场机制中对农村社会秩序达到基础性整合的村民自主性，是村民自治的基础"。③

① ［美］罗伯特·尼斯比特：《"寻求共同体"：秩序与自由之伦理学的研究》，载唐·E.艾伯利：《市民社会基础读本——美国市民社会讨论经典文选》，林猛、施雪飞、雷聪译，商务印书馆 2012 年版，第 50 页。

② 温铁军、张俊娜、邱建生、福建农林大学课题组编著：《居家思危：国家安全与乡村治理》，东方出版社 2016 年版，第 37 页。

③ 慕良泽：《村民自治研究 40 年：理论视角》，《中国农村观察》2018 年第 6 期，第 8 页。

习近平总书记指出，"乡村振兴离不开和谐稳定的社会环境。要加强和创新乡村治理，建立健全党委领导、政府负责、社会协同、公众参与、法治保障的现代乡村社会治理体制，健全自治、法治、德治相结合的乡村治理体系，让农村社会既充满活力又和谐有序"。① 从我国乡村社会自组织的现状看，推动乡村振兴，需要从三个层面推动农村社会的再组织化问题。

首先，要解决村集体和"两委"的实际影响力和组织动员能力不足的问题。而解决这一问题的突破口正在于建立村集体的经济支付能力，以及强化村民与集体之间的内在经济关联。大量事实表明，集体经济较强的村庄，其村民自治水平明显强于集体经济较弱的村庄。

其次，要把乡村社会的再组织化作为一种基本的公共品来提供。乡村振兴过程也是国家从缩小城乡差距、推动城乡融合发展的目的出发，将大量公共资源向农村地区重新配置的过程。缺乏有机组织、原子化的分散农户不利于乡村振兴背景下公共资源的承接和其潜能的发挥。"为了更有效地利用公共资源，需要将农民组织起来，结成利益紧密相关的共同体，整体性地利用公共资源，实现规模效应，并落实农民对公共资源利用的民主监督权利，唯有如此，投向乡村的宝贵公共资源才可能被整体性地有效利用起来"。② 这意味着，在乡村振兴的背景下，"政府应该以手中掌握的大量资源为契机，通过对小农户的发动组织，推动乡村地区的社会建设，将乡村社会活力的再造、小农户的再组织化视为政府在乡村振兴工作中最大宗最重要的公共产品供给"。③

最后，要促进乡村内生性自组织力量的培养和壮大，解决乡村自组织能力缺失的问题。从各地实践来看，村民议事会、村民红白理事

---

① 习近平：《走中国特色社会主义乡村振兴道路》，载中共中央党史和文献研究院《习近平关于"三农"工作论述摘编》，中央文献出版社 2019 年版，第 135 页。

② 吴重庆、陈奕山：《新时代乡村振兴战略下的农民合作路径探索》，《山东社会科学》2018 年第 5 期。

③ 吴重庆、张慧鹏：《小农与乡村振兴——现代农业产业分工体系中小农户的结构性困境与出路》，《南京农业大学学报（社会科学版）》2019 年第 1 期。

会、老年协会、民调理事会、禁赌协会、新乡贤协会、宗亲会等各类不同背景、不同人员组成的社会组织都已经参与到乡村社会治理过程中。这些组织在乡村新治理体系中大多发挥着道德监督和价值观倡导作用。作为新型乡村社会组织，它们本身受到基层党组织的引领和指导。但由于它们是出于特定功利目标从外部动员起来的，因而组织结构上比较松散，缺乏内生性成长动力和有效动员组织成员的利益机制。这决定了这类组织难以对农村社会的道德规范和价值准则建构发生深层影响和关键作用，也无法成为提升农村社会结构有机性和推动农村自组织化的主要力量。

从社会学的角度，农村内生性社会组织的产生是出于调整和维护农村社会的良序以及相关人群的特定利益的需要。这样的内生性社会组织一旦产生，就会形成自身发展的需要，以及自身的价值体系和决策规范，并且因为维护组织自身存续的需要，会在组织行为上选择实现乡村人群的公共利益最大化的行为策略。一旦内生性组织的组织行为迈入这一层次，那么其组织行为的价值依据和伦理规范就会超越自身所代表的人群的特定利益，上升到社会公益和普遍性的价值观念层面。

在当代中国乡村中，农户和家庭最大的利益是为社会提升优质农业产品，并在市场销售中获得最大收益。由于单个农户面对市场的交易存在着成本极高、风险极大、收益不确定等各种风险。农户实际上最有动力参与真正意义上的农户生产销售合作社，以获取市场信息，开展优质种养，打造特色品牌，实现订单化生产，从而保持收益的稳定和最大化。如果以农户自愿参加为前提的合作社内部管理公平、民主，为了与市场高度融合，它就会严格坚守商业诚信以维护销售网络和品牌价值。在这样的背景下，合作社在行为规范和价值观上必然是商业社会的一般价值准则。在合作社内部，每个农户为保持成员资格，必然在种养和销售过程中严格遵守合作社的规则。这样，合作社的价值规范和行为准则就自然内化为普通农户家庭的行为准则和价值规范。合作社扮演了农户之间道德共同体和利益共同体的角色，因而它是内生的具有自组织能力的共同体。

乡村振兴中的组织振兴实际上包含三个维度，一端是党组织的振兴和党组织核心引领作用的建立，另一端是农村社会自组织体系的建设，中间是政府提供的组织化公共产品。如果只重视党组织的振兴和政府对组织化公共产品的提供，而忽视乡村社会自组织的重建，就容易形成党组织和政府包办一切的格局，农村社会形成制度性依赖，扼杀农村和农民创新活力。如果缺少政府提供的公益性公共平台等组织化产品，乡村社会自组织的成本将过高，从而会制约乡村自组织的形成。同时，农村社会自组织程度的提高还有助于防范过度依赖"能人治村""强人治村"导致的个人权利膨胀对乡村自治民主制度的破坏现象。

因此，推动乡村振兴，需要从理论和实践上解决农村社会的再组织化问题。农村社会再组织化的目标是什么？政府提供的公益性平台如何定位？如何因地制宜，区分不同情况，推动各地乡村社会自组织系统的发展和完善，形成党组织体系、农村社会自组织系统、政府公共服务组织体系三种力量有机配合的发展格局，是我国乡村社会治理中面临的重大挑战。

（四）发挥农民主体性作用的挑战

乡村振兴有其内在层次。在乡村振兴的初期阶段，政府通过加大公共财政投入，帮助乡村改善文化礼堂、路灯、道路、排水、厕所等公共设施和生产生活设施，推动村庄整体规划设计，美化人居环境，并优化医院、学校等关键公共服务设施，提升乡村整体环境，从整体上缩小城乡差距，这无疑是非常必要的。

但是，公共财政支出是有限的，乡村环境的持续优化和提升，名优特色农业品牌的打造和维护，农民收入的大幅提高和生活水平的不断提升，都需要乡村集体和农户家庭自身不断努力。同时，乡村振兴还涉及产业资本介入乡村经济和生活领域的过程。农村土地流转，特色旅游村落和历史古村的维护、改造和整体利用，农村自然环境的旅游开发，三次产业的融合发展，大型农业联合体建设等等，都会面临产业资本与农户家庭利益分配问题。

因此，随着乡村振兴的深入推进，农民在乡村振兴各个领域的角色问题会逐渐凸显出来。如何发挥农民在乡村振兴过程中的主体性作用，激发农民全程积极主动参与乡村振兴的各个环节的主人翁意识，尊重农民在本村本地各项事务上的表达权，释放农民在乡村振兴和建设美好生活过程中的创造力？如何维护农民在商业资本面前的谈判权？如何破解"公司＋农户"的"订单农业"经济模式中，农户对公司（资本力量）依附关系导致的农户弱势地位？如何引导"订单农业"向农户合作社转移，从而有效减少商业资本和流通环节对农户经济收益的挤压？在乡村普遍没有经济收入上的吸引力，青壮年劳动力和最具有创造力的人都流入城市打工的背景下，谁来代表农村发挥主体作用？乡村振兴中，核心利益主体是村民。如果村民在乡村振兴的各个关键环节缺位，就会出现乡村建设中大量的脱离实际、形式主义的无效工作和浪费工程，以及以乡村生态环境和人文资源的破坏工程，最终受损害的还是农民。

乡村振兴面临的这些挑战和难点，都需要在全面深化改革和乡村振兴的伟大进程中去逐一解决。正如习近平总书记指出的，"在我们这样一个拥有十三亿多人口的大国，实现乡村振兴是前无古人、无后来者的伟大创举，没有现成的、可照抄照搬的经验。我国的乡村振兴道路怎么走，只能靠我们自己去探索"。[①]

---

① 习近平：《在十九届中央政治局第八次集体学习时的讲话》，载中共中央党史和文献研究院《习近平关于"三农"工作论述摘编》，中央文献出版社 2019 年版，第 23 页。

四、面向"十四五"：开创中国乡村振兴的新局面

"十三五"期间，我国乡村振兴战略从提出到全面实施，取得巨大成就。在乡村振兴战略的推动下，我国农村的产业发展、生态与人居环境、文化生活、党的建设和社会组织发展、人力资源的重新集聚，以及长期以来形成的城乡二元结构等各个领域正在发生着日新月异的变化，广大农村人口是这场历史变革的最大受益者。

2020 年 10 月，《中共中央关于制定国民经济和社会发展第十四个五年规划和二〇三五年远景目标的建议》把优先发展农业农村，全面推进乡村振兴列为"十四五"期间我国全面发展的战略目标之一。2020 年 12 月 28 日，习近平总书记在中央农村工作会议上强调，"脱贫攻坚取得胜利后，要全面推进乡村振兴，这是'三农'工作重心的历史性转移"。[①] 2021 年 1 月，《中共中央 国务院关于全面推进乡村振兴加快农业农村现代化的意见》提出，要坚持把解决好"三农"问题作为全党工作重中之重，把全面推进乡村振兴作为实现中华民族伟大复兴的一项重大任务，举全党、全社会之力加快农业农村现代化，让广大农民过上更加美好的生活。

乡村振兴已经成为中华民族伟大复兴的强力助推器。"十四五"期间，我国的乡村振兴战略各个领域必将开创新的局面，取得新的伟大成就。

农业产业领域，将出现两种鲜明的趋势。一方面是农户合作社、家庭农场、小农户以及与之相配套的现代农业金融、科技及专业化服务体系和公益化服务将获得较快发展；另一方面是农业的产业结构将发生深刻变化，粮食等大田作物生产将继续通过良种化、科技化以及

---

① 习近平：《习近平在中央农村工作会议上强调：坚持把解决好"三农"问题作为全党工作重中之重 促进农业高质高效乡村宜居宜业农民富裕富足》，人民日报 2020 年 12 月 30 日第 1 版。

数字化管理提高产量和生产效率。但同时，品牌农业、特色农业、观光农业、智慧农业、农业加工业、农业服务业都将更多地出现在我国广大乡村，农业人口的人均收入和社会保障水平将显著提升。

在村落提升和人居环境领域，生物农业、生态保护和人居环境综合治理将推动村落的生态环境更加宜人、美丽、宜居。乡村观光旅游、特色村庄旅游、生态文化旅游、全域旅游等乡村服务业将会给乡村群众带来更多的收入增长，乡村与城市将走向更加密切的融合。

在文化领域，随着农村经济活力的显著增强，乡村文化发展的内生性动力因素将更加充分。乡村的文化生活内容和方式、历史村落和文化遗产保护、文明风俗建设、教育质量提升，都将迈上更高的水平。

在组织振兴领域，乡村基层党组织的领导核心作用将显著加强，村民自治制度和乡村各类内生性社会组织之间将形成相互补充、相得益彰的互动格局，乡村治理将更加民主和科学。

在人才领域，乡村将成为返乡人才创业和新型职业农民大展拳脚的广阔天地，各类专业化的技术人才、职业人才将为广大乡村地区提供普遍和更高质量的教育、医疗、法律等公共服务，乡村发展的人力资本将全面优化。

随着"十四五"期间5G技术的应用和数字乡村建设的推进，我国乡村振兴将迎来数字化时代。大数据应用将渗透到农业生产和农村物流、乡村生态建设、文化建设和乡村治理的方方面面。中国乡村振兴的伟大实践和探索，必将结出累累硕果。

产业兴旺篇

Industry Prosperity Report

内容提要

"产业兴旺篇"包括 4 篇分报告：《2019—2020 年中国粮食安全问题报告》《2020 年中国农业新型经营主体发展报告》《2019—2020 年中国农村电商发展报告》《2019—2020 年中国乡村旅游发展报告》。

粮食安全是乡村振兴的基础，要以我为主、立足国内、确保产能、适度进口、科技支撑，把中国人的饭碗牢牢端在自己手中。2020 年，中国粮食产量稳步增长，粮食单产显著提高，谷物供应基本自给，粮食储备和应急体系逐步健全。各地创新完善粮食市场体系，深化粮食价格保障机制改革，深入实施优质粮食工程，加强粮食质量安全监管，粮食种植质量安全、储藏安全、加工安全得到全面保障。

新型农业经营主体主要包括专业大户、家庭农场、农民合作社、农业企业等。发展新型农业经营主体是促进小农户与现代农业有机衔接的迫切需要，对于加速推进农业农村现代化具有重要意义。截至 2020 年，我国新型农业经营主体面临的问题包括：政府扶持政策落实困难、发展质量不高、土地流转和金融实施困难、农村基础设施落后等。要深化农村土地使用办法的改革，完善新型农业经营主体扶持政策体系，补齐农业经营主体面临的农业科技支持、金融服务等短板，促进新型农业经营主体高质量发展。

农村电商是连接农产品供需两端的重要手段。近年来，国家关于农村电商的政策驱动体系日趋完善，我国农村电商呈集团化、规模化发展态势，农产品电商标准体系、物流体系建设取得新进展，社交电商、直播带货等模式不断创新，电商扶贫助农成效显著。但农村电商产品同质化显著，物流体系薄弱，发展溢出效应不明显，小农户增收比较困难。农村电商未来应聚焦于推动农产品品牌化发展、产业链转型升级，以及助力三次产业融合发展。

乡村旅游业是乡村产业振兴的重点之一，也是满足旅游消费市场多样性需求的必然要求。在全域旅游和乡村振兴的大背景下，乡村旅游迎来了发展契机，市场规模与投资空间不断扩大，富民脱贫效果明显，业态不断丰富。但乡村旅游也存在产品同质化严重，乡土文化特色缺失，基础设施薄弱等问题，需要加强顶层设计，突出创新驱动，丰富产品供给，加强人才支撑与市场管理，走高质量发展之路。

2019—2020 年中国粮食安全问题报告

杨 涛[*]

摘 要：粮食安全是乡村振兴的基础，确保国家粮食安全，把中国人的饭碗牢牢端在自己手中，是乡村振兴的题中应有之义。习近平总书记一直强调要确保粮食安全，强调要坚持"以我为主、立足国内、确保产能、适度进口、科技支撑"的国家粮食安全战略。2020年，我国粮食产量稳步增长，谷物供应基本自给，粮食生产能力稳步提升，粮食储备能力显著增强，同时我国创新完善粮食市场体系，深化粮食价格保障机制改革，深入实施优质粮食工程，进一步加强国际合作，牢牢把住了粮食安全主动权。

关键词：乡村振兴；粮食安全；主动权

1974 年，联合国粮农组织对粮食安全的定义为：粮食安全从根本上讲指的是人类目前的一种基本生活权利，即"应该保证任何人在任何地方都能够得到未来生存和健康所需要的足够食品"，它强调获取足够的粮食是人类目前的一种基本生活权利。1983 年，联合国粮农组织对这一定义做了修改，提出粮食安全的目标为"确保所有的人在任何时候既能买得到又能买得起所需要的基本食品"。该定义主要包含 3 方面的内容：保证生产出足够的粮食；保证粮食供应稳定；保障所有的人都可以得到粮食。

---

* 杨涛，中共山东省委党校（山东行政学院）副教授。

粮食安全是国家安全的重要基础。中华人民共和国自成立以来，一直把解决人民群众的温饱问题作为治国的基本任务。70 年来，中国在农业基础底子薄弱、人口基数非常庞大的背景下，实现了基本的粮食自给自足。中国用占世界 5% 的淡水资源和 8% 的可耕地，为占世界 18.5% 的人口提供了 95% 的食物。不仅成功解决了近 14 亿人口的吃饭问题，而且人民的饮食营养和生活质量都得到了显著改善，实现了由"吃不饱"到"吃得饱"，再到"吃得好"的历史性转变。习近平总书记提出："只有把饭碗牢牢端在自己手中，才能保持社会大局稳定。粮食问题不能只从经济上看，必须从政治上看，保障国家粮食安全是实现经济发展、社会稳定、国家安全的重要基础。"2020 年已经注定成为不平凡的一年，因为新冠肺炎疫情的发生，全球很多国家都已经因为疫情而影响到了正常的生产生活。而粮食安全问题就是人们现在最为担忧的问题。2020 年我国在经历了疫情、洪灾、台风、降雪等自然灾害的考验后，在保障粮食安全方面又有了新的提升。

一、粮食产量稳步增长

（一）总产量连上新台阶

2020 年，全国粮食总产量达 66949 万吨，比 2019 年增加了 565 万吨，增长了 0.9%，这也是中国粮食产量连续第 6 年保持在 6.6 亿吨以上的水平，是 1949 年 1.1 亿吨的 6 倍。其中，谷物产量 61674 万吨，比 2019 年增加 304 万吨，增长了 0.5%。2020 年全国粮食中：夏粮产量为 2729 万吨，占粮食总产量的 21.3%；秋粮产量为 49934 万吨，占粮食总产量的 74.6%；早稻产量为 14286 万吨，占粮食总产量的 4.1%。中国目前是稳居世界粮食产量排名第一的大国，总产量约占全球粮食总产量的 24.4%。

2020 年，全国有 22 个省区市粮食产量超 1000 万吨，有 13 个省区市粮食产量超 2000 万吨。黑龙江粮食产量最高，达 7541 万吨；河南排名第二，为 6826 万吨；山东位居第三，为 5447 万吨（见表1）。

表1　2020 年全国部分各省区市粮食产量排行榜　　单位：万吨

排名	地区	总产量	增量
	全国	66949	565
1	黑龙江	7541	38
2	河南	6826	131
3	山东	5447	90
4	安徽	4019	−35
5	吉林	3803	−75
6	河北	3796	57
7	江苏	3729	23
8	内蒙古	3664	11
9	四川	3527	29
10	湖南	3510	40
11	湖北	2727	2
12	辽宁	2339	−91
13	江西	2164	7
14	云南	1896	26
15	新疆	1583	56
16	山西	1424	62
17	广西	1730	38
18	陕西	1275	44
19	广东	1268	27
20	甘肃	1202	39
21	重庆	1086	6
22	贵州	1058	7
23	浙江	606	14
24	福建	502	8
25	宁夏	380	7

续表

排名	地区	总产量	增量
26	天津	228	5
27	海南	145	0
28	青海	107	1
29	西藏	103	−2
30	上海	91	−5
31	北京	31	—

（二）粮食单产显著提高

2020年，平均每公顷粮食产量达到5734公斤，每公顷比2019年增加13.9公斤，同比增长0.2%。其中，谷物单位面积产量6296公斤/公顷，比2019年增加23.6公斤/公顷，增长了0.4%；小麦单产5745公斤/公顷，同比增长2.0%；玉米单产6315公斤/公顷，与上年基本持平；受南方局部洪涝灾害的影响，稻谷单产7050公斤/公顷，同比下降0.2%；豆类单产1980公斤/公顷，同比增长2.5%；薯类单产4140公斤/公顷，同比增长2.6%。稻谷、小麦、玉米的每公顷产量比世界平均单产水平分别高出52.8%、55.2%、6.2%。

（三）人均占有量稳定在世界平均水平以上

2020年，人均粮食占有量达到478公斤左右，同比增长了1.7%，比1949年的209公斤增长了129%，高于国际粮食安全人均400公斤的标准线。世界粮食产量排名前20位的国家中，有11个国家人均粮食占有量大于500公斤，我国人均粮食占有量排名第14位，人均粮食占有量分别相当于罗马尼亚的27.0%、阿根廷的27.5%、加拿大的27.9%、乌克兰的28.0%、美国的30.6%、澳大利亚的32.1%、法国的45.3%、俄罗斯的58.0%、泰国的80.8%、缅甸的83.8%和越南的85.4%。目前，稻谷、小麦这两大口粮，我国人均占有量均超过200

公斤。

二、谷物供应基本自给

所谓"口粮"，主要是指稻谷和小麦；谷物一般是指稻谷、小麦和玉米等；饲料粮主要包括玉米和大豆。中国目前的粮食安全目标是"谷物基本自给、口粮绝对安全"。

（一）实现谷物基本自给

2020 年的 66949 万吨粮食总产量中，谷物产量达到 61674 万吨，占比约 92%。目前，我国谷物自给率超过 95%，其中小麦自给率可以保持在 100% 以上，玉米自给率超过 95 %。进出口主要是品种调剂，这为保障国家粮食安全、促进经济社会发展和国家长治久安奠定了坚实的物质基础。

（二）确保口粮绝对安全

近几年，稻谷和小麦产需有余。其中，小麦产大于需 1400 万吨左右，稻谷产大于需 1700 万吨左右。目前，小麦、稻谷口粮品种库存为历史上最充裕时期，口粮供应实现了绝对安全。目前，粮食品种中缺口最大的是大豆，2001—2018 年年均进口的粮食总量中，大豆占比为 75.4%，稻谷和小麦两大口粮品种合计占比不足 6%。

三、稳步提升粮食生产能力

（一）严守耕地保护红线

我国人多地少的基本国情决定了必须要实行最严格的耕地保护制

度。近年来我国耕地保护秉持耕地数量、质量、生态三位一体保护理念，坚决守住耕地保护红线。

2019 年，我国耕地总面积为 20.23 亿亩。耕地包括水田、旱地等，秦岭—淮河线以南以水田为主，约占全国水田总面积的 93%，秦岭—淮河线以北以旱地为主，约占全国旱耕地总量的 85%。耕地主要分布在广大的丘陵地区以及东北、华北、长江中下游、珠江三角洲等平原地区。2020 年，全国粮食作物播种面积达到 11677 多万公顷，其中夏粮为 2617 万公顷，秋粮播种面积为 8585 万公顷，早稻播种面积为 475 万公顷。从种植品种看，稻谷播种面积 3008 万公顷，小麦播种面积保持在 2338 万公顷，玉米播种面积为 4126 万公顷，有力地夯实了粮食生产基础。①

（二）提升耕地质量，建设高标准农田

2020 年，根据"藏粮于地、藏粮于技"的战略，中央财政发放 867 亿元资金，支持全国新增 8000 万亩高标准农田建设任务。截至 2020 年 6 月底，全国已建成高标准农田面积 4338.5 万亩，占年度任务量的 54.2%。2018—2020 年，中央财政每年安排专项转移支付资金 8 亿元，支持内蒙古、辽宁、吉林、黑龙江 4 省（区）实施东北黑土地保护利用项目。2011 年以来累计建成高标准农田 4260 多万公顷，项目区耕地质量提升 1~2 个等级，每公顷粮食产量提高约 1500 公斤，粮食生产能力得到提升，为保障国家粮食安全和重要农产品有效供给提供了重要支撑。

（三）防止耕地"非粮化"

针对部分地区出现的把农业结构调整简单理解为压减粮食生产、

---

① 《中华人民共和国 2020 年国民经济和社会发展统计公报》，国家统计局网站，www.stats.gov.cn/tjsj/zxfb/20210227_1814154.html。

一些经营主体违规在永久基本农田上种树挖塘、一些工商资本大规模流转耕地改种非粮作物等耕地"非粮化"倾向，国家提出以主体功能区规划和优势农产品布局规划为依托，以永久基本农田为基础，建立粮食生产功能区和重要农产品生产保护区的战略。

一是 2017 年以来划定粮食生产功能区 6000 万公顷，其中 4000 万公顷用于稻麦生产。以东北平原、长江流域、东南沿海优势区为重点，划定水稻生产功能区 2267 万公顷；以黄淮海地区、长江中下游、西北及西南优势区为重点，划定小麦生产功能区 2133 万公顷（含水稻和小麦复种区 400 万公顷）；以松嫩平原、三江平原、辽河平原、黄淮海地区以及汾河和渭河流域等优势区为重点，划定玉米生产功能区 3000 万公顷（含小麦和玉米复种区 1000 万公顷）。

二是划定重要农产品生产保护区 1587 万公顷（与粮食生产功能区重叠 533 万公顷）。以东北地区为重点，黄淮海地区为补充，划定大豆生产保护区 667 万公顷（含小麦和大豆复种区 133 万公顷）；以新疆为重点，黄河流域、长江流域主产区为补充，划定棉花生产保护区 233 万公顷；以长江流域为重点，划定油菜籽生产保护区 467 万公顷（含水稻和油菜籽复种区 400 万公顷）；以广西、云南为重点，划定糖料蔗生产保护区 100 万公顷；以海南、云南、广东为重点，划定天然橡胶生产保护区 120 万公顷。

三是明确耕地利用优先序。首先，永久基本农田要重点用于发展粮食生产，特别是保障稻谷、小麦、玉米三大谷物的种植面积。其次，一般耕地应主要用于粮食和棉、油、糖、蔬菜等农产品的种植及饲草饲料生产。最后，在优先满足粮食和食用农产品生产基础上，适度用于非食用农产品生产。引导作物一年两熟以上的粮食生产功能区至少生产一季粮食，种植非粮作物的要在一季后能够恢复粮食生产。不得擅自调整粮食生产功能区，不得违规在粮食生产功能区内建设种植和养殖设施，不得违规将粮食生产功能区纳入退耕还林还草范围，不得在粮食生产功能区内超标准建设农田林网。2020 年，各地已划定的 6000 万公顷粮食生产功能区，可以保障我国 95% 的口粮和 90% 以上的谷物需求。①

四、粮食储备能力显著增强

（一）仓储现代化水平明显提高

我国粮食库存的构成情况，主要分三大类：第一，政府储备。第二，政策性库存。第三，企业商品库存。政府储备包括中央储备粮和地方储备粮，这是维护粮食安全的"压舱石"。我国地方储备粮仓储量是按照能够满足产区 3 个月、销区 6 个月、平衡区 4.5 个月市场供应量而建立的。我国已经建立起中央、省、县（市）三级储备体系，建立起运转高效、管理规范的粮食储备制度和体系。政策性库存是国家实行最低收购价、临时收储等政策形成的库存，这部分库存数量相当可观，常年在市场公开拍卖。企业商品库存是指企业为了经营周转需要建立的自有库存，截至 2020 年，我国已有 4 万多家企业商品库发挥着周转储备的市场调节作用。2020 年，国家持续建设了一批现代化新粮仓，维修改造了一批老粮库，仓容规模进一步增加，粮食库存总量持续高位运行，安全储粮能力持续增强。我国稻谷、小麦的库存量能够满足一年以上的市场消费需求。许多城市的面粉、大米的市场供应能力都在 30 天以上。②

---

① 《农业农村部：粮食生产功能区将保护我国 95% 的口粮需求》，搜狐网，http://www.sohu.com/a/435653647.114988。

② 刘慧：《国家粮食和物资储备局　粮食储备司司长秦玉云答经济日报记者问：稻谷和小麦库存能够满足一年以上消费需求》，《经济日报》2020 年 4 月 4 日第 2 版。

（二）物流能力大幅提升

中国跨省粮食物流运输方式中主要以铁路和水运为主。铁路运输主要承担从收纳库到终端库的粮食运输，运量大、连续性强。水路运输主要承担由中转库向终端库集并的粮食运输和出口粮食的运输。公路运输主要承担粮站库到收纳库之间的粮食运输。值得注意的是，集装箱运输发展很快，集装箱运输与火车相比，优势在于装卸粮食方便，可实行"门到门"的服务，可以有效保护粮食品质。2019 年，中国粮食运输中铁路占比 50%、水路占比 40%、公路占比 10%。[①] 以物流为纽带，促进仓储企业与应急加工、配送、放心粮油企业开展合作，发展"原粮储存、成品粮轮出"的业务模式，逐步实现粮食"常储常新"，降低区域粮食物流成本。

（三）粮食储备和应急体系逐步健全

产区重点完善收储网点、调整仓型结构、提高设施水平；产销平衡区重点提升收储网点的收购、储备、保供综合能力；销区重点加强储备库建设、提升应急保供能力。注重区域及单点仓储的经济规模，实现资源效益最大化。发展基于横向通风的平房仓配套快速进出仓技术，提高现有仓储设施的物流对接效率，实施平房仓物流功能提升工程和物流园区示范工程。在大中城市和价格易波动地区，建立了 10~15 天的应急成品粮储备。2020 年，全国有粮食应急加工企业 5388 家，成品粮日加工能力在百万吨以上；粮食应急供应网点 44601 家，应急配送中心 3170 个，应急储运企业 3454 个，依托健全的粮油配送供应网络，能够迅速将米面油投放到终端消费市场；国家级粮食市场信息直报点 1072 个，地方粮食市场信息监测点 9206 个，基本覆盖了重点

---

① 《中国的粮食安全》白皮书，中华人民共和国中央人民政府网站，http://www.gov.cn/zhengce/2019-10/14/contet_5439410.htm。

地区、重点品种，能够密切跟踪粮食供求变化和价格动态①。应急储备、加工和配送体系基本形成，应急供应网点遍布城乡街道社区，在应对地震、雨雪冰冻、台风等重大自然灾害和公共突发事件等方面发挥了重要作用。

五、创新完善粮食市场体系

（一）积极构建多元粮食加工主体格局

2020 年，我国共有 58.7 万家粮食相关企业。近十年，相关企业年注册量呈现波动上升趋势，2019 年新注册量达 7.2 万家，较十年前数据上升了 152%。2020 年以来，粮食相关企业注册量达 6.1 万家，同比增长了 18%。从地区分布来看，山东省以 8.5 万家企业排名第一，江苏、安徽分列第二、第三位。② 2020 年，全国小麦、稻谷、玉米、大豆年加工处理能力分别达到 2.2 亿吨、3.9 亿吨、3.2 亿吨、1.2 亿吨。粮食企业的发展壮大也进一步提高了成品粮持续稳定供应能力。

（二）健全完善粮食交易体系

一是进一步健全以国家粮食交易协调中心为龙头，以区域性粮食交易中心为骨干，以专业性粮食批发市场和期货市场为补充，以粮食收购市场和零售市场为基础的统一开放、竞争有序的粮食市场体系。全国粮食商流、物流市场达到 500 多家，粮食期货交易品种涵盖小麦、玉米、稻谷和大豆等主要粮食品种。二是搭建了规范统一的国家粮食电子交易平台，形成以国家粮食电子交易平台为中心，省（区、市）

---

① 《亮亮百姓"粮仓家底"——专访国家粮食和物资储备局负责人》，中国网，https：// news. china. com/zw/news/13000776/20200825/386702904_2. html。

② 《粮食上涨背后，粮食类企业注册数量激增》，百度，https：//baijiahao. baidu. com/s？id= 1678796209322861427&wfr=spider&for=pc。

粮食交易平台为支撑的国家粮食交易体系，服务宏观调控、服务粮食流通的功能不断提升。2020 年以来，已通过国家粮食电子交易平台累计销售政策性粮食超过 9000 万吨，其中投放政策性玉米 7000 多万吨，有效满足了企业用粮需求。三是区域性粮食展洽活动特色鲜明，例如，2020 年 10 月在福建省福州市召开的第三届中国粮食交易大会，在 3 天会期内，企业间达成采购和销售意向的成交金额达 361.7 亿元。产销合作组织化程度和粮食流通效率不断提高。

（三）稳步提升粮食市场服务水平

建立专业化的经营性粮食产后服务中心，打造农民需要的粮食产后服务功能，为农户开展"代清理、代干燥、代储存、代加工、代销售"等"五代"服务。有条件的，还可以将服务范围扩展到提供市场信息、种子和化肥的融资、担保服务，推广订单农业等业务。自粮食产后服务体系建设以来，全国 26 个省份规划建设粮食产后服务中心约 5000 多个，2017—2018 年度首批启动建设任务的 16 个省份建设完成率已经达到 90%。配置农户科学储粮仓约 42 万套。一是增强农民市场议价能力。建成产后服务中心通过向农民提供保管等服务，为农民适时、适市、适价卖粮创造条件，增强议价能力。产后服务中心可以及时向农民传递市场信息，疏通交易渠道，帮助农民卖好价。二是促进粮食提质进档。产后服务中心要通过提供专业化的清理、干燥、分类等服务，极大提高粮食保质能力。按市场需求分等定级、分仓储存、分类加工，有效保障粮食质量，为实现优质、优价创造条件，通过市场拉动农民增收。三是推动节粮减损。通过粮食产后服务中心和农户科学储粮设施建设，使农民手中收获的粮食得到及时处理、妥善保管，大幅减少农户储粮损失率。四是提高专业化服务水平。通过整合产后服务资源，形成完整的服务链，提升农业的专业化水平，提高服务效率和劳动生产率，增加农民收入。

六、深化粮食价格保障机制改革

（一）保护种粮农民利益

为保护农民种粮积极性，防止出现"谷贱伤农"和"卖粮难"的现象，应确保粮食供应，继续加大粮食生产政策的支持力度。加大对13个粮食主产区的一般性财政转移支付力度，提高产粮大县财政奖补金额。一是提高粮食生产者补贴标准。坚持实施和完善稻谷、小麦最低收购价制度，健全粮食收购价格应急预案。在突发事件背景下，适度提高稻谷等粮食最低收购价。例如，2020年生产的早籼稻（三等，下同）、中晚籼稻和粳稻最低收购价分别为每50公斤121元、127元和130元，换算成单价就是每公斤分别为1.21元、1.27元和1.30元。比2019年生产的早籼稻、中晚籼稻和粳稻（三等）最低收购价格分别为每50公斤120元、126元和130元有所提高。二是继续实施国家粮食补贴政策。粮食补贴其实也是地力补贴，很多人一般称它为"直补"或者"地补"。这项补贴的主要作用是提高农业生产力，避免土地资源浪费，切实保护耕地地力，增强农业生态资源保护，实现藏粮于地。为推进农民生产积极性，2020年国家财政继续按一定的补贴标准和粮食实际种植面积，对农户直接给予补贴。由于地区情况的不同，粮食补贴在50~200元。例如，吉林省2020年对玉米生产者补贴标准为每亩86元，大豆补贴标准为每亩265元。黑龙江玉米生产者补贴为每亩38元，每亩大豆补贴238元，每亩水稻补贴地上水136元、地下井灌水86元。辽宁省2020年补贴标准全省范围内并不统一，全省下发的农业补贴为41.5亿元，比2019年要多。2019年辽宁玉米补贴为70元/亩，大豆生产者补贴为270元/亩，水稻生产者补贴为80元/亩。

（二）维护粮食市场价格稳定

2020 年初，受新冠肺炎疫情影响，国内粮油市场曾经产生轻微的价格波动。党中央、国务院适时提出扎实做好"六稳"工作，全面落实"六保"任务的决策部署。各地实行粮食安全省长责任制，组织粮油骨干企业和应急加工企业及时开工复产，增加成品粮油投放，保证持续稳定供应。根据中国报告大厅对 2020 年 1—11 月粮食类城市居民消费价格指数进行监测统计显示：2020 年 11 月，城市居民粮食类消费价格指数为 101.3，同比增长 1.3%，基本保证了粮油市场和价格平稳运行。

七、深入实施优质粮食工程

2017 年，中国启动实施了优质粮食工程，三年来，中央财政累计安排补助资金 215 亿元，带动地方各级财政和社会投资 600 多亿元，建成粮食产后服务中心 4000 多个，新建和改造提升粮食质检机构 1500 多个，各省市区建立的中国粮油示范县 389 个，一批骨干企业做强、做优、做大，一批区域品牌知名度、美誉度快速上升，已成为保障国家粮食安全的重要抓手。

（一）提高粮食种植质量安全

随着化肥、农药等在农业生产中用量的增加，一方面使得粮食产量得到了明显提高，但另一方面我国化肥、农药过量施用问题非常严重。同时随着工业化的发展，各种工业排放物对粮食质量的隐患也不容忽视。据国土部调查，我国有 5000 万亩土地存在影响农产品质量安全问题，重金属、酸、盐、杀虫剂、除草剂等污染土壤后，会通过粮食作物植株的吸收，在农作物中大量积累，进而通过食物链进入人体，危害人体健康，如 2013 年广东、湖南曝出的大米"镉超标事件"。国家市场监管总局发布的 2020 年第三季度食品安全监督抽检情况分析显示，农兽药残留超标占食品不合格样品总量 31.73%，居食品安全监督抽检不合格率首位。

2019 年，生态环境部成立了土壤与农村生态环境管理技术中心；各级生态环境部门成立了土壤生态环境管理专门机构；生态环境部与农村农业部、自然资源部等 10 个部委签订了数据资源共享协议等，为土壤生态环境保护管理工作提供了强有力的组织基础。中央财政安排土壤污染防治专项资金 50 亿元，其中公开招标的农用地修复类工程项目约 20 个，金额约 4.7 亿元。

2020 年国家持续推进《中华人民共和国土壤污染防治法》的贯彻实施，完善配套的法规标准体系，有效落实法律规定。针对高风险污染农用地更多地采用替代种植、退耕还林还草、退耕还湿、轮作休耕、轮牧休牧等风险管控措施。在此基础之上因地制宜采取多种措施（植物修复、原位稳定化等），确保受污染农用地的安全利用，并逐步实现高风险污染农用地的有效治理。对于中、低风险污染农用地，以农艺调控、种植结构调整、原位稳定化为主要修复手段，推动中、低风险污染农用地的安全利用，实现保障农产品质量安全、提高受污染农用地利用率的双重目标。

（二） 加强粮食储藏质量安全

粮食在收储过程中如果管理不善，易受黄曲霉毒素、T-2 毒素、呕吐毒素、玉米赤霉烯酮和赭曲霉毒素等真菌毒素的污染，从而影响粮食安全。这些真菌毒素可在粮食作物生长期间产生，也可能受收获前不良气候条件或收获前后管理不善的影响而产生，还可在储藏过程中形成和累积。从目前国内外有关研究情况来看，粮食在田间或收获季节如果遇到适合真菌侵染的天气，曲霉、镰刀菌霉等真菌就会快速生长和产毒。另外，如果粮食收获后没有及时进行干燥处理，感染了曲霉、镰刀菌霉等真菌的高水分粮食将会出现严重的真菌毒素污染问题。据不完全统计，我国每年真菌毒素污染造成的粮食损失约 3100 万吨。真菌毒素的防控已成为保障我国乃至世界粮食安全、食品安全和环境安全的迫切需求，是一个系统、长期的工作。中国高度重视真菌毒素防控工作，2020 年取得了一系列科研成果，构建了具有中国特色的农产品真菌毒素全产业链防控和脱毒的理论与技术体系，如四川的"智慧粮库"等做法，极大提高了真菌毒素防控效果。

（三）强化粮食加工质量安全

粮食加工领域存在着一些经营者超范围使用食品添加剂的问题，主要表现在添加防腐剂方面，其中脱氢乙酸占全部食品添加剂不合格项次比例较突出，另外山梨酸、苯甲酸等防腐剂和二氧化钛等着色剂、含铝添加剂、甜味剂等不符合要求的问题也较集中，这种超量使用危害及其广泛。2016 年，据国家食品药品监督管理总局公布的食品安全监督抽检情况显示，超范围、超限量使用食品添加剂问题占不合格食品总数的 33.8%，是当时食品不合格最主要的原因。2020 年 3 月，《食品生产许可管理办法》正式实施，对食品添加剂生产活动进行了相应规定，但是还需要进一步细化。到了 2020 年第三季度，国家市场监管总局发布的食品安全监督抽检情况分析显示，食品添加剂问题占不合格食品总数的 17.08%，比四年前降低了 16.72%。

（四）加强粮食质量安全监管

2019 年 2 月，中共中央办公厅、国务院办公厅印发了《地方党政领导干部食品安全责任制规定》。对地方党政领导干部食品安全职责、考核监督、奖惩等做出明确规定。2020 年，各地方党政领导干部致力于推动形成"建设粮油仓储设施、打通粮食物流通道、完善应急供应体系、保障粮油质量安全、强化粮情监测预警、促进粮食节约减损"等为主要内容的"党政同责、一岗双责，权责一致、齐抓共管，失职追责、尽职免责"的食品安全工作格局，提高了中国粮食安全现代化治理的能力和水平。

八、进一步加强国际合作

适度进口粮食是我国新的国家粮食安全战略的重要内涵，以我国现有的耕地资源难以解决全部农产品的需要。我国在实现谷类作物基本自给的前提下，确保了主粮安全，但玉米、大豆等其他粮食还存在较大的缺口，只有充分利用国际市场，取长补短，优化调整供需结构，才能从根本上保证粮食安全。2020年前三季度，我国进口粮食1亿多吨，比上年同比增大24.9%，其中以玉米进口增幅最大，数量为667吨，同比增长72.5%；大豆数量为7453万吨，同比增长15.5%。这两种作物和我国养殖业蓬勃发展息息相关，更是需要进口的主要作物。主要进口国分别是巴西、美国及阿根廷，占总进口量的90%以上，同时也加大了对俄罗斯、乌克兰及哈萨克斯坦等大豆主产国的采购力度。从金额方面来看，2020年1—10月中国粮食进口金额为28458.6百万美元，同比增长23.6%。总之，我国居民对粮食的需求逐步由"量"向"质"方向转变，我国粮食产业需顺应市场需求，在未来发展中，应持续优化产品结构，提高供给不足粮食作物产量，提升优质产品供应能力，进一步夯实粮食安全的基础。

2020 年中国农业新型
经营主体发展报告

廖小明　靳亚倩　艾从潞*

摘　要：新型农业经营主体是推进农业农村现代化和乡村振兴的有生力量，主要包括专业大户、家庭农场、农民合作社、农业企业等。新时代新阶段，发展新型农业经营主体是促进小农户与现代农业有机衔接的迫切需要，对实施乡村振兴战略、加速推进农业农村现代化具有重要意义。当前，农业专业大户、家庭农场、农民合作社、农业企业发展都取得了显著成绩，但也存在一定的困难和问题。新时代新阶段促进新型农业经营主体高质量发展，需要完善新型农业经营主体扶持政策体系；促进新型农业经营主体提质增效；深化农村土地和金融改革；不断培育和发展壮大多元化融合主体，强化各主体独特作用；加快补齐农村基础设施和公共服务短板。

关键词：新型农业经营主体；农业农村现代化；高质量发展；对策

新型农业经营主体是推进农业农村现代化和乡村振兴的有生力量，主要包括专业大户、家庭农场、农民合作社、农业企业等，是相对于

---

* 廖小明，中共四川省委党校（四川行政学院）马克思主义学院教授；靳亚倩，中共四川省委党校（四川行政学院）马克思主义学院硕士研究生；艾从潞，中共四川省委党校（四川行政学院）马克思主义学院硕士研究生。

传统农业经营主体提出的，其经营规模较大，收入水平更高，规模化、集约化、专业化、市场化和社会化程度更高。2020年是全面建成小康社会的收官之年，是"两个一百年"奋斗目标的接力之年，农业、农村、农民状况对整个国民经济发展具有极端重要的意义。习近平总书记指出，实现中国梦，中国必振兴。实现中国梦，基础在"三农"，尤其在农业，推动新型农业经营主体高质量发展，对培育农业农村发展新动能，充分释放各类资源要素活力具有积极作用。从一定层面上说，扶持新型农业经营主体发展壮大，是推动农业供给侧结构性改革和实现乡村振兴战略的应有之义。总体把握农业新型主体发展状况，是实现高质量发展的重要基础工作。

一、发展农业新型经营主体的重要性

发展新型农业经营主体，对于实施乡村振兴战略、加速推进农业农村现代化具有重要意义，新型农业经营主体已成为我国现代农业发展的重要力量。根据农业农村部统计，截至2018年底，我国已有60万个家庭农场进入到家庭农场名录。截至2019年10月底，全国注册登记的农民合作社达到220.3万家，辐射带动了全国近一半农户。2019年，全国农业产业化龙头企业共9.3万家。2015年，全国新型农业经营主体所提供的就业岗位总数达到8496.38万个，促进了19%的农村劳动力的就业转移。同时，新型农业经营主体通过土地流转、托管服务、劳动雇佣等方式增加农户的租金股金收入、经营收入和工资收入，引领小农户共同分享改革发展成果，特别是在带动贫困户脱贫致富中发挥了重要作用。

发展新型农业经营主体是促进小农户与现代农业有机衔接的迫切需要。根据第三次农业普查数据，我国小农户数量占农业经营主体98%以上，小农户从业人员占农业从业人员的90%，小农户经营耕地面积占总耕地面积的 70%。人多地少、大国小农、各地资源禀赋条件差异很大的基本国情农情决定了当前和今后很长一段时期小农户家庭经营都将是我国农业的主要经营方式。我国农业农村现代化离不开小农户的现代化。一方面，可以运用"家庭农场 + 农户""合作社 + 农户""公司 + 农户""公司 + 合作社 + 农户"等组织形式，以合同订单、土地流转等方式实现适度规模经营，有效提高小农户的组织化程度，通过农业产业化辐射带动小农户参与现代农业建设。另一方面，可以运用生产托管、代耕代种、联耕联种、统防统治等多种方式，为小农户提供农业生产的产前、产中和产后的一系列社会化服务，有效解决小农户办不了、办不好或者办起来不经济的生产经营环节问题，引领小农户进入现代农业大生产大市场，将其纳入到现代农业的发展轨道。

二、发展农业新型经营主体的基本任务

（一）培育发展家庭农场

一是充分发挥合作社把农民组织起来这一核心功能。合作社的组织形式和运行机制，可以为成员提供专业服务、节省生产成本、拓宽交易渠道、降低交易费用、增加成员收入，对于农民与市场、农村与城镇、农业与第二、第三产业的连接具有重要意义。二是凸显农业企业在现代农业中的引领地位。通过"公司+农户""公司+合作社+农户"等组织模式，充分发挥农业企业的示范效应和导向性作用，使企业与农户形成利益共同体。三是增强社会化服务组织服务农民的纽带功能。在近年来新兴的托管、半托管等农业服务模式中，社会化服务组织发挥着至关重要的作用，满足了农业劳动力兼业化、老龄化导致的农业对经营性生产服务的需要，也为现阶段实现适度规模经营提供了新的选择。

（二）培养新型职业农民

一是情怀培养。农业生产周期长、见效慢，发展仍面临着一系列问题与挑战，需要从业者具有乡土情怀，真正喜欢农业、热爱农村。二是工匠精神培养。进入 21 世纪以来，无论从事资源性农产品生产，还是开创新产业、新业态，都要发扬工匠精神，追求品质、注重细节、精益求精，这也是实现农业高质量发展的内在要求。三是创新意识培养。无论促进传统农业向高端发展，还是发展农业新业态新模式，都需要增强创新意识。四是社会责任感培养。应着力培养家庭农场、农民合作社以及各类产业化经营组织的带头人，鼓励他们不仅自己致富，而且增强社会责任感，带动越来越多的普通农民群众共同发展、共同致富。

（三）新型经营主体和服务主体高质量发展的任务图时间表

农业农村部印发的《新型农业经营主体和服务主体高质量发展规划（2020—2022 年）》明确了新型农业经营主体和服务主体高质量发展任务图时间表。

1. 加快培育发展家庭农场

一是完善家庭农场名录管理制度。以县（市、区）为重点抓紧建立健全家庭农场名录管理制度，实行动态管理，确保质量。二是加大家庭农场示范创建力度。合理确定示范家庭农场评定标准和程序，加大示范家庭农场创建力度，加强示范引导，探索系统推进家庭农场发展的政策体系和工作机制。三是强化家庭农场指导服务扶持。探索一套符合家庭农场特点的支持政策，重点推动建立针对家庭农场的财政补助、信贷支持、保险保障等政策。四是鼓励组建家庭农场协会或联盟。

2. 促进农民合作社规范提升

一是提升农民合作社规范化水平。指导农民合作社在合作社章程、档案管理、组织机构、财务管理、成员账户、盈余分配方案等方面提升规范化水平。二是增强农民合作社服务带动能力。鼓励农民合作社带动成员开展连片种植、规模饲养，壮大优势特色产业，培育农业品牌。加强农产品初加工、仓储物流、技术指导、市场营销等关键环节能力建设。三是促进农民合作社联合与合作。鼓励同业或产业密切关联的农民合作社在自愿前提下，通过兼并、合并等方式进行组织重构和资源整合，壮大一批竞争力强的单体农民合作社。四是加强试点示范引领。深入开展农民合作社质量提升整县推进试点，持续开展示范社评定，建立示范社名录。

3. 推动农业社会化服务组织多元融合发展

一是加快培育农业社会化服务组织。充分发挥农村集体经济组织、农民合作社、龙头企业、各类专业服务公司等不同服务主体各自的优势和功能。二是推动服务组织联合融合发展。鼓励各类服务组织加强联合合作，推动服务链条横向拓展、纵向延伸，促进各主体多元互动、功能互补、融合发展。三是加快推进农业生产托管服务。适应不同地区、不同产业农户和新型农业经营主体的农业作业环节需求，发展单环节托管、多环节托管、关键环节综合托管和全程托管等多种托管模式。四是推动社会化服务规范发展。加强农业生产性服务行业管理，切实保护小农户利益。

4. 全面提升新型农业经营主体和服务主体经营者素质

通过广泛开展培训、大力发展农业职业教育、着力提升科学素质，梯次提升主体经营者素质。到 2022 年，高素质农民培训普遍开展，线上线下培训融合发展，大力开展新型农业经营主体带头人培训。新型农业经营主体和服务主体经营者培育工作覆盖所有的农业县（市、区）。

三、农业合作社发展状况

党中央、国务院高度重视农民合作社发展，习近平总书记多次做出重要指示批示，反复强调要突出抓好农民合作社和家庭农场两类农业经营主体发展，赋予双层经营体制新的内涵，不断提高农业经营效率。经过多年不懈努力，我国农民合作社蓬勃发展，在组织带动小农户、激活资源要素、引领乡村产业发展、维护农民权益等方面发挥了重要作用。[①]

（一）农业合作社整体概况

党的十八大以来，农民合作社绝对数量不断增加，质量不断提升，农民合作社发展已从单纯的数量扩张转向量质并重阶段。截至 2019 年 10 月，全国依法登记的农民合作社数量达到 220.3 万家，近十年来，农民合作社总体数量较 2009 年增长接近 9 倍；从相对数量上看，同期农民合作社注册登记数增长率稳中有降，2019 年农民合作社数量增长率收窄到 1.4%。与此同时，农民合作社从事的产业类型不断拓展，带动能力显著提升，服务功能持续增强。截至 2019 年，实现产加销一体化服务的农民合作社占总体的 53%，有 3.5 万家农民合作社创办了加工企业，4.6 万家合作社通过了农产品认证，社员出资额持续增加，经营收入、可分配盈余呈不断上升趋势。

从全国数据来看，截至 2018 年底，农民合作社带动农户数达到 12003 万户，社均带动农户 55 户。农民日报社调研的 653 家样本农民合作社社均带动农户数达到 2108 户，由于样本农民合作社为全国范围内的大型合作社，平均带动农户数为全国平均水平的 38 倍。从经营情

---

① 杨久栋、孙艺荧、朱云云：《2020 年中国新型农业经营主体发展分析报告（一）——基于农民合作社的调查和数据》，《农民日报》2020 年 9 月 26 日第 8 版。

况来看，样本合作社社均经营收入突破 2200 万元，社均可分配盈余达 220 万元。此外，近年来农民合作社服务层次不断深入、服务范围不断拓宽，农村产业融合发展呈向好态势，农民合作社与农户的合作层次由最初的产销层次逐步向集生产、加工、运输、销售于一体的纵向一体化模式发展，服务范围也由最初的种养殖业向休闲观光、休闲农业、生态农业等多领域辐射，有效促进了农村第一、第二、第三产业的有机融合。

（二）农业合作社发展现状

1. 区域分布结构

截至 2019 年 10 月底，全国依法登记的农民合作社达到 220.3 万家，通过共同出资、共创品牌，成立联合社 1 万多家。农民合作社辐射带动全国近一半的农户，普通农户占成员总数的 80.7%，产业类型逐步拓展。合作社产业涵盖粮棉油、肉蛋奶、果蔬茶等主要农产品生产，80% 以上从事种养业；行业结构进一步优化，农机作业等服务业合作社增长明显，占比 7.7%；注重开发农业多种功能，发展休闲农业、乡村旅游、民间工艺和农村电商等新产业、新业态。2 万家农民合作社发展农村电子商务，7300 多家进军休闲农业和乡村旅游，服务功能持续增强。农民合作社开展仓储、加工、物流等增值服务，提供产加销一体化服务的农民合作社占比达 53%，平均为每个成员统一购销 1.56 万元、二次盈余返还 1402 元。加工服务型合作社增速较快，3.5 万家合作社创办加工企业等经济实体，8.7 万家拥有注册商标，4.6 万家通过农产品质量认证。

从调查统计看，农民合作社从事的产业领域呈多元化发展趋势，逐步推动乡村产业"接二连三"的发展变化。从合作社区域分布看，总体上农民合作社数量分布相对均匀，但社均年营业收入水平有明显差距。调查数据显示，东部地区农民合作社的数量最多，占总量的

42%，实现社均年营业收入 2692 万元；西部地区农民合作社数量增长快速攀升，合作社总数占比达到 36%，实现社均年营业收入 1441 万元；中部地区农民合作社数量略逊于东、西部地区，占总体的 22%，实现社均年营业收入 1866 万元。

2. "互联网+农业"的发展态势

农业生产智能化、经营网络化发展步伐明显加快。电子商务成为农产品流通的重要渠道，人工智能为农业生产提供了重要手段，"互联网+"在促进农村经济发展、带动农户增收方面发挥着举足轻重的作用。调查数据显示，在总体有效样本中，已有近 50% 的合作社通过信息技术进行了电子交易，总体上社均电子交易额达到 909 万元。农民合作社对电子商务的使用广度虽有小幅提升，但其使用深度仍处于较低的发展水平。根据调查的样本数据，有 90% 以上的农民合作社电子交易额达到 100 万元以下，仅有少数几个合作社电子交易额达到千万元。

（三）农业合作社发展面临的主要问题

目前，农民合作社正处在转型升级的关键阶段，呈现由注重数量增长向量质并举，重在向质量提升转变的特征。影响农民合作社的主要因素包括政策性因素、市场竞争因素、经济环境因素等。首先，需要加大对农民合作社经营方式的监管力度，保障补贴资金的税收优惠，实现合作社成员销售农产品免征增值税，购买种子、化肥、农药、农机等生产物资也免征增值税，还要有效落实各种针对合作社的土地流转、贷款、农机具、农业保险、发展标准化养殖场建设等专项资金补贴。其次，农民合作社普遍存在种养技术不高，销售渠道有限，流通和推广能力不强，竞争力不强，后期销售、加工、流通等环节缺乏竞争优势等问题，制约了可持续性发展。最后，对统计数据的分析发现，经济发达地区的农业合作社表现出来的专业化程度更高，经济欠发达地区农业合作社的专业化程度普遍较低。

四、农业企业发展

（一）农业企业整体概况

自 2020 年度开始，《农民日报》社新型农业经营主体评价活动中，全国农业产业化龙头企业 500 强将正式更名为农业企业 500 强排行榜，农业企业参加标准为：对农业增加值占总增加值的 50% 以上；加工、流通企业东部地区资产总额和年销售收入均达到 5000 万元以上，其余地区达到 3000 万元以上；农产品专业批发市场年交易额达到 3 亿元以上；带动农户数量达到 1000 户以上，企业无拖欠工资、无涉税违法行为，近三年未出现不良信用记录，主要产品符合国家产业政策、环保政策和质量管理标准体系。[1]

"2020 中国农业企业 500 强"上榜企业入围的基本门槛营业收入为 5.04 亿元。全国共有 28 个省份参与评选活动，黑龙江省、云南省和重庆市未提供有效数据，未参与评价。从资产总额来看，500 强榜单企业 2018 年合计资产总额为 19093.88 亿元，资产总额平均值为 38.19 亿元，其中排名前十的企业资产总额共计 5526.75 亿元，占全部资产总额的 29%，资产总额平均值为全部 500 强企业资产总额平均值的 14.47 倍。排名前十的企业中，内蒙古、福建、山东、四川各 2 家，其余 2 家位于北京和广东；从行业看，前十企业中有 4 家农产品加工行业企业、3 家畜牧业企业以及 3 家农业综合企业。[2]

---

[1]　郭芸芸、胡冰川、谢金丽：《2020 中国新型农业经营主体发展分析报告（二）——基于农业企业的调查和数据》，《农民日报》2020 年 10 月 31 日第 4 版。

[2]　农业行业分类参考申万研究所对上市公司行业的划分标准，共分为种植业、畜牧业、林业、渔业、农产品加工业和农业综合 6 个行业。其中，种植业是指以种植并出售相应农作物为主营业务的农业企业；畜牧业是指以畜禽养殖、饲料生产加工或动物保健为主营业务的农业企业；农业综合企业是指主营业务涉及多个细分行业或是以投资、咨询、流通等为主营业务的农业企业。

（二）农业企业空间分布

就"2020 中国农业企业 500 强"上榜企业分布来看，山东占据 151 席，是上榜企业最多的省份。从行业来看，山东上榜企业以农产品加工业（粮油、食品加工等）和畜牧业企业为主；从所处地级市来看，潍坊 28 家，青岛、济宁各 17 家，烟台、济南各 13 家，这五个市的上榜企业数量占到全省总数的近六成，可以认为山东省的部分地级市已经形成较为坚实的产业基础，具备产业集聚的条件。四川和江苏位列山东之后，各有 61 家上榜企业。

从区域分布来看，上榜企业主要分布在东部和西部地区，其中 280 家位于东部地区，114 家位于西部地区，共占全部企业的 78.8%。[①] 通过各地区企业经营情况的对比发现，各地区企业的经营规模与企业数量没有呈现出明显的关系，各地区间企业经营规模差异不大，平均资产总额皆不足 40 亿元，各地区企业平均营业收入也全部在 60 亿元以下。中部地区企业平均营业收入为各地区最高，达到 57.15 亿元。安徽省是中部地区上榜企业数量最多的省份，共 28 家企业上榜，其中以农产品加工业（食品加工、羽绒加工等）和畜牧业企业为主，占中部地区上榜企业总数的 42.42%，且企业利润率增幅较大，说明安徽省近年来在推动农业产业化发展方面效果显著。盈利情况方面，西部地区不但上榜企业数量众多，而且企业平均利润率显著高于其他地区，达到 6.77%。这表明西部地区已经逐步发挥良性聚集和带动效应的潜力。内蒙古、四川、甘肃、宁夏企业增幅较大，其中内蒙古和宁夏企业以畜牧业为主，农产品加工业企业也多是围绕乳制品、毛绒等畜牧业产品进行生产加工。经研究发现，西部企业虽然体量较小，但增长率较高，发展潜力不容忽视。西部地区各级政府在优化经济环境、促进农业产业化发展上给予的政策支持，或可成为研究企业发展

---

① 经济区域参照国家统计局划分方法。

潜力的重要参考因素之一，农业企业区域分布情况见图 1。

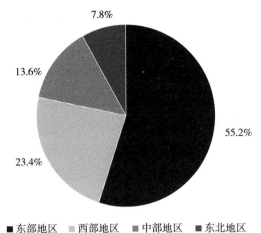

图 1　农业企业区域分布情况①

（三）我国农业企业发展面临的主要问题

我国农业企业发展面临的问题主要有②：

1. 资产和营收呈现向两极分化趋势

农业企业在规模上呈现出鲜明的分化，少数龙头企业的资产和营收规模远远超过 500 强企业的平均水平，体现了市场份额向大型龙头企业集中，资源向头部企业整合的总体分布态势。

2. 区域分布不平衡

东部地区数量最多，西部地区增长最快，中部地区企业平均营业收入最高。东部、中部、西部数量分布仍待优化。

3. 产业间结构有待优化

从产业结构看，从事第二、第三产业的企业营业收入总额比例为1.7∶1。根据国家统计局数据，2018 年全国 2455 万个产业活动单位

---

①② 郭芸芸、胡冰川、谢金丽：《2020 中国新型农业经营主体发展分析报告（二）——基于农业企业的调查和数据》，《农民日报》2020 年 10 月 31 日第 4 版。

中，从事第二产业和第三产业的单位数量比为 1 : 4，仍需加大对我国农业领域内从事第三产业企业的培育力度。

4. 科技研发和品牌建设投入仍需加强

从现有数据来看，农业企业普遍进行重资产发展，对涉及核心科技创新、质量控制、品牌建设、销售渠道拓展等轻资产发展模式投入较少。农业企业科技投入率仅为 0.84%，品牌投入率为 0.72%。

5. 农产品电商头部农业企业垄断明显

电商作为较为新兴的销售模式仍处于起步发展阶段，在企业中的普及和应用尚有大幅增长空间。

五、家庭农场发展状况

中投产业研究院发布的《2020—2024 年现代农业背景下中国家庭农场深度调研及投资前景预测报告》指出，家庭农场是全球最为主要的农业经营方式，在全球食物生产中扮演了关键角色。联合国粮农组织 2016 年基于 105 个国家和地区的国际农业普查数据分析显示，家庭农场占全球所有农场数量的 98%，4.83 亿样本农场中有 4.75 亿为家庭农场，至少占有 53% 的农地，以及生产至少 53% 的食物。联合国粮食及农业组织发布的《粮农状况》利用 30 个国家的农业普查数据估计，全球 5.7 亿农场中有 5 亿是家庭农场，拥有 75% 的农地。

（一）我国家庭农场发展状况

2019 年 3 月 9 日，农业农村部印发的《新型农业经营主体和服务主体高质量发展规划（2020—2022 年）》，对家庭农场、农民合作社、农业社会化服务组织等新型农业经营主体和服务主体的高质量发展做出了具体规划，提出了五大支持政策和四大保障措施。2020 年中央一号文件提出要发展富民乡村产业，重点培育家庭农场、农民合作社等新型农业经营主体，培育农业产业化联合体，通过订单农业、入股分红、托管服务等方式，将小农户融入农业产业链。鼓励商业银行发行"三农"、小微企业等专项金融债券。落实农户小额贷款税收优惠政策。

《2020—2024 年现代农业背景下中国家庭农场深度调研及投资前景预测报告》显示，截至 2018 年底，中国进入名录的家庭农场数量达到 60 万家，其中县级以上示范家庭农场达 8.3 万家。平均每个家庭农场的劳动力达 6.6 人，其中雇工 1.9 人，比 2013 年增长四倍多。截至 2018 年底，全国家庭农场经营土地的面积在登记名录中总面积为 1.62 亿亩，其中 71.7% 的耕地来自于租赁。截至 2018 年底，全国家庭农场年销售农产品总值 1946.2 亿元，平均每个家庭农场大概 32.4 万元。家庭农场的经营范围逐步走向多元化，从粮经结合，到种养结合，再到种养加一体化，第一、第二、第三产业融合发展，经济实力不断增强。

（二）家庭农场发展目标

根据农业农村部印发的《新型农业经营主体和服务主体高质量发展规划（2020—2022 年）》表明，国家支持家庭农场发展的政策体系和管理制度进一步完善，家庭农场数量稳步增加，到 2022 年，各级示范家庭农场达到 10 万家，生产经营能力和带动能力得到巩固提升（见表 1）。

表 1 2022 年中国家庭农场建设目标[①] 单位：万家

指标名称	2018 年基期值	2022 年指标值	指标属性
全国家庭农场数量	60	100	预期性
各级示范家庭农场数量	8.3	10	预期性

① 农业农村部印发：《新型农业经营主体和服务主体高质量发展规划（2020—2022 年）》，参看农业农村部网站，2020 年 3 月 12 日。

《新型农业经营主体和服务主体高质量发展规划（2020—2022年）》明确相关制度规定：一是完善家庭农场名录管理制度。以县（市、区）为重点抓紧建立健全家庭农场名录管理制度，实行动态管理，确保质量。二是加大家庭农场示范创建力度。合理确定示范家庭农场评定标准和程序，加大示范家庭农场创建力度，加强示范引导，探索系统推进家庭农场发展的政策体系和工作机制。三是强化家庭农场指导服务扶持。探索一套符合家庭农场特点的支持政策，重点推动建立针对家庭农场的财政补助、信贷支持、保险保障等政策。四是鼓励组建家庭农场协会或联盟。积极开展区域性家庭农场协会或联盟创建。

六、专业大户发展状况

（一）整体概况

所谓的农业专业大户，主要是指以农业某一产业的专业化生产为主，初步实现规模经营的农户。其规模要大于分散经营农户的生产规模，而且专业程度较高。在规模化、专业化、生产效率等方面比普通农民做得要好。近年来，部分专业大户都成了家庭农场主和农民合作社成员。专业大户通常拥有多台机械化设备，在科学种地、实用技术、农机经营服务技能和安全生产知识方面都做得非常到位。农村这种新型农业经营主体种植专业大户的出现，推动了中国经济社会的发展，解放了农村的劳动力，使更多的农民家庭的土地都能按时种植、收割、销售等，让外出农民工无后顾之忧，他们能安心在外打工赚钱，为城市发展做贡献。

（二）专业大户类型

专业大户根据"专业"的不同可以分为五种类型，一是以种植为"专业"的专业种植大户，包括种粮大户、种草大户、种果大户、特色种植大户、苗木大户等；二是以养殖为"专业"的专业养殖大户，包括养（奶）牛大户、养羊大户、养猪大户、养鸡大户、养鸭大户、养鹅大户等；三是以种加养为"专业"的专业种养大户，主要是前两种类型的综合；四是以农产品运销为"专业"的专业运销大户，其主要从事农产品的运输和销售经营；五是以农产品加工为"专业"的专业加工大户，其主要是指对农产品进行加工处理的大户。

与普通农户的分散式经营、碎块化经营不同的是，专业大户和家庭农场都是适度规模经营，都需要达到规模经营的认定标准才会被认定为专业大户或家庭农场。以种植粮食为例，专业大户的种植面积一般要达到 50~100 亩，而家庭农场则要达到 100~300 亩。专业大户经过 30 多年的不断发展，其规模不断扩大。据农业部统计，截至 2012 年末，我国共有经营规模在 100 亩以上的专业大户 270 多万户，覆盖了粮食种植、经济作物种植、畜牧养殖、农机服务、经纪服务等农业生产服务的全产业链。

根据原农业部调查，截至 2012 年底，从事种养业的家庭农场占家庭农场总数的 98.2%；截至 2019 年，农民合作社 80% 以上从事种养业，产业涵盖粮棉油、肉蛋奶、果蔬茶等主要农产品生产；89% 的龙头企业从事种养业及其加工营销，形成了一体化产业链。各类新型农业经营主体在降低农业生产成本、提升农产品质量、保障农产品供给方面发挥着越来越重要的作用。

（三）农业专业大户发展状况①

2018 年 4 月 16 日，从湖北省发改委召开的一季度农业经济形势分析会上获悉，全省新型农业经营主体达 20.3097 万个。湖北省农村经营管理局调查显示，截至 2017 年底，全省已发展农业专业大户 8.2897 万个。②

七、当前新型农业经营主体发展面临的主要问题与应对之策

（一）当前新型农业经营主体发展面临的主要问题③

1. 政府扶持政策落实难

近年来，各级政府为促进新型农业经营主体发展出台了很多的扶持政策。但是，政策制定和执行的层次、环节过多，各项政策之间缺乏有效的整合和衔接，导致各类主体享受优惠政策不均衡。同时，地方政府和部门对政策宣传不到位，存在信息不对称的情况，一些经营主体对政策不够了解，不知道如何获得政策扶持。调研发现，近半数农业产业化龙头企业选择对财政补贴政策不够了解和一般了解，比例分别占到 34.81% 和 30.94%，农业扶持政策在实践中难以得到有效落实。另外，很多针对经营主体的税收优惠和财政补贴往往采取竞争立项分配模式，一些迫切需要政策扶持的新型农业经营主体由于各种主观和客观原因难以及时争取到扶持。

---

① 这部分没有找到权威的全国数据，以部分省区市为例进行说明。
② 《湖北省新型农业经营主体超二十万》，湖北农业信息网，http://www.moa.gov.cn/xw/qg/201805/t20180529_6147315.htm。
③ 李青：《推动我国新型农业经营主体高质量发展》，《农村经济与科技》2020 年第 15 期。

2. 发展质量亟须提高

新型农业经营主体良莠不齐，一些家庭农场过度规模化，出现人为"垒大户"现象，不能正常开展经营服务活动的"假合作社""空壳合作社"泛滥，龙头企业盈利能力较低。这些不规范的农业经营主体浪费了大量的财政和社会资源，滋生了不正之风。一些新型农业经营主体没有建立完善的管理制度，缺少民主决策、风险控制和利益分配等运行机制，财务账目混乱，财务档案资料不齐全。大部分经营主体缺乏科技支撑，不能有效地运用先进管理和农业技术，市场竞争力比较弱。以家庭农场为例，当前中国家庭农场的平均技术效率为 0.72，还存在很大的提升空间。此外，大多数经营主体没有自己的品牌，生产的"三品一标"产品比例低。

3. 发展要素制约明显

一是农村高素质劳动力缺乏，立志服务农业、农村、农民的新型职业农民少。二是土地流转质量不高。由于土地流转大多以租赁为主，近年来大规模土地流转导致租金上涨过快，流转成本不断增高。不断攀升的土地租金成为导致土地流转型农业规模经营主体收益下降或者亏损的重要原因。一些地方土地供求双方缺少高效的信息和法律服务，土地流转效率不高。三是金融保险难以满足需要。大多数新型农业经营主体面临着融资难和融资贵的现实情况。为农服务的金融机构少，农村商业银行与农村信用社缺少相配套的信贷产品，有效金融供给不足，服务水平和服务能力有待提升。四是农业产业保险体系发展滞后。农业保险险种较少，无论是政策性保险还是商业保险，在服务新型农业经营主体方面都有着非常明显的不足，新型农业经营主体在遭遇大规模自然灾害和市场风险时常常会陷入困境。

4. 基础设施和公共服务存在短板

乡村公路等级低、物流基础设施薄弱，农产品的加工、储藏、烘干、保鲜等设施发展滞后。农村电商人才短缺，一些地区尚未实现快递进村，农产品的网络销售渠道还不通畅。农村优质教育资源供给不足，优秀乡村教师流失严重，义务教育和职业教育有待加强。新型农业经营主体发展还面临较大挑战。

（二）新时代新阶段促进新型农业经营主体高质量发展的对策建议

1. 完善新型农业经营主体扶持政策体系

各级政府要高度重视新型农业经营主体的发展，加强组织领导，制定发展规划和发展目标，将其纳入年度考核范围；优化涉农领域营商环境；加强乡村综治、市场监管、综合执法、便民服务平台建设，为新型农业经营主体创造公平普惠的发展环境；用足用好国家各项强农惠农政策，梳理简化适合本地发展的扶持政策，支持新型农业经营主体优先承担政府涉农项目，提供生产技术支持，帮助拓展销售渠道。

2. 促进新型农业经营主体提质增效

一是要加强科学管理。启动家庭农场培育计划，开展农民合作社规范提升行动，深入推进示范合作社建设；建立有效的新型农业经营主体准入和退出机制，引导农户通过土地流转稳步扩大经营规模，引进利用新技术，开拓产品市场，推动其向专业大户、家庭农场和专业合作社方向发展；健全新型农业经营主体内部科学决策、民主监督、财务管理等制度，不断提升管理水平；组织财政、农业、市场、税务等部门对已注册的新型农业经营主体进行定期检查，实行动态管理，对依照标准考核不合格的实行清理和淘汰。

二是引导规范化发展。推进新型农业经营主体实行标准化生产、经营和销售，建立起覆盖全产业链的农业标准体系和农产品质量安全追溯体系，提升农产品质量安全水平。整合品牌资源，鼓励新型农业经营主体建设一批竞争力较强、知名度较高的特色农业品牌和区域公用品牌，积极引导开展"三品一标"质量认证工作，提升品牌意识和价值。促进农村第一、第二、第三产业融合发展，逐步延伸产业链、优化供应链、提升价值链，增强市场竞争力。

三是健全利益联结机制。鼓励新型农业经营主体推广与农户的订单生产、土地托管、股份合作等新型经营方式，围绕农业生产各环节开展技术指导、农资供应、统防统治、农机作业、烘干收储、市场营销等社会化服务，进一步增强新型农业经营主体的辐射带动效应，带动农户共同分享发展成果。

3. 深化农村土地和金融改革

一是有序推进土地流转。坚持农村土地承包关系稳定并长久不变，落实承包土地"三权"分置改革，在保护好土地集体所有权、稳定农户承包权的基础上，放活土地的经营权，按照依法、自愿、有偿的原则，发展多种形式的适度规模经营；建立土地经营权流转交易平台和市场体系，完善经营权价值评估标准和供求信息服务，规范土地流转程序，及时处理土地流转纠纷，确保土地流转规范有序进行，切实保障土地流转交易双方权益。

二是破解融资难题。建立金融机构服务"三农"的激励约束机制，运用差别化准备金率和差异化监管等政策推动农村商业银行、农村合作银行、农村信用社等涉农金融机构在村镇建设服务网点，更好地服务新型农业经营主体。建立新型农业经营主体的信用评价体系，规范开展信用评定工作，提升其征信水平。发挥全国农业信贷担保体系作用，做大面向新型农业经营主体的担保业务。扩大贷款抵押物范围，探索温室大棚、养殖圈舍、大型农机、土地经营权等抵押融资，切实加大信贷支持。积极引导和鼓励工商资本创办或入股新型农业经营主体，拓宽融资渠道。

三是推进农业保险扩面、增品、提标。扩大政策性农业保险的覆盖面，引导商业保险机构开展农业保险业务，支持新型农业经营主体开展农业互助合作保险，充分发挥政府和市场两方面的作用。开发满足新型农业经营主体需要的新型保险产品，开展粮食作物完全成本保险和收入保险，采取"以奖代补"的方式支持地方开展特色农产品保险，扩大农业大灾保险和"保险+期货"试点，推广适用于农业设施、农资农机、畜禽水产养殖等方面的保险业务。完善灾害损失评估机制，简化定损、理赔等程序和手续，确保受灾新型农业经营主体及时得到足额赔付，降低农业经营风险。

4. 加快补齐农村基础设施和公共服务短板

一是加大农村基础设施建设力度。推动"四好农村路"示范创建提质扩面，改善农村交通基础条件，合理规范农村公路建设标准，完善农村物流服务体系。加快农村电网和农田水利设施改造，提高农村用电保障、农田用水效率和防洪排涝标准。加大仓储运输、冷藏保鲜、农产品批发市场等生产辅助设施建设。

二是推进"互联网+农业"发展，加快物联网、大数据、人工智能、第五代移动通信网络、智慧气象等现代信息技术在农业领域的广泛应用，实现农业生产的智能化、农产品销售的电商化、农业管理的高效化和农业服务的信息化，为加快新型农业经营主体信息化发展创造条件。

三是大力培养新型职业农民。完善乡村创新创业支持服务体系，鼓励更多的返乡农民工、大中专毕业生、复员退役军人、农业科技人员、企业家等到农村干事创业，为新型农业经营主体发展提供人才支撑。

5. 不断培育和发展壮大多元化融合主体，强化各主体独特作用

一是引导专业大户、家庭农场组建农民合作社，为专业大户、家庭农场提供良种、农机、植保、农产品加工储藏销售等一体化服务，降低专业大户、家庭农场生产和服务成本。同时，重视专业大户、家庭农场的服务主体功能，引导其为周边农户提供优质的农业生产机械和技术服务。

二是扶持适度规模家庭农场与种粮大户，分地区逐步推进粮食种植规模化。可以从土地资源禀赋的特点入手，依次按照先东北平原区、后黄淮海区、再长江中下游区的顺序逐步推进粮食的规模化经营。

三是严格限制下乡工商资本的经营范围，鼓励非粮类新型农业经营主体在流通环节经营。应限制工商资本在农村可流转经营土地的类型，耕地切不可轻易向工商资本出租，鼓励其开发闲置的荒地或林地资源。可以引导大型工商资本以商品流通平台的形式出现在农村，这既可以保障农村劳动力的就业，也不会造成其对小农户权益的侵占。

四是鼓励农户成立农产品销售型合作社，增加小农户面对大市场时的商品契约谈判能力。[①] 发达国家的发展经验已证明，销售型合作社可有效改善小生产与大市场的不平等对接问题。近年来，我国的农副产品投机商时常赚得盆满钵满，而小农户却只能惨淡经营，使得农户撂荒放弃经营的现象时有发生，其主要原因便在于小农户缺乏有效的市场势力。发展农产品销售型合作社，一来可以保障农户自身的经济利益，二来也可有效提高农户的粮食种植意愿，为国家粮食安全提供保障。

五是加速农业科技引入与劳动力升级转型，加快农业科技创新，加速劳动力升级转型是实现农村产业融合发展的催化剂。其一，引进农业相关专业技术人员，将现代物联网技术、生物技术、信息技术渗透到农业生产过程中来，通过缩短农业生产周期、改良农业生产品种、优化农业生产结构等方式提高产业收益，带动农村经济发展。其二，加速农村劳动力培训。农业向产业化升级必然要求从业人员升级转变，由农业龙头企业牵头，农民专业合作社组织、家庭农场成员与农户成员参与的模式进行劳动力技能培训。其三，激励农二代大学生参与到农业产业升级过程中来，实现人员与产业共升级的无缝对接，共同促进农村地区三产融合发展。

---

① 黎宗玲：《新型农业经营主体发展模式的选择与优化——基于粮食安全和吸纳劳动力视角的经济学分析》，硕士学位论文，四川师范大学，2014 年。

2019—2020 年中国农村电商发展报告

冀翠萍*

摘　要：农村电商是连接农产品供需两端的重要手段。当前，国家关于农村电商的政策驱动体系日趋完善，社交电商、直播带货等模式不断创新发展，电商扶贫助农成效显著。但在发展过程中存在一些问题，农产品同质化现象严重、小而散格局难以扭转，在"最初一公里"和"最后一公里"的物流体系建设方面还比较薄弱，电商发展溢出效应不明显，小农户增收比较困难。下一步农村电商发展将聚焦扩大上行规模拓展农民增收空间，聚焦推动农产品品牌化发展、产业链转型升级、物流体系县域化发展、电商人才本地化发展等，助推乡村全面振兴。

关键词：农村电商；直播带货；农村物流；电商人才

农村电子商务是农村生产、流通和消费与现代互联网信息技术结合而产生的新兴业态，是高效连接农产品供需两端的重要手段，蕴含着重大的战略机遇和广阔空间。自"十二五"时期，我国政府就开始鼓励和支持电子商务向农村延伸。2015 年，国务院、中央部委出台了完善农村电商服务、加强基础设施建设、健全农产品包装配送体系等政策文件。2016 年，农业农村部开展农村电子商务试点，之后"互联网+"农产品出村进城、加强农村电商人才培养等政策陆续出台。农

---

* 冀翠萍，中共山东省委党校（山东行政学院）副教授。

村电商作为乡村数字经济中表现最活跃、发展势头最好的新动能之一，正以一种近似普适性的实践形态，逐步成为乡村产业振兴的关键动力。

一、农村电商主要进展

（一）政府驱动效应明显，政策体系日趋完善

近年来，国家在农村电商方面围绕"巩固、增强、提升、畅通"八字方针，深化农业供给侧结构性改革，从数字乡村、电商扶贫、物流体系、农产品供应链等方面推动农村电商发展的政策体系和管理机制不断优化。

1. 农村电商政策的连续性和稳定性

2015—2020 年，连续六年的中央一号文件均明确提出发展"农村电商"。其中，2019 年《关于坚持农业农村优先发展做好"三农"工作的若干意见》提出"实施数字乡村战略，继续开展电子商务进农村综合示范，实施'互联网+'农产品出村进城工程"。2019 年 9 月，习近平总书记在河南光山县文殊乡东岳村考察时强调，"要积极发展农村电子商务和快递业务，拓展农产品销售渠道，增加农民收入"。2020 年中央一号文件强调要"扩大电子商务进农村覆盖面"。

2. 各领域政策措施聚焦堵点和实效

农产品供应链体系是政策关注的重点。2019 年 5 月，商务部会同财政部联合下发了《关于推动农商互联完善农产品供应链的通知》，要求重点围绕本地特色优势农产品供应链体系的短板和薄弱环节，不断完善基础设施，创新应用新模式、新技术，推动农商互联互动，提升农产品供应链质量和效率。2019 年 12 月，农业农村部等 4 部门出台了《关于实施"互联网+"农产品出村进城工程的指导意见》，提出要建立完善适应农产品网络销售的供应链体系、运营服务体系和支撑保

障体系，促进农产品产销顺畅衔接、优质优价。

中央部门协同解决融资难问题。2019 年 9 月，国家发展改革委、中共中央网络安全和信息化委员办公室、农业农村部等发布了《关于支持推进网络扶贫项目的通知》，支持"互联网+"农产品出村进城工程，支持电商企业采取多种方式，拓宽贫困地区农产品销售渠道。政策支持建立网络扶贫项目捕获机制，为符合条件的项目提供综合性金融服务，一定程度上解决了融资难的问题。

3. 专项工程的带动作用愈加凸显

电子商务进农村综合示范全面实施。2014 年以来，商务部、财政部、国务院扶贫开发领导小组办公室共同开展电子商务进农村综合示范，截至 2019 年底，累计支持 1180 个县，全国农村电商数量达到 1384 万家。① 电子商务进农村综合示范在农产品供应链、人员培训、公共服务等方面进行政策倾斜，把农产品上行作为工作重点，对返乡农民工等开展农村电商普及和技能培训，切实提升了农产品产销对接能力和农民收入。截至 2020 年 9 月，示范地区累计建设县级电商公共服务中心和物流配送中心超 2000 个，乡村电商服务站点约 13 万个，培训建档立卡贫困户 189 万人次。②

"互联网+"农产品出村进城工程有序开展。2018 年 6 月 27 日，国务院常务会议提出，实施"互联网+"农产品出村进城工程。2019 年中央一号文件再次强调，实施"互联网+"农产品出村进城工程。2019 年底，农业农村部会同国家发展改革委、财政部、商务部印发了《关于实施"互联网+"农产品出村进城工程的指导意见》，要求促进农产品产销顺畅衔接、优质优价，带动农业转型升级、提质增效。工程实施以来，基本形成了政企协作、线上线下融合的农产品电商发展

① 《我国农村电子商务发展迅速　农村网商达到 1384 万家》，央广网，http：//news. cnr. cn/native/gd/20200512/t20200512_525087252. shtml。

② 《对十三届全国人大三次会议第 4070 号建议的答复》，农业农村部网站，http：//www. moa. gov. cn/govpublic/CWS/202012/t20201203_6357543. htm。

新机制，营造了"一方牵头部署、多方聚力推进"的发展氛围，农业农村部确立了 110 个县（市、区）作为"互联网+"农产品出村进城工程试点，提供专项政策支持。

（二）呈现集群化发展特征，进入规模化发展阶段

1. 农村电商呈现集群化发展特征

农村地区地理位置相对分散，只有聚集才能产生规模效应，从而降低成本，提高经济效益；另外，农村作为一个熟人社会，地理位置相近的村落其产业发展条件也相似，容易模仿、跟随从而形成块状经济。当前越来越多的"电商县""电商镇""电商村"陆续在全国范围内涌现，数量上的快速增长更多地呈现为一定范围内（县域）的近邻增长状态，仿佛细胞的裂变增殖。[①]

商务大数据监测显示，2019 年全国农村网络零售达 1.7 万亿元（见图 1），占全国网络零售总额的 16.1%。其中，农村实物商品网络零售额为 13320.9 亿元，占全国农村网络零售额的 78.0%，同比增长 21.2%。[②] 2020 年，淘宝村交易规模超过 1 亿元的达 745 个，占淘宝村总数的 13%，[③]"亿元村"的大量浮现反映出淘宝村十年来产业化、集群化的深度发展，同时反映出电子商务推动乡村发展的绩效。以超大型淘宝村集群为例，浙江义乌的小商品、山东曹县的演出服、浙江永康的健身器材、浙江温岭的鞋、江苏睢宁的家具等，电商年销售额达数十亿元甚至上百亿元，有力地促进了地区发展和产业升级。

山东曹县是传统农业大县，也是山东人口第一大县，产业不强、经济不发达，"贫穷"成了曹县的代名词，然而电子商务却在这片古

---

① 《对十三届全国人大三次会议第 4070 号建议的答复》，农业农村部网站，http：//www. moa. gov. cn/govpublic/CWS/202012/t20201203_6357543. htm。

② 商务部电子商务和信息化司：《中国电子商务报告 2019》，中国商务出版社 2020 年版，第 34 页。

③ 《2020 中国淘宝村研究报告》，阿里研究院网站，http：//www. aliresearch. com/ch/information/informationdetails？ articleCode = 126860487966199808&type = %E6%96%B0%E9%97%BB。

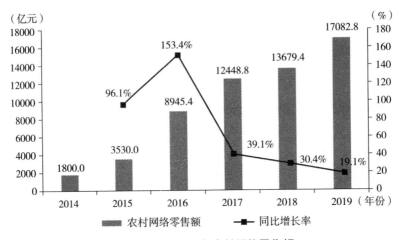

图1 2014-2019年农村网络零售额

老的土地上萌芽绽放。截至2020年9月，曹县有电商企业4000余家，网店5.5万余家，"淘宝镇"17个，"淘宝村"151个，带动30余万人就业创业，2019年曹县电商销售额突破198亿元，2.5万人实现脱贫。① 曹县已经成为全球最大的木制品跨境电商基地、全国最大的演出服饰产业基地，电子商务已成为曹县县域经济高质量发展的新引擎。

2. 特色农产品区域化、品牌化发展

国家高度重视区域农产品品牌化发展，仅中央一号文件就多次提及"培育国产优质品牌""推进区域农产品公用品牌建设""打造区域特色品牌""改造提升传统名优品牌""强化品牌保护""创响一批'土字号''乡字号'特色产品品牌""打造地方知名农产品品牌"等。2020年，农业农村部印发的《全国乡村产业发展规划（2020—2025年）》再次提出，要打造"一村一品""一镇一特""一县一业"发展格局。截至2020年9月份，农业农村部认定九批2851个全国"一村一品"示范村镇，推介乡村特色产品880个，有力推进了特色

---

① 《为什么曹县淘宝村、淘宝镇领跑山东?》，海报新闻，https://www.dzwww.com/p/4530285.html。

种养业发展，创响特色农产品品牌。①

3. "产地直采"推动农产品规模扩大

在农产品数字化供应链价值凸显的背景下，众多电商企业对利用科学合理的种植技术和经营理念革新农业生产方式的热情高涨。作为农产品上行的最大平台之一"拼多多"，与多地合作开启"多多农园"项目，以"产地直发"模式帮助"小农户"连接"大市场"，使特色农产品形成了长效稳定的产销通道。京东自 2018 年启动"京东农场"项目，整合京东物流、金融、大数据等能力，打造现代化、标准化、智能化新农场。阿里巴巴成立数字农业事业部，通过"基地"模式与产、供、销结合的中台体系打造数字农场。

这种"产地直采"的模式进一步推动了农产品的规模化发展，一些优质农产品以及农产品"头部"生产经营主体（也就是一些有规模、有品质、有品牌的农业生产经营主体）将会迅速地被各类电商企业发现、对接和网罗，进而刺激当地或生产经营主体扩大种植业、养殖业规模。

（三）聚焦农产品上行，供应链体系加紧布局

带动农产品上线、促进农民增收是农村电商的中心任务。2019 年全国农产品网络零售额达 3975 亿元，同比增长 27.0%，② 农产品上行保持较快增长，这得益于农产品标准体系的不断完善、农产品品牌化建设的不断增强，以及农村物流、冷链、保鲜等技术体系的不断完善。

1. 组织构建农产品电商标准体系

2018 年，国家质检总局、工业和信息化部、农业农村部等七部委联合印发的《关于开展农产品电商标准体系建设工作的指导意见》提

---

① 《关于政协十三届全国委员会第三次会议第 0630 号（农业水利类 080 号）提案答复的函》，农业农村部网站，http：//www.moa.gov.cn/govpublic/FZJHS/202009/t20200929_6353551.htm。
② 商务部电子商务和信息化司：《中国电子商务报告 2019》，中国商务出版社 2020 年版，第 37 页。

出，重点围绕农产品质量分级、采后处理、包装配送等内容，构建农产品电商标准体系框架。县级农业农村部门组织运营主体、科研机构等，加快试点农产品田间管理、采后处理、分等分级、包装储运、产品追溯、信息采集等各环节标准研制，细化标准化生产和流通操作规程，形成多层次的标准体系，提高农产品品质和一致性。

发展农村电商，需建设完善农产品质量安全追溯平台，推动农产品实现源头可追溯、流向可跟踪、信息可查询、责任可追究，保障公众消费安全。2018 年，农产品质量安全追溯管理信息平台正式上线运营，配套建成了指挥调度中心、移动专用 APP、监管追溯门户网站、国家追溯平台官方微信公众号等。2020 年，增设了企业主体注册分类指标，开通了食用农产品电子合格证打印功能，推动实现"一码两证、一码通用"。截至 2020 年 7 月，平台共有 9.41 万家生产经营主体，产品种类 981 个，企业上传数据量达 11.3 万条。[①]

2. 加紧完善县、乡、村三级物流体系

加强农产品流通体系建设，畅通农产品销售渠道，对破解农产品"卖难"问题具有重要意义。各地邮政管理部门指导邮政企业充分挖掘寄递网络价值，参与到农村电子商务发展中，"邮政在乡""快递下乡"工程持续推进，助力加快发展乡村特色产业。截至 2020 年 6 月，全国已建设县级电商公共服务中心和物流配送中心超过 2000 个，乡村电商服务站点约 13 万个。邮政普遍服务的可及性、均衡性不断提升，快递服务遍布城乡并开始向村一级延伸。截至 2019 年底，全国 55.6 万个建制村直接通邮；农村地区快递网点超过 3 万个，公共取送点达 6.3 万个，乡镇快递网点覆盖率达到 96.6%，初步形成了县、乡、村三级物流配送体系。[②]

---

① 《对十三届全国人大三次会议第 5555 号建议的答复摘要》，农业农村部，http://www.moa.gov.cn/govpublic/SCYJJXXS/202011/t20201113_6356258.htm。

② 国家邮政局：《2019 年全国建制村直接通邮 乡镇快递网点覆盖率达 96.6%》，央视网，http://news.cctv.com/2020/01/06/ARTI5WkROcLxBOmD2e0f4UwB200106.shtml。

3. 着重布局农产品冷链物流体系

党中央高度重视农产品仓储保鲜冷链物流设施建设，加大了对新型农业经营主体农产品仓储保鲜冷链设施建设的支持。2019 年 7 月 30 日，中央政治局会议明确提出实施城乡冷链物流设施建设工程。2020 年，农业农村部会同财政部安排中央财政资金 50 亿元，选择鲜活农产品重点县（市），支持家庭农场、农民合作社、供销合作社、邮政快递企业、产业化龙头企业建设产地分拣包装、冷藏保鲜、仓储运输、初加工等设施，解决农产品出村进城"最初一公里"问题。

在国家强化冷链物流体系建设的同时，以顺丰、京东为代表的物流企业在生鲜运输冷链上不断加码，改造或新建预冷、储藏保鲜、分级包装等冷链物流基础设施，开展分拣、包装等流通加工业务。顺丰冷运事业部 2017 年投入 7.18 亿元用于冷运车辆与温控设备的采购，目前顺丰控股已在全国开通运营 26 个食品仓，仓库总面积约 15 万平方米，开通运营食品干线 143 条，覆盖 117 个城市，727 个区县，共 2583 条流向。① 京东在全国 11 个城市建设先进多温层冷库，覆盖近 300 个大中城市。

借助生鲜运输冷链服务，马陆葡萄实现了与全国 20 多个省区市 70 多个城市的点对点对接。马陆葡萄利用充气包装达到减震防摔、固定支撑的作用，并在包装内放置冰袋以控温，生鲜物流让马陆葡萄走出了江浙沪，全国各地的买家都能尝到新鲜的马陆葡萄。2019 年，马陆葡萄高峰期快递日订单量超过 2000 单、总重量近万斤，快递寄送销售的马陆葡萄占到销售量的 1/3。

（四）电商模式不断创新，发展业态更加多元

1. 社交电商实现消费与需求的黏合

传统电商行业用户增速大幅放缓，流量红利消失殆尽，而以"拼

---

① 魏珣：《生鲜冷链物流千亿市场待挖掘》，《农经》2019 年第 8 期。

多多"为代表的社交电商则通过较低的获客成本和更高的客户黏性进入人们视野，拼购类社交电商获得爆发式增长。2018年，拼购类社交电商的行业规模为5352.8亿元；2019年，拼购类行业规模增长到1.07万亿元，增长率为99.4%。①

2019年8月，国务院印发的《关于促进平台经济规范健康发展的指导意见》提出，要加大政策引导、支持和保障力度，坚持包容审慎监管，支持新业态新模式发展，促进平台经济健康成长，用新动能推动新发展。社交电商在促进大众创业万众创新、推动产业升级、拓展消费市场、增加就业等方面作用不可低估。拼多多是这类平台中的典型代表及绝对领先者。拼多多首创"农地云拼"的方式，平台将分散的生产和生产的需求在云端拼在一起，并通过超短链、算法推荐、拼团等一系列技术和模式的创新助力农产品线上销售，农村地区的卖家得以将特色农产品大规模销往全国市场。2019年，拼多多农产品及农副产品交易额高达1364亿元，直连农业生产者超过1200万人，直达5.363亿用户。②。

2. 直播带货开辟农产品营销新渠道

短视频、直播等内容电商通过分享、内容制作、分销等模式，成为农村电商市场新业态并保持高速增长。2020年，受新冠肺炎疫情影响，许多农产品线下销售受阻，各地利用网络直播销售农产品，成为疫情期间农产品销售的新潮流、新亮点，全国上万间的蔬菜大棚瞬间变成了直播间，市长、县长、乡镇长纷纷带货，还有网红、农民带货，让直播成为"新农活"，也让农产品的销售找到了新的出路。

央视新闻和快手等联合举办了"谢谢你为湖北拼单"的公益带货直播活动。2020年4月20日，习近平同志在陕西省柞水县金米村调研

①李静：《腾讯上线小鹅拼拼 对标拼多多追逐电商梦?》，《中国经营报》2020年5月11日第32版。
②《拼多多发布农产品上行发展报告，"三区三州"销售额增长413%》，新浪网，https：//finance.sina.com.cn/money/fund/jjzl/2020-04-22/doc-iircuyvh9258025.shtml。

脱贫攻坚情况时，鼓励当地电商直播工作人员"电商在推销农副产品方面大有可为"。当前，电商直播成为各级政府提振经济、拉动消费的新增长点，各地政府出台优惠政策、吸引专业人才，以建设产业园区等方式支持辖区内电商直播业务的发展，电商、互联网平台等加速布局直播领域，在短时间内聚集了大量人才、资金和媒体资源。

今日头条推出了"金稻穗计划"，抖音启动了"山里DOU是好风光"项目，快手推出了"幸福乡村战略"，淘宝直播推出了"村播计划"，新农人"短视频+直播"电商创业模式迎来了新的机遇。大量新农人群体借助短视频与直播介绍本地特色、记录美丽新农村，通过有故事、有创意、有温度的内容和人，结合电商销售本地特色农产品、拉动本地旅游产业及相关产业的发展，探索全新的可持续发展的农村电商创业模式。

3. 电商平台拓展农村网购需求市场

在农村居民收入增长、农村消费市场环境改善等因素的影响下，农村市场消费潜力持续释放。国家统计局公布的数据显示：2019年城镇消费品零售额351317亿元，比上年增长了7.9%；乡村消费品零售额60332亿元，比上年增长了9.0%，增速高出城镇市场1个百分点。①农村家庭的消费结构在升级，农民更加追求品质消费、个性消费。麦肯锡《2019年中国数字消费者趋势报告》显示，小镇青年电商购买力超过一线城市，他们正在以品质消费追求生活调性的平权，相比于大城市消费者，中小城市消费者的价位敏感度更低，下沉市场消费者关注的并不只是打折商品，价位较高的奢侈品、较难买到的特供和限量产品反而更受青睐。

2019年，各大电商平台加大对农村市场的开发力度，农村市场的消费结构正在从低端商品向高品质、中高端消费发展。阿里巴巴通过

---

① 《2019年社会消费品零售总额增长8.0%》，国家统计局网站，http：//www.stats.gov.cn/tjsj/zxfb/202001/t20200117_1723391.html。

淘宝村播、淘宝村、聚划算等方面加强对下沉市场的布局；京东拼购强化与微信的合作拓展流量入口；苏宁易购上线"快手小店"、收购60 余家 OK 便利店，也开始加速布局下沉市场。基于各大电商平台对下沉市场的耕耘，农村市场对网购的需求得到了拓展，带动了销售额的大幅增长。

（五）电商助力成效显著，衔接助力乡村振兴

习近平总书记多次做出重要指示批示，强调要发挥互联网在乡村发展中的作用，让农产品通过互联网走出乡村。电商扶贫长在乡野，连着千家万户，关乎百姓利益。2019 年，832 个落后县网络零售额达1076.1 亿元，同比增长 31.2%；农产品网络零售额总额为 190.8 亿元，同比增长 23.9%。[①]

1. 政府出台政策推动电商助力

农业农村部会同有关部门先后出台了《"互联网+"现代农业三年行动实施方案》《关于促进电商精准扶贫的指导意见》《商务部农业部关于深化农商协作大力发展农产品电子商务的通知》等文件，积极推动支持落后地区农村电商发展的政策措施。2018 年以来，农业农村部启动实施落后地区农产品产销对接行动、"互联网+"农产品出村进城、信息进村入户等六大工程，组织大型电商企业实施丰收购物节活动。2020 年，农业农村部协调各类电商平台设立专卖店、电商馆和专门频道。国家发展改革委牵头制定了《消费扶贫助力决战决胜脱贫攻坚 2020 年行动方案》，大力发展农村电子商务，鼓励京东、阿里巴巴、抖音、美团、拼多多、携程等互联网企业继续发挥流量优势，为落后地区农畜产品和服务搭建网络交易平台。商务部充分利用网络直播、短视频等新媒介，先后举办 7 场落后地区农产品品牌推介洽谈活动，

---

① 《2020 全国县域数字农业农村电子商务发展报告》，农业农村部网站，http：//www.moa.gov.cn/xw/bmdt/202004/t20200430_6342909.htm。

累计实现对接合同金额 19 亿元，指导电商企业加强对落后地区企业的常态帮扶。2020 年上半年，20 家电商联盟成员与 418 家落后地区企业或个体工商户开展了帮扶合作，采销金额 16.6 亿元。[①]

2. 电商企业与平台助力农产品上行

阿里巴巴的兴农业务摸索出了三种电商脱贫模式：平台模式、"一县一品"模式、直播模式。阿里巴巴通过聚合经济体力量和全社会资源，通过大数据选品、制定产业标准、提供营销资源、开展电商运营及商品培训等方式，孵化和培育出一批地方优质服务商。阿里巴巴以直供直销模式进行选品、采购、品控，将"一县一品"模式升级为"一县一业"。在直播领域，打造了"县长（村干部）+网红+明星"的"1+1+1"电商脱贫模式。一些落后县经由阿里巴巴平台实现的电商销售额已超 3100 亿元，发出的电商包裹总数 5 年累计 12 亿个，农林牧渔、特色产品通过互联网卖到了全世界。[②]

京东发挥"新一代基础设施"的优势，更注重农村产业链的打造以及供应链、生态链的闭环，支持落后地区真正构建起可持续发展的产业能力。在河北武邑县，对跑步鸡使用区块链溯源及鸡脚环等物联网技术，进行 160 天的全养殖周期监测，保证养殖过程可追溯。在长白山区，京东大力推动"AI 养猪"；在内蒙古蒙清县，京东农场的无人机翱翔上空监管农场；在江苏泗洪县，京东全链条把控"游水鸭"。京东已帮助全国落后地区上线商品超 300 万种，实现销售额超 1000 亿元，直接带动超 100 万户增收。[③]

3. 新农人主动参与从事农村电商

有研究显示，目前各地区加大了对农村电商人才的培养力度。安

---

① 《对十三届全国人大三次会议第 3260 号建议的答复》，农业农村部网站，http://www.moa.gov.cn/govpublic/SCYJJXXS/202011/t20201113_6356256.htm。

② 《阿里发布助力脱贫攻坚五年成绩单》，新华网，http://www.xinhuanet.com/tech/2020-10/16/c_1126618991.htm。

③ 傅勇：《中国式电商扶贫的京东样本》，《经济参考报》2020 年 5 月 26 日第 A08 版。

徽省大力推动农村电商人才的培养，发布了《农村电商优化升级工作方案》，将农产品电商人才纳入新型职业农民培训对象，农村电商纳入就业技能培训工种目录，给予培训合格者 1200 元/人补贴，引入社交电商等新型课程，开展电商培训与就业用工对接，支持职业院校开设农村电商专业或增设电商课程等。

培育新农人是电商赋能的重要形式。即对农村的年轻人群、电商意识较强人群或返乡创业人群进行培训教育，使其具备开展农村电商的技能。淘宝联合《中国青年报》发布的《淘宝新农人主播报告》显示，1 位农民开淘宝直播，就能帮村里 10 位乡亲一起就业致富，淘宝直播 2020 年上半年已经帮助了 100 万农民就业致富。[①] 拼多多采用线上与线下相结合的方式，与政府开展合作，通过"多多大学"等培训机构，持续帮助地方培育电商人才。京东主要从落实"生鲜电商战略"开展农产品上行的运营管理，通过授权专业培训结构、校企合作开展相关培训；阿里巴巴则通过"从政策解读、趋势分析、实践探索等多方面对县域领导者进行培养""以实践操作培训方式对农村淘宝创业者进行培养"。

二、农村电商发展中面临的问题及挑战

农村电商发展已走过 10 余个年头，助推了我国农村产业发展和乡村振兴，但随着传统电商线上流量红利的消退、消费升级加速推进，农村电商的发展也产生了很多问题，面临很多挑战。

---

① 《1 位农民开淘宝直播，能帮村里 10 人就业致富》，光明网，https://it.gmw.cn/2020-09/21/content_34206909.htm。

（一）农产品同质化严重，品牌化、规范化发展依然任重道远

目前，大多数农产品电商依然处于"无品牌"的经营状态，我国农产品品牌化发展滞后、品牌化程度低，难以在市场上产生像智利车厘子、新西兰猕猴桃、挪威三文鱼等有国际美誉度的农产品，农业发展的内在支撑不足。主要原因有以下三点：一是农产品品牌意识薄弱，多数认为农产品不存在地域品牌，很多地方都可以种植出同类农产品，也有部分经营者借着"网红"产品进行自主产品的包装和销售，导致农产品同质化、雷同化现象严重，无法形成品牌溢价能力。二是农村电商缺乏个性化、差异化经营，在产品包装、品牌推广等方面的建设不足，品牌建设营销和维护力度不足。三是直播类电商营销的农产品，往往通过量大价低的方式抢占市场份额，导致农产品附加值严重降低，电商企业和农民没有精力和能力再去做品牌建设。

受到农产品质量伤害的消费者，往往对农产品或者地域产生"刻板印象"，而这种负面影响深远，农村电商市场规范化有待加强。直播的正向作用应该得到肯定，但是网络直播为农产品打开销路的同时，产品的品质也备受关注，消费者投诉"网红"农产品质量差、食品安全无法保证的情况屡屡出现，特别是一些网红带货"翻车"，进一步引发了消费者对直播虚假宣传、质量问题、售后服务跟不上、数据造假等问题的质疑，也会让消费者对这一农产品、这一地域产生错误认知。中国消费者协会发布了 2019 年十大消费维权舆情热点，其中以"直播经济"为代表的消费新场景带来的维权新挑战尤为引人关注。

（二）"小而散"格局难以扭转，供应链体系建设有待规范健全

我国农业经济整体上具有小农经济、家庭经营为主的特点，集体

经营、合作经营和企业经营等农业经营方式占比较低，农业生产集约化、规模化和标准化程度不高。

1. 农产品分散化经营和生产，农产品质量缺乏标准化

中国农业经营体系以家庭承包经营为基础，混合型、多样化的农业经营组织形式与多元化农业经营主体并存。① 根据第三次农业普查数据（见表1），截至2016年底，我国共有20743万农业经营户，其中有398万规模农业经营户，仅占2%左右。② 当前电商平台销售的大部分农产品仍然由小规模种植户、养殖户提供，农村地区小微生产经营者往往采取传统生产方式，在种植饲养流程、作物农药用量、畜牧饲料成分、农产品大小外形及口感等多个方面没形成统一标准，农产品质量较难控制，与电商产品标准化要求存在矛盾，无法在电子商务平台上进行"合规"销售，这是阻碍农产品上行的重要因素。

表1 2016年我国农业经营主体情况

农业经营单位（万个）	农民合作社（万个）		农业经营户（万户）		农业生产经营人员（万人）
	农业生产经营服务为主	其他	规模农业经营户	其他	
204	91	88	398	20345	31422
总计 204	179		20743		31422

资料来源：《2017年第三次全国农业普查主要数据公报》。

2. 网销农产品品控能力弱，各参与主体间的利益分配机制未建立

农产品加工主体多以家庭或小作坊为单位，因此产品的生产、加工、包装、销售等环节没有形成规模效应，无法降低单位生产成本，不利于统一产品规格和进行产品质量控制。此外，产品加工企业在加

---

① 张晓山：《推进农业现代化面临新形势新任务》，《人民日报》2019年5月13日第9版。
② 商务部国际贸易经济合作研究院课题组：《2019中国电商兴农发展报告》，2019年12月。

工流程、加工方式、添加剂使用、防腐保质方式等方面缺乏统一标准和规范，分拣包装环节不规范、不统一也直接影响到产品物流配送的效率和消费者体验。农户与农业合作社、电商平台之间的利益分配机制未能充分有效建立，部分个体农户为了降低成本而采取投机心理，与农产品电商平台投资周期长之间产生矛盾，导致农产品电商和种植基地的合作仅仅是定向采购，缺乏上下游战略协同的长期稳定关系。

（三）农产品物流体系薄弱，"最初一公里"和"最后一公里"存在短板

完善的农村物流网络是推动农村电商的关键环节，当前在配送点不足、物流效率不高、物流费用高、盈利能力弱等方面的痼疾仍然存在，"最初一公里"阻碍了农产品上行的效率和质量，"最后一公里"制约了工业品下行的速度和效益，农村物流发展的道路依然任重道远。

1. 农村物流站点缺乏统一规划，各企业拥有的资源难以共享

当前大部分物流企业如阿里巴巴、京东、苏宁等都是基于各自企业的发展布局所规划的，建有县级中转站和乡镇服务站，没有站在全县或者全镇这样的层次进行统一规划，因此电商物流的布局存在重复建设问题。这些平台和企业之间突出表现的是竞争关系，因此他们不会分享配送信息、不会共用站点资源，造成了运力资源的浪费。一方面是物流资源的重复建设，另一方面又是运力资源的相对匮乏，这种浪费与匮乏并存的局面提高了物流配送的成本、制约了物流配送的效率。

2. 冷链运输发展不足，农产品生鲜配送成本较高

2020 年受新冠肺炎疫情影响，消费者对于生鲜到家的需求急速增长，仅 2020 年第一季度活跃用户相较同期就增加了 65.7%。[①] 农产品

---

① 《2020 年中国生鲜电商行业研究报告》，艾瑞网，http://report. iresearch. cn/report/202007/3620. shtml。

生鲜有着易腐烂、易损耗、季节性强的特点，没有冷链物流保障，会造成配送过程中损耗过高的问题，也会影响农产品的销售价格。在储存环节，当前我国冷库建设地区不均衡，突出表现为城镇布局多，农村布局少，万吨级冷库的建设和运营成本太高，而农村电商销售体量较小、规模化不足，企业利润较低，电商企业在农村地区建造冷库的意愿和动力不足。在运输环节，"最初一公里"运输阶段暂时难以做到冷链全覆盖。截至2015年，我国果蔬、肉业、水产品冷藏运输率分别为35%、57%、69%，低于美国、日本等发达国家80%~90%的冷藏运输率。[①]

（四）农村电商人才匮乏，人才缺口成为农村电商发展的重要制约因素

当前，农产品上行进入快速发展阶段，对电商人才的需求增速加快，但是电商人才的培育和培训体系以及电商人才意识还没有及时跟进，农村电商人口缺口已经成为制约农村电商发展的重要瓶颈。中国农业大学智慧电商研究院院长郭沛认为，"到2025年农村电商人才缺口将达到350万人"[②]。

基层政府对电商的认识对农村电商发展至关重要。当前，部分基层政府对本地化电商人才的培育意识还不强，对本地电商产业的规划和发展缺少清醒认识，盲目追求头部主播的流量效应，期望通过一些明星、网红等带动农产品销量上行，期望引进富有经验的、优秀的中高端电商人才，但实际情况是电商人才对县域地区的生活条件、工作环境、薪酬待遇、市场规模和发展空间等并不满意，所以农村地区难以引进优秀电商人才。基层政府在本地人才培育、本地主播打造上还

---

① 《中国农村电商物流发展报告》，人民网，http://finance.people.com.cn/n1/2020/0424/c1004-31686746.html。

② 中国农业大学智慧电商研究院：《2020中国农村电商人才现状与发展报告》，2020年6月10日。

不够积极和主动，仅仅依靠农民自己小打小闹、自主的进行电商学习，特别是本地电商从业者遭遇起步难、销售遇冷、经营难等困境后易放弃电商工作，更倾向于进城务工，没有大的社会环境和氛围的支持，当地农民参与电商经营的主动性就会受到打击。

农民是从事农业生产活动的主体，也是农村电商的重要支撑，农民增收是农村电商发展的根本目的。当前农村呈现出"老龄化、低文化"现象，留在农村从事农业生产的劳动力平均年龄在 50 岁以上，55 岁以上的比例占到 33.6%，文化程度以初中及以下为主，其中小学及文盲的比例占到了 43.4%。[①] 农村居民的互联网能力相对较弱，即使农民使用手机也大多是浅层的互联网应用，如刷抖音、发微信等社交和娱乐活动，真正利用互联网进行业务开展的比例还比较低，从事农业生产活动的农民普遍缺乏开展电商业务的技术基础和能力结构。

电商培训的实效性不足，可持续发展后劲不足。基层政府、电商企业组织的电商人才培训项目，一般是 3~7 天的培训班，聘请电商培训师或者电商带头人讲授课程，期望通过短期的培训，就让农民掌握电商开展的理论与实践工作；还有的地区组织全村的男女老少放下农活全部参与电商培训，这样"一刀切"的做法也有待商榷。电商是集销售、经营管理、品牌推广、数据分析、物流等多领域为一体的新兴事物，涉及内容庞大复杂，这样的速成班、短期班很难让农民真正学懂弄通电商如何开展，纯讲授式的理论课堂也缺乏操作的实践性，所以部分电商培训工作沦为工作总结中的必要部分，或者考核农村电商工作的指标。此外，各高校等国民教育体系培育的高质量人才大多流入城市的电商企业中，真正回归到农村从事本地电商工作的比例极低。

---

① 魏后凯，黄秉信：《农村绿皮书：中国农村经济形势分析与预测（2018—2019）》，社科文献出版社 2019 年版，第 64 页。

（五）小农户增收困难，农村电商发展的溢出效应不明显

农村电商的蓬勃发展为农业农村注入了活力、带来了机会，但是在通过电商提高小农户收入方面的效益还不明显，小农户与农村电商的利益链接机制还不稳定。

小农户仅能获得农产品的最初经济价值。从各地的实践来看，大部分农村电商项目都是由新型农业主体、电商平台、电商企业等工商资本来主导和运作的，小农户和资本之间是简单的产品买卖、劳动雇佣关系，即资本方从小农户手中收购农产品，付给小农户农产品的基础经济价值，然后雇用小农户按照一定的标准和要求对农产品进行包装、发货、运输等，农产品在流通环节产生的增值收益，小农户无法分享。不仅如此，头部电商大的收购量和需求量，甚至部分垄断式的采购需求，还会压低小农户手中农产品的价格。从长远看，如果小农户仅能获得农产品的最初经济收益，无法从农产品深度加工、农产品经营链条中获得收益，将不利于农村电商和农业产业的健康发展。

小农户少有直接参与农村电商经营。从政府政策以及各地推动实践来看，希望小农户能够直接参与农村电商经营链条，从而获得农产品流转链条上的增值收益，但现实情况是从事电商需要先进的经营理念、资金投入、专业营销团队和持续的网络流量，而小农户在这些方面的资源和能力普遍较弱，难以在电商市场上形成竞争力。政府推动和支持的各类资金也基本流入电商企业和头部电商等大的经营主体手中，小农户较难享受到这样的政策支持。

三、农村电商未来发展趋势

2019年5月，中共中央办公厅、国务院办公厅印发的《数字乡村

发展战略纲要》明确将数字乡村作为乡村振兴的战略方向，加快信息化发展，整体带动和提升农业农村现代化发展。农村电商作为数字乡村的重要组成部分，将全方位助力数字乡村发展、助推乡村振兴。

（一）农产品上行规模继续扩大，持续拓展农民增收空间

进一步推动农产品上行规模，拓展农民增收空间。受限于农产品自身的特点，农产品冷链物流环节多、成本高、保鲜不容易、标准普遍缺失以及电商在农业领域渗透率低等因素影响，农产品电商上行之路还在初始阶段，从农村电商在县域农村地区的布局也可以看出农村电商市场尚处于起步阶段，电商兴农的市场空间仍十分巨大。据中国信息通信研究院 2019 年发布的数据显示，2018 年我国农业数字经济仅占农业增加值的 7.3%，远低于工业 18.3%、服务业 35.9% 的水平。[①] 农村电商作为农产品上行的主渠道还将通过"对种植、仓储、物流、销售和大数据反哺的全流程进行整合"等帮助提升农产品的标准和质量，向消费者提供绿色、健康、多样化的农产品。

助力农民深度参与产业链变革，享有产业链增值收益。随着农村电商不断深入生产、加工、销售等农业产业链的各个环节，农业供应链方式开始发生转变，现代化的农业供应链方式正在形成。农产品供应链既包含生产资料的供应、农产品的种植，又包括农产品加工、配送及销售环节，现代化的农业供应链目的在于使整个供应链产生的价值最大化。农产品的上游，通过将数字技术应用于农资生产和配送，为农户生产投入提供更加精准便捷的服务。农产品供应的下游，采用互联网、大数据、区块链等信息技术实行农业专业化生产，提高种植、养殖效率，通过数据追溯更好地监控农产品等的生长培育过程，使农

---

① 《发展智慧农业　建设数字乡村》，农业农村部网站，http：//www.jhs.moa.gov.cn/zlyj/202004/t20200430_6342836.htm。

业生产向专业化、科技化、规模化方面发展，推动农业产业升级。

（二）推动农产品品牌化发展，提质增效实现高质量发展

农产品品牌化发展与培育能够保证农产品质量安全，拥有品牌的农产品为保证自身的品牌声誉，必然会在生产中采用规范、标准、科学的种植技术，从生产源头上保证农产品的质量安全。农产品的品牌化发展能够提升农产品溢价能力，更好地通过品牌带动农产品出村进城。

电商平台将高效推动农产品品牌化发展。很多初创品牌、区域品牌"藏在深山人未识"，通过直播平台等新媒体传播后，短期内便"一举成名天下知"成为网红产品。哈尼梯田的红米是云南省红河县的扶贫产品，因为远离工业污染、不耐肥、纯人工种植等现代社会稀缺的原生态因素，在电商平台的包装和打造下迅速走红，成为城市消费者追捧的对象，使得这一"土货、山货"成了"快销货、高端货"。淘宝直播打造的湖北秭归脐橙则是带有科技含量的走红产品，每一盒秭归脐橙上都带有二维码，这是农产品的区块链身份证，用手机扫一扫，经营主体及责任人、产地情况、品质检测、基地全景、品质监控等追溯信息一目了然，为消费者创造"原产地甄选、保鲜直供"的消费体验。

农村电商提质增效高质量发展势在必行。农村电商高质量发展意味着电商各要素均衡协调，线上线下商品销售和服务处于健康、可持续增长状态。在消费端，农业电商营销要紧跟消费结构升级变化，满足城乡居民日益多元化、个性化、品质化的消费诉求，为其提供更优质的商品和服务。在供给端，农村电商要着力引导标准化、组织化、规模化的农业生产经营方式，提高绿色、优质、特色农产品的产出。

（三）农村电商产业链转型升级，推动农村三产融合发展

农村电商将以互联网为载体，进一步聚焦数字化在农业全产业链条的创新应用，运用数字化技术提供产业链优化整合，由销售端梯次向供应链、产业链直至价值链进行改造，推动村第一、第二、第三产业融合发展，推动农村经济高质量发展。

1. 农村电商向供应链前端延伸布局

农村电商发展考虑向供应链前端延伸，利用云计算、物联网、区块链、5G、人工智能等信息技术在种植、加工、流通、销售等环节应用，实现智能化、精细化发展，实现对种植、养殖全过程的数字化管理，打造农业数字"新基建"。阿里巴巴提出"亩产一千美金计划"，要通过互联网把亩产值做到 1000 美元，并将在全国建设 1000 个数字农业基地。

2. 推动产业链标准化，搞好农村电商诚信建设

推进农产品的产品分级、生产流程、品牌包装及管理等全产业链体系的标准化建设，致力于构建农户会用、市场认可、管理便捷的农产品线上交易分类标准体系，引导农户售前对农产品进行初步的条件筛选、质量分级、保鲜包装等处理，加强与电商市场标准的衔接。利用数字技术和数字理念布局农产品生产端，助力革新农业生产方式，推动农业供给侧改革。

3. 拓展农业产业的延伸价值，推动三产融合

利用农村电商，深度挖掘农业的商业价值、生态价值、文化价值，推进农业与其他产业的深度融合，大力发展休闲农业、民宿旅游、森林康养产业，打造富有文化特色的乡村旅游线路。在电商已经形成一定规模的农村地区推动建设一批田园综合体、农业产业融合发展示范园、电子商务产业园等，以此为载体充分挖掘乡村资源和文化，打造

一批有影响力的乡村旅游休闲地，促进农村工业品、农副产品、旅游及服务产品的电商化，推动三产融合发展。

（四）农村物流体系县域化发展，布局完善供应链生态

农村物流体系作为农村发展的基础设施，需要统一的规划、布局、资源的合理配置，需要站在县域发展的高度，建立物流资源统筹调配机制，整合现有的物流配送资源，建立和完善新的物流配送资源。

健全县、乡、村三级物流共同配送体系。引导县域物流企业在物流网络规划中，构建集农村与城市之间的相互融合、合理布局的农村物流网络，特别是在整合农村电商快递的基础上，搭载消费品、农资下乡和农产品上行双向配送，提高运力资源的有效利用和配置。建立县域物流资源统筹调度平台，整合县域农户、农产品、物流企业、配送点的信息资源，建设实时性、覆盖性于一身的农村物流信息共享平台，利用信息之间的互联共享实现各类物流资源的高效组织和调配。推动农村物流服务网络设施共享衔接，整合县镇物流快递资源，发挥乡镇物流中转节点的衔接作用，大力发展共同配送，鼓励电商、快递、物流等企业向村镇下沉，让电商进入农村"最后一公里"。

县域主导构建县级冷链物流体系。不同种类的生鲜农产品耐腐性不同，这导致不同农产品在冷链物流的需求强度上存在差异，但农村冷链物流体系投入大，一般的生鲜电商企业又投入不起，需要政府、企业和社会共同努力，构建新的电商公共基础设施。对于农村电商企业来说，可建立针对冷链物流资源的合作配送及联合投入机制，如冷库、冷藏运输车等资源，使冷链物流资源在进入、治理与利用上更加多元化与共同化，降低冷链物流资源投资门槛并控制投资风险。对县级政府来说，可考虑通过建设电商物流产业园和仓配一体化分拨中心，重点关注生产—集中—批发—分散—零售整个冷链环节的运输、仓储以及交易设施，合理布局和调配冷链存储和运输资源。

（五）农村电商人才本地化发展，发挥新农人带动效应

农村的知识青年、返乡创业人员、退伍军人等有志于发展农村、扎根农村人员是农村电商人才本地化发展的主要对象，注重培养新农人为本地化电商人才是可行的路径。

1. 完善电商人才培育体系

鼓励有电商经营经验或相关技能的新农人从事农村电商，形成专业的高素质复合型人才队伍。务实推进电商培训项目，对农村电商从业者进行分领域、分层次的培训，并辅以实践强化培训效果，切实提高其职业技能和职业素养。贵州省三穗县按照"高标准、接地气、重成效、有特色"的原则，摒弃"大锅饭""百人团"式的培训方法，换成精细化的小班培训，采取"3+7+2+180"的长期递进式人才培训办法，同时辅以电商创业大讲堂、电子商务分享座谈会等多种形式，做到让电商创业者学有所用，"精一样产出一样"。

2. 形成电商带动地方发展的社会氛围

加强对农民群众信息化知识的宣传和推广，使农民认识到农村电商是开启农产品市场大门的"金钥匙"，加强培育和引导农户的信息需求。高职院校是培育地方电商人才的沃土，应充分利用这样的平台和资源。建立与高校的人才定制机制，地方政府规划和考量当地发展农村电商的空间和规模，可建立与高职院校的联合机制，定制培养人才，通过在学校理论学习、在农村进行实践锻炼相结合的方法，培养接地气的、实用的地方电商人才。还可以建立与电商平台、电商企业的人才培育机制。

2019—2020 年中国乡村旅游发展报告

王　颖*

摘　要：推动乡村旅游高质量发展是新形势下国民经济发展的必然趋势，也是满足旅游消费市场多样性需求的必然要求。在全域旅游和乡村振兴的大背景下，乡村旅游迎来了发展契机，势头强劲，显示出令人瞩目的活力和潜力。与此同时，产品同质化严重，乡土文化特色缺失、基础设施薄弱等问题依然不同程度地存在。乡村旅游需要立足新发展阶段，以科学规划为前提，突出创新驱动、人才支撑，强化市场管理，推进乡村旅游高质量发展。

关键词：乡村旅游；乡村振兴；旅游产业；脱贫攻坚

党的十九大做出"我国经济已由高速增长阶段转向高质量发展阶段"的重大历史判断，并在报告中提出实施乡村振兴战略，明确要求"坚持农业农村优先发展，按照产业兴旺、生态宜居、乡风文明、治理有效、生活富裕的总要求，建立健全城乡融合发展体制机制和政策体系……加快推进农业农村现代化，走中国特色社会主义乡村振兴道路"。推动乡村旅游高质量发展是新形势下国民经济发展的必然趋势，也是满足旅游消费市场多样性需求的必然要求。

产业兴旺是乡村振兴的重点，乡村旅游则是乡村产业的重要内容之一。2018 年 12 月，国家发展改革委等 13 个部门联合印发的《促进

---

* 王颖，工作于中共山东省委党校（山东行政学院）文史教研部。

乡村旅游发展提质升级行动方案（2018 年—2020 年）》提出，要"鼓励引导社会资本参与乡村旅游发展建设"，加大对乡村旅游发展的支持。《2019 中国全域旅游大数据监测及其典型区域与典型产业剖析报告》显示，截至 2018 年底，农业农村部已创建 388 个全国休闲农业和乡村旅游示范县（市），推介了 710 个中国美丽休闲乡村。2018 年，全国休闲农业和乡村旅游接待人员达 30 亿人次，营业收入达 8000 亿元，乡村旅游已成为我国旅游业的重要组成部分。2019 年，《中共中央　国务院关于坚持农业农村优先发展做好"三农"工作的若干意见》指出，各级政府要充分发挥乡村资源、生态和文化优势，发展适应城乡居民需要的休闲旅游、餐饮民宿、文化体验、健康养生和养老服务等产业。

一、我国乡村旅游产业发展现状

2020 年以来，我国遭遇了突如其来的新冠肺炎疫情，全国人民上下一心，众志成城，取得了疫情防控重大战略成果。乡村旅游在疫情防控进入常态化之后，稳妥推进复工、复产、复业，逐步恢复市场。总体来看，2019—2020 年，我国乡村旅游发展呈现以下几个态势：

（一）乡村旅游市场规模扩大

2012—2018 年，我国休闲农业与乡村旅游人数不断增加，2015—2017 年乡村旅游人数占国内游人数比重超过了 50%，2018 年这一数字达到 30 亿人，占国内旅游人数的 48.39%。《全国乡村旅游发展监测报告（2019 年上半年）》发布的数据显示，2019 年上半年我国乡村旅游人数 15.1 亿人，同比增加 10.2%；总收入 0.86 万亿元，同比增加 11.7%。截至 2019 年 6 月底，全国乡村旅游就业总人数 886 万人，同比增加 7.6%。2012—2019 年上半年全国乡村旅游总收入见图 1。

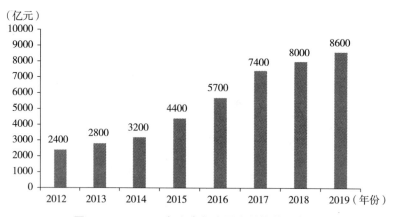

图1　2012—2019 年上半年全国乡村旅游总收入

　　数据显示，2020 年 1—8 月，中国休闲农业与乡村旅游人数减少了 60.9%，为 12.07 亿人，休闲农业与乡村旅游收入达到 5925 亿元。但乡村旅游已经成为旅游市场的"热点"，也是中国居民的主要旅游方式之一。艾媒咨询（iiMedia Research）数据显示，2020 年中国旅游用户最近一年或半年到城郊或省内乡村旅游的比例达七成，五成以上旅游用户一年多次到乡村旅游，18.12% 的旅游用户 1 月多次到乡村旅游。从这些数据中，不难看出乡村旅游强劲的发展势头。

（二）乡村旅游投资空间扩大

　　2015 年，国务院出台的《国务院办公厅关于进一步促进旅游投资和消费的若干意见》指出，到 2020 年，全国将建成 6000 个以上乡村旅游模范村，形成 10 万个以上休闲农业和乡村旅游特色村、300 万家农家乐，乡村旅游年接待游客超过 20 亿人次，受益农民 5000 万人。休闲农业和乡村旅游未来具有巨大的发展空间。

　　2019 年，中国居民人均可支配收入 30733.00 元（见图 2），同比增长 8.9%。2019 年，中国城乡居民旅游消费持续攀升。城镇居民旅游消费达 4.75 万亿元，乡村居民旅游消费为 0.97 万亿元（见图 3），旅游成为中国人民的必需品。随着居民人均可支配收入的增加和全域旅游意识的提升，未来旅游业的发展前景较广阔。乡村旅游发展是应对全面小康社会，大众旅游规模化需求的新理念、新模式和新战略。

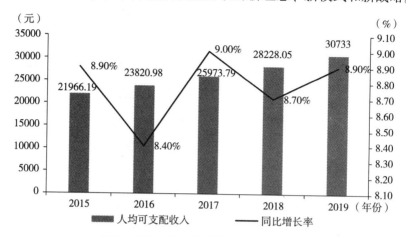

图 2　2015—2019 年中国人均可支配收入

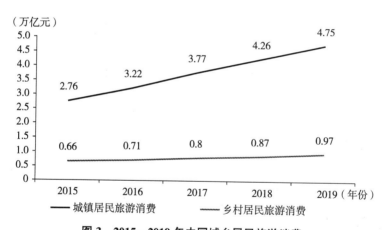

图 3　2015—2019 年中国城乡居民旅游消费

2019 年 12 月 5 日，农业农村部乡村产业发展司司长曾衍德表示，2019 年，我国乡村休闲旅游业接待游客 33 亿人次，营业收入超过 8500 亿元（见表 1）。预计在未来 2~3 年，乡村休闲旅游业将发展成为营业收入接近亿万元的大产业，这对于助力乡村全面振兴、实现农业农村现代化意义重大。在《全国乡村产业发展规划（2020—2025年）》提出发展目标，到 2025 年，乡村休闲旅游业优化升级，年接待客人数超过 40 亿人次。

表 1　2019 年统计与 2025 年预测对比

指标	2019 年	2025 年	年均增长
产值超 100 亿元乡村特色产业集群（个）	34	150	28%
休闲农业年接待旅游人次（亿人次）	32	40	3.8%
休闲农业年营业收入（亿元）	8500	12000	5.9%
农产品网络销售额（亿元）	4000	10000	16.5%
农林牧渔专业及辅助性活动产值（亿元）	6500	10000	7.5%
返乡入乡创新创业人员（万人）	850	1500	10%
返乡入乡创业带动就业人数（万人）	3400	6000	10%

资料来源：《全国乡村产业发展规划（2020—2025 年）》，中华人民共和国农业农村部网站，www.moa.gov.cn/govpublic/XZQYJ/20200716-6348795.htm。

由此可见，我国乡村旅游的投资空间巨大，前景广阔。这将不断吸引更多的投资资源，投入到乡村旅游的事业中去。

（三）乡村旅游富民脱贫效果显著

乡村旅游是有效、快速实现农村脱贫的重要途径之一，是我国农民就业增收、农村经济发展的主战场和中坚力量。

乡村旅游带动了农村餐饮业、住宿业、交通运输业等相关联产业的发展。统计数据显示，乡村旅游从业人员不断增加，截至 2019 年 6 月底，全国乡村旅游就业总人数 886 万人，同比增加 7.6%。乡村旅游收入规模扩大，2019 年仅上半年就实现乡村旅游总收入 0.86 万亿元，同比增加 11.7%，这超过了 2018 年全年收入。休闲农业与乡村旅游人数不断增加，2019 年上半年，全国乡村旅游总人次超过 15 亿次，同比增加 10.2%，占国内游客接待人次的 49%。① 由此可见，乡村旅游

---

① 参见 https://www.chnci.com。

带来的经济效益突出，对脱贫富农有极大的推动作用。

以云南省为例，云南省乡村旅游点状发展、以点带面、精准扶贫、整体联动，成果显著。2016—2019 年，全省乡村旅游共接待旅游者 9.24 亿人次，占全省接待人次的 39.3%；乡村旅游收入 7301.4 亿元，占全省旅游收入的 23.7%；累计直接从业人员 56.17 万人、间接就业 192 万人，累计带动 75 万贫困人口增收脱贫。其中，2019 年全省乡村旅游接待游客 3.6 亿人次，约占全省游客总量的 45%；乡村旅游总收入 2300 亿元，约占全省旅游总收入的 20.54%。2020 年，受新冠肺炎疫情影响，预计全省乡村旅游接待游客 2.4 亿人次左右，恢复到去年的 66.7%；实现乡村旅游总收入 1200 亿元左右，恢复到去年的 56.5%；综合带动 5.75 万人增收脱贫，占全省脱贫人口的 13%。①

甘肃省文旅厅、新华社中国经济信息社联合编制的《中国·甘肃乡村旅游发展指数》显示，2019 年，甘肃省乡村旅游游客接待量达 1.27 亿人次，实现乡村旅游收入约为 340 亿元，平均花费 267 元/人次。其中，省内游客是乡村旅游最大客源主体，占比达到 88%。② 乡村旅游促进了资源流动和乡村的建设发展，为富民脱贫做出了成效显著的贡献。

（四）政策支持力度加大，各方协调配合共同促进乡村旅游的发展

乡村旅游的兴起和市场规模的扩大，离不开相关政策的持续深化和推进。2019 年 2 月，《中共中央　国务院关于坚持农业农村优先发展做好"三农"工作的若干意见》就数字乡村战略，加强乡村旅游基础设施建设，改善卫生、交通、信息、邮政等公共服务设施进行详解；

① 《云南：乡村旅游综合带动 80 万余人脱贫增收》，云南网，http://society.yunnan.cn/system/2020/12/04/031159697.shtml。

② 《〈中国·甘肃乡村旅游发展指数〉首次发布》，中国农业信息网，http://www.agri.cn/zx/xxlb/qg/202004/t20200409_7351413.htm。

2019 年 5 月，《数字乡村发展战略纲要》提出要因地制宜发展数字农业、智慧旅游业、智慧产业园区，促进农业农村信息社会化服务体系建设；2019 年 6 月，《乡村振兴战略规划（2018—2022 年）》对形成特色资源保护与村庄发展的良性互促机制，发展乡村共享经济等新业态，大力发展生态旅游、生态种养等产业问题进行了规划和部署。

2019 年 7 月 23 日，文化和旅游部、国家发展改革委共同公布了第一批全国乡村旅游重点村名单，320 个村列入全国乡村旅游重点村名录，各省数量见表 2。

表 2   第一批全国乡村旅游重点村区域分布   单位：个

省份	乡村旅游重点村数量	省份	乡村旅游重点村数量	省份	乡村旅游重点村数量
陕西省	11	山东省	10	云南省	13
甘肃省	12	河南省	10	福建省	11
青海省	8	湖北省	11	吉林省	8
上海市	6	北京市	9	黑龙江省	10
新疆维吾尔自治区	9	新疆生产建设兵团	6	宁夏回族自治区	9
天津市	7	河北省	11	江苏省	13
湖南省	11	山西省	8	浙江省	14
广东省	10	辽宁省	9	安徽省	12
广西壮族自治区	11	内蒙古自治区	9	西藏自治区	9
海南省	8	重庆市	9	江西省	12
四川省	12	贵州省	12	总计	320

这一举措，使首批乡村旅游重点村能够获得诸如提高知名度、建设完善配套设施、更充足的资金供给等方面的优势，更有利于乡村旅游的发展，为更多的乡村起到示范引领的作用。

（五）电子商务融合发展助力乡村旅游转型升级

2020 年 1 月，农业农村部、中央网络安全和信息化委员会办公室印发的《数字农业农村发展规划（2019-2025 年）》中，对休闲农业和乡村旅游的政策主要有四大方向。一是"农业旅游互联网+"，创新发展共享农业、云农场等网络经营模式；二是"智慧休闲农业平台"，完善休闲农业数字地图，引导乡村旅游示范县、美丽休闲乡村（渔村、农庄）等开展在线经营，推广大众参与式评价、数字创意漫游、沉浸式体验等经营新模式；三是"农产品销售渠道多元化"，鼓励农产品出村进城工程，推动人工智能、大数据赋能农村实体店，全面打通农产品线上线下营销通道；四是"农民就业数字化"，建设一批农民创业创新中心，开展农产品、农村工艺品、乡村旅游、民宿餐饮等在线展示和交易撮合，实时采集发布和精准推送农村劳动力就业创业信息。

在线旅游因价格透明、服务全面、产品多样等优点，逐渐成为人们最喜爱的选择方向。"艾媒北极星互联网产品分析系统"显示，2019 年 5 月，中国旅游出行综合类 APP 活跃人数前十名见表 3。

表 3　2019 年 5 月中国旅游出行综合类 APP 活跃人数排行（TOP10）

单位：万人

排名	应用	活跃人数	排名	应用	活跃人数
1	携程旅行	7031.2	6	途牛旅游	725.5
2	去哪儿旅行	4369.7	7	艺龙旅行	272.6
3	同程旅行	1933.3	8	TripAsvisor 猫途鹰	141.3
4	飞猪旅行	1152.1	9	百度旅游	69.1
5	马蜂窝自由行	1004.4	10	驴妈妈旅游	32.5

由此可见，互联网对旅游的推动已经成为常态，而人工智能、大数据等新技术的不断发展会进一步改进用户体验。以"携程旅行"APP

为例，2019年5月，用户中24岁以下的青年占比为39.52%，25~30岁的人群占比为26.07%。乡村旅游面向的群体很大部分就是这些青年人，因此，乡村旅游项目与互联网、电子商务深度融合势在必行。

（六）乡村旅游业态不断丰富

2020年2月，农业农村部办公厅印发的《2020年乡村产业工作要点》表明，积极发展乡村休闲旅游，一是建设休闲农业重点县；二是培育休闲旅游精品；三是推介休闲旅游精品景点线路（见表4）。

表4 《2020年乡村产业工作要点》政策解读

序号	方向	解读
1	建设休闲农业重点县	按照区域、国内、世界三个等级资源优势要求，建设一批资源独特、环境优良、设施完备、业态丰富的休闲农业重点县，打造一批有知名度、有影响力的休闲农业"打卡地"。2020年，开展全国休闲农业重点县建设
2	培育休闲旅游精品	实施休闲农业和乡村旅游精品工程，建设一批设施完备，功能多样的休闲观光园区、乡村民宿、农耕体验、农事研学、康养基地等。打造特色突出、主题鲜明的休闲农业和农村旅游精品。开展休闲农业发展情况调查和经营主体监测。2020年，认定一批"一村一景""一村一韵"的美丽休闲乡村，开展"最美乡创、乡红、乡艺、乡贤、乡社、乡品、乡园、乡景、乡居"等"十最十乡"推荐活动
3	推介休闲旅游精品景点线路	运用网络直播、图文直播等新媒体手段多角度、多形式宣传一批有地域特色的休闲旅游精品路线。开展"春观花""夏纳凉""秋采摘""冬农趣"活动，融入休闲农业产品发布、美食活动评选等元素，做到视觉美丽、体验美妙、内涵美好，为城乡居民提供休闲度假、旅游旅居的好去处。2020年，推介一批休闲农业乡村旅游精品景点路线

资料来源：前瞻产业研究院。

目前，我国休闲农业多种多样，乡村旅游类型多样，有乡村体验类、生态类、文化类、户外活动类、健康养生类、红色类等。各地结合城市化进程的发展情况、游客青睐程度、乡村自身条件、外部投资等因素，选用了不同的景区类型（见表 5）。

表 5　我国休闲农业细分类型和内容

类型	细分类型	内容
乡村体验类	农家乐	农家、农庄、庄园、烧烤、山庄
	农场	农场、农艺、农业、农科、农趣
	采摘果园	果蔬、草莓、葡萄等
生态类	生态风光	森林、山地、峡谷、湿地、温泉、河流
	田园风光	花卉、花田、花海、田园、樱花、茶田、梯田、古田、油菜花
	乡村公园	公园
文化类	古树古镇	古树、古镇、古建筑、古民居
	民宿村型	节庆、民宿、风情
	特色村镇	村、镇
	文创/艺术博物馆	画、小洲、博物馆、馆、文创
户外活动类	古驿道	—
	绿道	徒步、骑行
	漂流	—
	户外基底	徒步、骑行、登山、垂钓、攀岩、潜水、露营、踏青、野趣
健康养生类	—	度假村、温泉、养生、中医药、疗养
红色类	—	纪念馆、纪念碑、遗址、根据地

资料来源：前瞻产业研究院。

农业农村部大力实施休闲农业和乡村旅游精品工程，举办了形式各样、异彩纷呈的推介活动。2019 年 10 月 24 日，"千山万水赏美景"暨中国美丽乡村休闲旅游行（秋季）推介活动在重庆市潼南区举行，据统计，春夏两季共计推介线路 210 条、景点 677 个。[①] 总体来看，农家乐、蔬果采摘等体验类项目仍然占主导地位，生态风光型、健康养身型旅游产品受欢迎程度逐渐提高。个性化、复合型的乡村旅游产品

①　参见 https：//baijiahao. baidu. com/s？ id＝1647447813230589314&wfr＝spider&for＝pc。

越来越受到欢迎，并逐步向创意化、精致化阶段发展。

二、我国乡村旅游产业发展的瓶颈

（一）缺乏合理有效的规划和策划

很多地区乡村旅游科学规划不足，在规划旅游项目时，盲目照抄模仿，导致乡村旅游产品同质化、同构化严重。大多数乡村旅游项目经营主体并没有合理科学地对乡村资源进行考察和分析，也没有进行系统的规划和设计，而是盲目地借鉴和开发，缺乏独具一格的主题，没有设计出适合当地乡土特色主题的旅游产品，使其在旅游市场中缺乏辨识度，"千村一面"现象较为突出。

（二）乡村文化特色缺失

有些乡村旅游景点设计没有注重突出乡村文化，出现建筑城市化、活动商业化、产品西洋化、用材高档化等倾向，导致乡村韵味减少，甚至失去乡村本色。部分村庄在景观设计上突出城市化、商业化、人工化特点，导致乡村建筑毫无特色，与其固有的民俗、历史文化不协调，与城市环境差别较小，游客在旅游的过程中无法体验到乡土的原生态与真实感。

（三）基础设施环境建设滞后

基础设施的提升、人居环境的改善，是乡村旅游提质升级的基础性保障。有些村庄位置偏僻，交通不便，缺少停车场，物资、游人难以便捷地进入乡村；有些村庄卫生设施、餐饮设施、住宿设施和配套网线设施、物流设施等生活设施不完善，卫生条件相对落后，影响游客的旅游体验。

除了硬环境的相对滞后，接待服务等软环境也亟待提升。目前，乡村旅游的服务人员大多是本地村民，在面对各地游客时表现出了服务能力、服务意识缺乏问题，在卫生、医疗、通信、住宿等方面还缺少必备的技能和经验储备。

（四）缺乏经营、管理等各方面专业人才

乡村旅游从项目规划、资金融资到落地实施、改造建设，再到补充完善，需要全面的各方面的知识，因此需要众多专业人才。而从乡村旅游从业人员上看，遵循了就近原则，以本地农户为主，通常其文化水平不高、专业技能欠缺、主动学习能力有限，对新鲜事物接收途径窄、接受速度慢，长期从事农业等自主性强的行业，因此服务意识和能力不足，从业综合素质相对较低。从从事管理的人才上看，依托当地乡村旅游建立的管理层或公司，从事管理工作的人中许多是当地有一定威望的人，但也没有受过专业的、系统的学习，有关乡村旅游建设的实践经验匮乏，对市场的发展现状、未来预测，预估市场供求情况的能力缺失，乡村旅游经营的全局观、发展脉络、应变措施等思路缺少。

（五）政策需进一步细化

2018 年，国家发展改革委、文化和旅游部等 13 个部门联合发布的《促进农村旅游发展提质升级行动方案（2018—2020 年）》在补齐乡村设施建设短板、推进人居环境整治、建立健全产品和服务标准、鼓励引导社会资本参与、加大配套政策支持五个方面做出了系统部署。在各部门通力合作下，许多推进乡村旅游发展的举措陆续出台，举办培训班，开展国家农村产业融合发展示范园创建工作，加快推进农村第一、第二、第三产业融合发展，注重相关产业的深度融合，全面提升和有效管控乡村旅游的文化品质和服务质量。但针对各个方面的细

节完善上，仍需有推动力的政策不断推进乡村旅游的发展，如"互联网+"在乡村旅游中的应用，乡村旅游融资、盈利分红方面的问题的解决，都需要政策的带动、指引和规范。

三、我国乡村旅游产业发展的建议和对策

（一）加强顶层设计，坚持规划引领

积极搭建金融平台和载体，营造良好融资环境。政府在持续加大对重点村的金融服务力度的同时，更加完善规章制度，使重点村文化和旅游资源开发得到切实的金融支持。在"三区三州"这种深度贫困地区旅游发展的过程中，需要不断加大政策扶持、项目落实、资金投入、客源输送等，为跨越式发展提供强大动力。针对不同的类型，相关部门加强合作和配合，促进推动各地乡村旅游建设。优化多渠道融资途径，加大相关政策、条例、资金的扶持力度。

政府要在对本地资源、市场、人才、文化都有全面深入的了解的基础上，合理地建设好乡村旅游的各项设施，充分做好发展规划、项目规划、产业规划、营销规划、宣传规划、创新性规划；在乡村旅游的规划、建设的基础上，政府层面要充分发挥自身作用，规划好、连接好、督促好各个部门的工作，利用好新媒体、新技术、新发明的成果，保护好当地的文化古迹、知识产权等，统筹山水、产业、城乡、效益等要素，利用良好的生态环境、文化环境吸引金融投资产业、科技服务产业、信息服务产业和创新创意产业等的投入，运用多种渠道，充分打造乡村旅游的特色标识和独特文化韵味。

（二）突出创意驱动，丰富产品供给

各地应因地制宜，根据自身特点寻找出适合自身的发展模式。在

保护好文化遗产、特色建筑、历史名迹等的基础上，深入分析当地特点和优劣势，找准定位，不断创新旅游扶贫模式，走生态和文化相结合、合作社和农户相配合、农庄和游购相呼应、景区和农户相协调、乡村气息和浸入式体验相融合的新路子，推动乡村生产、生活、生态协调发展。

把握科技创新的契机，运用"互联网+旅游"，推动信息技术革命的成果运用，推动乡村旅游的数字化、网络化、智能化发展，培育云旅游等新业态、新模式，提升产品服务、企业治理等智慧化水平。

要适应大众旅游发展的需求，适应群众旅游消费常态化、需求多样化等特点，优化乡村旅游产品结构，创新旅游产品供给，推出更多定制化旅游产品、旅游线路，努力改变当前产品供给不充分、不平衡的局面。

要积极顺应趋势，用好数字化、网络化、智能化的创新成果，找准产业结合点，推动乡村旅游与相关产业的融合发展，优化传统乡村旅游业态的提质升级，打造新业态、新模式，推动旅游业实现跨越式发展。

（三）集聚人才，增强智力供给

发展乡村旅游应坚持以人为本。人才的匮乏给乡村旅游的发展带来很大的阻碍和牵绊，人才的充足使乡村旅游的发展顺势而行，发挥出最大优势。例如，吉林省昌邑区曾通岛，这是吉林市八大雾凇观赏带之一，在政府部门给予专项资金的支持下，开发过程中仍然有许多当地人想解决但不好解决的难题，这就需要招聘业务熟练的员工解决问题，使得资源能顺利被开发。[①] 要想实现乡村旅游的健康发展，政府、开发商、企业、个体经营者等都要自主的或在相关部门的引导下，

---

① 赵珈瑶、王晓峰、钟宝、白承雨：《"精准扶贫"背景下吉林市特色乡村旅游资源开发研究》，《当代农机》2020 年第 11 期。

充分引进所需的各个领域、各个行业的人才。完善好人才引进的措施和培养计划，从高校中选拔有知识也有实践经验的合适的人才，并对其进行考核，培养成为民服务、为发展所用的人才；完善激励机制和奖惩制度，吸引从农村走出去的大学生回到农村建设家乡；推动政府、企业与学校的合作，在项目实施过程中锻炼和选拔人才，建立从校园到乡村的连接，促进人才尽早熟悉工作环境，充分发挥人才的作用。

对于人才既要输血，更要造血。要引导村民积极地向引进的人才学习专业知识，提高学习能力，掌握相关技能，投入到乡村旅游的发展中去；要让村民开阔视野，更要脚踏实地的开拓创新，让村民掌握技能，更要在实践中丰富完善技能，不囿于条框，让村民提高服务业素养，让引进的人才促进本土人才的产生。

（四）坚持生态优先，保护第一，守住乡村旅游的底线

乡村旅游是在生态文明的基础上，依托农村的自然环境、景观、建筑、风土人情等资源发展建设起来的，要具有乡村特性作为旅游吸引点，持续不断地加强生态文明建设，保护好一方生态。例如，烟台有众多森林公园、自然保护区、地质公园、湿地公园等，海产品资源丰富，胶东文化、红色文化、妈祖文化等文化底蕴深厚，因此在充分发掘生态资源优势时也要注重保护生态文明，将加强生态文明建设作为基础工作，作为乡村旅游中一切发展的基石。促进乡村旅游过程中还要坚守红线思维，在促进乡镇基础设施建设、乡镇工业发展、旅游项目实践的过程中，要考虑基础设施建设带给乡村的环境压力，如公共设施的损耗速度和程度、食品安全、水资源、住宿供应，还有对外来人员的管理和约束等，都需要在建设过程中及时监督和解决。

（五）强化市场管理，构建服务质量标准体系

政府应把提升乡村旅游产品质量作为重中之重，构建服务质量标

准体系、第三方质量评价指标体系，改善游客体验，提升满意度。

首先，要根据中央与地方政策，结合当地情况，从土地、资本、个人、经营各个方面，规范流程和要求，为乡村旅游的规划、实施、运营做好政策基础，建设好行为规范。其次，要充分做好协调工作。乡村旅游的建设涉及旅游、文化、土地资源、税收等部门，因此要强化部门间的协调配合，促进各部门既分工明确、各尽其职，又相互配合、充分合作。最后，规范好乡村旅游发展中，利益相关者之间的分工与合作。各地乡村旅游品牌经营模式不一，有政府主导模式、村民自主开发模式、乡村组织型模式、"政府+公司+农民"旅游协会的模式以及私营公司模式，① 但无论哪种模式，都会有利益相关者的参与，来协调各方需求，化解各方异议，充分利用各方资源，实现多方共赢的局面，同时还需保障本地乡村旅游的发展，村民的利益。针对经营、建设中需要规范的问题，要制定出详细可行的标准和规范，对营业环境、食品安全、公共设施、消防医疗、环境保护等方面进行监督，用标准和规范促进餐饮、民宿、医疗、休闲娱乐、农家项目、特产销售等经营者对自身经营水平严格要求，从经营者角度把握产品和服务水平，促进乡村旅游项目的顺利开展。

① 陈桂林、吴炳全：《泉州市乡村旅游经营模式——以南安市为例》，《乡村科技》2019 年第 34 期。

生态宜居篇
Ecological Livability Report

内容提要

"生态宜居篇"包括 3 篇分报告:《2019—2020 年中国乡村人居环境报告》《2019—2020 年中国农业绿色发展报告》《2019—2020 年中国乡村生态建设报告——基于三个案例的简要分析》。

改善乡村人居环境,建设美丽宜居乡村,是实施乡村振兴战略的一项重要任务。2019—2020 年,全国各地开展农村生活垃圾收运处置体系建设,集中整治非正规垃圾堆放点,积极探索推动农村生活垃圾分类行动,加快建设农村生活垃圾回收利用体系,农村居民垃圾处理意识增强,农村生活垃圾治理效果显著。同期,农村生活污水治理水平有了较大进步,各地探索出了一批符合当地实际的农村生活污水处理模式,一体化集成装置处理、生物接触氧化法、活性污泥法、膜生物反应器等污水处理技术在部分农村逐步得到应用。国家财政加大了农村厕所革命支持力度,探索出一批农村改厕模式,农村卫生厕所普及率得到提升。2019 年底,全国超过 90% 的行政村开展了村庄清洁行动,一大批村庄村容村貌得到明显改善,农村基础设施逐步完善。

推动农业绿色发展是深入践行习近平生态文明思想的内在要求,是绿色发展理论在"三农"领域的延伸和应用。近年来,全国各地以绿色发展为导向,以提质增效为目标,以创新驱动为支撑,转变农业发展方式,优化空间布局,节约利用资源,保护产地环境,推进农业绿色科技创新,提升生态服务功能,坚持走产出高效、产品安全、资源节约、环境友好的农业现代化道路,农业绿色发展能力明显增强。但仍存在着农业面源污染防治任务重、资源环境约束趋紧、生产方式较为粗放等问题。在乡村振兴战略实施过程中，需要从建立生态产业体系、发展生态农产品加工业、加强面源污染防治、促进农业生产废物循环利用、推动实现生态产品价值等方面全面加强绿色农业发展。

推进乡村生态建设，是乡村振兴战略与生态文明建设有机结合、良性互动的一项重要任务。2019—2020 年，全国乡村生态宜居建设中，不少地方在推动生态宜居与乡村旅游服务业融合发展方面取得新的突破。其中，浙江省湖州市安吉县鲁家村在没有名人故居、没有古村落、没有风景名胜、没有主要产业的既有条件下，通过主题农场集聚区模式发展乡村经济，改变了原有的经济发展模式。福建省建瓯市湖头村打造了一个宜居、宜游、宜赏，可资借鉴的美丽乡村样本。河南省焦作市修武县依托丰富的历史人文资源与自然环境资源，走出了一条以美学经济引领的全域旅游探索之路。

2019—2020 年中国乡村人居环境报告

张彦丽[*]

摘 要：改善乡村人居环境，建设美丽宜居乡村，是实施乡村振兴战略的一项重要任务，事关广大农村居民根本福祉，事关农村社会文明和谐。2018 年 1 月，中共中央办公厅、国务院办公厅印发的《农村人居环境整治三年行动方案》提出，到 2020 年实现农村人居环境明显改善、村庄环境基本干净整洁有序、村民环境与健康意识普遍增强的总体目标，指导着我国农村人居环境整治由点向面、全面推进。本报告围绕农村生活垃圾治理、农村生活污水治理、农村厕所革命、村容村貌整治提升等重点任务，梳理了全国推进农村人居环境整治、加快补齐农村基础设施和公共服务短板的实践探索。

关键词：乡村；人居环境；治理

近年来，各地认真贯彻落实党中央、国务院的部署，把改善农村人居环境作为社会主义新农村建设的重要内容，大力推进农村基础设施建设和城乡基本公共服务均等化，农村人居环境建设取得显著成效。以农村生活治理、农村生活污水治理、农村厕所革命、村容村貌整治提升等为重点，不断推进农村人居环境整治。截至 2019 年底，全国 90% 以上的村庄开展了清洁行动，农村卫生厕所普及率超过 60%，农村生活垃圾收运处置体系覆盖全国 84% 以上的行政村，农村生活污水

---

* 张彦丽，中共山东省委党校（山东行政学院）副教授。

治理水平取得较大进步，农村人居环境整治工作取得显著成效。

一、生活垃圾治理

（一）生活垃圾收运处置体系建设

农村生活垃圾治理，是乡村生态振兴的重要基础和农村人居环境整治的重要任务之一。尽管近年来各级政府在农村生活垃圾治理方面采取了一系列有力有效措施，但我国农村范围大、人口多，农村垃圾成分复杂，收运处置体系不完善，长效保洁机制还不健全等因素，导致在一些地区生活垃圾处理问题仍然十分突出，成为影响农村人居环境的重要因素之一。

2019年10月19日，住房和城乡建设部印发了《关于建立农村生活垃圾收集、转运和处置体系的指导意见》，指导各地推进垃圾分类减量先行、优化收运处置设施布局、加强收运处置设施建设，健全运行管护制度。2019年10月21日，中央农办、农业农村部、住房和城乡建设部在河南省兰考县召开全国农村生活垃圾治理工作推进现场会，现场观摩学习，交流经验做法，并对建立收运处置体系等做出专门部署。

（二）非正规垃圾堆放点集中整治

2018年6月，住房和城乡建设部、生态环境部、水利部、农业农村部联合印发了《关于做好非正规垃圾堆放点排查和整治工作的通知》，该通知明确提出要以解决垃圾山、垃圾围村、垃圾围坝、工业污染"上山下乡"等为重点，集中清理整治，积极清理非正规垃圾堆放点存量。水利部逐月调度各地垃圾围坝整治工作进展，重点对1200余座小型水库进行监控与调查，对垃圾围坝情况进行暗访调查，并进行了集中清理整治。

（三）推动农村生活垃圾分类探索

住房和城乡建设部指导督促 2017 年认定的 100 个农村生活垃圾分类和资源化利用示范县探索可复制、可推广的经验。各地积极探索农村生活垃圾分类，开展试点示范（见图 1）。浙江省以"减量化、资源化、无害化"为导向，全面推行农村生活垃圾分类投放、分类收集、分类运输、分类处理和定时上门、定人收集、定车清运、定位处置"四分四定"体系，制定农村生活垃圾分类处理工作实施方案和重点工作清单，制定出台《农村生活垃圾分类处理规范》省级地方标准，规定垃圾分类类别、标志、品种、投放、处置等内容。上海市出台了《上海市生活垃圾管理条例》，为全市生活垃圾管理提供了法规依据，全市农村地区生活垃圾分类实现全覆盖，农村生活垃圾 100% 有效收集、100% 无害化处理，农村生活垃圾收运处置体系建设完成。北京市采取"村收集、镇运输、区处理"等方式，全市 97% 的行政村生活垃圾得到处理，并涌现出门头沟区王平镇、昌平区兴寿镇、怀柔区桥梓镇等一批生活垃圾分类示范典型。

图 1　开展生活垃圾分类试点工作

（四）推进资源回收利用体系建设

中华全国供销合作总社印发了《中华全国供销合作总社关于参与农村人居环境整治的行动方案》，指导供销社系统发挥供销合作社再生资源回收利用网络的传统优势，大力推进与环卫清运网络"两网融合"，努力构建符合当地实际、方式多样的农村生活垃圾回收利用体系；组织召开供销合作社服务乡村振兴暨综合改革专项试点总结交流会，组织开展供销合作社再生资源回收利用网络建设情况专项调研。截至2019年底，共建设城乡再生资源回收站点3.7万个，其中乡村站点33万个；建设分拣中心1145个，其中县域分拣中心1104个。

（五）农村生活垃圾治理主要成效

从农村生活垃圾治理效果来看，各地继续推进农村生活垃圾收运处置体系建设，集中整治非正规垃圾堆放点，积极探索推动农村生活垃圾分类，加快建设农村生活垃圾回收利用体系，农村居民垃圾处理意识增强，农村生活垃圾治理效果显著。截至2019年底，全国已建成生活垃圾收集、转运、处理设施450多万个（辆），农村生活垃圾收运处置体系覆盖全国84%以上的行政村；排查发现存在垃圾围坝问题的25座水库已全部完成整治，排查出的2.4万个非正规垃圾堆放点82%已完成整治；在全国100个农村生活垃圾分类和资源化利用示范县中，有80%的乡镇、64%的行政村已经实行垃圾分类，实行生活垃圾分类的行政村数量超过10万个，垃圾减量达1/3以上。通过宣传推介，农村居民生活垃圾分类意识逐步提高，形成了浙江省金华市"二次四分"法，上海市崇明区"户分户投、村收村拣、镇运镇处"，北京市王平镇"农村垃圾源头分类、资源化利用"等一批典型先进的农村生活垃圾分类处理模式。

（六）生活垃圾治理中存在的问题

目前，在处理乡村垃圾时，大多采取"村收集、乡（镇）转运、县处理（填埋、焚烧）"的模式，这是让乡村看不到垃圾最便捷的方式，但这种搬运式的处理方法极大增加了垃圾的处理成本，而且还加剧了垃圾对生态的破坏，让我们面临较大的生态危险。

乡村垃圾中超过 2/3 是有机废弃物，这部分废弃物要是集中收集后，不仅污染其他可回收物，还导致有机废弃物无法还田，土壤缺乏营养。乡村垃圾中超过 20% 是可回收物，不进行源头分类的填埋或焚烧，是巨大的资源浪费。乡村垃圾中不到 1% 的有害垃圾（电池、灯管、灯泡、过期药品、化肥农药除草剂包装物等），虽然量少，但对环境的污染却非常大。

二、生活污水治理

农村生活污水治理是农村人居环境整治中的突出短板，也是整治难度最大的工作之一，技术要求高、一次性投入大、维护运营成本高，是当前农民群众反映较为集中的问题之一。2019 年以来，在农村生活污水治理方面，中央部门多措并举，统筹推进农村生活污水治理工作，各地因地制宜开展农村生活污水治理，积极推进农村生活污水处理设施建设，加快消除农村黑臭水体，不断建立健全农村生活污水治理标准规范，农村生活污水治理水平有了较大进步。

（一）中央部门农村生活污水治理政策引导

2019 年 1 月 24 日，中央农村工作领导小组、农业农村部、生态环境部在安徽巢湖召开了全国农村生活污水治理工作推进现场会，研究部署工作，中共中央政治局委员、国务院副总理胡春华出席并讲话。2019 年 7 月 3 日，中央农村工作领导小组、农业农村部、生态环境部等 9 个部门印发了《关于推进农村生活污水治理的指导意见》，明确提出要全面摸清现状、科学编制行动方案、合理选择技术模式、促进生产生活用水循环利用、加快标准制修订、完善建设和管护机制、统筹推进农村厕所革命、推进农村黑臭水体治理等。中央财政安排 42 亿元重点支持农村污水综合治理试点。生态环境部将农业农村污染治理

151

突出问题纳入中央生态环境保护督察，印发了《关于推进农村黑臭水体治理工作的指导意见》《县域农村生活污水治理专项规划编制指南（试行）》等，组织开展农村黑臭水体治理。水利部制定了《河湖管理监督检查办法》，组织开展两轮暗访督查；印发了《关于做好乡村振兴战略规划水利工作的指导意见》，启动了农村水系综合整治试点。科技部在国家重点研发计划"绿色宜居村镇技术创新"的重点项目中安排污水处理与循环利用等农村人居环境整治相关研究。

（二）全国各地开展农村生活污水治理实践

在农业农村部、生态环境部等各部委指导下，各地根据区域总体特征以及农村生活污水处理要求，因地制宜选择集中式或分散式农村生活污水处理模式，加强规划引导、资金支持、试点示范等各项工作，全力推进区域农村生活污水治理工作。吉林省着力推进重点镇、辽河流域等重点流域乡镇生活污水处理设施建设，将农村水环境治理纳入河湖长制管理，以房前屋后、河塘沟渠为重点，实施清淤疏浚工作，全省114个重点镇和重点流域常住人口1万人以上的乡镇生活污水得到有效治理。甘肃省在摸清全省现有农村生活污水处理设施底数的基础上，发布了甘肃省《农村生活污水处理设施水污染物排放标准》，重点推进全省11个行政村农村生活污水治理试点示范，积极探索符合当地实际的农村生活污水治理模式和路径。贵州省安排中央农村环境整治专项资金1.3亿元，在晴隆等6个县启动19个村农村生活污水治理示范试点项目，积极探索适宜贵州实际的农村生活污水治理模式，建成农村生活污水处理设施3319套，配套污水收集管网5491.50公里，农村生活污水处理设施覆盖建制村1911个。

（三）建立健全农村生活污水治理标准规范

生态环境部、农业农村部在开展深入调研、广泛征求各方意见的基础上，2019 年 4 月编制印发了《农村生活污水处理设施水污染物排放控制规范编制工作指南（试行）》，对农村生活污水处理排放标准控制指标确定、污染物排放限值、尾水利用要求、采样监测要求等作了进一步明确细化，指导各地加快推进农村生活污水处理排放标准制修订工作。生态环境部联合农业农村部、住房和城乡建设部制定了《农村生活污水治理技术手册》，指导各地因地制宜选择治理技术和治理模式。2019 年 4 月 9 日，住房和城乡建设部发布了《农村生活污水处理工程技术标准》，涉及农村生活污水收集、处理、施工验收、运行维护及管理等内容。各地政府根据 2018 年住房和城乡建设部、生态环境部联合印发的《关于加快制定地方农村生活污水处理排放标准的通知》要求，结合区域内农村自然条件、经济发展水平、村庄人口聚集程度、污水产生规模、排放去向和环境质量改善需求，按照"分区分类、宽严相济、回用优先、注重实效、便于监管"原则，科学合理确定农村生活污水控制指标和排放限值。

（四）农村生活污水治理的主要成效

农村生活污水治理水平有了较大进步，各地探索出一批符合当地实际的农村生活污水处理模式。在技术应用方面，除化粪池、沼气池、人工湿地、土地渗滤等处理技术，一体化集成装置处理、生物接触氧化法、活性污泥法、膜生物反应器等污水处理技术在部分农村逐步得到应用。在运作管理方面，根据农村污水处理设施、人口密度等具体情况，可以合理选择农村生活污水纳入城镇污水管网治理、联户治理、单户治理等方式。通过农村生活污水治理技术工艺、运作管理的创新与融合，探索出江西省九江市生活污水深度处理，安徽省天长市污水处理厂 BOT[①]，四川省成都市郫都区厕所污水、厨房污水、洗涤污水

---

① BOT，即建设—经营—转让（Builol-Operate-Transfer），是私营企业参与基础建设，向社会提供公共服务的一种方式。

"三水共治"，河北省衡水市武邑县农村粪污水和生活污水一体化处理等区域模式。

（五）农村生活污水治理存在的问题

目前，农村经济发展迅速，农民生活水平大为提高，但是农村环境建设与经济发展不同步，其中水环境污染问题尤为严重。未经处理的生活污水随意排放，导致沟渠、池塘的水质发黑变臭，蚊虫滋生，影响农村人居环境，威胁居民的身体健康，同时会造成饮用水水源污染以及湖泊、水库的富营养化问题。

当前，农村生活污水处理方面主要存在以下问题：

一是缺乏完善的污水收集系统。由于经济条件限制及环境保护意识的缺乏，我国农村地区大都以明渠或暗管收集污水，污水收集设施简陋，不能实现雨污分流，往往会汇入雨水、山泉水等，汇集的污水成分复杂。而水量的增加和污染物浓度因稀释作用降低，使得生活污水的收集处理难度加大。粗放式的排放方式以及管网设施简陋、缺少维护是导致农村生活污水的收集率低的重要因素，由此导致的生活污水的露天径流和地下渗漏不但使村民的居住环境恶化，而且易造成地表及地下水的污染。

二是技术选择偏离实际需求。我国地域辽阔，不同地区农村的实际情况差异较大（如生态环境、经济水平等），农村污水的处理技术不能一概而论。许多地区在技术选择方面盲目追求"无动力""零"运行费用，而在实际应用中，即使是人工湿地、土地渗滤等生态处理技术，也要考虑湿地植物收割、基质更换等问题，无法完全做到"零"运行费用。因此无论是选择何种技术，都应当综合考虑该技术是否与当地的实际情况相适应，如生活污水的排放及水质特征、处理设施对土地资源的占用情况等，生搬硬套的技术无法解决农村生活污水处理的难题。

三是处理设施无法长效运行。农村生活污水治理是项耗资很大的民生工程，一个村庄的污水处理投入的费用在几十万元到上百万元不等。目前，我国的城乡之间贫富差距大，大部分农村的财政能力和农村地区家庭的支付能力都严重不足。许多地区在政府出资建设污水处理设施后常常存在"重建设、轻管理"的现象，缺乏长期资金来源致使村镇无法承担污水处理设施的运行维护费用，导致污水处理设施因缺乏费用逐渐被停用。此外，农村地区环境保护机构不健全，污水处理设施缺少专业人员监管。由于长期无人负责维护，污水处理效果下降甚至处理设施停止运行，容易造成二次污染，并且出水水质没有专业人员定期检测，难以对处理效果进行评价。维护管理资金投入不足和专业技术人员缺乏是造成大部分农村地区污水处理设施不能长期有效运行的重要原因。

三、农村厕所革命

农村厕所革命是改善农村人居环境的重要环节，关系到亿万农民群众生活品质的改善。习近平总书记强调，厕所问题不是小事情，是城乡文明建设的重要方面，要把这项工作作为乡村振兴战略的一项具体工作来推进，努力补齐这块影响群众生活品质的短板。近年来，我国不断建立健全农村厕所建设与管护机制，农村户用卫生厕所改造和村公共厕所建设不断推进。截至 2019 年底，农村卫生厕所普及率超过60%。通过设立农村厕所运行维护专项资金、鼓励社会化资源参与农村厕所建造与维护、发挥农户在厕所养护与管理方面的主体作用、组建第三方专业服务团队等一系列措施，部分区域初步建立了政府引导与市场运作相结合、建管并重的农村厕所建设、管护机制。

（一）加强农村厕所革命工作部署

中央农村工作领导小组、农业农村部认真贯彻落实习近平总书记关于农村厕所革命的重要指示批示精神，指导各地因地制宜、有序地推进农村厕所革命。2019 年，全国农村人居环境整治暨厕所革命现场会在福建宁德召开，中共中央政治局委员、国务院副总理胡春华出席并讲话，对农村厕所革命工作问题做了专门部署。2018 年 12 月，中央农办、农业农村部、国家卫生健康委、国家发展改革委等 8 个部门联合印发了《推进农村"厕所革命"专项行动的指导意见》，明确提出要全面摸清底数、科学编制改厕方案、合理选择改厕标准和模式、开展示范建设、强化技术支撑、完善建设管护运行机制、同步推进厕所粪污治理等。

（二）加大农村厕所革命支持力度

2019 年，中央财政安排资金 70 亿元实施整村推进农村厕所革命的奖补政策。2019 年 4 月，财政部、农业农村部联合印发了《关于开展农村"厕所革命"整村推进财政奖补工作的通知》，明确中央财政专门安排资金支持和引导各地采取先建后补、以奖代补等方式，引导和推动有条件的农村普及卫生厕所，实现厕所粪污基本得到处理和资源化利用；《中央农村工作领导小组、农业农村部关于做好农村"厕所革命"整村推进财政奖补政策组织实施工作的通知》指导各地在充分听取农民意愿以及信息公开的基础上，科学编制实施方案，建立完善长效的管护机制；中央财政统筹考虑不同区域的经济发展水平、财力状况、基础条件，实行东、中、西部差别化奖补标准，结合阶段性改厕工作计划安排财政奖补资金，并适当向中、西部地区倾斜。

（三）进行技术指导和标准制修订

农业农村部会同国家卫生健康委组建全国农村厕所革命专家智库，编写了《农村改厕实用技术（第一版）》；国家卫生健康委举办农村改厕技术及评价系统培训班，并联合农业农村部制定了《农村户厕建设技术要求（试行）》，科学指导各地农村户厕新建、改建和使用管理。农业农村部举办农村人居环境整治高峰论坛暨农村厕所革命技术论坛和第一届全国农村改厕技术产品创新大赛，组织专家赴基层开展改厕技术现场指导，启动编制农村户厕建设有关标准规范。农业农村部在全国 11 个省份选择 17 个村开展农村改厕技术集成示范试点，探索干旱、高寒等特殊条件地区农村改厕技术模式。

（四）开展农村改厕问题排查整改

针对农村改厕中所存在的问题，农业农村部、国家卫生健康委等 6 个部委联合印发了《关于切实提高农村改厕工作质量的通知》，要求各地严把农村改厕质量，严把领导挂帅、分类指导、群众发动、工作组织、技术模式、产品质量、施工质量、竣工验收、维修服务、粪污收集利用"十关"。农业农村部组织开展农村改厕问题大排查，建立问题投诉反映和舆情信息互联互通机制，争取把问题解决在基层、解决在萌芽状态。中央农村工作领导小组、农业农村部配合国务院办公厅督查室组织开展国务院农村人居环境大检查，赴东、中、部地区 14 个省（市）进行实地检查，重点聚焦农村厕所革命、农村生活污水治理、农村生活垃圾治理三个方面，重点检查各地工作中是否存在措施不力、推诿扯皮、劳民伤财、无效实施、脱离实际盲目推进等问题。

（五）推进农村厕所革命主要成效

1. 农村卫生厕所普及率提升

据《第三次全国农业普查主要数据公报》，截至 2016 年底，全国使用卫生厕所的农户占比 48.6%，有 53.5% 的农村完成或部分完成改厕。随着农村厕所革命的扎实推进，我国农村卫生厕所普及率不断上升，2018 年以来，全国累计改造农村户厕 2500 多万户，截至 2019 年底，我国农村卫生厕所普及率超过 60%。

2. 探索出一批农村改厕模式

为切实提高我国厕所改造质量与效率，有效解决干旱、高寒等极端限制条件，各地区在农业农村部等部门指导下，根据区域气候特征、水资源分布、公共基础设施、居民生活习惯等因素，积极探索出一批适宜不同区域的农村改厕模式。

3. 运行和管护机制逐步完善

通过设立农村厕所运行维护专项资金、鼓励社会化资源参与农村厕所建造与维护、发挥农户在厕所养护与管理方面的主体作用、组建第三方专业服务团队等一系列措施，我国部分区域已经初步建立了政府引导与市场运作相结合，建管并重的农村厕所建设、管护机制。

四、村容村貌改善

村容村貌治理涉及提升村庄公共环境、推进村内道路硬化、加强乡村风貌引导、实施乡村绿化行动等内容，是我国当前农村人居环境整治中范围广、系统性强、难度大的一项工作。为加快推进村容村貌提升治理工作，国家及地方采取了一系列行动措施，并取得阶段性成果。在村容村貌整治提升方面，广泛开展村庄清洁行动，将城乡环境卫生纳入卫生城镇创建内容，推进村镇绿化、硬化、亮化等建设，农村清洁程度明显提高，村庄基础设施逐步完善。截至2019年底，全国超过90%的行政村开展了清洁行动，累计动员近3亿人次参与，一大批村庄村容村貌得到明显改善。

（一）开展村庄清洁行动

2018年12月，中央农村工作领导小组、农业农村部等18个部委联合印发了《农村人居环境整治村庄清洁行动方案》，重点发动农民群众开展"三清一改"（清理农村生活垃圾、清理村内塘沟、清理畜禽粪污等农业生产性废弃物，改变影响农村人居环境的不良习惯），集中解决村庄环境脏乱差问题。2019 年，农业农村部相继开展了春节、春季、夏季和秋冬村庄清洁行动战役，先后动员近 3 亿人次参加；在中国农民丰收节期间举办"千村万寨展新颜"活动，选择 550 个清洁行动成效明显的村庄通过媒体展示。

（二）引导卫生城镇创建

国家卫生健康委将城乡环境卫生作为卫生城镇创建重要内容，重新确认 93 个国家卫生城市和 236 个国家卫生乡镇（县城）；完成 2019 年度 50 个国家卫生城市、971 个国家卫生乡镇（县城）复审，通过举办专家培训班等，提升创建管理水平；修订了《国家卫生城镇标准》《国家卫生城镇评审与管理办法》，进一步规范国家卫生城镇创建。

（三）推进村庄绿化美化

交通运输部 2019 年累计安排农村公路投资 4586 亿元，完成新改建农村公路 29 万公里；出台了《交通运输部关于贯彻落实习近平总书记重要指示精神做好交通建设项目更多向进村入户倾斜的指导意见》，推动交通建设项目更多向进村入户倾斜。国家林业和草原局印发实施了《乡村绿化美化行动方案》《村庄绿化状况调查技术方案》等系列方案，开展国家森林乡村创建工作，评价认定并公布了国家森林乡村 7586 个；举办全国乡村绿化美化高级研修班，组织编写了《乡村绿化美化模式选编》，宣传乡村绿化、美化典型经验。

（四）乡村村容村貌建设成效

通过开展以上三项工作，乡村村容村貌发生了较为明显的变化，主要体现在：一是农村清洁程度提高。据农业农村部统计，2019 年底，全国超过 90% 的行政村开展了村庄清洁行动，一大批村庄村容村

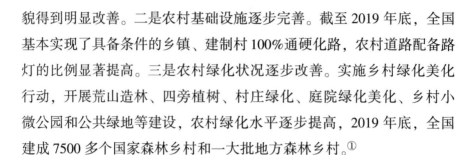

貌得到明显改善。二是农村基础设施逐步完善。截至 2019 年底，全国基本实现了具备条件的乡镇、建制村 100%通硬化路，农村道路配备路灯的比例显著提高。三是农村绿化状况逐步改善。实施乡村绿化美化行动，开展荒山造林、四旁植树、村庄绿化、庭院绿化美化、乡村小微公园和公共绿地等建设，农村绿化水平逐步提高，2019 年底，全国建成 7500 多个国家森林乡村和一大批地方森林乡村。①

五、乡村人居环境提升建议

（一）因地制宜地推进生活垃圾治理

中共中央办公厅国务院办公厅印发的《农村人居环境整治三年行动方案》明确要求：统筹考虑生活垃圾和农业生产废弃物利用、处理问题，建立健全符合农村实际、方式多样的生活垃圾收运处置体系；有条件的地区要推行适合农村特点的垃圾就地分类和资源化利用方式；开展非正规垃圾堆放点排查整治工作，重点整治垃圾山、垃圾围村、垃圾围坝、工业污染"上山下乡"问题。推进农村生活垃圾治理，应因地制宜，选择适合当地经济发展实际情况的处理方式。在经济比较发达、具备较强垃圾处理能力、城乡配套设施完善的地区，可选择城乡环卫一体化模式。

在经济发展相对滞后的地区，则更加适合推行乡村生活垃圾分类工作，从源头上减少生活垃圾的总量，促进垃圾的资源化利用和无害化处理。采取"户分类、村处理、县加工"的模式，由每家每户从源头进行垃圾分类，不仅是农民的家里、院里、村里，还包括田间、地头以及村域范围内的其他空间，所有的垃圾都要进行分类收集。垃圾

---

①　中国农业绿色发展研究会、中国农业科学院农业资源与农业区划研究所编：《中国农业绿色发展报告 2019》，中国农业出版社 2020 年版，第 85 页。

可分成四大类：可回收物、有机废弃物、有害垃圾和无用无害垃圾。其中无用无害垃圾在垃圾总量里所占比例不到 10%，并且不会对村里形成污染，可留在村里，就地处理；可回收物由每户单独收集，集中交回村里的废旧物品回收点，实现回收利用；有机废弃物在垃圾总量中所占的比例最高，大约占 2/3，这一部分是有机肥的原料，经过严格分类的有机垃圾就地进入沼气站或直接发酵制成高效有机肥用于本村有机农业生产，或者是养殖的饲料；有害垃圾单独收集起来，每半年或一年，交给专业机构处理。可回收物和有害垃圾集中转运至县（市）垃圾分类处理加工中心，占垃圾总量不到 1/4。以县（市）为单位建设一个垃圾分类处理加工中心，将全县范围内的可回收物进行集中细分、清洗、处理、加工，加工成下游企业可以使用的原料，实现可回收物的循环利用市场价值。

按照以上模式把乡村垃圾分类处理，就地化处理的垃圾超过垃圾总量的 3/4，可极大减少乡村生活垃圾的总量，其中的有机废物可为农业生产提供有机肥料，符合垃圾处理"减量化、无害化、资源化"的原则，是未来乡村垃圾治理的主要方向。

（二）加强厕所粪污及生活污水治理

合理选择改厕模式，推进厕所革命。东部地区，中、西部城市近郊区以及其他环境容量较小的地区村庄，加快推进了户用卫生厕所的建设和改造，并同步实施了厕所粪污治理。其他地区要按照群众接受、经济适用、维护方便、不污染公共水体的要求，普及不同水平的卫生厕所。引导农村新建住房配套无害化卫生厕所，人口规模较大村庄配套建设公共厕所。加强改厕与农村生活污水治理的有效衔接。鼓励各地结合实际，将厕所粪污、畜禽养殖废弃物一并处理并资源化利用。

根据农村不同区位条件、村庄人口聚集程度、污水产生规模，因地制宜地采用污染治理与资源利用相结合、工程措施与生态措施相结合、集中与分散相结合的建设模式和处理工艺，推动城镇污水管网向周边村庄延伸覆盖。积极推广低成本、低能耗、易维护、高效率的污水处理技术，鼓励采用生态处理工艺。加强生活污水源头减量和尾水回收利用工作。以房前屋后河塘沟渠为重点实施清淤疏浚工程，采取综合措施恢复水生态，逐步消除农村黑臭水体。将农村水环境治理纳入"河长制、湖长制"管理。"十四五"时期应着力从以下几个方面推进农村生活污水治理工作：

一是完善农村地区的污水收集体系。农村生活污水收集率低是我国大部分地区普遍存在的问题，解决农村地区生活污水收集问题是治理农村水环境的重要环节。随着农村地区的经济条件增长以及国家对农村生活污水的整治力度加大，许多地区已在完善生活污水收集管网，在那些经济条件较好的新农村，已经具备较完整的收集和处理体系。现有的收集处理方式主要可分为三类：农户分散收集处理、村镇集中收集处理、统收集归入市政管网。污水分类收集也是农村生活污水处理的一个有效途径。在国外，对生活污水分离处理的应用模式已较为成熟，将"黑水"和"灰水"分别处理，在一定程度上可降低处理难度，还能达到中水回用的目的。国内有条件的农村地区可以借鉴生活污水分类收集处理的模式，"黑水"经过收集池收集后可农用，"灰水"经收集处理后可中水回用或直接排放，以达到减少处理量、降低建设运行成本的目的。

二是制定有针对性的处理标准。污水处理排放标准直接影响着污水处理设施的工艺选择和投资规模，间接关系到污水处理设施管理和运行费用。合理地制定污水处理排放标准，对农村生活污水处理具有十分重要的作用。目前，农村生活污水处理的出水水质可参照的排放标准有：《城镇污水处理厂污染物排放标准》（GB18918—2002）、《农田灌溉水质标准》（GB5084—2005）、《城市污水再生利用景观环境用水水质》（GB/T18921—2002）、《渔业水质标准》（GB11607—89）

等。但是针对村镇生活污水处理排放的标准仍然缺失，要制定合理的排放标准，明确村镇污水的处理目标。此外，排放标准的制定要充分考虑我国各地区的差异，例如，我国东部地区经济条件较好，公共基础设施较完善，可根据出水用途与去向灵活选择排放标准；西部地区经济条件较落后，农村人口数量较多，水环境容量较大，可以适当放宽排放标准，降低处理要求；北方地区相对南方地区较干旱，水资源不够丰富，水环境容量也较小，相应的排放标准也应该较严格，并且应鼓励和引导污水处理回用。

三是合理选择污水处理技术。农村生活污水的处理技术形式多样、工艺成熟，但只有因地制宜的污水处理技术才能真正达到控制农村水污染的目的。目前已有些低成本、易管理的技术，例如，利用园林地慢速渗滤系统处理农村生活污水，处理规模可达到 14.7 立方米/天，建设成本仅为 3.6 万元，并可保持较低的运行费用；采用三段式组合人工湿地处理生活污水，运行和维护费用相对传统的分散处理工艺可减少 2/3；采用人工生态浮床处理农村污水，对总氮、总磷有较好的祛除效果，运行维护技术要求低。这些技术适用于人口规模较大、布局紧密、污水能集中处理的地区，在污水不易集中收集处理的地区要采用灵活的分散处理技术，例如，采用蒸发罐技术处理居民生活污水中的"黑水"部分，这几乎不要日常维护，而"灰水"则接入庭院式小型湿地。此外，还可根据不同的出水水质要求选择处理工艺，出水排入封闭水体时，应将氮、磷等营养元素作为主要控制指标，可选择新型阶梯式人工湿地、塔式蚯蚓生物滤池、接触氧化法等脱氮除磷效果好的污水处理技术；出水排入开放水体时，则可适当降低氮、磷的排放要求，可采用漂浮植物塘等工艺。在农村生活污水处理工艺选择方面，不仅要考虑处理效果、费用，还要考虑工艺的适用性以及技术应用的工程建设是否存在问题，只有这样才能保证污水处理设施能够达到正常的治理效果和使用年限。

四是加强对污水处理设施的运行维护和管理。维持污水处理设施的长期有效运行，要长期稳定的资金投入，以满足污水处理系统运行的日常维护和定期检查工作。中央财政应加大对农村环境综合整治的支持力度，进一步完善污水处理设施及配套管网建设，提高污水处理率。除此之外，还可设立奖励制度，通过以奖代补的方式引导各地区加大对农村生活污水的治理力度。地方财政则负责解决污水处理设施的建设和日常运行维护所需要的资金。另外，可以向村民征收少量污水治理费用，一方面提高村民的环境责任意识，另一方面可对污水的收集处理设施建设及维护提供支持。在污水处理系统运行管理和维护方面，可以借鉴国外已成熟的方式，即承包给专业的第三方服务公司，由这些服务公司对设备的运行进行定期检查，监测运行状况及出水水质，地方政府则可提供专业培训，以及对专业人员和服务公司进行资质认证和监管。

（三）加强村庄规划，提升村容村貌

全面完成县域乡村建设规划编制或修编，与县乡土地利用总体规划、土地整治规划、村土地利用规划、农村社区建设规划等充分衔接，鼓励推行多规合一。推进实用性村庄规划编制实施，做到农房建设有规划管理、行政村有村庄整治安排、生产生活空间合理分离，优化村庄功能布局，实现村庄规划管理基本覆盖。推行政府组织领导、村委会发挥主体作用、技术单位指导的村庄规划编制机制。村庄规划的主要内容应纳入村规民约。加强乡村建设规划许可管理，建立健全违法用地和建设查处机制。

加快推进通村组道路、入户道路建设，基本解决村内道路泥泞、村民出行不便等问题。充分利用本地资源，因地制宜选择路面材料。整治公共空间和庭院环境，消除私搭乱建、乱堆乱放情况。大力提升农村建筑风貌，突出乡土特色和地域民族特点。加大传统村落民居和历史文化名村名镇保护力度，弘扬传统农耕文化，提升田园风光品质。推进村庄绿化工作，充分利用闲置土地组织开展植树造林、湿地恢复等活动，建设绿色生态村庄。完善村庄公共照明设施。深入开展城乡环境卫生整洁行动，推进卫生县城、卫生乡镇等卫生创建工作。

（四）注重乡村文化传承和古村保护

乡村是民族文化的生发之根。中华五千年的文化，生发于天地之间，创生于古圣贤之悟，传承于耕读之家。把《易经》的观点与中国先民的农耕生计联系起来思考即形成了中华民族关于"天、地、人"之间相互关系的认识。《易经》逻辑起点的三爻，代表的是中国古代农业生产不能缺失的三大要素，就是天、地、人。中国古代形成的天地的信仰，不是对天地盲目崇拜，而是古圣贤在长期仰观天文、俯察地理、中看人和的过程中，在对天地运行规律认识的基础上形成的，由此形成中国经典文化，代代相传。

乡土文化资源是乡村产业发展的新优势。乡村最大的资源不是物质，而是其背后的文化、精神和历史。乡土文化是一个特定地域内发端流行并长期积淀发酵，带有浓厚地方色彩的物质文明、精神文明及生态文明的总和，是中华民族得以繁衍发展的精神寄托和智慧结晶，是区别于任何其他文明的唯一特征，是民族凝聚力和进取心的真正动因。乡土文化包含民俗风情、传说故事、古建遗存、名人传记、村规民约、家族族谱、传统技艺、古树名木等，无论是物质的还是非物质的，都是不可替代的无价之宝。当前，物质经济高度发展，我们在对传统村落以及乡土文化保护进行物化投资的同时，更要注重增加对精神文化的投资，增加文化历史挖掘整理的抢救和投资。

乡愁是眷恋的情感，是游子对故乡的独特记忆，而乡村是乡愁的载体。当下的中国，正在沿着城镇化的道路大踏步前行，这是历史的必然，无可抗拒也无须抗拒。但随着城市版图的不断扩大，乡村的景象却日渐衰败，文化遗存越来越少，"空心村""留守村"越来越多。在城市化、现代化的冲刷下，农村特有的乡野风光、田园牧歌已渐渐离我们远去，文化遗迹、传统习俗正在一点一点地消失，而乡愁也渐行渐远渐被遗忘。有数据表明，过去10年，中国消失了90万个自然村，其中许多是具有文化传承价值的传统村落。中华民族文化的多样性在农村，文化的根在农村。在推进新型城镇化的今天，如何做到"望得见山、看得见水、记得住乡愁"？有学者指出，古村落是延续历史文脉的重要方式，是记住乡愁的重要路径。例如，江西省吉安市古村落众多，已有35个村庄被列为中国传统村落名录，先后投入古村落保护维修经费近亿元，组织实施了近200处文物维修工程，其中约70%为古村落、古民居维修项目。在乡村振兴战略落地实施的大背景下，古村落保护工作任重道远，古村落保护不仅涉及建筑问题，更涉及文化、民俗、生产、生活等多个方面，保护过程中需要统筹协调考虑。

2019—2020 年中国农业绿色发展报告

张彦丽[*]

摘　要：推动农业绿色发展是深入践行习近平生态文明思想的内在要求，是绿色发展理论在"三农"领域的延伸和应用。全国各地在推进农业绿色发展中，围绕提高绿色农产品供给、节约保护农业资源、推进农业投入品减量增效和生产方式绿色转型方面进行了实践探索，但仍存在着农业面源污染防治任务重、资源环境约束趋紧、生产方式较为粗放等问题，迫切需要建立生态产业体系、发展生态农产品加工业、加强面源污染防治、促进农业生产废物循环利用、推动实现生态产品价值和发挥政策引导作用。

关键词：农业；绿色发展；生态产业

一、我国农业绿色发展现状

推进农业绿色发展是农业发展观的一场深刻革命，是农业供给侧结构性改革的一个主攻方向，也是推动农业高质量发展的内涵和重要内容。农业农村是生态文明建设的腹地，推进农业农村绿色发展，守住绿水青山是保障国家生态安全的基础战略支撑。近年来，全国各地以绿色发展为导向，按农业供给侧结构性改革要求，以体制改革和机制创新为动力，以提质增效为目标，以创新驱动为支撑，转变农业发

* 张彦丽，中共山东省委党校（山东行政学院）副教授。

展方式、优化空间布局、节约利用资源、保护产地环境、推进农业绿色科技创新、提升生态服务功能，坚持走产出高效、产品安全、资源节约、环境友好的农业现代化道路，农业绿色发展能力明显增强。

（一）绿色农产品供给有效

促进绿色农产品有效供给是农业绿色发展的重要方面。近 20 年来，我国粮食产量稳步提升，经过 2003—2015 年的快速增长后，2016年增速开始放缓，发展重点转移至质量提升。2010 年以后，全国粮食综合生产能力稳定在 5.5 亿吨的目标任务以上（见图 1）。2018 年，全国共建设绿色生产示范基地 100 个，绿色食品产地环境监测面积达到 1046.67 万公顷，同比增长 3.29%。全国"三品一标"获证单位总数达到 58422 家，产品总数 121743 个。其中，绿色食品、有机农产品和农产品地理标志总数 37778 个，较 2017 年底增长 18.1%，2018 年向社会提供绿色优质农产品总量超过 3 亿吨 [①]。

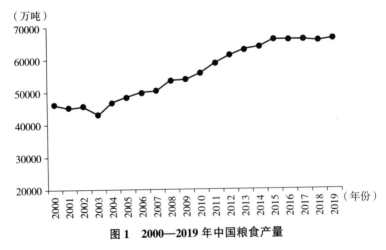

图 1　2000—2019 年中国粮食产量

资料来源：《中国统计年鉴 2020》。

---

① 《全国"三品一标"产品总数超 12 万个》，搜狐网，https://www.shou.com/a/308913238_120118841。

（二） 农业资源保护节约

强化耕地资源保护，推进节水农业发展，加强农业生物多样性保护及持续利用，合理降低农业资源的开发利用强度，留住肥沃的耕地、干净的水源和美丽的田园。

1. 耕地资源保护

2019 年，全国耕地质量平均等级为 4.76，较 2014 年提升了 0.35 个等级。其中，评价为一至三等级的耕地面积为 6.32 亿亩，占耕地总面积的 31.24%，面积占比较 2014 年提升了 3.94 个百分点；评价为四至六等级的耕地面积为 9.47 亿亩，占耕地总面积的 46.81%，较 2014 年提升了 2.01 个百分点；评价为七至十等级的耕地面积为 4.44 亿亩，占耕地总面积的 21.95%，较 2014 年下降了 5.95 个百分点。

2. 农业用水节约

严格控制地下水资源利用，加快推进农业水价综合改革，大力发展节水农业，农业用水量以及农业用水占用水总量的比例持续降低，农田灌溉水利用效率逐年提升。2018 年，全国农业节水灌溉面积为 5.42 亿亩，比 2013 年增加 1.35 亿亩，年均增长 0.27 亿亩；高效节水灌溉面积 3.29 亿亩，比 2013 年多出 1.14 亿亩，年均增长 0.23 亿亩；全国农田灌溉水有效利用系数达到 0.554，比 2013 年增加 0.031；全国新增改革实施面积 1.1 亿亩左右，累计超过 1.6 亿亩，比 2016 年（2200 万亩）增加 1.38 亿亩，是 2016 年的 7 倍多。

3. 农业生物多样性保护

持续开展第三次全国农作物种质资源普查与收集行动，加强农业野生植物资源调查检测、外来物种入侵检测与集中灭除，加快外来入侵物种综合防控技术集成研发，推进保护长江水生生物资源，保护农业生物多样性。截至 2018 年底，在全国 28 个省（区、市）193 个县建设原生境保护点（区）205 个，保护面积达 34.52 万亩；初步建立了外来物种数据库，收录外来物种1000余种，潜在外来入侵生物1600余种，确认入侵我国农林生态系统的120余种重大入侵物种；形成了199个国家级畜禽遗传资源保种场、保护区、基因库与458个省级保种场（区、库）相衔接的畜禽遗传资源保护体系，保护畜禽地方品种5个，其中国家级品种195个，建立国家级水产种质资源保护区535个。

（三）化学投入品减量增效

通过推动农业化学投入品减量、农作物秸秆综合利用、畜禽粪污资源化利用、废旧农膜回收利用等工作，我国农业资源环境突出问题得到初步遏制。

1. 化肥农药使用量持续减少

在农业生产过程中，农用化肥、农药、农膜的过量使用会直接导致农业资源环境遭到破坏，使得农业无法绿色、可持续发展，导致在促进我国经济发展到一定水平的同时也会阻碍农业经济的进一步增长。因此，我国在出台大力推进耕地质量提升、减肥减药、建设高标准农田的一系列政策措施后，逐步降低了资源开发利用强度。

从国际层面看，我国化肥农药使用量在全球处于高位，导致了较严重的土壤污染问题，对食品安全、土地安全、生态安全造成较大隐患。从历年数据可以看出，我国的农用化肥、农药、农膜的使用量均呈现先上升后下降的趋势，即在到达峰值后出现拐点。2019年，全国化肥使用量达到5403.59万吨，与2000年相比增长了30.3%，较2015年的最高值6022.60万吨下降了10.3%。2019年，水稻、小麦、玉米三大粮食作物的化肥利用率为37.8%，比2013年提高了6.2个百分点[1]。2018年，全国农药使用量达到150.36万吨，与2000年相比增

---

[1] 中国农业绿色发展研究会、中国农业科学院农业资源与农业规划研究所：《中国农业绿色发展报告2019》，中国农业出版社2020年版，第5页。

长了 17.5%，与 2013 年最高值 180.77 万吨相比下降了 16.8%。三大粮食作物的农药平均利用率为 39.8%，比 2013 年提高了 4.8 个百分点。2018 年农膜使用量达到 246.68 万吨，与 2000 年相比增长了 84.7%，与 2013 年最高值 260.36 万吨相比下降了 5.3%（见图 2）。

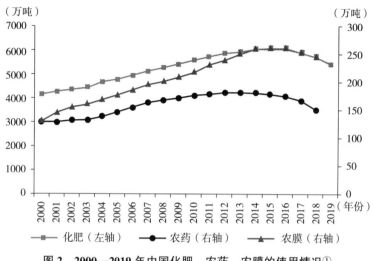

图 2　2000—2019 年中国化肥、农药、农膜的使用情况①

2. 废农膜回收试点逐步开展

为了强化农膜污染治理政策创设，农业农村部、工业和信息化部、生态环境部、市场监管总局联合印发了《农用薄膜管理办法》。深入推进西北地区 100 个地膜污染治理示范县建设，2018 年落实中央资金 5 亿元。加强农膜污染治理监测考评，在 258 个县开展地膜使用和残留情况调查，将地膜回收纳入省级农业农村部门污染防治工作延伸绩效考核。强化农膜污染防治技术支撑，开展降解地膜农田对比试验。探索农膜回收利用机制，在西北地区开展地膜生产者责任延伸机制试点，在浙江、四川等地将废弃地膜纳入农村垃圾回收系统。2018 年，示范县农膜回收率稳定在 80%，甘肃和新疆农膜回收率分别达到 81%

_____

① 吴欣玥、黄映晖：《中国农业绿色发展政策演进及成效分析》，《农业展望》2020 年第 5 期。

和76%。

3. 秸秆综合利用率显著提升

深入推进东北地区秸秆处理行动，稳步实施秸秆综合利用试点，不断加强秸秆利用的科技支撑，因地制宜、科学合理地推进秸秆综合利用，这推动了秸秆的商品化和资源化，实现了变废为宝、化害为利和农民增收的目标。2018 年，全国秸秆综合利用率达到 85.45%，较 2017 年提高了 1.77 个百分点，基本形成肥料化利用为主，饲料化、燃料化稳步推进，基料化、原料化为辅的综合利用格局。分地区看，天津、上海、河北、浙江、北京、江苏、山东、西藏、江西、福建、广东11 省（区、市）秸秆综合利用率超过 90%；宁夏、新疆、陕西、辽宁、四川、河南、安徽、湖北、山西9 省（区）秸秆综合利用率超过 85%。

（四）生产方式绿色转型

2019 年，通过推行种植业标准化生产、发展生态健康养殖、增加优质农产品供给等措施，推行农业绿色生产方式，促进农业向绿色化转型升级，确保农业绿色发展扎实稳步推进。

1. 推行农业标准化生产

推行种植业标准化生产。完善标准体系，加大各类标准和生产规程的清理、制修订力度；建设全程绿色标准化生产示范基地，推广绿色高效生产技术，示范引领种植业绿色标准化发展；强化技术指导服务，制定发布技术指导方案，加强技术协作攻关，开展巡回指导服务，提高绿色高质、高效技术。2018 年共建设示范基地 100 个，总面积 30 万亩，辐射带动面积 100 万亩以上。截至 2019 年底，共审议通过农药残留限量标准 7400 余项，清理整合制定残留检测方法标准 114 项。

2. 推动畜禽标准化养殖

完善生态健康养殖标准体系，指导养殖场规范建设和升级改造，全面普及标准化生态健康养殖技术，持续开展生态健康养殖示范创建。2018—2019 年共创建 232 家畜禽养殖标准化示范场，其中，2018 年 105 家，2019 年 127 家。

畜禽粪污资源化水平提高。聚焦生猪、奶牛、肉牛大县，整县推进畜禽粪污资源化利用，指导各地从源头减量、过程控制、末端利用三个环节提高粪污资源化利用水平，探索市场化治理机制。2019 年，共安排中央资金 176.5 亿元，支持 603 个县整县推进粪污治理工作；全国畜禽粪污综合利用率、规模养殖场粪污处理设施装备配套率均达到 74%，比 2015 年分别提高了 10 个百分点以上。

病死动物无害化处理机制初步建立。加强法律制度建设，在《中华人民共和国动物防疫法》修订过程中，对病死畜禽无害化处理提出要求；加强饲养、屠宰、经营、运输等各环节的无害化处理体系建设；实施养殖环节无害化处理补助政策，将病死畜禽无害化处理工作纳入地方重大动物疫病防控延伸绩效管理指标体系，初步构建科学完备、运转高效的病死畜禽无害化处理机制。2019 年，中央财政病死猪无害化处理补助资金总规模 16.8 亿元，比 2008 年增加了 1.3 亿元；在河南、河北、湖南、湖北等省份完成 20 个病死畜禽专业无害化处理场项目启动工作。

3. 水产养殖业健康发展

2019 年，农业农村部等 10 个部委联合印发了《关于加快推进水产养殖业绿色发展的若干意见》，为当前和今后一个时期我国水产养殖业绿色发展指明了方向。渔业主产区全面实施新一轮养殖水域滩涂规划，其中，全国 1513 个水产养殖主产县已基本完成规划编制工作，并依法确定了禁止养殖区、限制养殖区和允许养殖区。全面推进示范县（区）和示范场（基地）创建，截至 2019 年底，分批次分别累计创建 49 个国家级渔业健康养殖示范县和 5468 个水产健康养殖示范场。大力推广稻渔综合种养，截至 2019 年底，分批次累计创建 67 个国家级稻渔综合种养示范区和 36 个稻渔综合种养国家级水产健康养殖示范场。

4. 科技创新能力有提升

科技创新是破解绿色发展难题的关键所在。围绕当前农业资源趋紧、环境问题突出、生态系统退化等重大瓶颈问题，进行科技攻关，优化科技资源布局，改革科技组织方式，构建农业绿色发展的技术支撑体系，强化创新驱动。目前已初步形成 10 项农业绿色发展标志性关键技术，主要包括小麦节水保优生产技术、玉米籽粒低破碎机械化收获技术、水稻机插秧同步侧深施肥技术、油菜毯状苗机械化高效移栽技术、蔬菜全程绿色高效生产技术、奶牛精准饲养提质增效集成技术、异位发酵床处理猪场粪污技术、受控式集装箱循环水绿色生态养殖技术、南方水网区农田氮磷流失治理集成技术和全生物降解地膜替代技术等，这些关键技术突破创新将更加有效支撑并引领我国农业绿色发展。

5. 农产品绿色品牌建设

农产品质量安全水平持续向好。2018 年，农产品抽检总体合格率为 97.5%，同比上升 0.3 个百分点。优质农产品基地建设成效显著，全国共建成绿色食品原料标准化生产基地 680 个，有机农业示范基地 30 个，绿色食品产地环境监测面积达到 1.57 亿亩。"两品一标"（绿色食品、有机农产品和农产品地理标志）获证单位和产品稳定增长，2018 年，全国获证单位总数 16840 家，获证产品总数 37765 个，分别比 2017 年增长了 18.6%、18.0%。品牌效应逐步放大，2018 年，绿色食品国内销售额达 4557 亿元，出口额达 32.1 亿美元，分别比 2017 年增长了 13.0%、26.1%。

二、农业绿色发展存在的问题

2012—2020 年，我国通过大力推行绿色生产模式，坚决打好农业面源污染攻坚战，农业资源利用的强度下降，农田灌溉水有效利用系数提高到 0.55 以上，退耕还林还草 4240 万亩，耕地轮作休耕制度试点扩大到 1200 万亩；农业面源污染加重的趋势减缓，以垃圾处理、污水治理为重点的农村人居环境整治全面提速。但是，农业绿色发展水平仍不能完全满足人民期待，乡村环境和生态问题仍很突出，资源硬约束问题日益加剧。

（一）农业污染防治任重道远

1. 农业面源污染防治

面源污染是指农村生活和农业生产活动中，溶解的或固体的污染物，如农田中的土粒、氮素、磷素、农药重金属、农村禽畜粪便与生活垃圾等有机或无机物质，从非特定的地域，在降水和径流冲刷作用下，通过农田地表径流、农田排水和地下渗漏，使大量污染物进入受纳水体（河流、湖泊、水库、海湾）所引起的污染。农村面源污染产生的有机物的化学需氧量、总氮、总磷是污染物负荷主要来源，村镇生活污水、农村固体废弃物、农田农药化肥、水土流失和暴雨径流为主要面源污染。农村面源污染的主要特点为：分散性和隐蔽性强、随机性和不确定性高、具有不易监测性和空间异质性。当前，在农村面源污染防治方面主要存在以下四个方面的问题：

（1）农村面源污染防治的意识薄弱。

由于农村面源污染具有分散性、隐蔽性、随机性、不易监测、难以量化等特征，同时又与农业生产紧密结合，人们对农村面源污染认识不足，特别是农业生产者没有防治意识，没有成为面源污染防治的主力军，致使面源污染问题持续发展。

（2）基础性科技工作不足。

缺乏对农村面源污染长期的基础性监测调查与研究，系统的基础数据不完善，导致有效的防控技术标准和措施无法制定，可选用的实用技术少，多数还是借用点源污染控制的工程技术，但以末端治理为主的工程技术难以达到综合治理的效果。

（3）政策法规体系不完善。

以牺牲环境为代价的产业发展导向仍然存在，如对化肥的扶持政策抑制了有机肥市场的发展；因为农业生产的特殊性，环保法律法规执行力度不够；缺乏一些强制性、引导性技术标准和规范，农民掌握使用的技术规范更少；在政策层面支持农业废弃物资源化利用的优惠措施不明确。

（4）农村环境治理投入不足。

长期以来，环境保护坚持"谁污染、谁治理"，环保投入的主体是业主，因而农村面源污染防治投入很难落实；而政府有限的财政投入，也主要集中在城市和工业上，对农村环保投入甚少。历史欠账多，落后的基础设施与日益加大的污染负荷之间的矛盾日益突出，直接导致了农村环境污染的加剧。

由于过度施肥、滥用农药等原因，目前农业污染已经超过工业污染成为我国最大的水污染源。我国的化肥利用率总体不高，平均不足38%（有些城郊蔬菜基地与高产地区的化肥利用率低至20%左右），而损失则高达62%以上，每年超过3500万吨以上的化肥通过不同的途径流失，这对水环境造成的污染已相当严重。长期过量施用化肥不仅使地面水体富营养化，而且还会导致地下水和饮用水硝酸盐污染。农药使用后，真正起杀虫作用的不足施用量的40%，其余一部分进入大气和水体，一部分残留在土壤中，没有起作用的这部分农药通过各种渠道流入地表水体，致使周围诸多河流、湖泊等水体受到污染，导致众多污染物质含量超标，水质恶化，甚至水体生物的死亡，使之陷入恶性循环。同时，农药的不合理使用还会对地下水造成严重污染。

2. 土壤环境污染防治

（1）土壤环境污染及其特点。

土壤环境污染是指人类活动产生的污染物进入土壤并积累到一定

程度，引起土壤质量恶化的现象。随着现代工农业生产的发展，化肥、农药的大量使用，工业生产废水排入农田，城市污水及废物不断排入土体，这些环境污染物的数量和产生速度超过了土壤的承受容量和净化速度，从而破坏了土壤的自然动态平衡，使土壤质量下降，造成土壤的污染。土壤污染就其危害而言，比大气污染、水体污染更为持久，其影响更为深远。因此也表明了土壤污染具有复杂、持久、来源广、防治困难等特点。

土壤环境污染具有隐蔽性和潜伏性、不可逆性和长期性两大特点。土壤污染是污染物在土壤中长期积累的过程，其危害也是持续的、具有积累性的。一般要通过观测到地下水受到污染、农产品的产量及质量下降，以及因长期摄食由污染土壤生产的植物产品的人体和动物的健康状况恶化等方式才能显现出来。这些现象充分反映出土壤环境污染具有隐蔽性和潜伏性，不像大气污染或水体污染那样容易为人们所觉察。

污染物进入土壤环境后，便与复杂的土壤组成物质发生一系列迁移转化作用。多数无机污染物，特别是金属和微量元素，都能与土壤有机质或矿物质相结合，而且许多污染作用为不可逆过程，污染物最终形成难溶化合物沉积在土壤并长久保存在土壤中，很难使其离开土壤。因而土壤一旦受到污染，就很难恢复，成为了一种顽固的环境污染问题，对于土壤环境污染的严重性、不可逆性和长期性，必须有足够充分的认识。

（2）土壤环境污染的来源。

从土壤环境污染的来源来看，主要有大气污染型、水质污染型、固体废物污染型、农业污染型和综合污染型五类。

大气污染型土壤环境污染是指大气中的污染物通过干、湿沉降过程污染土壤。如大气气溶胶的重金属、放射性元素、酸性物质等对土壤的污染作用。其特点是污染土壤以大气污染源为中心呈扇形、椭圆形或条带状分布。长轴沿主风向伸长，其污染面积和扩散距离，取决于污染物的性质、排放量和排放形式。大气型土壤污染物主要集中于土壤表层。

水质污染型土壤环境污染主要是工业废水、城市生活污水和受污染的地表水，经由灌溉而造成的土壤污染。此类污染约占土壤污染面积的80%。其特点是污染物集中于土壤表层，但随着时间的延长，某些可溶性污染物可由表层渐次向心土层、底土层扩展，甚至通过渗透到达地下潜水层。污染土壤一般沿河流或干支渠呈树枝状或片状分布。

固体废物污染型土壤环境污染。固体废物包括工矿业废弃物（矿渣、煤矸石、粉煤灰等）、城市生活垃圾、污泥等。固体废物的堆积、掩埋、处理不仅直接占用大量耕地，而且会通过大气迁移、扩散、沉降或降水淋溶、地表径流等污染周围地区的土壤，属点源型土壤污染，其污染物的种类和性质都较复杂，且随着工业化和城市化的发展，有日渐扩大之势。

农业污染型土壤环境污染是指由于农业生产需要，在化肥、农药、垃圾堆肥、污泥长期施用过程中造成的土壤污染。主要污染物为化学农药、重金属，以及氮、磷富营养化污染物等，属于面污染，污染物集中于耕作表层。

综合污染型土壤环境污染。土壤污染往往是多污染源和污染途径同时造成的，即某地区的土壤污染可能受大气、水体、农药、化肥和污泥施用的综合影响所致，其中以某一或两种污染源污染影响为主。

（二）农业资源环境约束趋紧

近年来，我国农业的快速发展从一定程度上来说是建立在对土地等农业资源强度开发利用的基础上的，同时快速推进的工业化、城镇化对强化农业的基础支撑提出新要求，工业与农业，城市与农村争水、争地的矛盾日渐突出，农业发展面临的资源环境约束日趋严重。

1. 农业资源"先天不足"

在耕地资源方面,我国人均耕地为世界平均水平的 38%,中低产田约占 70%;水资源总量仅占世界的 6%,人均不到世界平均水平的 1/4,是世界上 13 个贫水国家之一,每年农业生产缺水 300 亿立方米。我国水土资源的时空分布不均,南方地区每平方公里拥有水资源 67.1 万立方米,北方地区仅有 8.7 万立方米,南方地区每平方公里拥有的水资源量是北方地区的 7.7 倍。近年来,随着全球气候变化,极端天气事件明显增多,干旱、洪涝、低温和病虫害等自然灾害发生频率增加,威胁加重。

2. 工农城乡争地争水

2019 年,我国人均 GDP 达到 70892 元、常住人口城镇化率 60.60%[①]。工业化、城镇化推进过程中占用大量耕地,据统计,1996—2011 年底,我国耕地面积减少 1.25 亿亩。除耕地数量下降之外,占优补劣问题也很突出,建设占用的耕地大多是城镇周围和交通沿线的良田沃土,而补充耕地与被占耕地质量一般相差 2~3 个等级。据估算,近十年全国因耕地占优补劣而导致的粮食生产能力至少减少 120 亿公斤。1997—2011 年,农业用水比重从 1997 年的 69.7% 下降到 61.3% 左右,减少了 200 亿立方米。

3. 农业资源质量下降

农业资源质量下降主要体现在:耕地负载逐年加大导致耕地质量退化。比如,东北黑土区有机质含量大幅下降,黑土层由开垦初期的 80~100 厘米下降到 20~30 厘米;华北的小麦—玉米轮作区耕层变浅趋势明显,平均厚度比 30 年前浅了 5 厘米。2014 年 11 月,农业部在江苏扬州召开全国耕地质量建设现场会上公布的数据显示,因水土流失、贫瘠化、次生盐渍化、酸化而导致的耕地退化面积已占总耕地面积的 40% 以上。

---

① 国家统计局:《中华人民共和国 2019 年国民经济和社会发展统计公报》,2020 年 2 月 28 日。

4. 污染向农业农村扩散

在城市实行工业转型升级、绿色发展的过程中，一些高能耗、重污染的产业往往向乡镇、乡村转移，这些工业生产所产生的"三废"不合理排放等原因，导致工业和城市的污染加速向农业农村扩散。根据环保部的数据，全国受污染的耕地超过1.5亿亩，因污水灌溉而污染的耕地有3250万亩，因固体废弃物堆存而占地和毁田的面积约有200万亩，受污染的耕地面积约占总耕地面积的1/10，它们多数集中在经济较发达的地区。此外，全国农业生产区地表水和地下水受污染程度在加深。

（三）农业生产经营方式粗放

1. 农业资源利用方式不合理

相对工业而言，传统农业效益较低，农民没有能力也不愿意在养地方面加大投入，耕地"重用轻养"现象非常普遍，大部分农户只用不养，种植过程中不再施用有机肥，而是大量施用化肥，采取掠夺性的生产经营方式。在农业用水严重短缺的形势下，农业用水有效利用效率在55%左右，大水漫灌、超量灌溉等现象比较普遍。在大部分地区应对干旱缺水的主要措施只是打井，用水泵抽取地下水进行农业灌溉，造成了华北、东北西部等地区地下水超采严重的现象，形成超采漏斗区，井越打越深，水越出越少。

2. 农业生产资料利用效率低

我国的耕地面积不到世界的9%，但是化肥施用量全球第一，占世界化肥总量的35%，是美国、印度的总和。亩均化肥用量21.2千克，远远高于亩均8千克的世界平均水平。化肥的当季利用率不足40%，低于发达国家50%左右的水平。同时，我国也是世界农药生产和使用第一大国，2012年农药产量高达354.9万吨，每年使用量约30万吨左右，目前农药的有效利用率不足40%。此外，现代化农业大量使用农膜、地膜，每年约有 50 万吨的农膜残留于土壤中，残留率为 40% 左右，大量残留的农膜在土壤中难以降解，给农业可持续发展埋下隐患。

3. 农业面源污染仍比较严重

在农业生产过程中，由于化肥、农药、地膜等投入品的过量使用，规模养殖比重迅速提高等原因，农业面源污染问题日益突出。环境保护部《第一次全国污染源普查公报》显示，农业面源污染总量大、占比高。畜禽养殖总量在不断增加，养殖规模化水平在不断提升，但是养殖业污染处理设施滞后，未能消纳和利用的畜禽粪便，由传统的农家有机肥变成了地表水、地下水环境的主要污染物，使得农业面源污染呈"局部改善、总体加重"的趋势。

三、促进农业绿色发展的建议

《中共中央　国务院关于实施乡村振兴战略的意见》中强调，要"加强农业面源污染防治，开展农业绿色发展行动，实现投入品减量化、生产清洁化、废弃物资源化、产业模式生态化。推进有机肥替代化肥、畜禽粪污处理、农作物秸秆综合利用、废弃农膜回收、病虫害绿色防控"。

（一）建立生态产业体系

建立"种植、养殖、培植"为一体的生态化农业产业体系。引导农民以村庄为单位结合起来，形成一村一社的综合性农民合作组织，开展全域有机生产。有机农业产业链由种植、养殖、培植以及农产品加工构成，形成包括植物、动物、微生物、废弃物为一体的有机生态产业循环体系。植物体系包括粮食作物、油料作物、蔬菜、水果、干果、药用植物（道地药材）等。传承中华民族千百年来的间作、轮作技术；因地制宜实施猪、鸡、牛、羊养殖或特种养殖；利用种植和野生的秸秆、树木枝叶等进行食用菌生产，农作物的秸秆和加工下脚料、废弃物可以用来做动物饲料和食用菌原料，动物粪便和菌渣可以做肥料。随着近年来的技术进步，农作物秸秆不经过动物养殖过腹还田，可以直接实现植物、废弃物、微生物的循环。也可以进行深度循环，比如，动物粪便、作物秸秆、菌渣、经过严格分类的有机生活垃圾、人类粪尿进入村级沼气站，生产的沼气作为农村烧水、做饭、取暖的能源，沼渣、沼液经过好氧处理制备高效有机肥和有机液态肥供有机种植使用，形成养殖和种植业的共生共作和循环体系。

（二）发展农产品加工业

在全域有机生产的基础上，将有机农产品的加工落在乡村，把有机农产品加工的附加值留在乡村，提高农民的收入。以合作社或农户作为投资运营主体，根据村级合作社的实际情况，选择建设磨坊（加工有机米面）、酱坊（生产本地特色有机酱和酱油）等因地制宜且具备产地优势的作坊生产，这些生产内容由合作社和农户完成。促使乡村作坊成为合作社的主导产业和收入来源，也是农户的重要收入来源。

（三）加大面源污染防治

高效、生态、安全是现代农业的基本要求，要达到这一要求，必须大力推广节约型技术，加强农业面源污染防控，科学合理使用农业投入品，提高使用效率，减少农业内源性污染。普及测土配方施肥，改进施肥方式，鼓励使用有机肥、生物肥料和绿肥种植。推广高效、低毒、低残留农药，生物农药和先进施药机械，推进病虫害统防统治和绿色防控，努力实现农药施用量零增长目标。建设农田生态沟渠、污水净化塘等设施，净化农田排水及地表径流。综合治理地膜污染，推广加厚地膜，开展废旧地膜机械化捡拾示范推广和回收利用工作，加快可降解地膜研发，逐步实现农业主产区农膜和农药包装废弃物的基本回收利用。

（四）农业废物循环利用

因地制宜推进秸秆肥料化、饲料化、基料化、原料化和能源化利用，建立健全秸秆收、储、运体系，推动秸秆综合利用产业发展。在重点流域紧密依托畜禽养殖污染治理工程，建设以畜禽粪便和农作物秸秆为主要原料的基质产业和食用菌产业，以增值利用促进农业废弃物有序收集。在重点区域开展农田残膜回收区域性示范，创新地膜回收与再利用机制，重点建设废旧地膜回收网点和加工厂。具体而言，可以采取以下措施促进农业废弃物循环利用：

第一，建设农业废弃物基质化工程，以秸秆、畜禽粪便等农业废弃物为原料生产基质，大力发展食用菌产业。农业废弃物基质化利用工程主要建设内容为农业废弃物处理设施、基质生产设施、基质利用设施等。

第二，选择治理区域交通、水电便利的地点，建设废旧地膜回收网点，配备农田残膜回收机械、农用运输车、打包机等设备，集中回收废旧地膜。

第三，以废旧地膜资源化利用为目标，建设废旧地膜加工厂，包括原料车间、粉碎与清洗车间、造粒车间、收贮场地、仓库等设施，同时配备造粒机等专用设备。

第四，建设农业废弃物田间处理利用工程，针对蔬菜残体、农作物秸秆、农用化学品包装物等农业废弃物随意丢弃以及人畜粪便在田间无序堆置所造成的面源污染和资源浪费问题，重点开展人畜粪便、蔬菜残体和农作物秸秆就近堆肥处理工作，确保农业废弃物安全利用，降低污染物流失风险，可以建设农业废弃物田间处理池、农用化学品包装物田间收集池等基础设施。

（五）实现生态资源价值

2010 年国务院印发的《全国主体功能区规划》将维系生态安全、保障生态调节功能、提供良好人居环境的自然要素定义为生态产品，包括清新的空气、清洁的水源和宜人的气候等自然生态产品。人工生态产品则指工业化生产的能够在生产和消费过程中释放生态效益的产品和服务，例如，为了获取木材资源进行的植树造林，在生产木材的同时释放保持水土、涵养水源、净化空气等生态效益；使用清洁能源替代化石能源燃烧，释放能量的同时，可以减少二氧化碳排放，有利于减缓全球气候变化，产生替代传统能源负外部性的生态效益。上述举例中的木材和能源都具备原有的使用功能，生态效益依附于木材和能源原有的使用功能，在产品生产和消费过程中释放生态效益，这样的生态效益是产品外部性的体现，而不是产品的直接效益，正是因为人工生态产品的外部性特征，使得生态产品产生的生态效益可以纳入到经济学外部性理论中进行深入的分析。人类不可能超越自然，脱离生态产品独立存在，生态产品是人与自然生命共同体中的重要组成部分，覆盖人类生活的方方面面，从特定意义上说，人类社会的所有产品都具有增加生态功能，降低生态负外部性的替代优化空间，这个替代优化过程不仅推动生态文明建设，而且创造了新的经济发展空间，可以成为绿色发展的新动力。

增加生态产品供给广泛涉及经济活动各个领域。农业生产减少化肥和农药的使用量生产的生态产品不仅可以提高人民饮食健康福祉，而且具有高附加值，也为改变农业生产方式，提升农业生产技术开辟了巨大空间。渔牧业生产中采取阶段性休渔禁牧措施不仅有利于海洋和草场的生态修养，而且可以提升产品品质、增加经济回报。在工业生产中，传统工业化产品普遍具有高消耗、高污染、高排放和低附加值的特征，对传统工业实施节能减排改造，淘汰落后产能，发展清洁能源，促进循环经济，都是增加生态产品供给，壮大节能环保产业、清洁生产产业、清洁能源产业，促进资源全面节约和循环利用，降低能耗、物耗的表现。在新兴产业领域，生态产品与战略性新兴产业高度融合，新能源汽车、绿色建筑、新能源技术、新材料既是战略性新兴产业也是典型的生态产品产业，这些新技术、新产品不断丰富生态产品的同时，为绿色发展注入了新的活力和动力。例如，新能源技术的发展已经成为我国新经济增长的重要推动力，2016 年我国可再生能源行业就业人数达到了 350 万人，《BP 世界能源展望》（2017 年版）显示，未来 20 年，中国将是可再生能源增长的最大来源国，其可再生能源增量将超过欧盟和美国之和。在消费领域，绿色创新正在进入一个最具爆发力的时代，互联网、大数据、云计算、智能终端等信息技术催生大量的新产品和新产业，创造出层出不穷的生态产品，如"互联网 +"和大数据平台下的共享单车生态产品使绿色出行成为大众最愿意接受的交通方式。

（六）发挥政策引导作用

1. 因地制宜制定政策，创建特色示范区

我国农业绿色发展模式依然处于探索阶段，各地政府应根据政策法律的总方针和目标，依据当地的经济发展水平、环境资源状况、地理条件等因素，因地制宜地制定符合当地农业绿色发展的政策措施。同时，按照政策规划，加大农业绿色发展示范区建设力度，立足当地的资源禀赋、区域特点和突出问题，因地制宜地创建具有不同特色的示范区，探索符合区域特点和地方特色的绿色发展模式，引领农业绿色发展。

2. 建立绿色资源台账，加强环境监管

我国农业绿色发展政策规划相继出台，农业绿色发展正式进入稳步发展阶段，环境资源得到初步改善，但仍存在大量粗放经营的方式。

在农业转型的关键时期，应采取量化的办法，建立农业绿色发展资源台账，对各地、各时期的农业绿色发展水平进行评价，以督促各地农业健康、可持续发展。构建产地环境、农业资源、生态系统、绿色供给等多方面监测体系，确保农业提质与环境保育协调发展。

3. 完善绿色发展奖惩细则，规范生产行为

农业绿色发展政策的目标是实现长期、可持续发展，短期内成效相对较低，为避免因农户观念落后、企业效益低下等问题导致农业绿色发展无法顺利推行，应出台和完善奖惩细则，规范生产行为，助力农业绿色发展。尽快建立一套完整的、具有明确指向性的农业绿色发展补贴体系，做到条理清晰、内容翔实，以更好地提高农民的绿色发展主体意识①。

四、农业绿色发展未来展望

党的十九大报告指出要坚持绿色兴农战略，推进农业绿色发展。近年来，在绿色发展理念的指导下，农业农村优先发展，农业供给侧结构性改革和现代农业发展方式的转变逐渐加快，农业绿色发展取得了一定的进展和成绩，以绿色为导向的农业发展格局日趋鲜明。

在绿色发展政策方面，未来农业绿色发展相关政策法律将会逐渐丰富和完善，以更好地配合乡村振兴发展战略。财政政策扶持力度将会进一步完善。农业废弃物资源化利用产业属于公益性行业，需要依靠财政扶持，同时，很多资源化利用再生产品现阶段还需要依靠政策来培育市场。因此，未来持续推进畜禽粪污、秸秆等资源化利用，势必会增加财政政策的支持力度，应出台相应的政策扶持细则。农业技术方面的进步使农业绿色发展取得了一定的进展，但是技术效率制约

---

① 冯丹萌：《发达国家农业绿色发展的政策演进及启示》，《中国城乡金融报》2020年3月4日第B03版。

了其高速发展。未来，鼓励龙头企业、农民专业合作社等规模生产经营主体参与农业绿色发展转型，解决小农户与高新技术脱节问题的相应政策将陆续出台。

在绿色发展成效方面，农业绿色发展是以资源环境承载力为基准，政策的推动将会扩大农业废弃物资源化利用范围，会有更多地区实现以有机肥为主的生产方式，进而使得化肥、农药、农膜等化学投入品的使用量按照倒"U"型曲线的趋势持续下降。随着农业绿色发展的持续推进，农业转型发展和农民增收互相促进的良性机制将会形成，在"绿水青山就是金山银山"的政策理念指引下，在实现绿色生态环境与美丽乡村建设的同时，农民增收将得到持续促进。

2019—2020 年中国乡村生态建设报告
——基于三个案例的简要分析

王玉鹏*

摘　要：推进乡村生态建设，是乡村振兴战略与生态文明建设有机结合、良性互动的一项重要任务。浙江省湖州市安吉县鲁家村在没有名人故居、没有古村落、没有风景名胜、没有主要产业的发展困境下，探索出了一条主题农场集聚区模式，让昔日的贫困村变为今日的美丽乡村。福建省建瓯市湖头村在乡村旅游上积极探索、大花工夫，打造了一个宜居、宜游、宜赏，可资借鉴的美丽乡村样本。河南省焦作市修武县依托其丰富的历史人文资源和自然环境资源，在全国率先走出了一条以美学经济领航景城融合的全域旅游探索之路。

关键词：乡村振兴；生态建设；主题农场；美丽乡村；全域旅游

推进乡村生态建设是以习近平同志为核心的党中央从战略和全局高度出发做出的重大决策。习近平总书记强调，"建设好生态宜居的美丽乡村，让广大农民在乡村振兴中有更多获得感、幸福感"。① 建设生态宜居的美丽乡村，是实施乡村振兴战略的一项重要任务。党的十九届五中全会强调，"走中国特色社会主义乡村振兴道路，全面实施

---

*　王玉鹏，宁波大学马克思主义学院教授。

① 习近平：《建设好生态宜居的美丽乡村　让广大农民有更多获得感幸福感》，《人民日报》2018 年 4 月 24 日第 1 版。

乡村振兴战略，……加快农业农村现代化"。① 全面实施乡村生态建设，是落实党的十九大精神，推进生态文明建设的需要，是改善农村人居环境、提升社会主义新农村建设水平的需要，也是促进城乡协调发展的需要。

2019—2020 年，我国各地区在乡村生态建设方面取得了巨大成就。本文以浙江省湖州市安吉县鲁家村、福建省建瓯市湖头村、河南省焦作市修武县为例，考察了中国乡村生态建设的实践与经验。

一、中国乡村生态建设案例

（一）浙江省湖州市安吉县鲁家村生态建设报告

1. 基本情况

安吉是习近平总书记发表"两山"理念的诞生地、中国美丽乡村的发源地，以先发优势走在了美丽中国建设的前列。鲁家村是距离安吉县城不足 10 公里的山村，全村人口有 2099 人，区域面积 16.7 平方公里，由 13 个自然村组成。村庄坐落在山地丘陵之间，并不具备先天的自然资源优势和先进产业发展优势。2011 年之前，村里大部分劳动力以外出打工为主，不少农田山林被荒废弃置，是远近闻名的落后村、空心村。通过生态宜居建设，鲁家村从生活设施的建设、人均收入到村民素质都有了跨越式的发展，鲁家村从穷困小村蜕变为了名副其实的美丽乡村。2017 年，鲁家村入围全国首批 15 个国家田园综合体试点项目，获得了"首批国家农村产业融合发展示范园""全国十佳小康村""全国农村优秀学校型组织"等多项荣誉称号。

---

① 《中国共产党第十九届中央委员会第五次全体会议文件汇编》，人民出版社 2020 年版，第 42 页。

2. 建设思路

在鲁家村的建设前期，如何找到并确立未来发展的支撑产业成为难题之一：作为一个经济落后的贫困村庄，只有最原始的小规模耕作农业，没有名人故居、没有古村落、没有风景名胜、没有主要产业的"四没有"状态让鲁家村的发展未来成为一张白纸，既充满挑战，但也充满机遇——这不仅仅是乡村项目的设计，更是一个区域产业模式的打造。为此，合易农业农村规划研究院团队进行了诸多探讨。

（1）发展观光旅游产业。

鲁家村有较为分散小型农场，同时也有上千亩可供开发的丘陵缓坡——农场可以建设为有明确主题和特色的家庭农场，这对追求自然耕种的城市人群有着极大的吸引力，而广阔的土地可以作为众多主题农场的聚集平台，经过充分论证，最终决定将鲁家村打造成"主题农场聚集区"。

（2）以农场为主要产业的主题农场聚集区。

主题农场聚集区指具有一定规模、以某一特定主题为核心吸引物，由多个家庭农场围绕核心吸引物共同聚集而成，以农业生产与休闲度假旅游为主的新型产业发展集聚区。以鲁家村为例，在现有分散农场的基础上进行功能完善，同时建设其他不同农场，在一定区域内通过道路交通或主题过渡等方式进行连接，形成一个整体。

在这样的大框架下，鲁家村的发展思路逐渐明晰：村委同当地旅游公司组建农业发展旅游公司，以打造家庭农场为载体，以"公司+村+家庭农场"的模式进行经营，以统一规划、统一平台、统一品牌；以共建共营、共营共享、共享共赢的"三统三共"思想作为整个系统的指导。村内重点进行农场的建设，以整合农村特有乡土资源，通过建立新主体、新机制、新模式，充分利用和保护山林田园和乡村民居的资源优势，以村内家庭农场集聚区为核心，打通鲁家村、南北庄和赤芝村生态走廊，以线串点、以点带面辐射带动鲁家村周边南北庄、义士塔和赤芝村，建设集"生产、研学、亲子、观光、养生、休闲"为一体的乡村旅游示范区，全面构建集循环农业、创意农业和农事体验于一体，产业布局合理、服务体系完善、农村环境生态的田园综合体。

3. 建设情况

（1）一院："两山学院"。

建设"两山学院"，作为"绿水青山就是金山银山"重要思想的研学基地和绿水青山转化为金山银山最新实践成果的传播基地。

（2）一环：田园鲁家·两山绿道。

通过建设连接鲁家（二庄）—南北庄（宜茂村）—赤芝（赤山），总长 20 千米的绿色环线廊道，连三区跨四村，具备自驾、骑行、健步等功能。与近期规划的 303 省道、304 省道及 206 省道形成交通圈，串联两区与一湖，实现各村联动互助、功能互补。

（3）三区。

"溪上田园"——绿色生态农业示范区，作为核心先导区，包括长思岭—鲁家村—彭家边带状区域。根据安吉鲁家"七山一水两分田"的生态格局，从项目自身亮点、区域完善、战略发展及创新示范各个角度综合考虑，确定以原生态山水景观为环境保障，以亮点山水游乐产品与高端服务产品为综合配套，提升田园鲁家农业产业结构体系。

"岭上家园"——创意农业休闲度假区是先导区的产业延伸区域，包括南北庄村—宜茂村水库—大坞角—赤山村带状区域，这一区围绕核心产业的示范带动作用，加强特色创意农业产品开发，融合二、三产业，引入特色农业加工业、手工业以及休闲服务业态，促进多产业融合，进一步推动休闲农业向下延伸。

"溪谷林园"——生态农林乡居体验区是以绿色生态休闲农业为核心的拓展开发区域，主要以梅园溪为纽带，包括南北庄村—义士塔村—赤芝村带状区域，通过加强区域交通串联，产业互通，打造新型发展模式，增加产业种类，最终实现三区联动发展相互促进，共同发展，最终形成与鲁家村旅游互补的模式。

（二）福建省建瓯市湖头村生态建设报告

1. 湖头村乡村旅游概况

湖头村位于小松镇南部，距城区13公里，离建瓯高铁站15公里，毗邻818县道（原205国道），小松溪穿境而过。拥有优越的区位条件和得天独厚的生态资源。该村下辖8个自然村，现有农户861户3278人，村委会成立小松凤垡旅游开发有限公司湖头分公司，是国家级"美丽乡村"创建试点村。2015年4月湖头村获得"南平市四星级美丽村庄"荣誉称号。

2. 具体做法

近年来，湖头村在发展乡村旅游上积极探索、大胆尝试，走出了一条具有自身特色的乡村旅游发展道路。具体做法表现在以下几个方面：

第一，结合地方特色，明确发展目标。通过对本村地脉、文脉以及旅游资源的梳理整合及综合分析，湖头村确定了以地方特色为定位，以"生态优先、人文和谐、经济发展"为主题，以乡村休闲体验为主要内容的旅游发展方向。具体包括古建筑观光、感受（传统民居），生态农业体验（田园生活），自然风光游览（原生山水）三大部分。致力成为环境优美、经济富裕、文化丰富、特色显著的旅游小站，一个"宜居、宜业"的美丽乡村，一个"宜游、宜赏"的梦中家园。

第二，强化规划引领，建设秀美村庄。湖头村围绕"百姓富、生态美"的创建标准，加快"美丽农村"建设步伐。在福州大学建筑学院的参与下，完成全村总体规划，其中新村规划面积48亩，新村点118幢农民住房集中建设基本完成。依托小松溪、古香樟树等自然元素，结合旧村古民居建筑风格，完成湖头农民公园建设，村庄绿化面积达 3000 多平方米。在环境综合治理方面，完善村规民约，建设垃圾焚烧炉，组建保洁队伍，配备专职卫生清洁员，使全村环境面貌焕然一新。

第三，发挥主体作用，积极投身建设。湖头村注重调动村民参与的创造性和积极性，尊重他们的知情权、参与权、决策权和监督权，让其发挥主体作用，促使他们自觉地投身到美丽乡村建设和发展乡村旅游行动中来，积极、主动、全面地参与美丽乡村的建设和管理维护。村集体通过让农民得实惠，从内心来激发农民共建美丽乡村的主动性。

3. 经验总结

（1）规划入手，推动秀美村庄建设。

湖头村坚持规划先行，邀请到了福州大学建筑学院对村庄进行总体的规划设计，明确湖头村发展定位，形成了以农业产业为主导，以生态为特色，以乡村旅游为目标的农村建设发展思路。村投入了 10 多万元，实施了村庄绿化美化，推动村容村貌的整治上了新台阶；投入 200 多万元，完成学校、桥梁、道路等基础设施建设；投入 130 多万元建成"民建湖头文化活动中心"和"农民公园"，极大地改善了群众农闲时的文化娱乐生活。

（2）特色产业带动，酿造甜美生活。

湖头村因地制宜，实施产业带动战略，加快农村经济发展：一是大力发展特色经济。积极推广"菜—稻—菜"或"菜—菜—菜"的粮经轮作模式，全村蔬菜种植面积达 3000 多亩，建设钢构大棚 100 亩，形成了具有一定区域规模的特色农业经济。二是大力发展乡村旅游。以发展现代休闲观光农业为目标，通过土地集中流转，培育农业种植大户、农民专业合作社等新型农业生产经营主体，并引进农业龙头企业翠松公司，形成"公司+合作社+农户"的生产管理模式。三是大力发展集体经济。该村结合"美丽乡村"建设，积极发展乡村旅游，在休闲观光采摘、特色餐饮服务等方面下足了功夫。

（3）整治村容村貌，打造优美环境。

湖头村从改善和保障民生着眼，加强村容村貌整治：一是清理生活垃圾。该村建起了垃圾焚烧炉，在主要居民集中点合理布局80多个环保垃圾桶，修建垃圾池20处，实现垃圾定人、定期、定点处理。同时，建立健全了保洁长效机制，加强了环境卫生治理经费保障，有效改善了农民的居住环境。二是整治环境卫生。每年春节、"五四"、"七一"等节日期间，湖头村"两委"通过组织村民义务投工投劳以及团员青年、农村党员义务劳动，加强村庄环境卫生综合整治。积极开展"绿秀庭院""美丽家园"等活动，让村容村貌更加洁净有序。

（4）党建促动，构建和美社会。

一是加强农村党的建设。一方面，建立健全了党务、村务管理制度，全面施行"党员（代表）提案、党员（代表）民主议事会议、党内（村务）重大情况通报"三项民主制度，以党内民主带动管理民主；另一方面，创新村"两委"为民服务"三个一"制度，即一日一值班、一周一集中、一月一沟通，确保村级工作常态化。二是加强农村民主建设。湖头村大事小情，都根据实际情况，分别召开"两委会"或村民代表大会、党员群众大会讨论决定；对于群众关心的热点焦点，都通过村务公开栏、会议通报等形式，多渠道向群众通报，让群众知根知底、心中有数，在参与过程中理解、支持村两委的工作。三是加强农村文明建设。湖头村深入开展了"好婆婆""好媳妇""好妯娌"等文明创建活动，扎实推进家庭美德、职业道德和社会公德建设。

（三）河南省焦作市修武县生态建设报告

1. 基本情况

修武县位于河南省东北部、太行山南麓，隶属焦作市管辖，东西宽36公里，南北长40公里。修武县地形地貌独特，北山南川，山川各半，总面积611平方公里，总人口27.2万。

修武历史悠久，是中华大地最古老的建制县之一，"修武"之名历代传承延续至今，已有3000多年，2006年修武县被联合国地名专家组和国家民政部授予中国首批"千年古县"称号。

生态环境独特。全县森林覆盖率30.9%，高出全国9.3个百分点；空气质量达到国家一级标准，特别是北部云台山景区空气负氧离子含量达到每立方厘米1.1万个，超过世界卫生组织划定的清新空气标准10倍。

人文底蕴深厚。修武地下文明积淀层层叠叠，地上文化分布洋洋洒洒，人文史迹俯拾皆是，自古就是中原文化重地。修武拥有文物古迹300多处，文物保护单位86个，其中国家级文物保护单位4个、省级重点文物保护单位10个、县级重点文物保护单位72个；拥有省级以上非物质文化遗产项目6个。此外，还有国家级传统村落6个、省级传统村落10个、中国历史文化名村2个。

修武县通过实践发现，以美学引领还原自然本真之美，其辐射带动的价值远远大于对其不可再生的开采利用而得到的价值。修武县致力于打破产业升级只能靠科技驱动的固化思维，围绕修武文化旅游的核心竞争力，凿开一条产业新路。最终群策群力，因地制宜，选择了以丰厚的历史文化积淀和绿水青山为产业基础，消费和体验升级为产业定位，美学设计为核心竞争力的产业升级"第二路径"——美学驱动，实现了比科技驱动更好，也更符合修武县情的产业升级效益。

2. 主要做法

修武县创造性提出"以美学引领全域旅游"新理念，在全国率先走出了一条以美学经济领航景城融合的全域旅游探索之路。游客接待量年均增速超过20%，旅游业对GDP的贡献率始终保持在15%以上，旅游业对就业的贡献率始终保持在24%以上。旅游业发展速度进一步提升，全域旅游已成为修武转型升级、深化改革的核心抓手。

（1）创新体制机制。

把创建全域旅游示范区作为县域发展的重要战略机遇。一是创新党政统筹机制。成立创建工作指挥部，将创建工作列入政府目标考核体系，形成"党政主导"推动格局。二是创新拓展共建机制。设立景城融合工作指挥部，下设城建、民生等 6 个工作组，聚合 32 名县领导和 46 家单位围绕"＋旅游"做文章。三是创新综合管理机制。建立旅游综合治理"1+3+N"体系，成立 50 人的旅游警察大队，与 16 家部门共同建立旅游联合执法联席会议制度，设立河南省唯一的旅游综合执法办公室。

（2）强化政策支撑。

围绕巩固旅游业主导产业地位，持续推动政策创新。一是做好顶层设计。聘请全球顶尖的战略管理咨询公司德国罗兰贝格等机构编制《修武县产业发展规划》《修武县全域旅游发展规划》，将旅游业确立为主导产业。二是完善政策保障。制定出台《关于促进全域旅游发展的意见》等系列文件，为旅游发展做好保障。三是加强财政支持。设立 50 亿元全域旅游产业发展基金，财政每年安排 5000 万元旅游专项资金，农林水和城建交通部门安排涉旅资金分别占到财政收入的 10% 和 20% 以上。四是创新金融服务。积极运作云台山上市，引入全国唯一旅游类银行——中旅银行，出台《旅游项目贷款贴息管理办法》，近三年累计发放农家乐改造贷款 3688 万元。五是注重人才培养。建成河南省唯一"台湾特色"旅游技能培训职业高中，建成全国首家景区与高校联合设立的云台山文化旅游学院。

（3）完善公共服务。

把构建高品质公共服务体系作为全域旅游基础工作。一是提高交通服务等级。建成河南省唯一旅游专用高速公路——郑云高速，建成全国首个景点式收费站；打造"乡村旅游风景路"101 公里，铺设旅游绿道 48 公里。二是补齐公共服务短板。投资 1.5 亿元建设全域旅游集散中心，更新完善旅游标识标牌 560 余个，新建高标准旅游厕所 98 座，全面开放机关单位厕所。三是开拓智慧服务平台。建成智慧旅游大数据中心，精准提供涉旅服务。

（4）加强旅游供给。

以云台山为龙头引领，推动旅游供给侧结构性改革。一是"旅游 + 城镇化"跨越提升。投资 249 亿元实施 69 个旅游城市建设项目，建设 4A 级云台古镇景区，打造 4000 亩云阶恒大康养小镇，景城融合全面加速。二是"旅游 + 民宿"破题起势。确立打造"北方民宿之都"这一目标，提出"南有莫干山、北有云台山"的发展目标，在河南省率先制定出台民宿产业发展意见和扶持政策。三是"旅游 + 文体"异彩纷呈。投资 150 亿元建设 16 个"云系列"文旅融合项目，举办国际登山挑战赛等世界级体育旅游赛事，打造修武旅游专属黄金周。

（5）提升资源与环境。

将巩固生态优势作为助推旅游产业发展的"绿色引擎"。一是加大资源保护。河南省十二届人大常委会第四次会议颁布实施了《河南省云台山景区保护条例》，以更高站位保护了核心资源。开展了数十年来最大力度的山区生态环境治理工程，打造山青水美好风光。二是强化环境整治。实施"违建整治、景观改造、秩序整顿、服务提升、环境美化"五大工程和"净化、绿化、美化"三化行动，营造宜居、宜游大环境。三是加大旅游营销投入。每年列支 1000 万元对旅游专列、旅游包机进行市场奖励。四是拓展旅游营销渠道。打造"云逗逗""云台小七"等系列 IP 形象，推动旅游产品拟人化营销。利用新媒体开展网络营销，云台山公众号累计阅读量达 320 万次。五是创新旅游营销模式。云台山与美国科罗拉多大峡谷建立姐妹公园合作模式，在景区联动营销上实现"中外合作、东西互通"。修武县与贵州省修文县建立友好县关系，在县域形象推广上"文武互动、南北呼应"。六是放大旅游营销成效。创建期间先后获得国家园林县城、全国森林旅游示范县等多项国家级荣誉称号，品牌叠加效应明显。

3. 经验总结

（1）推动景城融合战略，以"两路多点"激活修武全域旅游发展的潜能。

通过金云路，把"云上院子"等6个分散的民宿或者产业串起来，形成"环核心景区休闲度假产业带"，使核心景区的边界向外延伸至深山旅游资源。再通过云台大道将核心景区和"云台古镇"连接，加速景区和城镇的融合，为核心景区提供重要的"城镇支撑"。"两路多点"的旅游格局规划打通和扩展了核心景区的边界，同时还为核心景区提供了重要的城镇支撑力量。

（2）深挖人文自然资源，以"三条主线"创新修武全域旅游的模式。

丰富的人文、自然资源是修武作为千年古县、旅游大县的最宝贵财富。旅游以追求美为宗旨，是美学经济的最佳呈现者，也是美学经济的排头兵。修武县对域内的所有旅游资源进行统一规划调配，以美学为指导对其进行分类，使之真正达到度假、休闲、康养为一体的标准。通过对农村、城市和景区的美学价值进行挖掘，对其旅游功能进行划分、定位，积极推进"农村田园观光游、景区康养休闲游、城市人文历史游"三条主线，并在此基础上拓展多种形式的旅游模式和旅游产品。

（3）激发创新创意思维，以"N个线路"促进文创产业产品的繁荣。

在文化产业产品极大丰富的基础上，一方面为修武全域旅游市场提供了丰富的旅游消费产品，另一方面还可以根据不同的旅游产业设计N条旅游线路，让旅游围绕文化产业产品做文章，实现真正意义上的全域旅游。

（4）坚持求真务实作风，以"三个创新"探索工业科技发展新途径。

在美学经济战略思想引领下，修武县的科技创新实质上应当是基于后发优势基础上的弯道超车。基于修武县现实的发展状况和水平，积极推动大审美经济时代背景下的工业科学技术上的创新，主要集中在科技水平、审美品质的重大飞跃上，以高科技和高审美让人们获得精神上的享受，从而推动修武县的工业科技实现跨越式发展。

（5）秉承美学经济新理念，以"三个目标"推动景区顺利转型。

云台山景区是修武构建全域旅游新格局的发动机。其 30 年的恢宏发展历程，是将美学融入其建设的过程，也是美学经济的具体应用和生动验证。在文化与旅游融合的新时代，特别是在构建修武全域旅游新格局的关键节点，它再次自觉承担起引领修武高质量发展的重任，从基础设施、产业布局、市场营销、管理服务等方面进行美学升级。例如，云溪夜游、云栖小吃城、云景环球影幕、云阶恒大康养小镇、云上未来城和水世界等"云系列"新业态的陆续布局，体现了在过去追求感官美、服务美、管理美、营销美的基础上，在审美追求和审美层次上更上一层楼，充分注重发挥文化之美、生态之美、智慧之美在云台山景区转型中的指导作用，致力于将云台山景区建设成为"集智能云台山、生态云台山、人文云台山为一体的山水精品画廊"。在美学经济理念引领下，云台山景区致力于从"美丽风景"到"美好生活"的转型，不仅要为游客提供美丽风景，更着力于满足游客对旅游审美愉悦和感官高峰体验的向往，培育美好的生活，让"云台山旅游"成为大审美时代的一种新的生活方式。并通过景城融合，将这种美学经验辐射整个修武全域旅游新格局的构建过程。

（6）增强基层美学党建，以"六项制度"加强全域旅游组织保障。

党建美学使党成为最美好事物的先进代表，真正有力量凝心聚力带领人们实现美好生活的向往。修武在全国率先将党建美学理念引入到基层党建，实施联系与服务群众制度、暖心制度以及基层工作群众评议制度等六项制度，其实质是通过提升自身审美层次，让自己成为美学经济的先进代表和践行者，增强其所倡导的美学经济理念的说服力，真正有能力引领群众实现更高层次的精神追求。例如，修武县基层党建创新工作有特色的洼村、孟村、宰湾村、大位村等，就是通过打造美学党建综合体，使基层党组织成为人民群众追求美的代言人、美学经济的先行者，聚拢民心民意，带领群众解决美好生活的需求和发展不平衡、不充分之间的矛盾。

二、中国乡村生态建设的实践总结

（一）加强农业面源污染治理

农业面源污染是指因种植业的化肥、农药等要素的过量施用以及养殖业畜禽粪便的乱排乱放，超过了农田的养分负荷，出现了氮、磷、钾等养分的过剩，这些遗留在土壤中的过剩养分在雨水等作用下进入水体，从而产生了地表水的污染。目前我国农业面源污染问题主要包括农田化肥施用、农田固体废弃物、畜禽粪便、水产养殖垃圾和农村生活污染。加强农业面源污染治理是乡村生态建设的重要任务。

1. 加强宣传和教育力度

要在农村地区形成良好的意识环境，让农村群体认识到保护农业环境的重要意义，注重合理开发和利用农业和自然资源，注意在经济发展过程中有效保护生态环境。相关政府部门应该强化责任意识，落实管理责任，出台相应的政策和法规，加强宣传和教育，将工作落到实处，强化执行的效果。要积极宣传相关法律和法规，努力提升公众的责任意识和环保思想，对相关法律有更加深入的了解，认识到生态环境保护的重要性，从而为农业可持续发展提供必要的环境。

2. 加强农村基础环保设施建设

在实际建设过程中，要充分结合当前农村的发展实际状况，深入分析当地生活垃圾的特征，然后积极同社会主义新农村建设进行有机结合，不断提升农村环保基础设施建设的力度，要努力完善相应的水利基础设施，并构建更加系统有效的灌溉制度，利用更加先进的灌水技术和设备提升农业水利的应用质量。要逐步建设农村地区相应的垃圾收集转运体系，从而更为有效地处理生活垃圾，减少对农村土地和水源的污染。要有效处理生活污水，控制化肥、农药、除草剂的过度使用，从而有效减少农业面源污染。

3. 合理进行轮作，大力发展友好型农业

在农业生产过程中，要注意合理轮作，避免同种作物长期连种，保证土壤的有效性。此外，要合理应用地膜、秸秆等，加强保护和管理，对于畜禽生产，要强化管理，对粪便等进行严格处理并合理利用，提高粪便资源的综合利用效率，从而更为有效地保护我国农业资源，有效避免农业面源污染问题的出现。

（二）加快美丽乡村建设

"美丽乡村"建设其实质是我国社会主义新农村建设的一个升级阶段，它的核心在于解决乡村发展理念、乡村经济发展、乡村空间布局、乡村人居环境、乡村生态环境、乡村文化传承以及实施路径等问题。因此，"美丽乡村"建设是改变农村资源利用模式，推动农村产业发展的需要；是提高农民收入水平，改善农民居住、完善公共服务设施配套和基础设施建设等改善农村生活环境的需要；是保障农民权益，民主管理，民生和谐的需要；是保护和传承文化，改善农村精神文明建设的需要；是提高农民素质和掌握新技能来促进自身发展的需要。

1. 政府主导，社会参与

政府主导主要体现在组织发动、部门协调、规划引领、财政引导上，形成整体联动、资源整合、社会共同参与的建设格局。

美丽乡村建设是一项系统工程，需要各部门整体联动，各负其责，形成合力。这需要明确政府不同层级之间的职责定位，理顺各自责权关系。既要避免不同层级之间的职权交叉，造成政府管理的错位和越位，影响工作的开展，又要避免权责出现"真空"，造成政府管理的缺位，导致某些事项无人负责。县级政府负责美丽乡村总体规划、指标体系和相关制度办法的建设、对美丽乡村建设的指导考核等工作；乡级政府负责整乡的统筹协调，指导建制村开展美丽乡村建设，并在资金、技术上给予支持，对村与村之间的衔接区域统一规划设计并开展建设；建制村是美丽乡村建设的主体，由其负责美丽乡村的规划、建设等相关工作。同时，应理顺部门之间的横向关系，对各部门的责任和任务进行量化细分。

2. 规划引领，项目推进

美丽乡村建设规划应做到统筹兼顾、城乡一体。编制美丽乡村规划要坚持"绿色、人文、智慧、集约"的规划理念，综合考虑农村山水肌理、发展现状、人文历史和旅游开发等因素，结合城乡总体规划、产业发展规划、土地利用规划、基础设施规划和环境保护规划，做到"城乡一套图、整体一盘棋"。在编制美丽乡村规划中，要完善交通、旅游、农业、水利、环保等各类专项规划，形成覆盖城市乡村、涵盖经济社会文化的规划体系，构建从宏观到微观、从全域到局部、从综合到专项、从指标到空间、从用地到景观的整体衔接的规划格局。

3. 产业支撑，乡村经营

美丽乡村建设必须有产业支撑，必须在美丽乡村建设的产业发展中坚持乡村经营的理念，通过空间改造、资源整合、人文开发，达到美丽乡村的永续发展。

文化繁荣篇

Cultural Prosperity Report

内容提要

"文化繁荣篇"包括4篇分报告:《2019—2020年中国乡村思想道德建设报告》《2019—2020年中国乡村中华优秀传统文化发展报告》《2019—2020年中国农村公共文化服务发展报告》《2019年中国农村教育发展报告》。

2019—2020年,全国各地把农村思想文化建设提到政治高度,通过"五级书记抓乡村振兴"、以重大时间节点为契机推进爱国主义教育、挖掘红色文化内涵等方式推动乡村文化振兴,带动农村思想道德建设。在抗击新冠肺炎疫情期间,农家书屋、学习强国等线上服务平台,为乡村思想道德建设发挥了重要作用。同时,各地通过乡村环境整治和乡村文化旅游业带动、深入实施公民道德建设工程、送文化下乡、推动文明实践中心建设等多种方式,推动农村思想道德建设,取得了良好效果。

2019—2020年,我国乡村优秀传统文化保护的主要做法包括:以国家的名义划定保护线、建立和完善传统文化保护与发展体系;探索多元保护形式,重塑乡村文化生态;合理利用传统文化资源助推乡村振兴;积极参与国际交流与传播;等等。未来,在顶层设计上,我国有必要进一步梳理各项文化工程与乡村振兴全局之间的关系,并从相关的体制机制建设上做出相应的调整,从而确保各项文化工程形成合力,促进乡村社会整体发展。

农村公共文化服务是我国公共文化服务体系的重要组成部分。党的十九大以来,我国基本公共服务水平大幅提升,农村公共文化服务在政策保障方面取得了长足的发展。2019—2020 年，在乡村振兴的背景下，我国农村公共文化服务体系进一步完善，优质公共文化服务资源进一步向乡村下沉，数字化资源共享体系进一步缩小了城乡公共文化服务差距，乡村文化发展更具活力。但同时，农村公共文化服务体系还存在供给主体单一、设施利用率与农民参与度不充分、人才匮乏等突出问题。为此，需要从多角度着力，进一步提升乡村公共文化服务体系整体水平：提升数字化水平，完善基础设施；拓宽乡村公共文化服务的提供者渠道，实现多元化供给；完善农村公共文化服务各项制度；打造农村公共文化服务的专业队伍；繁荣农村公共文化服务产业；等等。

2019 年，我国农村教育取得了令人瞩目的成绩，学前教育持续发展，各项指标持续提升。义务教育均衡发展成效明显，整体发展水平不断提升。高中阶段教育稳步推进，教育资源投入规模不断增大。未来，需要通过更新对农村教育的观念认识、明晰农村教育的价值取向，立足农村教育的现实情况，不断推动我国农村教育的现代化发展，最终实现乡村教育助力乡村振兴的美好愿景。

2019—2020 年中国乡村思想
道德建设报告

员俊雅[*]

摘　要：2019—2020 年，中国乡村思想道德建设围绕党和国家的相关要求，以社会主义核心价值观为引领，结合中国农村实际，健康有序地推进。本年度乡村思想道德建设的基本情况如下：首先，党和国家从政治上高度重视思想道德文化阵地建设。其次，以扶贫攻坚和乡村振兴的有机融合为抓手进行推进。再次，深入实施公民道德建设工程。最后，推进诚信建设。针对当前农村思想道德建设中存在的问题，本文建议：以习近平新时代中国特色社会主义思想为指导，加强农村基层党组织建设；向农民宣讲党的乡村振兴战略，增强农民振兴乡村的主体性意识；深入推进脱贫攻坚要与乡村振兴有机融合；充分利用农村思想文化建设的多种手段；文艺汇演、送文化下乡要适应农村的新变化；推进农村思想道德建设，要有大局意识、系统思维。

关键词：乡村思想道德建设；社会主义核心价值观；扶贫攻坚；乡村振兴

乡村振兴，乡风文明是保障，而思想道德建设是乡风文明建设的首要条件。《中共中央 国务院关于实施乡村振兴战略的意见》中明确提出："以社会主义核心价值观为引领，坚持教育引导、实践养成、

---

[*] 员俊雅，中国社会科学院大学哲学院、中国社会科学院哲学研究所副研究员。

制度保障三管齐下，采取符合农村特点的有效方式，深化中国特色社会主义和中国梦宣传教育，大力弘扬民族精神和时代精神。加强爱国主义、集体主义、社会主义教育，深化民族团结进步教育，加强农村思想文化阵地建设。深入实施公民道德建设工程，挖掘农村传统道德教育资源，推进社会公德、职业道德、家庭美德、个人品德建设。推进诚信建设，强化农民的社会责任意识、规则意识、集体意识、主人翁意识。"这段话对农村思想道德建设给出了详细的指导规划。

2019—2020 年，我国农村思想道德建设基本以社会主义核心价值观为引领，以脱贫攻坚和乡村振兴的有机融合为抓手，结合农民生产生活实际有序推进，取得了较好的成绩。

一、农村思想文化阵地建设

农村思想文化阵地建设，首先是政治问题，党中央一直高度重视文化阵地建设。2019—2020 年，从总体上来说，农村地区尽管存在多元文化价值的影响，但乡村思想文化阵地建设仍以社会主义核心价值观为引领。

（一）把农村思想文化建设提到政治高度

1. "五级书记抓乡村振兴"提供了组织保障

2019 年中央一号文件提出了农业农村优先发展的政策导向。为实施乡村振兴战略、促进农业农村优先发展，中央做出了"五级书记抓乡村振兴"的制度安排。省、市、县、乡、村五级书记亲自抓乡村振兴，这从制度上保障了乡村振兴能够落到实处，保障了农村思想道德建设的正确方向。"五级书记抓乡村振兴"，有助于打通乡村振兴的上下关节，有助于各级党政机关制定有利于农村的政策措施。各级结合自己的管理职责，各有分工，建立了上下联动的组织机制。这种上下联动的组织机制，有力保障了乡村思想道德建设的顺利推进。

2. 正确对待宗教信仰，建设思想文化阵地

2019 年中央一号文件《中共中央　国务院关于坚持农业农村优先发展做好"三农"工作的若干意见》，提出乡村治理体系建设是国家治理体系建设的组成部分，要重视农村宗教治理，依法治理农村宗教事务，要"严厉打击敌对势力、邪教组织、非法宗教活动向农村地区的渗透"。2019 年，我国宗教界深入学习习近平新时代中国特色社会主义思想和党的十九大精神，致力于为农村脱贫攻坚和乡村振兴贡献提供精神力量。不少农村地区将非法建立的公共宗教活动场所改造成新时代文明实践活动中心。但是要让这些文明实践活动中心真正发挥作用，还需要基层党组织加强引导和管理。

3. 总的方法原则：结合农村实际开展宣传教育

将社会主义核心价值观贯彻到新农村建设中，所采取的方式不应是抽象的教条说教，而应是结合农村的生产生活实践进行宣传教育，使农民群众能够以切身经验理解社会主义核心价值观。不少农村地区党组织采取了利用传统纸媒和现代电子媒体相结合的方式，全方位宣传社会主义核心价值观。

（二）加强农村思想文化阵地建设的具体措施

1. 以重大时间节点为契机推进爱国主义教育

中华民族的传统节日、重要纪念日，都是推进爱国主义教育的大好时机。2019 年适逢中华人民共和国成立 70 周年，举国欢庆，是推进爱国主义教育的重要年份。以庆祝建国 70 周年为契机，广大农村地区举办了各式各样精神文明建设活动，培养爱国主义情操。据《河南省精神文明建设简报》报道，河南长葛市"充分利用'中共许昌第一党支部旧址''中央河南调查组旧址''时代楷模燕振昌事迹展馆'等红色教育基地，设立文明实践分中心，在建党节、国庆节等重大节庆

组织参观学习活动 15 万人次"。①

2. 传承红色文化，加强思想道德建设

红色文化是不少乡村地区的文化特色。在乡村振兴的背景下，挖掘红色文化内涵，推动乡村文化振兴，既推动了红色旅游，又带动了农村思想道德建设。山东省昌邑市龙池镇是革命老区，有着丰富的红色文化资源。据《农民日报》报道②，在乡村振兴的背景下，该镇党委牵头聘请党史专家、传统文化专家指导论证，组织在全镇开展镇村志编修工作，把建红色村史馆、编修村志的过程变成党员群众自觉参与、自我教育的过程，通过举办文化下乡、村史展览、抓好路墙亭馆建设等方式，既发展了红色旅游业，又教育了党员群众，带动了农村思想道德建设。

3. 抗击新冠肺炎疫情，推进爱国主义、集体主义教育

2019 年底，新冠肺炎疫情暴发，人们的正常生产生活受到重大冲击。在抗疫的关键阶段，不少基层图书馆、农家书屋响应党的号召，整合数字资源，扩展数字图书阅读，丰富农民朋友的宅家阅读生活，为复工、创业提供精神食粮。抗疫期间，农民群众响应党和国家的号召，居家抗疫，减少社交活动，居家阅读。这个过程本身就是推进农民群众进行思想道德建设的过程。

农家书屋、学习强国等线上服务平台，为疫情期间乡村思想道德建设发挥了重要作用。在农家书屋实体关闭期间，利用学习强国、微信等网络平台继续开展思想文化活动成为山东多数农村人口居家生活的主要方式。为阻止疫情在全省蔓延、顺利开展居家防控工作，山东省委宣传部组织全省农家书屋工作者、管理者和文化志愿者开展"疫情防控·农家书屋在行动"活动，利用网络媒体丰富数字阅读资源、

---

① 《河南精神文明建设简报》，河南省文明网，http：//hen. wenming. cn/wmwj/202012/t20201218_5889934. html。

② 《山东省昌邑市龙池镇——"建馆修志"传承红色文化》，《农民日报》2019 年 2 月 27 日第 7 版。

宣传科学防疫知识。同时，乡村教师利用自身优势，发挥了重要的思想文化引领和建设作用。

4. 积极推进县级融媒体中心和文明实践中心融合建设

组建县级融媒体中心，有利于整合县级媒体资源、巩固壮大主流思想舆论。2018 年 8 月 21—22 日，习近平总书记在全国宣传思想工作会议上指出："要扎实抓好县级融媒体中心建设，更好引导群众、服务群众"。河南省在政治上高度重视"两中心"的融合建设和发展，县（市）委书记担任两中心的总负责人。在硬件上分县、镇、村三级进行高标准建设。根据《河南精神文明建设简报》2020 年第 24 期报道，河南省长葛市"坚持市、镇（街道）、村（社区）三级一体化推进，统筹调配党建、政法、文化、体育、妇联等部门资源和力量，建成 9 个新时代文明实践分中心、16 个镇级实践所、313 个村级实践站，覆盖率达 90% 以上；整合长葛报社、长葛电视台，组建融媒体中心、打造'云上长葛'APP、'今日长葛'微信公众号等 5 个新媒体平台，实现'两中心'区域全覆盖、资源全贯通"。[①]

二、以乡村振兴的融合为抓手推进思想道德建设

思想道德建设是乡村振兴的内生动力。2019—2020 年，我国农村思想道德建设紧密围绕乡村振兴的融合展开，呈现出以产业振兴带动思想道德建设的特点。

（一）以产业振兴带动思想道德建设

在实施乡村振兴战略的背景下，农村思想道德建设不是抽象、空洞地说教。其中产业振兴是基础，以产业振兴来带动农民的思想精神

---

① 《河南精神文明建设简报》，河南省文明网，http://hen. wenming. cn/wmwj/202012/t20201218_5889934. html。

面貌提升。在这方面，四川省南充市顺庆区在农村思想道德建设的经验很值得反思和借鉴。

首先，该区提高村民的思想道德水平，使精神文明建设和农村具体的生产生活相关联，在实践中较好地做到了物质文明和精神文明两手抓，使社会主义核心价值观在潜移默化中融入乡风、浸入民心。

其次，顺庆区通过培训、激励、宣讲、树立典型等手段，充分激发了贫困户脱贫的积极性，参与乡村振兴的主体性。

再次，顺庆区字库碑村建立乡村旅游产业，通过村庄基础设施建设和环境整治，搞起了村庄旅游。该村2018年乡村旅游收入超过300万元。[①] 旅游业、特色种植养殖业的发展为脱贫攻坚提供了产业支撑，农民的思想道德境界自然也提高了。字库碑村的实践表明，农村思想道德建设，就是要挖掘农民作为乡村振兴主体的内在精神动力。如果仅有一些形式主义的宣传，不能与农民的内心世界沟通，那么思想道德建设就是无效的，社会主义核心价值观也是难以在农村树立起来的。

最后，开展一系列精神文明建设活动，以此为抓手弘扬中华优秀传统文化，弘扬社会主义核心价值观。顺庆区组织了"十大文明家庭"评选、道德模范表彰、忠孝楷模、十佳好邻居等活动，以注重乡村文化软实力建设保障乡村振兴。这些活动，以社会主义核心价值观为中心，使新时代的农民在社会主义新农村形成新的乡土文化、乡土观念，在潜移默化中形成热爱农村、振兴农村的思想价值观念。

（二）以乡村环境整治带动思想道德建设

乡村环境整治是乡村振兴的重要组成部分。要打造环境优美、生态宜居的乡村人居环境，首先要抓农村的卫生条件，2019—2020年，各地大力推动农村厕所改造和垃圾入桶行动。垃圾入桶达到了比较好

---

① 刘洪和、李传君：《文明乡风润民心脱贫攻坚聚志气》，《农民日报》2019年2月26日第3版。

的人居环境整治效果，是促使村民形成良好生活习惯、卫生习惯的开始。以垃圾清理为重要举措的乡村人居环境整治，提升了新时代农民生活的幸福感、获得感。

（三）以文化产业带动农村思想道德建设

农村文化产业是社会主义市场经济的新增长点。在实践中，思想道德建设与农村文化产业相结合，带来了双赢的局面。广西省柳州市文联在三江侗族自治县独峒镇独峒村开展了系列文艺扶贫活动，指导农民画创作、现场书写春联。经过当地组织的培训，农民画已成为当地农民创收的途径，不少农民不再外出打工，而是在农闲时节创作农民画致富。这一系列活动，不但提高了农民的思想道德水平，而且带动了当地文化产业的发展。

三、深入实施公民道德建设工程

（一）以文化下乡带动乡村思想道德建设

文化下乡是提振农村思想道德水平的一个重要途径。据《农民日报》报道，2019 年元旦、春节期间，中央宣传文化部门和全国各地有关部门广泛开展了"我们的中国梦"——文化进万家活动。全国各级宣传文化部门组织小分队近 12000 支，在各地开展慰问演出、文艺辅导、非遗展示、送戏下乡、书画展览等一系列文化文艺活动，丰富了人民群众的文化生活。文化下乡活动具有如下特点：

1. 富有地方特色

结合当地文化的特点，传达当地的文化特色，有助于增强农民的地域认同感。陕西的文化下乡活动组织了社火、木偶戏、秧歌、舞狮等传统民俗表演和面花、泥塑、剪纸、皮影等民间艺术展演、展览，以及"好歌唱三秦"民歌演出，全面展示了陕西文化的独特魅力，增强了陕西农民群众对陕西文化的认识和认同感。

2. 强调农民认同感

结合农民脱贫致富的生产生活经历，使农民对"送来的文化"有深刻的认可感。山西省书法家协会将书法艺术送到了山西省武乡县，结合农民当年的致富经历为农民题写春联。比如，种果树致富的，就为其题写"果树满园香四海，手艺精湛走四方"，并题写横批"春色满园"或者"脱贫光荣"。这种文化下乡的方式切合农民生产生活实际，使农民在肯定自己辛勤劳动的过程中获得了思想层次的提升，加强了对"敬业"这一社会主义核心价值理念的认同。

3. 与农民打成一片

文化下乡积极融入农民的感情，使农民真正与主流文化打成一片。在贵州，由近百支文艺工作者和文艺志愿者组成的"多彩贵州山地文艺轻骑兵"队伍深入基层，元旦、春节期间在所有落后县辖区内的每个乡镇至少开展一场活动。尤其是在贵州的送文化下乡活动中，村民和文化工作者、志愿者一起表演，使文艺下乡真正融入了当地农民的情感。这些少数民族地区的农民本身能歌善舞，热情开朗，自己准备了芦笙舞、葫芦丝演奏，和文艺工作者一起载歌载舞，真正在与民同乐的艺术表演中获得了自我认同感，也认可了文化下乡的价值。

4. 精准的文化下乡服务

开展精准的文化下乡服务，使文化下乡能更加有效地提升农民的思想文化素养。湖北省打造"红色文艺轻骑兵"共 873 个分队，重点服务革命老区、贫苦地区、边远山区、少数民族聚集区，以"订单式""点单式"的文化下乡方式，针对不同地区群众的不同文化需求，开展了 10920 场文化惠民活动，包括送戏下乡、非遗展示、社区文化秀、新春书画展览、公益电影播放等 20 多个类别。还利用抖音、斗鱼等新媒体平台，进行线上线下互动活动 5000 余场次，全媒体推送活动信息 5300 余条，总浏览量突破 1 亿。这种订单式文化服务比较成功地满足了农民群众的文化需求，也从另一个方面反映了节假日期间农民文化需要之旺盛。相关部门应当抓住节假日农民群众休闲之际，高效推动文化下乡，丰富农民群众的精神文化生活，提高农村思想道德整体水平。

（二）推动文明实践中心等平台建设

文明实践中心是文化下乡推动农民思想道德水平建设的重要平台。湖南省永州市宁远县组织全县各文明实践中心（所、站），以"新时代·新宁远"为主题进农村、进社区、进景区演出，举办了多场村镇级春节联欢晚会，"农村春晚"成为提振当地农民精神面貌的新切入点。2019 年元旦春节期间，广西省依托新时代文明实践中心、新时代讲习所等阵地，将送文化活动与传政策、传法律、传科技等结合；打造城市乡村小课堂，努力探索"群众点单、院团配菜"的运作机制。

节假日的文化下乡以集中的方式丰富了农民的文化生活，是短期内有效加强农村思想道德建设的方式，实践证明也很受农民群众欢迎，但是文化下乡应该常态化。社会主义核心价值观要主动占领农村思想文化阵地，持续、稳定地推动农村思想道德水平不断提升。

（三）以树立先进典型带动农村思想道德建设

为了充分发挥农村思想道德建设先进典型教育人、引导人、鼓舞人的示范带动作用，积极在乡村营造孝老爱亲、向上向善的浓厚氛围，黑龙江省委宣传部、省妇联联合哈尔滨市委宣传部和方正县委、县政府举办了农村思想道德建设先进典型系列报告会，向广大农民群众讲述他们亲历的感人故事。

四、推进诚信建设

（一）以信用制度建设为抓手推进诚信建设

当前农村诚信制度建设，除了宣传作为道德品质的诚信、诚信的社会价值之外，比较新颖、关键的做法是结合银行信贷制度建设增强农民的诚信观念。在青海，邮储银行的"整村授信"政策让不少村实现了脱贫致富。小额信用贷款，简单方便，手机就能操作，却解决了农牧民融资难的大问题，深受农牧民欢迎。通过信用贷款，农牧民不但脱了贫，而且培养了信用意识。这个过程，其实是将思想道德建设融入工作的过程。它比单纯的宣传说教更能使农牧民快速有效地树立起"诚信"的社会主义核心价值观。

（二）以普法宣传教育为抓手使农民形成责任意识、规则意识

普法教育是加强农村思想道德建设的题中应有之义。乡村振兴越是深入进行，越要对农民加强法制教育，要使农民知法、守法、懂法。山东省微山县昭阳街道举行"扫黑除恶·禁毒反邪"普法文艺演出活动，以生动活泼的形式，增强辖区群众学法、尊法、守法、用法意识，提升法治宣传教育效果。

五、当前农村思想道德建设中存在的问题和改进策略

2019—2020 年，农村思想道德建设取得了不少成绩。多数村镇能够紧跟上级党组织的领导，能够深入贯彻落实乡村振兴战略，在产业

扶贫、美丽乡村建设、乡村环境整治等方面，把党的政策真正落到了实处。但仍然存在比较突出的问题：基层党组织思想道德建设流于形式，基层党组织宣传党的路线方针政策不够，农民思想中的封建落后思想仍未根除，农民面对市场经济的冲击难免产生各种非社会主义思想甚至错误思想；还有一些农村地区封建迷信思想沉渣泛起，赌博、吸毒、网贷也成为损害农民利益的不可忽视的因素；家庭联产承包责任制虽然极大发展了农村生产力，但是其对家庭维度的过多强调使集体经济的力量薄弱，导致不少农民重视个人家庭利益而忽略集体利益。另外，在县级融媒体中心和新时代实践中心建设的过程中，还存在一些地区思想认识不足，偏重于将两中心的建设作为经济问题而不是思想道德建设问题的错误倾向，两中心的建设甚至成了各方赚取经济利益的手段而偏离了初心。面对这些长期积累、错综复杂的问题，要加强农村思想道德建设应当尝试从以下几个方面入手：

（一）以习近平新时代中国特色社会主义思想为指导加强农村基层党组织建设

习近平总书记在《把乡村振兴战略作为新时代"三农"工作总抓手》的讲话中指出："实施乡村振兴战略，各级党委和党组织必须加强领导，汇聚起全党上下、社会各方的强大力量。""要充分发挥好乡村党组织的作用，把乡村党组织建设好，把领导班子建设强，弱的村要靠好的党支部带领打开局面，富的村要靠好的党支部带领再上一层楼。"①

乡村思想道德建设作为党的乡村振兴战略在精神文化层面的体现，必须发挥基层党组织的组织保障和模范引领作用。要加强农村基层党组织建设，可以尝试以下几点内容：

首先，要抓住党支部书记建设这个关键节点。党关于乡村振兴战

---

① 习近平：《习近平谈治国理政·第三卷》，外文出版社 2020 年版，第 261 页。

略的路线方针政策能否落实到个体农民身上，村党支部发挥着关键作用。在调研中，我们发现个别村党支部在扶贫攻坚和乡村振兴战略的落实中，形式主义作风严重，表现在对党的政策理解不到位、落实不到位，应付上级检查，浪费国家资源，以个人利益为重、敷衍集体利益等方面。究其原因，就是基层党组织建设不到位。基层党组织建设，尤其要抓好一把手党支部书记的建设，要真正发挥村民自治的作用，从群众切身利益出发选举能带领群众振兴乡村的"能人""乡贤"。上级党支部、村民自治委员会要加强对村党支部和村务的监督，特别是村民自身，要提高自治意识和自治能力，要有渠道反映乡村治理当中存在的问题。

其次，农村党支部建设，要加强对党员干部的思想政治教育。要兴办农村党员培训班，使农村党员了解党的思想政治路线、国家法律法规、乡村振兴大政方针，使他们的思想跟得上国家发展大形势，成为乡村振兴的坚强战斗堡垒。在资金、技术、人才等向乡村流动的同时，要特别注意对乡村干部队伍的建设，要把农村一线作为锻炼、培养党的干部的重要途径，注意提拔优秀的"三农"干部。

最后，在党组织的领导下，尊重农民首创精神，创新村庄自治形式。湖北省大冶市茗山乡的村民理事会制度体现了村庄自治形式的创新性探索，这个制度使一批能人、富人进入理事会和村"两委"任职，通过兴办企业、领办合作社带领农民增收致富、实现乡村振兴。①

（二）向农民宣讲党的乡村振兴战略，增强农民振兴乡村的主体性意识

乡村振兴的主体是农民群众，这一点各级党委、政府要充分重视。相关政策措施符不符合当地实际，要先深入调研农民的看法。因为农

---

① 陈江凡、何红卫、王泽农、韩超：《牢牢把握乡村振兴的着力点》，《农民日报》2019年2月27日第1版。

民对自己村庄的生活条件是最清楚的,对自己的希望和需求是最清楚的,也是乡村振兴的直接利益相关方。

在推动乡村振兴过程中,我们发现农民当中存在不少"等、靠、要"的思想,"坐等"党和政府送钱、送物的消极思想严重,有些人甚至态度傲慢。还有一些农民只注重家庭利益忽视集体利益,甚至一些党员干部本身也不重视集体利益,对公共事业态度冷漠。有些农民对党和政府的政策缺乏正确理解,缺乏大局意识,对乡村振兴的种种举措采取观望态度。诸如此类的问题,反映出加强农村思想道德建设的迫切性。

(三) 充分利用农村思想文化建设的多种手段

中宣部数据显示,截至 2018 年底,全国共有农家书屋 58.7 万家,向广大农村配送图书突破 11 亿册。① 农家书屋在巩固农村思想文化阵地、推动农村精神文明建设方面已经发挥了重大作用,但是还存在不少突出问题,最根本的原因是,农家书屋不能满足农民的精神文化需求。农家书屋不能是一个僵化的、形式主义的、应付差事的设施,应当转换思路,扩大经营服务形式和范围,从图书的选择、文化宣讲形式的制定方面,都要符合农村的实际、满足农民的现实需要,实现"农民点单"式服务,使党的思想文化阵地能在农家书屋牢固地保存下来。农家书屋应定期举办讲座,向农民宣讲实用的知识,促进农村思想道德建设,这应当成为农家书屋的规律性、长期性活动,也应当让农家书屋成为当代农村的"农民讲习所"。

当前我国农民居民的文化消费支出占比普遍增大,通过广播电视、网络新媒体、自媒体等平台获取信息成为农村居民获取信息、进行文化消费的重要形式。除了线下送文化下乡,更要注重占领线上思想文化阵地,利用各种网络平台向农民朋友推送符合社会主义核心价值观

---

① 史竞男:《农家书屋深化改革再出发》,《农民日报》2019 年 2 月 27 日第 2 版。

的文化产品。

除了运用传统的宣传手段，还应注意通过必要的经济手段来加强农村思想道德的建设。在社会主义市场经济条件下，社会利益主体多元化、思想文化多元化，不少农民的思想观念受到一些错误思潮的影响，漠视社会主义核心价值观。针对这种情况，可以以农村银行信用体系建设为抓手，推动农村诚信建设；可以以乡村人居环境整治为抓手，推动农村居民正确的审美观建设；可以以产业发展为契机，在农村倡导"劳动光荣"的正确价值观念；可以以文化建设为抓手，推动在农村形成既继承优秀传统文化又弘扬社会主义核心价值观的良好社会风气。

（四）文艺汇演、送文化下乡已成为乡村文化建设的普遍形式，但这些形式要适应农村的新变化

文艺汇演、送文化下乡，这些乡村文化建设的传统形式已经比较普遍，相关主体也已经积累了比较丰富的工作经验，在实践中也收到了比较符合预期的效果。但这些文化建设的传统形式要注意面对新的社会条件不断变革自身，特别是要突出农民的主体性，吸引农民群众积极投入文化下乡活动。浙江省温州市平阳县在这方面做了比较成功的探索。平阳县 16 个乡镇成立了 181 个乡村艺术团，① 这些艺术团的突出特点是，吸引广大群众参与实现了从"送文化"到"种文化"的转变，打造了村民"自我创造、自我表现、自我服务、自我教育"的公共文化供给模式。随着乡村艺术团的不断成长壮大，不仅服务了全县农民的文化需求，还有走入演出市场提振乡村经济的潜力。这种自我教育的模式，是最能调动农民思想道德建设积极性、最能达到教育效果的文化形式。

---

① 金珍杰：《"众乐乐"的乡村艺术团晋升"新网红"》，《农民日报》2019 年 3 月 4 日第 5 版。

（五）推进农村思想道德建设，要有大局意识、系统思维

当前，个别农村地区领导干部在工作中存在重视物质文明、忽视思想道德建设的做法。其实思想道德建设作为一切工作的灵魂，是必须要与物质文明建设同时抓紧、抓好的。如果只重视物质文明、重视工作中"硬指标"的完成，最终由于人的思想道德建设滞后，这些"硬指标"也是难以维持的。所以一定要有物质文明和精神文明两手抓的大局意识、系统思维，在推进经济建设的同时，抓好思想道德建设，以乡村振兴为抓手推进思想道德建设。推进农村思想道德建设，一定要结合乡村振兴的实际，在发展产业、美化乡村人居环境、推进城乡公共服务一体化等措施中，真正使农民群众认可并自觉践行社会主义核心价值观，使农民群众认识到社会主义核心价值观不是空洞的，而是体现在致富的产业路径上、体现在美好的生活环境上、体现在城乡公共服务一体化的公平正义上。

六、小结

2019—2020 年，农村思想道德建设的基本特点，是以社会主义核心价值观为引领，以乡村振兴为抓手进行的。2021 年是全面实现现代化的开局之年，是否能开好局，是否能顺利推进乡村振兴，以社会主义核心价值观为主体的乡村思想道德建设仍具有举足轻重的作用。思想道德建设从来不是思想道德建设自身的问题，这需要以大局意识、系统思维来理解。要使社会主义核心价值观深入人心，必须有社会主义的经济基础、经济体制和机制作为坚强后盾。要扎实推进乡村振兴，使社会主义核心价值观所反映的经济基础和体制、制度基础不断落实、完善，社会主义核心价值观才能深入人心，农村思想道德体系才能真正建立起来。

2019—2020 年中国乡村中华优秀传统文化发展报告

白美妃*

摘　要：21 世纪以来，我国逐步形成了非物质文化遗产、传统村落、农业文化遗产、少数民族村寨等重大文化保护工程。聚焦于这些重大文化工程，在乡村振兴的视野下，本文梳理了国家致力于乡村传统文化保护与发展所做出的工作，包括：以国家的名义划定保护线、建立和完善传统文化保护与发展体系、探索多元保护形式、利用传统文化资源助推乡村振兴、积极参与国际交流与传播等。未来，我们需要进一步理顺文化工程与乡村振兴全局之关系，协调处理好传统文化保护与开发的关系，尊重乡村本地居民的主体性地位，加强传统文化保护与开发人才队伍建设。

关键词：乡村振兴；优秀传统文化；非物质文化遗产；传统村落；本地居民

党的十八大以来，党中央高度重视中华优秀传统文化的传承与发展。2017 年，中国共产党中央委员会办公厅、中华人民共和国国务院办公厅颁布了《关于实施中华优秀传统文化传承发展工程的意见》，明确中华优秀传统文化"是中华民族生生不息、发展壮大的丰厚滋养，是中国特色社会主义植根的文化沃土，是当代中国发展的突出优

---

* 白美妃，中国社会科学院中国文化研究中心助理研究员。

势，对延续和发展中华文明、促进人类文明进步，发挥着重要作用"。①

作为中华民族优秀传统文化的重要组成部分，乡村优秀传统文化是乡土社会的根与魂，是广大农民群众安身立命的精神支柱。优秀乡村传统文化根植于我国广大农村，形成于我国悠久的农耕历史，以农业生产和熟人社会为基础。改革开放 40 余年来，我国数亿乡村人口离开乡村，进入到城市与非农就业中来，社会流动性日益加剧，乡村传统文化加速凋敝与衰亡，传统文化的保护与传承迫在眉睫。

党的十九大提出乡村振兴战略，强调立足乡村本位，通过国家政策引导，繁荣发展乡村文化。乡村振兴战略为乡村优秀传统文化的传承与发展提供了重要的时代契机和政策支持。《乡村振兴战略规划（2018-2022 年）》（以下简称《规划》）指出：在乡村振兴的背景下弘扬中华优秀传统文化，需要"立足乡村文明，吸取城市文明及外来文化优秀成果，在保护传承的基础上，创造性转化、创新性发展，不断赋予时代内涵、丰富表现形式，为增强文化自信提供优质载体。"②《规划》还从保护利用乡村传统文化、重塑乡村文化生态、发展乡村特色文化产业三个方面提出了保护和传承乡村优秀传统文化的具体路径。

本文将主要聚焦于近年来我国所推出的重大文化工程，深入展开介绍我国乡村优秀传统文化的建设进展与主要成就、存在的问题及相关对策建议。

---

① 《中共中央办公厅　国务院办公厅印发〈实施中华优秀传统文化传承发展工程的意见〉》，中国政府网，http：//www.gov.cn/zhengce/2017-01/25/content_5163472.htm。

② 《中共中央　国务院印发〈乡村振兴战略规划（2018—2022 年）〉》，中国政府网，http：//www.gov.cn/zhengce/2018-09/26/content_5325534.htm？trs＝1。

一、建设进展与主要成就

（一）以国家的名义划定传统文化保护线

在我国快速现代化和城市化的背景下，几千年农耕文明所留下的遗产，正面临后继无人、凋敝灭失的威胁。在国家和相关部门的高度重视和推动下，一些文化遗产得到了抢救性的保护与发展。目前在我国国家层面，主要采用名录制的方式，以国家的名义，划定传统文化保护线。

所谓名录制保护是指将具有较高历史文化价值的传统文化载体加以甄选和认定，列入名录，从而进行保护①。名录制度最初源于联合国教科文组织在经济全球化和快速现代化的背景下抢救、保护和传承世界物质和非物质文化遗产的探索与实践②。在观念与价值差异多元的国际社会中，名录制度无疑为人类遗产保护这项紧急要务提供了一种简便易行和高效有力的策略③。作为联合国教科文组织遗产保护相关文件的缔约国，我国延续了以名录制度保护乡村传统文化的路径。21 世纪以来，在结合我国具体国情的基础上，我国逐步形成了非物质文化遗产、传统村落、农业文化遗产、少数民族村寨等名录保护工程。

2004 年，中国加入《保护非物质文化遗产公约》。2005 年，原文化部启动了非物质文化遗产的普查、认定和登记工作。我国设置了 10 大非物质文化遗产类别，分别为：民间文学类，传统音乐类，传统舞

---

① 冯骥才：《传统村落亟待多方式保护》，《贵州民族报》2017 年 5 月 12 日第 C01 版。
② 孔庆夫、宋俊华：《论中国非物质文化遗产保护的"名录制度"建设》，《广西社会科学》2018 年第 7 期。
③ 高丙中：《〈保护非物质文化遗产公约〉的精神构成与中国实践》，《中南民族大学学报（人文社会科学版）》2017 年第 4 期。

蹈类，传统戏剧类，曲艺类，传统体育、游艺与杂技类，传统美术类，传统技艺类，传统医药类和民俗类。我国建立了县—市—省—国家四级非物质文化遗产名录体系，并采取分级分层（逐级向上）申报的原则，国家级非物质文化遗产代表作名录由国务院批准发布，而省、市、县各级非物质文化遗产代表作名录由同级政府批准发布，并报上一级政府备案①。入选国家级非物质文化遗产代表性项目名录的标准是：①具有重大的历史、文学和科学价值；②具有在一定群体中世代传承的特点；③在当地有较大影响且处于濒危状态；④具有代表性、重大影响力②。国务院先后于 2006 年、2008 年、2011 年、2014 年分四批公布了共计 1372 个国家级非物质文化遗产项目（包括 3145 个子项），涉及 3154 个保护单位③，其中大部分非物质文化遗产项目植根于乡村。我国分别于 2007 年、2008 年、2009 年、2012 年、2018 年分五批命名了共计 3068 个国家级非物质文化遗产代表性项目代表性传承人。另外，我国列入联合国教科文组织人类非物质文化遗产名录的项目共计 42 项，其中包含 34 个人类非物质文化遗产代表作、7 个急需保护的非物质文化遗产项目、1 个优秀实践项目④。

2012 年，由住房和城乡建设部（以下简称住建部）牵头，原文化部、国家文物局、财政部参与，开始对全国范围内的传统村落进行摸底调查。四部门成立了传统村落保护和发展专家委员会，其成员来自民俗学、文物保护、城乡规划、建筑学、经济学、传统艺术研究等领域，并制订了传统村落评价认定的指标体系，涉及村落传统建筑风貌、

---

① 陈华文：《论中国非物质文化遗产的分级申报制度》，《民俗研究》2010 年第 3 期。

② 段超、孙炜：《关于完善非物质文化遗产保护政策的思考》，《中南民族大学学报》（人文社会科学版）2017 年第 6 期。

③ 《国家级非物质文化遗产代表性项目名录》，中国非物质文化遗产网，http：//www.ih-china.cn/project。

④ 《联合国教科文组织非物质文化遗产名录（名册）》，中国非物质文化遗产网，http：//www.ihchina.cn/directory_list.html。

村落选址和格局、村落承载的非物质文化遗产三方面的内容①。在调查组织环节，住建部会同文化部、国家文物局、财政部负责组织、指导和监督全国传统村落调查工作，并建立全国传统村落信息管理系统；省级有关部门负责制定本行政区的调查实施工作方案，并对调查质量进行审核；县级有关部门负责入村调查，填写调查表，并将登记表信息录入全国传统村落管理信息系统。截至2020年，我国分别于2012年、2013年、2014年、2016年、2019年分五批共认定了6819个传统村落。

联合国粮食及农业组织于2002年发起"全球重要农业文化遗产"②倡议，我国积极响应了这一倡议。我国有浙江青田稻鱼共生系统、云南红河哈尼稻作梯田系统等15个项目被认定为"全球重要农业文化遗产"③。2012年，我国启动国家级农业文化遗产的发掘和保护工程，分别于2013年、2014年、2015年、2017年、2019年共分五批认定了118项中国重要农业文化遗产。2016年底，原农业部在组织专家队伍开展普查的基础上，公布了408项具有保护传承价值的农业文化遗产项目④。

---

① 根据《住房城乡建设部、文化部、国家文物局、财政部关于开展传统村落调查的通知》（建村〔2012〕58号），"传统村落是指村落形成较早，拥有较丰富的传统资源，具有一定历史、文化、科学、艺术、社会、经济价值，应予以保护的村落"。可被列为调查对象的村落包含三类：第一类，历史建筑、乡土建筑、文物古迹等建筑集中连片分布或总量超过村庄建筑总量的1/3，较完整体现一定历史时期的传统风貌。第二类，村落选址具有传统特色和地方代表性，利用自然环境条件，与维系生产生活密切相关，反映特定历史文化背景。村落格局鲜明体现有代表性的传统文化，鲜明体现有代表性的传统生产和生活方式，且村落整体格局保存良好。第三类，该传统村落中拥有较为丰富的非物质文化遗产资源、民族或地域特色鲜明，或拥有省级以上非物质文化遗产代表性项目，传承形势良好，至今仍以活态延续。
② 根据联合国粮农组织的定义，"全球重要农业文化遗产"是指"农村与其所处环境长期协同进化和动态适应下所形成的独特的土地利用系统和农业景观，这种系统与景观具有丰富的生物多样性，而且可以满足当地社会经济与文化发展的需要，有利于促进区域可持续发展"。
③ 闵庆文、张碧天：《中国的重要农业文化遗产保护与发展研究进展》，《农学学报》2018年第1期。
④ 朱冠楠、闵庆文：《对农业文化遗产保护的历史与文化反思》，《原生态民族文化学刊》2020年第4期。

2009 年，国家民族事务委员会（以下简称国家民委）会同财政部启动少数民族特色村寨保护与发展试点工作。2012 年，国家民委颁布了《少数民族特色村寨保护与发展规划纲要（2011—2015 年）》，确定保护与发展的主要目标是改善和保护村寨基础设施、基本公共服务体系以及整体风貌，提高群众经济生活水平[①]。国家民委分别于 2014 年、2017 年、2020 年分三批共命名了 1652 个"中国少数民族特色村寨"，在地域分布上覆盖了大多数民族地区。

（二）加强顶层设计和资金投入，建立传统文化保护体系

近年来，国家有关部门分别出台了多项法规政策，逐步建立和不断优化完善了传统文化保护与发展体系。我国于 2011 年颁布了《中华人民共和国非物质文化遗产法》，文化和旅游部推动出台了《国家非物质文化遗产保护专项资金管理办法》《国家级非物质文化遗产代表性传承人认定与管理办法》《国家级文化生态保护区管理办法》等文件，用于规范和指导非物质文化遗产保护和传承相关事项。住建部先后出台了《关于加强传统村落保护发展工作的指导意见》《关于坚决制止异地迁建传统建筑和依法打击倒卖构件行为的紧急通知》《中国传统村落警示和退出暂行规定（试行）》等文件，引导社会各界力量有序投入传统村落的保护工作。农村农业部制定了《重要农业文化遗产管理办法》等制度规范，促进农业文化保护和可持续发展。国家民委出台了《少数民族特色村寨保护与发展规划纲要（2011—2015 年）》，确定了少数民族特色村寨保护的指导思想、主要目标、主要任务以及保障措施。

近年来，中央财政统筹农村建设、文物保护、非物质文化遗产保

---

① 《国家民委关于印发少数民族特色村寨保护与发展规划纲要（2011—2015 年）的通知》，国家民委网站，https：//www. neac. gov. cn/seac/xwzx/201212/1003273. shtml。

护、文化事业发展等方面的专项资金，为乡村传统文化保护与发展事业提供了重要的资金支持。自 2008 年起，中央财政开始对国家级非物质文化遗产代表性传承人开展传习活动予以补助，补助标准最初为每人每年 8000 元，2011 年提高至 10000 元，2016 年提高至 20000 元[①]。自 2013 年以来，中央财政累计投入资金近 60 亿元，用于支持国家级非物质文化遗产代表性项目的保护与传承[②]。2014—2019 年，中央财政分批次给予被列入国家级名录的传统村落每村一次性 300 万元的补助，用于支持村庄的基础设施建设、人居环境整治、传统建筑修缮和利用、文物保护和非物质文化遗产传承等方面的工作，目前已经支持了 4350 个村落，总投入超过 100 亿元[③]。一些地方政府也投入专项资金用于传统村落的保护工作。近年来，中央财政累计投入资金 14.5 亿元[④]，用于少数民族特色村寨保护与发展项目，项目内容主要包括特色民居保护、特色产业培育、特色文化传承、民族团结进步创建等。

（三）探索多元保护形式，重塑乡村文化生态

在制定传统文化保护名录的基础上，我国也不断地在实践中根据实际情况探索更全面和有效的多元保护方式。鉴于非物质文化遗产代表性传承人普遍年事已高，一些项目存在"人在艺在，人亡艺绝"的情况，原文化部于 2015 年启动国家级非物质文化遗产代表性传承人抢救性记录工程[⑤]，计划在 2020 年全面完成针对 300 名年满 70 周岁及不

---

① 李静：《文化和旅游部出台〈国家级非物质文化遗产代表性传承人认定与管理办法〉》，《中国文化报》2019 年 12 月 11 日第 1 版。

②③ 《关于政协十三届全国委员会第三次会议第 5138 号（城乡建设类 079 号）提案答复的函》，农业农村部网站，http://www.moa.gov.cn/govpublic/ncshsycjs/202010/t20201026_6355097.htm。

④ 《少数民族特色村寨保护的绿色发展之路》，人民网，http://travel.people.com.cn/n1/2019/0624/c422585-31176562.html。

⑤ 李荣启：《非物质文化遗产的传承及传承人保护现状》，《美与时代（上）》2016 年第 4 期。

满 70 周岁但体弱多病的国家级代表性传承人的抢救性记录工作。此抢救性记录工程在收集已有文献的基础上，建立传承人专题资源库，通过资料收集、口述历史、影像录制等方式，对传承人所掌握的非物质文化遗产知识、技艺以及教学活动进行全方位的记录。抢救性记录的成果被录入地区和国家的非物质文化遗产数据库，并制作纪录片进行公共传播。截至 2018 年 5 月，首批抢救性记录项目（计 227 个项目）通过验收①。

原文化部曾于 2011 年、2014 年分两批建立了 100 个国家级非物质文化遗产生产性保护示范基地②。"生产性保护"③ 是一种在技艺传承的基础上，打通生产和流通渠道，将非物质文化遗产转化为文化产品的保护方式，这一概念强调在生产实践过程中，保持非物质遗产的真实性、整体性和传承性。

除了通过现代技术手段对非物质文化遗产进行记录存档以外，我国也在积极探索让一些非物质文化遗产在现实生活中流传延续的方式，建设文化生态保护区就是这样一种探索性实践。文化生态保护区秉承在社区中保护的理念，强调文化保护的整体性、动态性和区域性，既保护非物质文化遗产，也保护其孕育发展的自然和人文环境④。2007年，我国在闽南建立了第一个国家级生态保护实验区，截至 2020 年 6月，我国共设立了 7 个国家级文化生态保护区、17 个国家级文化生态保护实验区⑤。此外，各省、自治区也设立了 146 个特色鲜明的省级文

---

① 《国家级非遗代表性传承人抢救性记录首批优秀成果发布》，人民网，http：//culture. people. com. cn/gb/n1/2018/0708/c1013-30133186. html。

② 《国家级非物质文化遗产生产性保护示范基地》，中国非物质文化遗产网，http：// www. ihchina. cn/shifanjidi. html。

③ 杨亚庚、陈亮、贺正楚、陈文俊：《非物质文化遗产生产性保护探索》，《东南学术》2014 年第 1 期。

④ 宋俊华：《关于国家文化生态保护区建设的几点思考》，《文化遗产》2011 年第 3 期。

⑤ 《国家级文化生态保护区》，中国非物质文化遗产网，http：//www. ihchina. cn/shiyanshi。

化生态保护区①。各文化生态保护区一般基于各自特点和需求，投入资金，用于建设和维护非遗展示馆和传承体验场所，推动非遗进校园、教材和课堂，以及其他宣传、普及和研究工作等。

借鉴文化生态保护区的经验，我国从 2020 年开始尝试集中连片保护的方式，以避免传统村落保护标本化和景点化的困境。在这一方式下，住建部会同财政部以地级市（州、盟及直辖市下辖区县）为单位，于 2020 年评选出 10 个传统村落集中连片保护利用示范市（申报条件为传统村落数不少于 30 个），包括大理白族自治州、渭南市、湘西土家族苗族自治州、甘孜藏族自治州、黔东南苗族侗族自治州、黄山市、恩施土家族苗族自治州、抚州市、黄南藏族自治州和晋城市。中央财政分别向这 10 个传统村落集中连片保护示范市拨付 1.5 亿元（总计 15 亿元）定额补助，资金主要用于传统村落传统建筑改造、公共基础设施建设、对民间资本投资改造传统村落给予奖励等②。另外，住建部从 2017 年开始建设中国传统村落数字博物馆，以探索对传统村落的数字化保护，目前已完成 376 个中国传统村落的数字化建馆工作③。

（四）合理利用传统文化资源，助推乡村振兴

在国家有关部门的政策引导和支持下，各地方政府积极探索将发展繁荣乡村传统文化的事业与乡村振兴等工作相结合的有效路径，充分挖掘传统文化潜能，打造特色文化产业，培育特色传统工艺产品，

---

① 《文化和旅游部出台〈国家级文化生态保护区管理办法〉》，新华网，http://www.xinhuanet.com//politics/2018-12/24/c_1123898358.htm。

② 《关于组织申报 2020 年传统村落集中连片保护利用示范市的通知》，财政部网站，http://jjs.mof.gov.cn/tongzhigonggao/202005/t20200527_3521058.htm；《2020 传统村落集中连片保护利用示范市评审结果公示》，中国建设新闻网，http://www.chinajsb.cn/html/202006/02/10657.html。

③ 《31 省市全覆盖！2019 年度中国传统村落数字博物馆村落单馆名单公布》，中国传统村落数字博物馆网，http://www.dmctv.cn/zxShow.aspx? id=150。

促进文化资源与现代需求相对接，面向农村剩余劳动力、返乡创业人员、民族地区群众开展各类技能培训，鼓励其从事传统文化相关产业，带动其脱贫致富。

对于非遗资源丰厚的贫困地区而言，"非遗扶贫"被证明是一条服务脱贫攻坚和乡村振兴战略的有效路径。2017 年，原文化部、工业和信息化部（以下简称工信部）、财政部联合发布了《中国传统工艺振兴计划》①，明确了建立振兴目录、扩大传承人队伍、提高传承能力、加强理论技术研究、提高传统工艺产品品质等方面的任务。2018年，文化和旅游部（以下简称文旅部）、工信部基于国家级非物质文化遗产代表性目录，以具有一定传承基础和生产规模、有形成国家或地方品牌潜能、有助于带动就业为遴选标准，建立并发布了第一批国家传统工艺振兴目录，确定对 14 个门类 383 个传统工艺项目进行重点支持②。

2015 年，原文化部和教育部启动了非物质文化遗产传承人群研修研习培训计划，委托高校和企业每年开展面向传承人群的教育培训。在此基础上，文旅部、教育部、人力资源和社会保障部于 2018 年发布了《中国非物质文化遗产传承人群研修研习培训计划实施方案（2018—2020）》③，对研培计划的学员、参与单位、课程体系、教学组织和管理、工作机制等方面的要求做出了具体的规定。截至 2019 年6 月，全国 100 多所高校举办了 670 多期研培活动，培训近 2.8 万传承人，全国参与人数达 9.7 万人次④。通过参与研培计划，学员们增长了

① 《文化部等三部委联合印发〈中国传统工艺振兴计划〉》，中国政府网，http://www.gov.cn/xinwen/2017-03/27/content_5181257.htm。

② 《文化和旅游部、工业和信息化部联合发布第一批国家传统工艺振兴目录》，中国政府网，http://www.gov.cn/xinwen/2018-05/27/content_5294026.htm。

③ 《文化和旅游部 教育部 人力资源和社会保障部关于印发〈中国非物质文化遗产传承人群研修研习培训计划实施方案（2018—2020）〉的通知》，中国非物质文化遗产网，http://www.ihchina.cn/news_2_details/8870.html。

④ 《中国非物质文化遗产传承人群研修研习培训计划》，中国非物质文化遗产网，http://www.ihchina.cn/train.html。

学识，开阔了眼界，提高了技艺，增强了文化自信。国家还鼓励高校和企业到传统工艺项目聚集地设立工作站，带动地方手工艺人提高产品品质，扩大产业规模，促进就业，带动脱贫致富。

2018年7月，文旅部与国务院扶贫办联合发布了《关于支持设立非遗扶贫就业工坊的通知》，同时文旅部还发布了《关于大力振兴贫困地区传统工艺助力精准扶贫的通知》，这两个文件对非遗扶贫工作做出了具体部署。在文旅部和扶贫办的支持下，一些地方政府大力开展非遗扶贫工作，设立非遗扶贫就业工坊，组织传统手工艺培训，邀请专家设计和改造传统工艺产品，搭建电商平台，实现供销对接，促进产业发展。截至2020年6月，全国393个国家级贫困县和150个省级贫困县共设立2000多个非遗就业工坊，带动近50万人在本地就业，帮助20万建档立卡贫困户实现脱贫①。

近年来，各农业文化遗产所在地也在积极寻求借助特色农产品、遗产地品牌效应、发展旅游业等方式，挖掘和利用农业文化遗产资源，促进乡村振兴。例如，内蒙古敖汉旱作农业系统在2012年被列入"全球重要农业文化遗产名录"，敖汉旗巧用农业文化遗产的金字招牌打造了小米产业。随着品牌知名度快速提升，"敖汉小米"的市场价格从每斤4元上涨到了8~15元，种植面积从40万亩增加到92万亩。再加上开拓电商渠道、培育龙头企业与专业合作社等工作，敖汉旗5万多农户参与发展小米产业，带动近8000个贫困户增收，全旗农牧民人均增收860元。

统计数据显示：国家级传统村落和少数民族特色村寨所在地覆盖了我国不少国家级贫困县。在乡村振兴的视野下，一些传统村落和少数民族特色村寨所在地，依托自身独特的建筑风貌与传统文化资源，安排专项资金和吸引多元社会资本投入到古村的保护与利用中来，加

---

① 《文化和旅游部、国务院扶贫办大力推进非遗扶贫就业工坊建设》，中国政府网，http://www.gov.cn/xinwen/2020-01-08/content_5467602.htm。

强道路、污水管网、停车场、公共厕所等基础设施建设，改善村庄综合环境，积极发展休闲观光、餐饮、民宿、摄影、科普教育等乡村旅游产业，带动村民就业与增收，实现了传统文化保护与乡村振兴的良性互动和发展共赢。

（五）总结中国经验，积极参与国际交流与传播

党的十八大以来，我国大力推动和发展非物质文化遗产、传统村落、少数民族特色村寨、农业文化遗产等重大文化工程，形成了以文化为抓手和载体带动乡村振兴的新理念、新业态和新机制，积累了丰富的值得向世界分享的"中国经验"。

2019 年 5 月，首届联合国人居大会在肯尼亚内罗毕召开，浙江省松阳县受邀参会，向世界分享以传统村落保护和发展实现乡村振兴的"松阳经验"。作为一个山区县，松阳县保留着 100 多个格局完整的古村落，但是也面临着乡村衰败的困扰。松阳县从 2013 年起开始探索古村落保护发展工作。2016 年，松阳县被中国文物保护基金会确定为"拯救老屋行动"整县推进试点县，在 4000 万元文保资助的撬动下，松阳县全面梳理本县老屋资源，大力开展老屋修缮工作。在老屋修缮的基础上，松阳县秉持"活态保护、有机发展"的理念，引入国内外设计团队和文旅开发企业，大力发展生态农业、民宿、农家乐、文化产业、艺术家工作室等新型业态，促进传统村落的活化与利用。在这一过程中，一大批乡土工匠回归村庄参与古建修缮，不少年轻人回乡定居和创业，不仅推动了古村复苏，带动城乡资源良性互动，也重塑了普通人关于传统文化的认知和价值判断①

2019 年 6 月，联合国教科文组织主办的以"文化 2030 | 城乡发

---

① 《文化引领的松阳乡村复兴之路》，《第一财经日报》2020 年 2 月 6 日第 A12 版。

展：历史村镇的未来"为主题的国际会议在四川省眉山市召开①。在会议之前，联合国教科文组织的专家组曾对眉山乡村振兴的经验与做法进行实地调研。在此基础上，专家组结合其他地区案例，从以人为本、公共空间、政策三个层面，提出了"乡村振兴眉山经验"并向全球推广。

二、存在的问题及相关对策建议

（一）重新审视文化工程与乡村振兴全局之关系

过去十多年来，我国投入了巨大的人力、物力和财力，开创建立了非物质文化遗产、传统村落、少数民族特色村寨、重要农业文化遗产等重大文化工程，为推动我国乡村传统文化传承创新的事业奠定了重要的基础。然而，不容否认的是，这些重大工程在一定程度上是碎片化和片面化的，暂未与乡村振兴的整体事业相结合。

当然，这一局面的形成与这些重大文化工程所依赖的制度基础有关。从制度设计上看，这些重大工程分别由文旅、住建、农业等相关部门牵头负责，并由多部门协调配合完成，但是在各地基层，文旅、住建和农业等相关部门的职责重点存在差异，例如，住建部门更关注人居环境和危房改造，文旅部门更关注文物保护和旅游开发，实践层面的跨部门的统筹协调非常有限。事实上，各项文化工程的执行力度取决于地方政府对政策的重视程度。另外，受到当前政绩考核体系的局限，各地地方政府也倾向于将精力花在古建修缮数量、旅游经济效益等可量化的指标上，而无暇顾及乡村传统文化综合发展等非显见的指标。

未来，在顶层设计上，我国有必要进一步梳理各项文化工程与乡村

---

① 《"历史村镇的未来"国际会议｜文化助力乡村振兴12条眉山经验发布》，搜狐网，https://www.sohu.com/a/319990604_415379。

振兴的全局之间的关系，并从相关的体制机制建设上做出相应的调整，从而确保各项文化工程形成合力，促进乡村社会整体发展。

（二）协调处理传统文化保护与开发的关系

传统文化资源丰富的地区通常也是经济发展相对落后的地区，因而，利用传统文化资源发展文化产业往往被视作解决贫困问题的万金良方。然而，长期以来，受到了"文化搭台，经济唱戏"这种思维窠臼的限制，各地开发传统文化资源、发展文化产业的惯常做法是将文化元素从乡村原有的生活体系中剥离出来，按照是否会快速产生经济效益的标准，进行分类、挑拣和模式化的开发。例如，在乡村文化旅游开发的实践中，许多地方出现了同质化的、劣质的、作为商品的"伪传统""伪民俗"，在这一背景下，乡村原有的文化被肢解和歪曲，保护和传承传统文化的最初目的也无从谈起。

事实上，乡村传统文化是由各种元素构成的有机整体，各元素之间必须保持一定的均衡关系与结构，才能保持可持续发展。只有坚持文化整体性的原则，防止片面化的利用和破坏性的开发，才能够实现传统文化真正的传承创新。

（三）尊重乡村本地居民的主体性地位

人是文化的主体，传统文化的传承创新本来应该以乡村本地居民为主体，以帮助本地居民追求更美好的生活为最终目标。然而，在当前各地的传统文化保护与发展的实践中，本地居民的主体性经常被忽视。例如，在传统村落保护的框架下，一些村民由于私有居所被界定成为传统民居，而遭遇产权不清所带来的困境（诸如无法通过私人的"拆旧建新"来实现改善居住条件等）。又比如，在许多地方，文化旅游产业的开发过程完全被外来资本所左右，本地居民几乎没有被给予任何参政议事的权利，最后的结果往往是尽管本地人获得了眼前的收入增长，但是本地人的家园以及原有的传统文化被牺牲了，纯粹沦为了外来人观光和猎奇的目标。

在当下日益提倡对传统文化资源进行开发利用的背景下，对乡村本地居民之主体性的强调显得尤其重要。在做出乡村传统文化传承创新的规划时，地方政府有责任就传统文化的价值、内容与方法开展充分的宣传与教育，充分尊重本地居民及其本地集体性组织的主体性，将各种可能的解决方案展现给他们，征求他们的需求与意愿，在民主协商的基础上，做出合适的抉择。

（四）培育和充实传统文化保护与开发人才队伍

人才是传统文化保护与开发工作的核心与灵魂。其中有一些专业性和技术性非常强的工作，需要专门的人才才能胜任。而各地方政府中住建、文旅、农业等主管部门普遍面临人员编制少、工作量大的问题，无法抽出专门的力量来专职负责乡村传统文化保护与开发的工作。因此，乡村传统文化的保护与开发工作需要吸纳多元企业家、退休人员、文化志愿者、社会组织、文化经纪人等外来主体的参与，从而培育和充实所需要的人才队伍。而各地方政府需要在尊重本地居民主体性的基础上，引导构建合理的利益分享和激励机制，确保外来主体积极参与文化保护与开发工作。另外，各地方政府也要加强对地方特色文化项目和草根文化社团的扶持，从而培育和充实乡村文化专业人才队伍。

2019—2020 年中国农村公共文化服务发展报告

马彦涛*

摘　要：文化兴则乡村兴，文化强则乡村强。农村公共文化服务是乡村振兴的重要支撑，是乡村文化繁荣的重要体现。在中国农村公共文化服务体系基本确立的前提下，中国农村公共文化服务基础工作取得了长足发展的大背景下，要克服农村公共文化服务存在的供给矛盾突出、设施利用率与农民参与度偏低、人才匮乏的现状，需要从以下方面入手：提升基础化水平，完善乡村公共文化服务基础设施；实现多元化供给，拓宽农村公共文化服务渠道；夯实制度化建设，完善农村公共文化服务各项制度；提升专业化服务，打造农村公共文化服务的专业队伍；推动产业化建设，繁荣农村公共文化服务产业；打造阵地化品牌，夯实农村公共文化服务阵地；等等。

关键词：农村；公共文化服务；产业化；乡村振兴

公共文化服务体系是推动乡村文化振兴的重要力量。党的十九大报告提出，"完善公共文化服务体系，深入实施文化惠民工程，丰富群众性文化活动"。① 在乡村振兴背景下，我国出台了一系列推动农村

---

　　* 马彦涛，中国社会科学院中国文化研究中心助理研究员。
　　① 习近平：《决胜全面建成小康社会 夺取新时代中国特色社会主义伟大胜利》，人民出版社 2017 年版，第 44 页。

公共文化服务全面提升的政策。2019—2020 年我国农村公共文化服务体系取得了新的成就，但仍面临不少问题，需要在下一步发展中逐步解决。

一、乡村振兴背景下农村公共文化服务的政策保障

农村公共文化服务是我国公共文化服务体系的重要组成部分。党的十九大以来，我国基本公共服务水平大幅提升，农村公共文化服务在政策保障方面取得了长足的发展。

习近平总书记指出"乡村振兴既要塑形也要铸魂"[1]，乡村振兴战略必须解决好农村公共文化服务不足的问题，加强农村公共文化服务供给，实现乡村文化服务的全覆盖。党的十八大以来出台了诸多相关政策与措施，为推动农村公共文化服务提供了制度保障。

《中华人民共和国国民经济和社会发展第十三个五年规划纲要》明确提出"加强文化产品、惠民服务与群众文化需求对接。"[2] 2017 年3 月施行的《中华人民共和国公共文化服务保障法》，对政府提供公共文化服务制定了标准化、法律化、清单化要求，形成了上下衔接、全国覆盖的有特色、有基本共性的公共文化服务标准指标体系。党的十九大报告首次提出乡村振兴战略，"要坚持农业农村优先发展，按照产业兴旺、生态宜居、乡风文明、治理有效、生活富裕的总要求，建立健全城乡融合发展体制机制和政策体系，加快推进农业农村现代化"。2017 年底，习近平总书记在中央农村工作会议上强调，走中国特色社会主义乡村振兴道路，必须传承发展提升农耕文明，走乡村文

① 韩俊：《新中国 70 年农村发展与制度变迁》，人民出版社 2019 年版，第 388 页。
② 《中华人民共和国国民经济和社会发展第十三个五年规划纲要》，人民出版社 2016 年版，第 169 页。

化兴盛之路。①

2018 年 2 月，中共中央、国务院印发的《乡村振兴战略规划（2018—2022 年）》提出，丰富乡村文化生活，保护利用乡村传统文化，重塑乡村文化生态，发展乡村特色文化产业，健全公共文化服务体系，增加公共文化产品和服务供给，对近五年乡村振兴战略作出阶段性谋划；对健全乡村公共文化服务体系建设提出了有标准、有网络、有内容、有人才的"四有"要求。《中共中央　国务院关于实施乡村振兴战略的意见》进一步提出要"繁荣兴盛农村文化，焕发乡风文明新气象"，并提出了"挖掘农村传统道德教育资源，传承发展提升农村优秀传统文化，保护优秀农耕文化遗产，村落祠堂文化的创造性转化与创新性发展"② 等一系列促进乡村文化振兴的新举措。

2019 年 2 月，国家发展改革委、中央宣传部、文化和旅游部、广电总局、国家文物局等 18 个部门联合印发《加大力度推动社会领域公共服务补短板强弱项提质量促进形成强大国内市场的行动方案》（以下简称《行动方案》）。《行动方案》提出，到 2020 年，现代公共文化服务体系基本建成，文化产业成为国民经济支柱性产业。推动落实国家基本公共文化服务指导标准和省级实施标准，以县为单位实施。以县级文化馆、图书馆为中心推进总分馆制建设，加强对农家书屋、农村电影放映工程的统筹管理，实现城乡社区公共文化服务资源整合和互联互通。③ 随后，《关于坚持农业农村优先发展做好"三农"工作的若干意见》《数字乡村发展战略纲要》《关于促进乡村产业振兴的指导意见》等一系列政策文件相继出台，文件多处直接提及公共文化服务，极大地推进了乡村振兴战略的实施。

2019 年《政府工作报告》进一步提出"加快推进文化惠民工程，

---

① 习近平：《决胜全面建成小康社会 夺取新时代中国特色社会主义伟大胜利》，人民出版社 2017 年版，第 32 页。
② 《中共中央　国务院关于实施乡村振兴战略的意见》，人民出版社 2018 年版，第 17-20 页。
③ 《推动基本公共文化服务均等化》，《文艺报》2019 年 2 月 25 日第 1 版。

持续加强基层公共文化服务"①。《关于加强和改进乡村治理的指导意见》也提到要"加强农村文化引领"，并且提到"结合传统节日、民间特色节庆、农民丰收节等，因地制宜广泛开展乡村文化体育活动"。截至 2019 年 1 月，我国已有 70%以上的县级政府先后出台了基本公共文化服务体系建设标准。②

2020 年，通过的《中华人民共和国乡村振兴促进法（草案）》（以下简称《草案》）首次将文化传承以法律条文形式写入乡村振兴战略，并将其作为乡村振兴的重要路径。《草案》提出，"各级政府应当健全乡村公共文化服务体系""各级政府应当采取措施保护、传承和发展农业文化遗产和非物质文化遗产""保护历史文化名镇名村、传统村落、少数民族特色村寨""发展乡村特色文化产业"③。产业振兴是乡村振兴的基础，将特色文化产业发展纳入法律条文，有助于夯实乡村振兴的产业基础。

二、2019—2020 年中国农村公共文化服务发展现状

"十三五"以来，通过实施贫困地区百县万村综合性文化服务中心覆盖等工程，建成了 2.7 万个村级中心。通过实施边疆万里数字文化长廊建设等项目，对边疆贫困地区的 2778 个乡镇基层服务点、12412 个数字文化驿站进行了升级。据统计，2018 年，各类文艺院团赴农村演出 178.82 万场，农村观众达 7.79 亿人次；政府采购公益演出达 16.1 万场，观众 1.3 亿人次；全国广场舞展演活动举办 6225 场，参演群众达 209.4 万人，吸引了超过 4206 万人次观看。④

① 《政府工作报告：2019 年 3 月 5 日在第十三届全国人民代表大会第二次会议上》，人民出版社 2018 年版，第 8 页。
② 《关于加强和改进乡村治理的指导意见》，人民出版社 2019 年版，第 10 页。
③ 《乡村振兴战略规划（2018—2022 年）》，人民出版社 2018 年版，第 21—23 页。
④ 文化和旅游公共服务司：《公共文化服务：为人民美好生活赋能》，《光明日报》2019 年 9 月 9 日第 7 版。

截至 2018 年底，文化共享工程初步建立起包括 1 个国家中心、33 个省级分中心、333 个地市级支中心、2843 个县级支中心、32179 个乡镇基层服务点。数字图书馆推广工程共完成 35 家省级图书馆、378 家市级图书馆标准化建设，累计建成公共数字文化资源达 1274TB。此外，全国已成立各类文化志愿服务团队 6700 多支，文化志愿者人数突破百万。①

2019 年，通过进一步贯彻落实《中华人民共和国公共文化服务保障法》《中华人民共和国公共图书馆法》，切实推动落实各项公共服务领域重点改革任务。全国共有县级图书馆 2753 个，文化馆 2938 个，乡镇综合文化站 33997 个，农家书屋 640000 个，通过实施广播电视村村通、乡镇综合文化站建设、农家书屋建设、农村电影放映工程、全国文化信息资源共享工程等文化惠民工程，为农民提供基本农村公共文化服务。全国共有 2325 个县（市、区）出台公共文化服务目录，占比 83%；494747 个行政村（社区）建成综合性文化服务中心，占比 86%，涌现出浙江文化礼堂、甘肃乡村舞台、广西村级公共服务中心、安徽农民文化乐园等一批先进典型。1649 个县（市、区）建成文化馆总分馆制，1711 个县（市、区）建成图书馆总分馆制，分别占比 68.5%、73.8%；219 个公共图书馆、151 个文化馆启动理事会制度改革。②

在推进戏曲进乡村活动上，为国家级贫困县的 12984 个乡镇配送 8 万场戏曲演出；在丰富群众文化活动上，成功举办了第十八届群星奖评奖、第二十届中国老年合唱节、"我和我的祖国"——文化新生活全国广场舞展演、2019 年全国乡村春晚百县万村网络联动等活动，全面展示新时代群众文艺繁荣发展的最新成果。

2019 年，我国基本公共文化服务均等化建设着力推进，优质资源

①② 文化和旅游公共服务司：《公共文化服务：为人民美好生活赋能》，《光明日报》2019 年 9 月 9 日第 7 版。

和服务下沉到了基层一线。"戏曲进乡村"工作得到常态化开展，2019 年中央财政投入 3.89 亿元为 12984 个贫困地区乡镇共配送约 8 万场以地方戏曲为主的演出。"我和我的祖国"——文化新生活全国广场舞展演活动、"2019 年全国乡村春晚百县万村网络联动"等活动蓬勃开展，同时依托国家公共文化云、地方云共同打造"云上群星奖""云上广场舞"等专题。其中，"云上群星奖"总访问量超过 5000 万人次，"乡村春晚"网络联动吸引了 3078.7 万人次在线观看，春节元宵节期间各地群众文化活动网络参与超过 4.65 亿人次。①

三、中国农村公共文化服务发展存在的问题

中国农村公共文化服务是实施乡村振兴战略、繁荣发展乡村文化的关键所在，也是满足广大农村群众对美好生活的新期待，提供适应农民需要和农村发展的载体和平台。党的十九大以来，农村公共文化服务的基础逐渐夯实，尤其在我国东部地区，覆盖乡村的公共文化服务体系建设在取得显著成就的同时，仍存在许多亟待解决的问题。

（一）农村公共文化服务供给矛盾仍比较突出

新时代，中国农村公共文化服务在乡村振兴战略与完善基本公共文化服务的大背景下，得到了长足发展。农村公共文化服务的基础设施建设呈现稳步增长趋势，但是在供给方面仍存在一些突出的问题。

一是供给主体相对单一。农村公共文化服务供给主要由政府、社会力量、农民三大主体组成。在实际的农村公共文化服务供给中，政府是主导力量，社会力量的加入并不能单纯地为农村公共文化服务作出贡献，而是依托农村实现自身价值。政府供给存在着机械式供给问

---

① 文化和旅游公共服务司：《公共文化服务：为人民美好生活赋能》，《光明日报》2019 年 9 月 9 日第 7 版。

题，只是依照国家与地方政府对农村公共文化服务的要求提供服务，并没有从农村的具体实际出发提供对应的公共文化服务。所产生的公共文化服务粗放、单调雷同、农民无选择空间、经费短缺、场地简陋、形式单调等问题已经严重影响了农村公共文化服务质量。

二是供给内容单调。新时代，随着人民群众物质生活水平的提升，农民对公共文化服务的需求及质量的要求逐步提高，但政府在提供公共文化服务时，并没有考虑到每个农村公共文化需求的特殊性，而使农村公共文化服务陷入了"政绩工程"和"形象工程"的俗套之中。如农家书屋，就是在书屋中放置一些陈旧书刊，多以应付上级检查与装点门面之用，一些落后农村的农家书屋中的信息化、电子化水平不高甚至没有，致使农家书屋沦为农民的"棋牌室"。

三是供给不匹配现象突出。农村公共文化服务供给主要体现为设施供给与活动供给。从区域的供给看，经济欠发达地区的农民对公共文化服务的要求虽高，但由于经济发展水平的制约使其不能得到完全满足；而经济发达地区的农民对公共文化服务的多样化要求在多数情况下都可以得到满足。从农村内部的情况看，经济欠发达地区的农村多以老人、妇女、儿童为主，而政府按照标准所提供的公共文化服务设施并不能满足老人、妇女、儿童的需要，从而造成公共文化服务资源的浪费。从公共文化服务设施的运转来看，经济发达地区的设施运转情况要优于经济欠发达地区。比如农村文化活动中心建成后，经济欠发达地区因运营与管理机制的缺失，而使农村文化活动中心沦为摆设。文艺演出、送电影下乡等公共文化服务中，由于一些文艺演出存在着低俗表演，不但得不到农民的认可，反而会造成农民的反感；在提供电影方面，则存在内容老化的问题，不能及时紧跟时代的步伐。

（二）农村公共文化服务设施利用率与农民参与度有待提升

农民是农村公共文化服务的享受者，是农村公共文化活动的主角，是乡村文化建设的主体。农村公共文化服务的提供，较多地受到政策、政绩的影响，而忽略了农村居民的人口结构、认知习惯和认知水平，从而导致提供的公共文化服务同质化强、意识形态性强，难以突破传统的宣教形式，对农村居民的吸引力有限。

截至 2018 年底，全国建成农家书屋 60 多万家，数字农家书屋 3 万多家，累计向农村居民配送图书 11 亿册。① 农村文化服务中心、农村文化广场等基础设施的建设也较为迅速。总体来看，农村公共文化服务设施已相对完善、功能齐全，但是部分基础设施使用的频率较低，部分农村居民对这些基础设施的了解不够。一些农村文化大院、活动中心最常见的活动就是扑克和麻将，除了广场舞能吸引居民参加之外，有吸引力的文化产品与服务很少。比如农家书屋，由于缺少专人管理，很少有人进行借阅，利用率非常低。以山东省某地调研为例，58.7%村民认为本村没有农家书屋，25.1%村民没去过本村农家书屋。② 再比如送电影下乡，面临的问题是电影内容老旧，在手机或电视上就可以看到，对农民的吸引力有限。而农村传统文化则面临流失、灭绝，逐渐淡出人们的日常生活的窘境。

就农村需求主体而言，老人、妇女、儿童是农村常住的主要人群，这三种人群对公共文化产品的需求有明显的差异性。老人对"戏曲下乡"等传统的民俗表演和民俗活动更感兴趣，他们往往倾向于电视等足不出户的形式，妇女则更倾向于室内的文化活动等，儿童则对文化的内容和质量要求更高。

（三）农村公共文化服务人才匮乏

农村公共文化服务的重点不是基础设施，而是公共文化服务人才

---

① 文化和旅游公共服务司：《公共文化服务：为人民美好生活赋能》，《光明日报》2019 年 9 月 9 日第 7 版。

② 陈建：《乡村振兴中的农村公共文化服务功能性失灵问题》，《图书馆论坛》2019 年第 7 期，第 45 页。

的水平与能力。我国农村公共文化服务中的人才匮乏是制约农村公共文化服务质量提升的一大短板。一是乡镇政府本身工作繁重，没有充足的时间和精力去组织协调农村公共文化活动的开展。乡镇公共文化服务工作人员由于受教育程度、专业背景、能力素养等方面的制约，并不能较好地承担起公共文化服务的工作。

二是农村优秀人才的流失。随着城镇化水平的提升，农村中的中青年力量都趋向于到城市寻求更好的发展机会，农村"空心化"现象严重，留守的老人、妇女、儿童对公共文化的认识水平及参与能力都有待提升，影响了公共文化服务的效果。

三是在农村地区从事公共文化服务的"乡贤"力量积极性有余，但创新性不足，农村文艺人才缺乏严重，农村传统文化出现后继无人的困境。

四、中国农村公共文化服务的发展方向

习近平总书记指出：乡村振兴，既要塑形，也要铸魂。[1] 没有乡村文化的高度自信，没有乡村文化的繁荣发展，就难以实现乡村振兴的伟大使命。[2] 今后，中国农村公共文化服务必须立足乡村振兴战略，落实乡村振兴行动，在完善农村公共文化服务设施、体系、队伍、制度等方面下真功夫、苦功夫。

（一）提升数字化水平，完善乡村公共文化服务基础设施

农村公共文化服务基础设施建设是提升农村公共文化服务的基本

---

[1] 习近平：《走中国特色社会主义道路》（2017 年 12 月 28 日），《论坚持全面深化改革》，中央文献出版社 2018 年版，第 405 页。

[2] 韩俊：《新中国 70 年农村发展与制度变迁》，人民出版社 2019 年版，第 388 页。

保障，必须根据农村的实际需要进一步打造适合农村自身发展的综合性公共文化服务中心。按照"一场（综合文体广场）、两堂（讲堂、礼堂）、三室（文化活动室、图书阅览室、文化信息资源共享工程室）、四墙（村史村情、乡风民俗、崇德尚贤、美好家园展览墙）"的硬件设施建设标准，完善农村公共文化服务的标准化建设。[①]

特别是要进一步提高农村公共文化服务的数字化水平。一是要加大农村网络设施建设力度。着力实施网络信息进村入户工程，扩大光纤网、宽带网在农村的有效覆盖率。尽快推进农村互联网提速降费，实现农村公共文化场所无线网络全覆盖。做好农民网络信息技术和互联网知识培训工作，促进"互联网+"向广大农村加速推进。二是要推进农村公共文化服务数字化建设。重点打造均等化的县域公共文化服务数字网络平台，发挥乡镇综合文化服务站的纽带作用，通过数字图书馆的方式同步到农村地区。三是要发挥好智能手机等电子产品的作用。通过 AR、VR 和直播等多媒体形式传播农村特色文化，突出内容传播的趣味性和时代性，营造新型文化传播氛围，打造农村文化宣传舆论场，构建线上农村文化认同感。

（二）实现多元化供给，拓宽农村公共文化服务渠道

公共文化服务要实现精准、高效服务，必须依靠社会力量，发动全社会参与。要在农村公共文化服务供给中，形成以政府为主体、农民自办文化、社会组织参与多元互动的有效供给机制。

一是要发挥政府的主体作用。政府要积极推动村文化室、乡镇文化站等基础设施建设，开展电影下乡、农村支教、教育下乡等公共文化活动。探索可复制、易推广的农村文化服务模式，以灵活多样的农村文化活动满足农民的文化需要，实现文化服务供需"零距离"对

---

① 张理想：《安徽省五级公共文化设施网络已基本形成》，《安徽日报》2020 年 9 月 23 日第 1 版。

接。比如乡村文化活动室、乡村图书馆、文化站等基础文化设施，需要政府这一供给主体提供。又比如开展农村书画摄影展、民间艺术大赛、读书朗诵比赛、非物质文化节、青年才艺大赛、中老年文艺汇演等农村文化实践活动，满足农民多样化、多元化的文化需要。

二是要鼓励社会力量积极参与。社会力量多以企业、社会组织为主。政府可以鼓励社会力量通过"政企合作""政府购买""项目招标"等方式，参与到公共文化服务相关供给活动中，加强公共文化服务的供给服务能力、资金投入能力与资源配置能力。商业性公共文化服务的场所与活动需要由企业供给，政府可进行适当补贴；特色文化艺术组织或团体需要民间主体供给，政府提供适当资助。

三是要调动农民参与公共文化服务的积极性。充分发掘农村能人、优秀人才的文化文艺才能，为个人才能的展示提供舞台与平台，必要时要给予一定的资助与宣传。

（三）夯实制度化建设，完善农村公共文化服务各项制度

农村公共文化服务需要形成稳定的制度体系，保障农民享受公共文化服务的稳定性和长期性。

第一，健全乡村文化人才发展体制。一是要形成由大学生村官、第一书记等驻村干部，草根文化队伍，社会力量，公共文化服务队伍，农民个体组成的人才队伍机制；二是要形成调动人才参与公共文化服务积极性、主动性的激励机制。

第二，建构乡村现代文化产业体系。一是要尽力避免在乡村文化建设中出现同质化、复制化的现象，努力将自身的地域文化特色凸显出来；二是要自觉树立精品意识，以当地名人历史、非物质文化遗产项目和民俗礼仪等为依托，打造特色文化产业精品工程；三是要注重突出人无我有、人有我新的鲜明特色，不断增强创新意识，努力探索

出适合自身发展条件的乡村文化产业化发展模式和道路。

第三，加强乡村文化治理体系建设。首先，要做好乡村文化治理的顶层设计，形成多元供给体系，把公共文化服务的定位、功能、机制确立好。其次，要通过政策引导、资金投入、制度约束、立法保护等多种方式加强对乡村文化建设的管理，努力在乡村文化的保护与活化之间找到平衡点。最后，将自治、法治、德治三者有机结合起来，注重习俗文化的作用，充分利用宗庙、祠堂等作为文化的载体，增强农民的认同感、归属感。

第四，完善农民公共文化服务需求表达机制。农村公共文化服务的对象是农民，必须及时掌握农民对公共文化服务需求的动态，拓宽农民表达公共文化需求的路径，及时满足农民公共文化服务的需求。基层政府要与农民保持良好的沟通，形成相应的机制，真正站在农民的角度思考问题，了解农民的实际需求，真正做到为农民服务。

（四）提升专业化服务，打造农村公共文化服务的专业队伍

人才队伍是推动农村公共文化事业的主体，是弘扬社会主义核心价值观的重要力量。农村公共文化服务的发展需要一支"热爱文化、喜爱农村、业务精湛、爱民亲民"的专业人才队伍。

一是要建立农村公共文化管理与服务人才队伍。要建立县乡村干部人才体系、把大学生村官、第一书记、三支一扶计划纳入到农村公共文化管理与服务人才队伍中来，使其成为党在农村推动公共文化服务发展的骨干力量。

二是要建立农村公共文化服务的志愿人才队伍。政府应借助社会力量，联合当地艺术院校、社会文化团体、民间艺术文化组织的力量，形成相对稳定的志愿人才队伍，定期为农村提供公共文化服务。

三是要建立农村公共文化服务的乡贤队伍。乡贤多是农村文化的

传承者，他们中的退休返乡的干部、文人学者、企业家、返乡下乡人士、乡土文艺积极分子、科技工作者、道德模范和海外华人华侨等，不但对农村了解，而且能够通过非政府的力量调动农村资源。

四是要建立农村公共文化服务的农民队伍。要注重加强农村专职文化队伍和文化业余骨干队伍的建设，注重加强对业余文艺创作人才的辅导、培养和提高，打造一支"生在农村、长在农村、熟悉农村、活跃在农村"的属于农民自己的文化骨干队伍。

五是要建立农村公共文化服务人才后备队伍。建立农村文艺人才储备库，将专业文艺工作者、业余文艺爱好者等纳入人才储备队伍，为农村文艺发展提供充分的人才储备。

（五）推动产业化建设，繁荣农村公共文化服务产业

完善农村公共文化服务体系，加强农村公共文化服务体系建设，丰富农民群众的精神文化生活，关键在于发展农村产业。只有以产业带动农村公共文化服务，才能更好地繁荣乡村文化，使农村公共文化服务的供给具有长远性和稳定性。

《乡村振兴战略规划（2018—2022 年）》提出乡村产业的发展是乡村公共文化服务的有力保障与支撑。一方面，发展农村特色文化产业，可以使农村丰富多样的文化资源实现利用的最大化和最优化，能够提高乡村区域文化产业活力，推动农村文化产业的业态创新，延长农村文化产业链，提高农村特色文化产品附加值，提升农村特色文化价值链，促进农村与城市文化产业同步发展、农村地区经济社会文化全面发展。另一方面，发展农村特色文化产业，还有利于提升农民的文化素质和创业能力，使文化的精神动能作用和经济引擎角色在乡村振兴战略的实施进程中最大限度地得以发挥。

（六）打造阵地化品牌，夯实农村公共文化服务阵地

文化阵地是农村群众参与文化活动的基本载体。文化阵地的建设

249

水平是影响群众参与程度和效能发挥的重要因素。因此要持续推进农村文化阵地建设，努力构建布局合理、设施齐全、功能完备、服务便捷的文化活动阵地。

第一，把农家书屋打造成农民阅读学习的主阵地。农家书屋是农民学习、阅读、交流、思考的主要场地，也是激发农民思想的摇篮。要对农家书屋进行布点调整，将农家书屋与乡村中小学图书馆建设相结合，让文化种子扎根农村。同时，应将农家书屋和基层图书馆进行互联互通的制度化设计，将农家书屋嵌入公共图书馆体系，整合两个体系的资源，构建深入基层的阅读网络，提升基层公共文化服务效能。

第二，打造一批基层综合性服务中心。要将原分散在文化、科技、体育、教育、工青妇等部门的公共文化服务资源通过协调机构有效整合，建设成集基层宣传文化、党员教育、科学普及、体育健身于一体的农村综合性文化服务中心。一方面完善服务中心功能。优化农村公共资源，将文化体育设施与教育、养老、防灾、科普等设施统一规划、建设、管理，实现综合利用。利用服务培训中心办好农民夜校、道德讲堂，开展实用技术培训。另一方面拓展议事中心功能。利用文化设施召开村民代表会议和党员会议，讨论决定村上重大事项，对党员开展民主评议。此外，还要拓展培训中心功能。

第三，推动农民自办文化组织建设。农民自己组织各类文化活动有助于锻炼农民自身的组织管理能力和协作能力。政府应积极提供设备、资金等方面的补助，引导、鼓励农民自办文化的发展。在鼓励有文化才能的农民开展教育讲堂、艺术班、武术班等多种形式的自办组织的同时，要借助农民自办文化组织平台，提升农民的文化素养与觉悟，推动农民文化的发展。

第四，开展一批农村特色文体活动。农村特色文体活动就是要将农村的特色文化与现代文化形式结合起来，发挥农民群体的积极性，以丰富农村生活。比如以地方戏、农民丰收节、农民运动会、农民书法会、农民才艺演出等为纽带的特色活动，不但能够充分展现乡土性、地方性，还能在编排演出的过程中宣传党和政府的方针政策、传播正能量、倡导积极向上的生活方式。

五、结语

总之，从 2019—2020 年中国农村公共文化服务的成果来看，距实现建成基本公共文化服务体系已是胜利在望。但我们也应认识到，中国农村公共文化服务不仅要重视设施的建设，更应当重视农村公共文化服务内涵与内容的建设，使农村公共文化服务推动乡村振兴战略的实施，成为乡村战略行动的先手棋。在农村公共文化服务体系建成的基础上，中国的乡村振兴战略必将取得更大更辉煌的成就。

2019 年中国农村教育发展报告

唐智松　彭　昊*

摘　要：2019 年是中华人民共和国成立 70 周年，是全面建成小康社会，实现第一个百年奋斗目标的关键之年。这一年，我国农村教育取得了令人瞩目的成绩，学前教育持续发展，各项指标持续提升；义务教育均衡发展成果显著，整体发展水平不断提升；高中阶段教育稳步推进，教育资源投入规模不断增大。在取得卓著成绩的同时，我国农村教育的发展也面临更大挑战，农村教育优质资源供给有待加强，农村义务教育均衡水平仍待提升，需要继续加强对农村小规模学校的关注。未来，需要通过更新对农村教育观念的认识、明晰农村教育的价值取向与立足农村教育的现实情况来不断推动我国农村教育的现代化发展，最终实现乡村教育助力乡村振兴的美好愿景。

关键词：农村教育；乡村振兴；教育现代化

2019 年是中华人民共和国成立 70 周年，是全面建成小康社会，实现第一个百年奋斗目标的关键之年。同时也是《国家中长期教育改革和发展规划纲要（2010—2020 年）》（以下简称《规划纲要》）实施的第九个年头。对比《规划纲要》所提出的教育发展目标，当前我国农村①教育的改革进展情况如何？取得了怎样的成绩？接下来还将

---

*　唐智松，西南大学教育学部教授，教育研究院院长；彭昊，西南大学教育学部硕士研究生。

①　农村包含了镇区和乡村。

面临着怎样的问题？2020 年作为《规划纲要》的收官之年，农村教育应该着力破解哪些重点、难点问题才能保证目标任务的顺利完成？这是全社会普遍关注的焦点问题。本报告综合利用国家统计局与教育部的公开数据，对 2019 年我国农村教育发展状况进行评估，并对取得的成绩与存在的问题进行梳理，最终形成了《2019 年中国农村教育发展报告》。

一、现状与成就

（一）农村学前教育持续发展，各项指标持续提升

1. 学前教育毛入园率①达到 83.4%，农村幼儿园数量持续增长

2019 年我国新入园幼儿 1688.2 万人，在园幼儿 4713.88 万人，与 2009 年的 2657.81 万人和 2014 年的 4050.71 万人相比，我国在园幼儿人数有着显著提升②。2019 年我国学前教育毛入园率达到 83.4%，相比于 2009 年的 50.9% 与 2014 年的 70.5%，在毛入园率上也有显著提高。《规划纲要》中提出 2020 年要实现"学前教育三年毛入学率达到 70%，在园（班）幼儿达到 4000 万人"的目标③。对比《规划纲要》，我国在学前教育的发展目标上，已经提前超额完成任务。这极大程度上解决了长期以来我国学龄前儿童受教育机会受限、学龄前儿童就近入园难的问题。

2009 年我国仅有 13.82 万所幼儿园，到 2014 年共有 20.99 万所幼儿园，再到 2019 年，我国已有各级各类幼儿园共 28.12 万所。其中，

---

① 毛入学率是指某一级教育不分年龄的在校学生总数占该级教育国家规定年龄组人口数的百分比，幼儿园阶段称为毛入园率。

② 《2019 年全国教育事业发展统计公报 [1]》，中华人民共和国教育部政府门户网站，http://www.moe.gov.cn/jyb_sjzl/sjzl_fztjgb/202005/t20200520_456751.html。

③ 《国家中长期教育改革和发展规划纲要（2010—2020 年）》，中华人民共和国教育部政府门户网站，http://www.moe.gov.cn/jyb_xwfb/s6052/moe_838/201008/t20100802_93704.html。

城区幼儿园数量为 8.96 万所，镇区幼儿园数量为 9.29 万所，乡村幼儿园数量为 9.87 万所。我国农村幼儿园数量相比于 2009 年增加了 9.94 万所，相比于 2014 年增加了 5.56 万所。其中相比于 2014 年，镇区增加了 2.14 万所，占 38.45%；乡村增加了 2.61 万所，占 61.55%①。乡村幼儿园数量增幅超过镇区，这使得乡村幼儿接受学前教育的机会极大增加。

2. 普惠性幼儿园②规模不断扩大，农村普惠性幼儿园覆盖率显著高于城市

在普惠性幼儿园数量上，2019 年我国共有普惠性幼儿园 20.3 万所，比上年增加 2.0 万所，增长 10.9%，普惠性幼儿园占全国幼儿园的比例为 72.1%，比上年提高 3.5 个百分点③。与此同时，农村普惠性幼儿园覆盖率显著高于城市，达 79.6%，比城市高出 9.0%。发展普惠性学前教育，建设普惠性学前教育公共服务体系，是新时代我国学前教育发展的重要任务。普惠性学前教育公共服务体系的建设，核心问题是满足人民群众对于普惠性学前教育的需要，根本问题是供给与需求相匹配的问题。要解决农村普惠性学前教育公共服务供给与需求相匹配的问题，今后就必须继续坚持大力发展作为学前教育公共服务基本供给途径的农村普惠性幼儿园④。

3. 农村学前教育教师队伍不断壮大，专任教师学历持续提升

全国幼儿园教师队伍不断壮大。2019 年我国幼儿园专任教师数量由 2014 年的 184.41 万人增加到 276.31 万人，新增 91.90 万人。在新增的专任教师中，城区新增 45.21 万人，占 49.2%；镇区新增 31.92

---

① 《幼儿园园数、班数》，中华人民共和国教育部政府门户网站，http://www.moe.gov.cn/s78/A03/moe_560/jytjsj_2019/qg/202006/t20200611_464869.html。

② 普惠性幼儿园是指以政府指导价收取保育费和住宿费的幼儿园，包括教育部门办园、其他部门举办的公办性质幼儿园、普惠性民办幼儿园。

③ 《中国教育概况——2019 年全国教育事业发展情况》，中华人民共和国教育部政府门户网站，http://www.moe.gov.cn/jyb_sjzl/s5990/202008/t20200831_483697.html。

④ 刘焱：《普惠性幼儿园发展的路径与方向》，《教育研究》2019 年第 3 期。

万人，占 34.7%；乡村新增 14.76 万人，占 16.1%。与此同时，保育员数量也由 2014 年的 55.08 万人增加到 2019 年的 101.25 万人，新增 46.17 万人。在新增的保育员中，城区新增 22.60 万人，占 48.95%；镇区新增 15.94 万人，占 34.5%；乡村新增 7.64 万人，占 16.6%[①]。此外，幼儿园生师比（教职工）不断下降。幼儿园生师比由 2014 年的 16.78 下降到 2019 年的 15.90，在逐年下降的基础之上，五年累计下降了 0.88。面对与日俱增的幼儿园入园人数，虽然农村幼儿教师的总体数量在持续上涨，但是从生师比的层面来看，我国农村幼儿教师依然短缺，并且幼儿教师队伍的质量和结构也严重制约着我国学前教育的优质发展。

幼儿园专任教师学历水平不断提高。2019 年，我国幼儿教师具有专科及以上学历的教师比例由 2011 年的 70.9% 增长到 82.7%，提高了 11.8 个百分点。其中，城区由 2014 年的 78.7% 提高到 2019 年的 88.7%，提高了 10.0 个百分点；镇区由 2014 年的 70.2% 提高到 2019 年的 81.2%，提高了 11.0 个百分点；乡村由 2014 年的 48.0% 提高到 55.3%，提高了 7.3 个百分点[②]。由此可见，我国城市和农村幼儿园专任教师学历都有明显提升，其中镇区幼儿园专任教师学历提升幅度最大。毋庸置疑，我国农村幼儿教师队伍的规模与质量正在不断提升，但必须看到的是，由于农村幼儿园教师队伍的来源渠道比较复杂，比如代课教师、支教、顶岗实习、中小学教师转岗、特岗计划以及定向培养等，造成农村幼儿教师队伍整体存在学历普遍偏低、专业及年龄结构失衡等问题，这使得农村幼儿教师的生存与专业发展仍然面临着诸多困境[③]。

[①②] 《幼儿园教职工数》，中华人民共和国教育部政府门户网站，http：//www.moe.gov.cn/s78/A03/moe_560/jytjsj_2019/qg/202006/t20200611_464866.html。

[③] 李洋、陈希：《农村幼儿园教师队伍建设现状与促进策略》，《学前教育研究》2018 年第 9 期。

（二）农村义务教育均衡发展成效明显，整体发展水平不断提升

1. 农村小学招生数量保持稳定，乡村在校生人数有所减少

《规划纲要》中提出 2020 年要实现"九年义务教育巩固率①达到 95%，在校生人数达到 16500 万人"的目标。2019 年我国九年义务教育巩固率达到 94.8%，义务教育在校生人数 15388 万人。从数字上来看，我国义务教育在指标上离《规划纲要》中提出的目标仍然存在一定差距。但值得肯定的是，我国义务教育用短短几十年的时间走过了西方国家一两百年的义务教育普及之路，速度已经超过了一些发达国家。我国义务教育成功实现了跨越式发展，义务教育整体发展水平正在不断提升。

农村小学招生人数保持稳定。2019 年全国小学生招生人数达到 1869.04 万人，相比于 2014 年的 1658.42 万人，增长了 12.7%。其中镇区招生人数达到 673.89 万人，相比于 2014 年的 583.76 万人，上涨了 15.4%；乡村招生人数达到 439.88 万人，相比于 2014 年的 534.71 万人，减少了 94.83 万人，下跌了 17.7%；2019 年我国农村小学生招生人数达到 1123.76 万人，相比于 2014 年增加了 5.28 万人，上涨 0.5%②。

乡村小学在校生人数有所减少。2019 年全国小学生在校人数达到 10561.24 万人，相比于 2014 年增加了 1110.17 万人，上涨了 11.8%。其中镇区小学生在校人数达到 4039.59 万人，增加了 581.63 万人，上涨了 16.8%；乡村小学生在校人数减少了 492.35 万人，下跌了 16.1%。2019 年我国农村小学在校生人数达到 6597.09 万人，相比于 2014 年增

---

① 九年义务教育巩固率是"十二五"规划新增的一项指标，即在校生巩固率，即一个学校入学人数与毕业人数的百分比。

② 《小学学生数》，中华人民共和国教育部政府门户网站，http://www.moe.gov.cn/s78/A03/moe_560/jytjsj_2019/qg/202006/t20200611_464829.html。

加了 89.28 万人，上涨了 1.4%①；乡村小学在校生人数逐年缩减，许多乡村小学和教学点都遭遇了生源不足且在校生流失严重的问题。

2. 农村小学教师数量不断提升，教师增量集中于乡村

乡村小学教职工②人数显著提升。2019 年全国小学教职工人数达到 548.89 万人，相比于 2014 年的 585.53 万人，减少了 36.64 万人，下跌 6.7%。其中，镇区从 2014 年的 212.95 万人减少到 2019 年的 191.12 万人，减少了 21.83 万人，下跌 10.3%；乡村从 2014 年的 179.53 万人增加到 209.71 万人，增加了 30.18 万人，上涨 16.8%。2019 年我国农村教职工人数从 2014 年的 392.48 万人增加到 400.83 万人，增加了 8.35 万人，上涨 2.1%③。

乡村小学专任教师人数持续增加。2019 年全国小学专任教师从 2014 年的 548.63 万人下降到 2019 年的 510.53 万人，减少了 38.1 万人，下跌了 6.9%。其中，镇区人数从 199.86 万人减少到 176.70 万人，减少了 23.16 万人，下跌了 11.6%；乡村从 2014 年的 167.94 万人增加到了 2019 年的 197.43 万人，增加了 29.49 万人，上涨了 18.6%。农村专任教师人数从 2014 年的 367.80 万人增加到了 2019 年的 374.13 万人，增加了 6.33 万人，上涨了 1.7%④。自 2015 年《乡村教师支持计划（2015—2020 年）》（以下简称《计划》）实施以来，我国乡村教师来源渠道得到拓宽、乡村教师生活待遇有所改善、乡村教师专业发展途径增多，乡村教师的辛勤奉献得到了社会的广泛认可，不仅通过吸引优秀人才到农村学校任教，进一步稳定了农村教师队伍，更加带动和提升了农村教师队伍的师资建设与整体水平。《计划》缓解了原来长期存在于乡村教师队伍建设领域存在的突出问题，为乡村学校与乡村教育注入了新的活力。

---

① 《小学学生数》，中华人民共和国教育部政府门户网站，http：//www.moe.gov.cn/s78/A03/moe_560/jytjsj_2019/qg/202006/t20200611_464829.html。

② 教职工包括专任教师、行政人员、教辅人员、工勤人员与校办企业职工。

③④ 《小学学校教职工数》，中华人民共和国教育部政府门户网站，http：//www.moe.gov.cn/s78/A03/moe_560/jytjsj_2019/qg/202006/t20200611_464827.html。

3. 农村小学标准化建设持续推进，农村教育资源配置不断均衡

农村小学数量规模不断缩减。农村小学 2019 年全国共有小学与教学点 256604 所，其中农村地区有 226459 所，占全国小学和教学点总数的 88.3%。镇区小学与教学点数从 2014 年的 55400 所减少到 2019 年的 53343 所，减少了 3.7%；乡村小学与教学点从 2014 年的 207268 所减少到 2019 年的 173116 所，减少了 16.5%[①]。

农村小学标准化建设持续推进。普通小学（含教学点）校舍建筑面积 81586.32 万平方米，比上年增加了 2966.79 万平方米。设施设备配备达标的学校比例情况分别为：体育运动场（馆）面积达标学校为 90.2%，共 14.45 万所，其中镇区达标学校数为 3.94 万所，乡村达标学校数为 8.03 万所；体育器械配备达标学校为 95.4%，其中镇区达标学校数为 4.15 万所，乡村达标学校数为 8.42 万所；音乐器材配备达标学校为 95.2%，其中镇区达标学校数为 4.14 万所，乡村达标学校数为 8.39 万所；美术器材配备达标学校为 95.0%，其中镇区达标学校数为 4.13 万所，乡村达标学校数为 8.38 万所；数学自然实验仪器达标学校为 94.7%，其中镇区达标学校数为 4.12 万所，乡村达标学校数为 8.36 万所[②]。近年来，随着国家不断加大力度持续推进农村义务教育阶段学校硬件设施、设备的改善以及一系列教育扶贫政策的落实，农村中小学校的面貌可谓焕然一新，音乐、计算机等各类功能室逐渐成为标配，农村学校的硬件条件与城市学校的差距日益缩小。

4. 农村初中[③]招生与在校人数持续提升，义务教育控辍保学成效显著

农村初中招生规模不断扩大。2019 年我国初中阶段毛入学率达到

---

① 《小学校数、教学点数及班数》，中华人民共和国教育部政府门户网站，http://www.moe.gov.cn/s78/A03/moe_560/jytjsj_2019/qg/202006/t20200611_464830.html。

② 《小学办学条件（三）》，中华人民共和国教育部政府门户网站，http://www.moe.gov.cn/s78/A03/moe_560/jytjsj_2019/qg/202006/t20200611_464892.html。

③ 初中包含初级中学、九年一贯制学校与职业初中。

102.6%。2019 年全国初中生招生人数达到 1638.85 万人，相比于 2014 年的 1447.82 万人，增加了 191.03 万人，上涨了 13.2%。其中镇区招生人数从 2014 年的 717.38 万人增加到 2019 年的 798.48 万人，上涨了 11.3%；乡村招生人数从 2014 年的 249.69 万人减少到 2019 年的 216.38 万人，减少了 33.31 万人，下跌了 13.3%。2019 年我国农村初中招生人数从 2014 年的 967.07 万人增加到 1014.85 万人，增加了 47.78 万人，上涨了 4.9%[①]。乡村初中招生规模不断扩大，乡村学生接受初中教育的机会不断增加，更大程度地保障了适龄儿童少年能够接受义务教育，我国控辍保学工作取得积极进展。

农村初中在校人数持续增加。2019 年全国初中生在校人数达到 4827.14 万人，相比于 2014 年的 4384.63 万人，增加了 442.51 万人，上涨了 10.1%。其中镇区在校生人数从 2014 年的 2167.48 万人增加到 2019 年的 2369.89 万人，增加了 202.41 万人，上涨了 9.3%；乡村在校生人数从 2104 年的 748.46 万人减少到 650.42 万人，减少了 98.04 万人，下跌了 15.1%。2019 年我国农村初中在校生人数从 2014 年的 2915.93 万人增加到 3020.32 万人，增加了 104.39 万人，上涨了 3.6%[②]。我国义务教育保障工作取得了历史性突破，深度贫困地区原有建档立卡失学辍学学生基本返校，因贫辍学的现象基本消除[③]。

5. 乡村地区初中学校数量减少，农村初中学校设施质量不断提高

农村初中学校数量有所减少。2019 年全国共有初中学校 5.24 万所（含职业初中 11 所），其中镇区初中学校数量达到 2.45 万所，相比于 2014 年增加了 1119 所，上涨了 4.8%；乡村初中学校达到 1.45 万所，相比于 2014 年减少了 3230 所，下跌了 18.24%[④]。2019 年我国农

---

① ② 《初中学生数》，中华人民共和国教育部政府门户网站，http：//www.moe.gov.cn/s78/ A03/moe_560/jytjsj_2019/qg/202006/t20200611_464845.html。

③ 焦蒲：《后脱贫时代，控辍保学如何做》，《中国教师报》2020 年 7 月 1 日第 14 版。

④ 《初中阶段校数、班数》，中华人民共和国教育部政府门户网站，http：//www.moe.gov. cn/s78/A03/moe_560/jytjsj_2019/qg/202006/t20200611_464846.html。

村地区初中学校占全国初中学校的 74.5%。农村义务教育学校布局经历了从大撤大并到优化发展的历程，从整体上讲，学校撤并已趋于理性，但一些地区由于城市化需要、行政区划调整、教育规模化等因素存在不合理撤并学校的现象①。其实校点撤并、学生进城进镇不再是学校布局的单向选择，适时新建、改建、扩建和再建学校，均衡资源配置，就近满足学生有学上、上好学才应该是未来农村学校增减与布局所考虑的主要方向。

农村初中学校设施质量不断提高。全国初中校舍建筑面积 67962.80 万平方米，比上年增加了 3594.67 万平方米。设施设备配备达标的学校比例情况分别为：体育运动场（馆）面积达标学校为 93.5%，其中镇区达标学校数为 17676 所，乡村达标学校数为 11552 所；体育器械配备达标学校为 96.6%，其中镇区达标学校数为 18592 所，乡村达标学校数为 12371 所；音乐器材配备达标学校为 96.2%，其中镇区达标学校数为 18245 所，乡村达标学校数为 11983 所；美术器材配备达标学校为 96.0%，其中镇区达标学校数为 18182 所，乡村达标学校数为 11976 所；理科实验仪器达标学校为 96.1%，其中镇区达标学校数为 19586 所，乡村达标学校数为 13213 所②。各项比例较上年均有提高。

6. 义务教育阶段随迁子女数量持续增加，农民工子女教育需求不断增长

全国义务教育阶段进城务工人员随迁子女③规模较为平稳，近八成随迁子女在公办学校就读。2019 年全国义务教育阶段在校生中进城务工人员随迁子女共有 1426.96 万人，其中在小学就读的有 1042.03 万人，在初中就读的有 384.93 万人。相比于 2014 年的 1294.73 万人，增加了

---

① 焦蒲：《后脱贫时代，控辍保学如何做》，《中国教师报》2020 年 7 月 1 日第 14 版。

② 《初中学生数》，中华人民共和国教育部政府门户网站，http：//www.moe.gov.cn/s78/A03/moe_560/jytjsj_2019/qg/202006/t20200611_464845.html。

③ 进城务工人员随迁子女：是指户籍登记在外省（区、市）、本省外县（区）的乡村，随务工父母到输入地的城区、镇区（同住）并接受义务教育的适龄儿童少年。

132.23 万人，上涨了 10.21%。其中，小学阶段增加了 86.44 万人，上涨了 9.1%；初中阶段增加了 45.79 万人，上涨了 13.5%①。随迁子女在公办学校就读的比例为 79.4%，与上年持平。分学段看，在小学就读的进城务工人员随迁子女 1042.0 万人，比上年减少了 6.4 万人，其中，在公办学校就读的占 78.9%；在初中就读的进城务工人员随迁子女 384.9 万人，比上年增加了 9.3 万人，其中，在公办学校就读的占 80.8%。从区域分布看，在东部地区就读的进城务工人员随迁子女为 828.8 万人，占全国总数的 58.1%。从来源看，进城务工人员随迁子女以省内流动为主，省内其他县迁入比例为 57.1%②。总的来看，我国为进城务工随迁子女提供免费义务教育的目标已逐步实现。随着人口流动在我国城镇化进程中成为常态，进城务工人员随迁子女的教育需求不断增长，随迁子女在输入地的受教育问题亟待解决。党和国家始终高度重视随迁子女受教育工作，多措并举为随迁子女提供公平而有质量的教育③。

（三）农村高中④阶段教育稳步推进，教育资源投入规模不断增大

1. 农村高中学生入学人数不断增加，农村学生受教育层次不断提高

《规划纲要》中提出 2020 年要实现"高中阶段教育毛入学率达到 90%，高中阶段教育在校生人数达到 4700 万"的目标⑤。截至 2019 年，我国高中阶段教育毛入学率达到 89.5%，高中阶段教育在校生人数达到 3994.9 万人。我国高中阶段毛入学率已经基本达标，但高中阶段在校生人数与目标仍有相当一段差距。

---

①② 《2019 年全国教育事业发展统计公报［1］》，中华人民共和国教育部政府门户网站，http：//www.moe.gov.cn/jyb_sjzl/sjzl_fztjgb/202005/t20200520_456751.html。

③ 郭元婕：《改革开放四十年来我国随迁子女教育的成就与经验》，《教育科学研究》2019 年第 9 期，第 17 页。

④ 高中包括完全中学、高级中学与十二年一贯制学校。

⑤ 《国家中长期教育改革和发展规划纲要（2010—2020 年）》，中华人民共和国教育部政府门户网站，http：//www.moe.gov.cn/jyb_xwfb/s6052/moe_838/201008/t20100802_93704.html。

乡村地区高中阶段招生人数略有增加。2019年全国普通高中招生人数达到839.49万人，相比于2014年的796.60万人，增长了5.38%。其中镇区招生人数达到401.14万人，下跌了0.9%；乡村招生人数达到30.84万人，上涨了14.1%。2019年我国农村普通高中招生人数达到431.98万人，相比于2014年增长了0.1%①。

全国高中阶段在校生人数保持稳定。2019年全国普通高中在校人数达到了2414.31万人，相比于2014年的2400.47万人，增长了0.58%。其中镇区在校人数达到1153.68万人，下跌了4.5%；乡村在校人数达到82.89万人，上涨了5.5%。2019年我国农村普通高中在校生人数达到1236.57万人，相比于2014年减少了3.9%②。2019年我国常住人口城市化率为60.6%③，相比于2015年的56.1%，上涨了4.5%；户籍人口城镇化率由2015年的39.9%提高到了2019年的44.4%，上涨了4.5%。

2. 农村中学④教师数量持续提升，乡村教师学历合格率不断增长

农村教师队伍建设持续推进。2019年全国中学共有专任教师638.95万人，与2014年相比增加了70.97万人，上涨了12.5%。其中镇区中学专任教师增加了24.18万人，上涨了9.0%；乡村中学专任教师减少了11.31万人，下跌了12.8%。全国农村中学专任教师共有371.40万人，较2014年增加了12.87万人，上涨了3.6%。十三五期间，我国共安排"特岗计划"教师42.8万人，乡村教师生活补助政策惠及中西部8万多所乡村学校近130万名教师，推动城镇优秀教师、校长向乡村学校流动，农村教师队伍素质整体改善⑤。

---

①② 《普通高中学生数》，中华人民共和国教育部政府门户网站，http://www.moe.gov.cn/s78/A03/moe_560/jytjsj_2019/qg/202006/t20200610_464560.html。

③ 城镇化率是城市化的度量指标，一般采用人口统计学指标，即城镇人口占总人口（包括农业与非农业）的比重。

④ 中学包括初级中学、九年一贯制学校、职业初中、完全中学、高级中学、十二年一贯制学校。

⑤ 陈宝生：《开启建设教育强国历史新征程》，《人民日报》2020年9月10日第9版。

乡村中学专任教师学历合格率不断增长。2019 年，全国高中阶段学校共有专任教师 270.4 万人。其中，普通高中专任教师 185.9 万人，比上年增加了 4.7 万人，增长了 2.6%；生师比从上年的 13.1∶1 下降到 13.0∶1，教师数量充足程度有所提高；专任教师学历合格率（本科及以上学历）为 98.6%，比上年提高了 0.2 个百分点①。为了缓解乡村学校教师严重短缺的问题，国家和地方政府放宽了乡村教师招聘条件，陆续实施"特岗计划""农硕计划""农村教师资助行动计划"和高校毕业生农村任教退学费政策等，这些投身于乡村教育的特殊群体，是在高校毕业生就业难与农村空漠化的大背景下，基于外部压力进入乡村教师职业岗位②。这部分特殊群体虽然具有较高的学历，但是大多是非师范院校毕业，缺乏基本的教学技能，且所学专业和所教专业严重不对口。因此，一方面乡村中学专任教师学历合格率不断增长，另一方面必须加大关注乡村教师队伍中这部分空有学历却缺乏基本教育素养的特殊群体。

3. 农村高中学校建设持续推进，农村高中学校数量略有缩减

农村高中学校数量略有缩减。2019 年我国共有高中学校 13964 所，相比于 2014 年增加了 711 所，上涨了 5.4%。其中，镇区高中学校数量为 6034 所，相比于 2014 年减少了 130 所，下跌了 2.1%；乡村高中学校数量为 740 所，相比于 2014 年增加了 73 所，上涨了 11.0%③。2019 年我国农村高中学校共有 6774 所，相比于 2014 年减少了 57 所，下跌了 0.8%。

农村高中学校建设持续推进。普通高中校舍建筑面积 56788.56 万平

---

① 《中国教育概况——2019 年全国教育事业发展情况》，中华人民共和国教育部政府门户网站，http://www.moe.gov.cn/jyb_sjzl/s5990/202008/t20200831_483697.html。

② 付卫东、范先佐：《〈乡村教师支持计划〉实施的成效、问题及对策——基于中西部 6 省 12 县（区）120 余所农村中小学的调查》，《华中师范大学学报（人文社会科学版）》2018 年第 1 期。

③ 《普通高中校数、班数》，中华人民共和国教育部政府门户网站，http://www.moe.gov.cn/s78/A03/moe_560/jytjsj_2019/qg/202006/t20200610_464565.html。

方米，比上年增加了2582.51万平方米。普通高中设施设备配备达标的学校比例情况分别为：体育运动场（馆）面积达标学校91.6%，其中镇区达标学校数为5541所，乡村达标学校数为686所；体育器械配备达标学校为94.2%，其中镇区达标学校数为5657所，乡村达标学校数为681所；音乐器材配备达标学校为93.2%，其中镇区达标学校数为5581所，乡村达标学校数为676所；美术器材配备达标学校为93.3%，其中镇区达标学校数为5574所，乡村达标学校数为675所；理科实验仪器达标学校为93.8%，其中镇区达标学校数为5639所，乡村达标学校数为602所①。《加快推进教育现代化实施方案（2018—2022年）》要求加快高中阶段教育普及攻坚，推动普通高中优质特色发展。2019年，教育部继续实施教育基础薄弱县普通高中建设项目，推动中西部省份提高普及水平，全国高中阶段教育普及水平小幅提高，学校办学条件得到进一步改善。

4. 高中阶段普职结构继续保持稳定，中等职业教育经费投入逐年增长

高中阶段普职结构继续保持稳定。《规划纲要》提出："今后一个时期总体保持普通高中和中等职业学校招生规模大体相当"。2019年全国中等职业教育共有学校1.01万所，比上年减少了151所；招生600.4万人，比上年增加了43.3万人，占高中阶段教育招生总数的41.7%；中等职业教育在校生1576.5万人，比上年增加了21.2万人，占高中阶段教育在校生总数的39.5%②。我国中等职业学校招生规模已经逐步接近普通高中招生规模。

中等职业教育经费投入逐年增长。2019年全国中等职业学校教育生均一般公共预算教育经费为17282.42元，比上年的16305.94元增长了6.0%，其中增长最快的省份是青海省，增幅达到36.5%。2019

---

① 《普通高中办学条件（三）》，中华人民共和国教育部政府门户网站，http：//www. moe. gov. cn/s78/A03/moe_560/jytjsj_2019/qg/202006/t20200610_464548. html。
② 《2019年全国教育事业发展统计公报［1］》，中华人民共和国教育部政府门户网站，http：//www. moe. gov. cn/jyb_sjzl/sjzl_fztjgb/202005/t20200520_456751. html。

年全国中等职业学校生均一般公共预算教育事业费支出为 15380.52 元，比上年的 14200.66 元增长 8.3%，其中增长最快的省份是辽宁省，增幅达到 26.9%。2019 年，全国中等职业学校生均一般公共预算公用经费为 5509.59 元，比上年的 5205.53 元增长 5.8%，其中增长最快的省份是贵州省，增幅达到 30.3%①。

二、问题与挑战

（一）农村教育优质资源供给有待增加

党的十八大以来，贫困地区和农村地区教育明显加强，但距离"上好学"还有较大差距，乡村弱、城镇挤、人才缺等问题仍然存在②。我国农村教育资源分配问题主要表现在农村教师分配不合理、资金投入不全面以及农村生源不集中等方面③。归根结底，我国农村教育的最大问题仍然是优质教育资源供给不足。与城市学校教育相比，我国农村教育优质资源供给的差距还很大。尤其是在城市中小学超规模、大班额与乡村中小学生源不断流失的情况之下，如何将优质教育资源供给继续向农村倾斜，从而进一步促进城乡教育资源均衡化是今后农村教育改革必须要解决的问题。推动教育公平发展和质量提升，必须优化投入结构，让教育资源惠及更多的农村家庭与学生。这里的教育资源既包括教育经费、学校设施、教师队伍等传统意义上的教育资源，同时也包括尚未被发掘或利用还不充分的地方资源。在推进农村教育现代化、优化农村教育资源配置的过程中，需要把更多的目光

---

① 《教育部　国家统计局　财政部关于 2019 年全国教育经费执行情况统计公告》，中华人民共和国教育部政府门户网站，http://www.moe.gov.cn/srcsite/A05/s3040/202011/t20201103_497961.html? from＝groupmessage&isappinstalled＝0。

② 张勇：《增加农村优质教育资源供给》，《人民日报》2019 年 8 月 28 日第 15 版。

③ 冉围、李颖：《教育改革创新理念的探讨与研究——农村教育改革创新探析》，《法制博览》2018 年第 33 期。

投向这些具有地方特色的乡土资源之上，充分开发和利用乡土资源，避免机械、教条地复制城市模式①。

（二）农村义务教育均衡水平仍待提升

发展农村教育，帮助农村孩子学习成才，阻止贫困现象代际传递，是功在当代、利在千秋的大事②。党的十九大报告中特别提出优先发展教育的战略，并且强调"要努力让每个孩子都能享有公平而有质量的教育"。享有公平而有质量的教育，是人民群众特别是占我国人口大多数的农民群众对教育的最大刚性需求，也是农民群众最关心、最直接、最现实的利益问题之一③。义务教育均衡发展是改善民生、促进公平、深化教育改革发展的基础性、先导性、战略性工程。2019年我国新增7个省、69个县（市、区）通过义务教育基本均衡发展国家督导评估认定。截至2020年5月，全国共有23个省份整体通过了国家认定，占71.9%，累计2767个县（市、区）通过国家认定，占95.3%。目前我国农村义务教育均衡水平仍然存在两方面的问题：一方面，从量上来讲，仍有分布在内蒙古、河南、湖南、广西、四川、西藏、甘肃、青海和新疆9个省（区）的136个县未通过国家认定，其中有44个三区三州县，有24个县尚未脱贫摘帽；另一方面，从质上来讲，我国义务教育均衡发展还需从"基本均衡"走向"优质均衡"。具体而言，优质均衡的内涵集中体现为"四个更"：一是全面发展的理念更鲜明；二是标准化建设程度更高；三是教师队伍更强；四是人民群众更满意④。毋庸

---

① 马莎：《农村素质教育，仅有"配琴配电脑"是不够的》，《新华每日电讯》2020年6月4日第4版。

② 国务院：《国务院办公厅关于印发乡村教师支持计划（2015-2020年）的通知》，《中华人民共和国国务院公报》2015年第17期。

③ 李慧玲、孟亚：《我国农村教育研究热点的领域构成与拓展趋势——基于CSSCI文献（2008-2017年）的共词可视化分析》，《教育理论与实践》2019年第22期。

④ 《2019年全国义务教育均衡发展督导评估工作报告发布——指标和群众满意度双合格 教育才能优质均衡》，中华人民共和国教育部政府门户网站，http://www.moe.gov.cn/fbh/live/2020/51997/mtbd/202005/t20200520_456693.html。

讳言，在义务教育均衡化的过程中，我国农村教育的发展仍然存在着短板，农村贫困地区控辍保学工作管理不到位、农村义务教育经费投入不集约、城乡办学条件与教学质量差距较大等问题仍然存在。要推动农村义务教育均衡化的进程走向深化，仍然需要社会各界继续协同合作。

（三）需要继续加强关注农村小规模学校

农村小规模学校在我国存在并将长期存在已经成为不争的事实，但关于农村小规模学校到底是去是留，社会各方仍然有着不同的意见。农村小规模学校主要是指人数在 200 人以下的村小与教学点，学生人数少导致学校基础设施建设缺乏、教师师资队伍结构失衡、教学质量缺乏保障等问题。可以说，由于种种复杂的现实情况，我国农村小规模学校在实践中并没有成为理论上所设想的"小而美"的存在，反而因为规模小处于一种保留与发展之间的摇摆状态，陷入了左右为难的发展困境。一方面，农村小规模学校作为保障农民权益与解决民生问题的重要手段，具有重大的现实意义；另一方面，学校规模小、学生少并且地理位置比较偏僻，导致学校教师流动、资源配置与发展路线都受到极大的限制。因此，未来不仅需要从理论上进行构想，更需要从实践出发，解决农村小规模学校的现实问题，保障农村小规模学校的存在与发展。

三、应答与展望

（一）更新认识明确农村教育战略意义

我国有 74.5% 的初中、88.3% 的小学、68.1% 的幼儿园设在农村地区，农村学校是我国覆盖面最广的基层教学单位。从义务教育阶段的农村学生人数来看，2019 年我国农村小学在校生人数占到了全国小学生在校人数的 62.5%，农村初中在校生人数则占到了全国初中生在校人数的 62.6%。从农村学校数量来看，2019 年我国农村小学校数量占到了全国小学校数量的 88.3%，农村初中学校则占到了全国初中学校数量的 74.5%。农村教育占据了我国教育的大头，能否如期实现教育现代化，关键就在农村教育。正如顾明远先生所讲："没有农村教育的现代化，就没有教育的现代化。"[①] 党的十八大以来，以习近平总书记为核心的党中央坚定不移地实施科教兴国战略，大力推进教育现代化，为建设教育强国、办好人民满意的教育指明了方向。然而，在我国教育现代化整体水平不断提升的形势之下，教育现代化水平仍然存在着不平衡的问题，农村教育现代化水平的提升依然任重道远。因此，必须进一步明确农村教育的重要战略地位，持续推进农村教育供给侧改革，不断探索农村教育多样化发展道路，继续创新发展教育精准扶贫与阻断贫困代际传递的长效机制，不断推动农村教育的现代化进程。

（二）明晰取向推动教育助力乡村振兴

教育是阻断贫困代际传递的根本之策，农村教育是推动乡村振兴的动力源泉。"为农"是农村教育发展的基本取向，农村教育必须为农村发展服务[②]。乡村兴则国家兴，乡村衰则国家衰。乡村振兴战略的提出，不仅为当前我国的乡村建设做出了总体布局，并且也为发展农村教育事业指明了新方向[③]。乡村振兴需要依靠人才，农村教育则能够从根本上改变农村人口素质，为农村发展与乡村振兴提供源源不断的人才。因此，农村教育的发展直接影响着乡村振兴战略能否顺利

---

① 顾明远：《没有农村教育的现代化，就没有教育的现代化》，《中小学管理》2020 年第 5 期。

② 李森、汪建华：《我国乡村教育发展的历史脉络与现代启示》，《西南大学学报（社会科学版）》2017 年第 1 期。

③ 杜尚荣、刘芳：《乡村振兴战略下的乡村教育：内涵、逻辑与路径》，《现代教育管理》2019 年第 9 期。

实施。换言之，农村教育在乡村振兴中既具有不可推脱的社会责任，同时又是国家实施乡村振兴战略的重要抓手。一方面，乡村振兴战略的实施为农村教育的发展提供了全方位的条件支持；另一方面，农村教育又持续改善了农村人口的基本素质，为乡村振兴持续助力。实施乡村振兴战略必须高度重视和充分发挥乡村教育的先导性、全局性、基础性和长效性①。

（三）立足现实推动农村教育治理现代化

农村教育治理现代化是国家治理现代化在农村教育领域的具体展现与应用，农村教育治理现代化必须立足于当下实施乡村振兴战略的时代背景，在把握农村教育治理现代化科学内涵的基础之上，充分利用农村内外治理资源，推动多元主体协同参与农村教育治理。农村教育治理现代化不仅是促进城乡教育均衡与协调发展的重要手段，更是保障教育公平，为乡村持续提供优质教育的必然要求。必须立足农村教育的实际情况，深刻把握农村教育的现实特征，通过对农村教育发展的目标规划、顶层设计与蓝图引导，整体谋划农村教育的发展愿景，从而更加系统地推动农村教育的现代化进程②。农村教育治理体系的现代化是推动农村教育现代化以及实施乡村振兴战略的重要手段。具体而言，在农村教育治理的现代化进程中农村教育治理目的需要由"管理本位"转向"服务本位"，治理主体需要由"一元独治"转向"多元共治"，治理向度需要由"单向管理"转向"网格化治理"，治理机制需要由"集权垄断"转向"分权制衡"，治理文化需要由"权威至上"转向"法治为先"③。农村教育治理是一项系统工程，农村教

---

① 郝文武：《为了乡村振兴而建设美丽书乡》，《教育与经济》2019 年第 2 期。

② 李森、崔友兴：《新型城镇化进程中乡村教育治理的困境与突破》，《西南大学学报（社会科学版）》2016 年第 2 期。

③ 赵垣可、刘善槐：《农村教育治理现代化：科学内涵、形态变迁及实践路径》，《教育学术月刊》2019 年第 11 期。

育治理现代化的实现需要各个方面协调配合、协同共治。农村教育治理体系的现代化既需要突破传统农村教育治理中存在着的治理价值取向缺失、治理主体单一化、治理机制行政化、治理方式简单化、治理环境恶劣化等治理困境，更需要进行顶层设计与统筹规划，不断推进农村教育治理理念的现代化、治理主体的现代化、治理机制的现代化、治理方式的现代化以及治理环境的现代化。

现代治理篇

Modern Governance Report

内容提要

"现代治理篇"包括 2 篇分报告：《2019—2020 年中国乡村治理体系建设创新报告》《2019—2020 年中国乡村脱贫攻坚报告》。

乡村治理体系创新建设是乡村治理的基础，是实现乡村治理体系和治理能力现代化的客观要求。乡村治理体系现代化重在完善体制机制。乡村治理能力现代化重在治理主体明确、治理内容清晰、治理成效显著。2019—2020 年，全国各地大力开展乡村治理体系建设：一是加强村党组织的全面领导，发挥党员的先锋模范作用，健全乡村治理体制机制；二是规范村级组织工作规范，丰富村民议事方式，全面提升基层自治能力；三是强化价值培育，塑造良好乡风文明；四是推进依法治理，提升乡村治理水平；五是坚持以人民为中心的根本宗旨，实施多元共治，整合各方力量创新乡村治理体制机制。乡村治理是一项复杂的系统工程，需要多方参与，多元共治，协同推进，实现创新发展。

党的十八大以来，以习近平同志为核心的党中央团结带领全党全国各族人民，组织实施了人类历史上规模最大、力度最强的脱贫攻坚战。2020 年，经过八年持续奋斗，我国如期完成了新时代脱贫攻坚目标任务，扶贫攻坚事业取得决定性胜利。现行标准下农村贫困人口全部脱贫，贫困县全部摘帽，贫困群众收入水平大幅提高，贫困地区基本生产生活条件明显改善，消除了绝对贫困和区域性整体贫困，为世界其他国家提供了可资借鉴的宝贵经验。针对贫困具有长期性、动态性、相对性等特点，需要结合实际建立起稳定脱贫长效机制，全面巩固脱贫成果，推动脱贫攻坚与乡村振兴的有机衔接。要从长期发展和共同富裕的角度，构建治理相对贫困的发展机制，最终实现共同富裕。

2019—2020 年中国乡村治理体系建设创新报告

周梁云　　穆美琼[*]

摘　要：乡村治理体系创新建设是乡村治理的基础，是实现乡村治理体系和治理能力现代化的客观要求。乡村治理体系现代化重在完善体制机制，乡村治理能力现代化重在治理主体明确、治理内容清晰、治理成效显著。按照习近平总书记要求创新中国乡村治理体系建设，坚持党的领导健全乡村治理体制机制，加强村民自治提升基层自治能力，强化价值培育塑造良好乡风文明，推进依法治理提升乡村治理水平，整合各方力量创新乡村治理体制机制，努力实现"产业兴旺、生态宜居、乡风文明、治理有效、生活富裕"的乡村振兴总目标。

关键词：乡村治理；体系；创新

序　言

乡村治理体系建设创新是社会治理的关键，是国家治理体系和治理能力现代化的重要组成部分，也是实现乡村振兴战略的重要基础。实施乡村振兴战略，是党的十九大作出的重大决策部署，是决胜全面建成小康社会、全面建设社会主义现代化国家的重大历史任务，是新

---

　* 周梁云，云南师范大学法学与社会学学院教授；穆美琼，云南师范大学马克思主义学院教授。

时代"三农"工作的总抓手。中共中央、国务院高度重视乡村振兴的顶层设计和战略部署。2018年1月，《中共中央 国务院关于实施乡村振兴战略的意见》发布，同年9月，中共中央、国务院印发了《乡村振兴战略规划（2018—2022年）》。2019年6月，中共中央办公厅、国务院办公厅印发《关于加强和改进乡村治理的指导意见》，中央农办、农业农村部、中央组织部、中央宣传部、民政部、司法部发布《关于开展乡村治理体系建设试点示范工作的通知》，同年10月，党的十九届四中全会审议通过的《中共中央关于坚持和完善中国特色社会主义制度、推进国家治理体系和治理能力现代化若干重大问题的决定》提出，"健全党组织领导的自治、法治、德治相结合的城乡基层治理体系"。2020年10月，党的十九届五中全会审议通过的《中共中央关于制定国民经济和社会发展第十四个五年规划和二〇三五年远景目标的建议》也明确提出，要优先发展农业农村，全面推进乡村振兴，实现巩固拓展脱贫攻坚成果同乡村振兴有效衔接。纵观我国乡村社会的历史性变迁，新时代在乡村振兴战略背景下构建乡村治理体系，推进乡村治理的创新和转型，提升乡村治理能力，是完善国家治理体系的要求，也是维护人民群众的基本权益和利益的现实需要。乡村振兴战略与自治、法治、德治相结合的乡村治理体系的提出，是我们党在新的历史方位，对乡村治理做出的重要要求。

"郡县治，天下安；乡村治，百姓安。"乡村治理是国家治理的基石。健全和创新乡村治理新体系，是在全面推进依法治国进程中加强基层民主法治建设的题中应有之义；是乡村经济社会发展的必然要求；是实施乡村振兴战略的基础条件、路径选择和制度保障。乡村作为社会治理体系中最基本的单元，是服务群众的"最后一公里"。有效应对乡村治理主体、客体和环境等各种因素的深刻变化，探索完善乡村治理体系、创新乡村治理模式、推进治理体系和治理能力现代化，依然是我国当前和未来乡村治理建设中面临的重大课题。近年来，各地从乡村社会所处发展阶段的实际出发，遵循乡村社会发展的规律，着力构建出了以党的基层组织为核心、以村民自治组织为主体、以乡村法治为准绳、以德治为基础的乡村治理体系，在乡村治理实践中探索出各具特色的治理之路，取得了令人瞩目的成就，也为推动乡村经济发展、人民群众安居乐业和幸福生活做出了积极探索和经验总结。

一、加强党的领导，健全乡村治理体制机制

（一）加强村党组织的全面领导，完善乡村治理组织体系

乡村治理作为国家治理体系最细微的"神经末梢"，其能力高低不仅直接关系到国家的根本，更关系到我们党的执政基础。因而，我们必须毫不动摇地坚持和突出农村基层党组织在乡村治理中的领导核心地位与引领能力。① 习近平总书记指出："要推动乡村组织振兴，打造千千万万个坚强的农村基层党组织，培养千千万万名优秀的农村基层党组织书记，深化村民自治实践，发展农民合作经济组织，建立健全党委领导、政府负责、社会协同、公众参与、法治保障的现代乡村社会治理体制，确保乡村社会充满活力、安定有序。"②

党的基层组织是乡村振兴的"主心骨"，扮演着思想引领者、发展带头者、组织协调者、权力监督者等重要角色，是新时代加强和改进乡村治理的核心领导力量。近年来，我国乡村治理在实践中取得了新成果、乡村振兴呈现新气象，各地的试点和实践为全面推进乡村治理工作积累了宝贵经验。实践证明，打造充满活力、和谐有序的善治

---

① 刘骏：《不断提高乡村治理的能力和水平》，《湖北日报》2020 年 7 月 16 日第 13 版。
② 习近平：《在参加十三届全国人大一次会议山东代表团审议时的讲话》，《人民日报》2018 年 3 月 9 日第 1 版。

乡村，基层党组织是关键和保障。各地建立健全党委领导、政府负责、社会协同、公众参与、法治保障的现代乡村社会治理体制，同时不同地区各具特色地实施镇村干部培训提升、万村善治推进、平安乡村建设等行动，实现了共建共治共享的治理新格局，促进了农村社会充满活力、和谐有序的发展。2020年全国各地乡村党务工作依托"互联网+基层党建"全面铺开，取得了良好的成效。各地加快推进党员管理信息化平台建设，比如，吉林省打造"新时代e支部"智慧党建平台，全省8.3万个基层党组织入驻平台、160.3万名党员在平台注册，基本实现全覆盖。①

在乡村治理的实践中，我们要坚决破除对党的领导的极端重要性认识不足、对基层党组织建设战斗堡垒作用重视不够等问题，始终将党管农村工作要求贯穿到乡村治理体系建设全过程，充分发挥农村基层党组织在引领发展、培育人才、乡风塑造、生态维护等诸多方面的主力军作用②；进一步健全党组织领导的自治、法治、德治相结合的乡村治理体系，完善"四议两公开"议事决策机制③、村民自治机制、民主监督机制，形成以党组织为领导核心的多元共治格局。

（二）发挥党员的先锋模范作用

在近年来的乡村治理创新实践中，各地注重强化党支部直接教育党员、组织群众、服务群众等功能，注重从乡村致富带头人、返乡创业人员、大学生村官等优秀人才中选拔村"两委"成员，选准配强第

---

① 《中国数字乡村发展报告（2020）》，http://www.moa.gov.cn/xw/zwdt/20201128-6357205.htm。

② 《新时代乡村有效治理的四个向度》，中共江苏省委新闻网，http://www.zgjssw.gov.cn/lilunzongheng/201912/t20191203_6429265.shtml。

③ "四议两公开"决策机制最初由河南省邓州市率先提出，其要点是农村所有村级重大事项都必须在村党组织领导下，按照"四议""两公开"的程序决策实施。其中"四议"指党支部会提议、"两委"会商议、党员大会审议、村民代表会议或村民会议决议，"两公开"指"决议公开、实施结果公开"。该决策机制的实践和完善，使基层民主深入人心，农村党建扎实推进，乡风文明日新月异，农村经济快速发展，社会主义新农村建设呈现出一派勃勃生机的景象。

一书记，不断提升基层党组织引领发展、脱贫致富、服务群众的能力。各地积极组织党员在议事决策中宣传党的主张，执行党组织决定，党员要做好示范带头作用。例如，山东省枣庄市驻村第一书记顾世忠积极探索"党建+"模式①，其在乡村治理中积极完善"三会一课"等组织生活制度，真正实现了"我是党员我示范"。

在乡村治理中需要密切联系群众、紧紧依靠群众、从群众中来到群众中去，充分发挥共产党员的先锋模范作用。各地在乡村治理创新实践中，加强党员与群众的联系，及时掌握群众思想状况，急群众所急，把解决群众的实际困难作为重要任务来完成，加强对弱势人群的关爱，只有群众肯定党员的工作，才能高度认可党员的先锋模范作用。

二、加强村民自治，提升基层自治能力

（一）规范村级组织工作事务

1. 完善村民（代表）会议制度

"村民会议制度"是贯彻民主集中制，充分保障村民权益的集中体现。从 2019 年我国的乡村治理实践来看，各地坚持创新乡村治理模式，健全与完善农村党组织领导下的充满活力的村民自治机制，完善村民会议制度和民主议事制度，规范村级民主决策的形式和程序，保障农民群众的决策权、参与权、知情权与监督权。比如，内蒙古自治区伊金霍洛旗在乡村治理实践中，创新乡村自治模式，深化乡村治理体系建设，规范履行"四权"。② 在村民代表会议履行决策表决权时，各村结合"两委"换届选举，在村民自愿推荐的前提下，按照每 5 至

---

① 《"党建+"：顾世忠的乡村治理模式》，《人民画报》，http：//www.rmhb.com.cn/zt/20170601dlfj/dangyuan/201808/t20180814_800138260.html？from＝groupmessage。

② 四权：一是由村党支部履行决策组织权；二是由村民代表会议履行决策表决权；三是由村委会履行决策实施权；四是由村务监督委员会履行决策监督权。

15 户推选一名村民代表的原则，把综合素质能力较强、办事公道正派、在群众中威望高的人推选为村民代表，村委会根据党支部确定的正式议题，组织召开村民代表会议，由村民代表会议表决通过并形成决议。这样，不仅充分发挥了村党组织的领导作用和村民代表会议、村委会的自治作用，而且使村级事务决策权、执行权和监督权既相互分离又相互制约，实现了党的领导和群众自治的有机统一。

2. 加强自治组织规范化建设

农村村民自治组织是村民的自我管理、教育和服务的基层自治组织，在乡村治理中起到了重要的作用。中共中央办公厅、国务院办公厅在《关于加强和改进乡村治理的指导意见》中明确对于自治组织的规范化建设提出了要求。根据指导意见的要求，在我国的乡村治理的创新实践中，各地也对自治组织的规范化建设进行了科学探索。比如，四川省德阳市罗江区的定向议事代表会议制度；安徽省宁国市的"议、助、管"模式；内蒙古自治区伊金霍洛旗的"四制"[1]；宁夏红寺堡通过"55124"村级治理模式[2]等。各地独具特色的治理模式，开辟了村民议事的新道路，推动了乡村治理各项事务的有序开展，也能够促进自治组织的科学化、规范化管理，使其在乡村振兴中起到重要作用，为加强自治组织规范化建设提供了有益经验。

（二）丰富村民议事协商形式

农村社区建设与治理是政府自上而下的主导，村民自下而上的参与的双向过程。实践中，各地也积极探索村民议事协商渠道，不断创新议事协商形式，保证直接行使民主权利，充分发挥了农民在乡村治理中的主体作用；各地注重培育自治文化，增强村民信息获取

---

① "四制"即保障基层民主管理，所有村级自治方面的重大事项都按照决策启动、民主表决、组织实施、监督评议的运行机制进行民主管理。

② 《红寺堡：基层社会治理"135"八方移民大融合》，《宁夏日报》2020年12月23日第1版。

与分析、议事协商参与、意见与利益表达、民主监督等能力，实现农村基层组织、社会组织和村民个人在乡村治理各类事务中的有效参与。

（三）健全乡村矛盾纠纷调处化解机制

乡村矛盾纠纷的调处化解机制是乡村治理工作的重要内容。现阶段乡村治理应当坚持发展新时代"枫桥经验"，做到"小事不出村、大事不出乡"。各地在实践中也不断健全人民调解员队伍，加强人民调解工作，促进调解、仲裁、行政裁决、行政复议、诉讼等有机衔接、相互协调的多元化纠纷解决机制的形成。同时，部分地区也根据地方特色，探索多种纠纷化解机制，实现了"互联网+网格管理"服务管理模式的创新，提升了乡村治理智能化、精细化、专业化水平。比如，安徽省淮北市濉溪县临涣镇将小茶馆当作化解社会矛盾、开展理论宣讲、联系服务群众的主阵地，初步探索出具有地方特色的现代版乡村治理新模式，将矛盾纠纷化解在基层，将和谐稳定创建在基层，推动了自治、法治、德治"三治"的有机融合。又如，海南省琼海市探索"户联系、组协调、村处理、云化解"的乡村治理新模式，建立"小事不过夜"治理机制，党小组长针对党员中心户和群众反映上报的问题，通过"智慧党建"信息系统第一时间受理，急事亲自或派一名党员到现场处理，缓事召开党小组"碰头会"研究，或发动新乡贤、老支书等骨干成员面对面协调，做到"民理民说""民事民调"，矛盾不积聚、不过夜。

（四）全面实施村级事务阳光工程

乡村社会治理方式要求丰富民主形式，拓展民主参与渠道。从各层次和各个领域来鼓励人民群众参与到社会治理过程中来，从而把民主的价值和理念转化为具体的社会实践，实现人民群众在乡村领域内的自我管理、自我教育和自我服务。村务公开不仅能够加强村民对村务工作的了解，增强其主人翁意识和责任感，而且使村委会以及村干部的工作变得公开透明，让权力在阳光下运行，有利于加强对权力的监督。政务、党务、财务三公开是保障村民知情权、参与权、表达权和监督权的具体形式。许多地区依托科技手段，建立了公共服务信息化、智能化体系，打造"智慧乡村"，创新"治理到家"的乡村共建共治共享的社会治理新格局。比如，山东省平原县在全县878个村全面推行"三务三资"阳光报告会①，将党员发展、脱贫攻坚、固定资产、集体资金使用等36项"三务三资"事项全部向群众面对面公开。"互联网+村务"创新融合发展获得各级政府大力支持，多地出台相关政策，坚持传统公开模式和现代方式相结合，以"互联网+村务"为载体，拓宽群众知情渠道，使村民与村务"面对面""零距离"。又如，广东省阳江市阳东区依托"智慧广电"公共服务信息化、智能化体系打造出"智慧乡村"的乡村善治之路。②

（五）完善基本公共服务

进入新时代，村民有了更高的物质与精神需要，对乡村治理也提出了更多要求，这都需要更为深厚和坚实的物质基础来作为保障。加快乡村公共设施建设、优化公共服务质量，能够为乡村治理提供内源性保障。近年来，我国在推进乡村治理体系和治理能力现代化方面成效显著，各地加强乡镇政府公共服务职能，加大乡镇基本公共服务投入，乡村治理体系进一步完善。2020年乡村信息基础设施建设在不断完善，农业农村部也加快推进信息进村入户功能，不断健全乡村信息服务体系。截至2020年上半年，全国共建成运营益农信息社42.4万

---

① 《德州市平原县"三务三资"将微权利"晒"在阳光下 以公开提升基层治理水平》，《潇湘晨报》，https://baijiahao.baidu.com/s? id=1682014634948936470&wfr=spider&for=pc。
② 《阳江市智慧乡村共建金融法治示范基地、金融知识普及教育基地挂牌》，《阳东发报》，www.yangdong.gov.cn/xwzx/ydyw/content/post_497950.html。

个，累计培训信息员 106.3 万人次，为农民和新型农业经营主体提供公益服务 1.1 亿人次，开展便民服务 3.1 亿人次，实现电子商务交易额 342.1 亿元。通过信息进村入户工程，初步形成了纵向联结从省到村，横向覆盖政府、农民、新型农业经营主体和各类企业的信息服务网络体系。[①]农村基本公共服务显著改善，不仅促进了农村社会和谐稳定，增强了广大农民的获得感、幸福感、安全感，也更好地实现了发展成果惠及全体人民。

三、强化价值培育，塑造良好乡风文明

开展社会主义核心价值观教育，发挥道德模范引领作用。深入实施公民道德建设工程，加强社会公德、职业道德、家庭美德和个人品德教育。加强农村文化引领。加强基层文化产品供给、文化阵地建设、文化活动开展和文化人才培养。传承发展提升农村优秀传统文化，加强传统村落保护。挖掘文化内涵，培育乡村特色文化产业，助推乡村旅游高质量发展，营造健康向上的乡村文化环境。

（一）培育和践行社会主义核心价值观

陕西省汉阴县创新了基层工作的有效载体，深入开展社会主义核心价值观教育，推进"诚孝俭勤"和新民风建设。[②]同时，依法逐村制定村规民约和逐户签约并加以落实，推广优良家风家训。这些举措有效预防了生活失意、心态失衡、行为失常、家庭失和、情感失迷的"五失"人员恶性案件的发生，转变了农民思想观念，净化了社会主义核心价值观在农村建设的思想土壤。

福建省泉州市罗溪镇坚持联系实际，实现内容和形式的有机结合，

---

①② 《中国数字乡村发展报告（2020）》，http：//www.moa.gov.cn/xw/zwdt/202011/P020 201129305930462590.pdf。

以党建文化、红色文化等促进社会主义核心价值观教育，促进入党积极分子对"三会一课"内容的深刻感悟、对党的决策的坚决贯彻、对形成的决议有效落实，坚持以"党建+文艺惠民"为依托，开展主题宣讲，用群众喜闻乐见的传统艺术演绎形式将古今家国故事和社会主义核心价值观融合起来。①福建省泉州市罗溪镇运用喜闻乐见的方式，搭建便于参与的平台，开辟乐于参与的渠道，不断增进群众价值认同，推进社会主义核心价值观在农村落地生根。②

（二）实施乡风文明培育行动

为推进乡风文明创建活动，进一步抓实抓好移风易俗，新疆维吾尔自治区博尔塔拉蒙古自治州小营盘镇党委、政府强化组织领导、压实工作责任，镇村两级上下联动，扎实开展乡风文明创建活动。③建立责任落实机制，建立健全办公会、联系会等制度；建立考核奖惩机制。常态化开展"道德讲堂"活动，开展以"增加邻里和睦、孝敬老人、关心关爱"为主题的活动，加强家庭及社会的和谐氛围。大力开展"文明乡镇""文明村"等文明细胞创建，以微细胞推动大文明。认真开展农村人居环境整治专项行动，常态化开展每周三天的环境美丽日，清理垃圾、整理污水，优化人居环境，提升生活品质；全面落实河长制，扎实保护辖区博河流域生态环境。组建村民自治队伍建立红白理事会，破除婚丧嫁娶中不良风气，倡导文明、健康、科学的婚丧新风。

经过多措并举，博尔塔拉蒙古自治州小营盘镇农村农民精神风貌和乡村社会文明程度显著提高，形成乡风民风美、人居环境美、文化生活美的良好局面。

---

①② 《中国数字乡村发展报告（2020）》，http：//www.moa.gov.cn/xw/zwdt/202011/P0 20201129305930462590.pdf。

③ 刘敬敬：《小营盘镇深入实施乡风文明培育行动》，博尔塔拉蒙古自治州人民政府官网，http：//www.xjbl.gov.cn/info/1019/58907.htm。

（三） 发挥道德模范的引领作用

近年来，安徽省界首市舒庄镇高度重视道德典型培养选树工作，通过开展"最美家庭""道德模范""好媳妇""好婆婆""最美庭院"等一系列评选表彰和宣传活动，推出了一大批事迹品德高尚的道德楷模①。通过表彰先进、树立榜样，让群众分享了好人好事，使道德典型发光发热，让文明新风吹遍每个家庭。用过年不燃放烟花爆竹节省的钱来慰问孤寡老人的村民顾学精、八年如一日照顾瘫痪丈夫的村民李继英、拾金不昧的村民童志友、马桂兰等一大批"身边好人"的事迹被群众广为传颂，他们成了群众争相学习的"明星"。

榜样的力量是无穷的，榜样也是可以复制的。为了更好地宣传先进典型、弘扬道德模范的先进事迹，舒庄镇村两级通过召开表彰大会、举办道德模范事迹展览、制作光荣榜等活动，对先进典型进行宣传展示，充分发挥榜样感召人、影响人、带动人的作用，在全镇范围内形成了"人人学习模范、人人争当好人"的良好社会氛围，道德模范如雨后春笋般不断涌现。一个榜样一面旗，一群好人聚正气。现在的舒庄，群众生活富裕了，环境变美了，好人越来越多了，工作也好开展了，道德风尚日臻浓厚，文明气象蔚为大观，不断激发出强大的向上向善的正能量。

（四） 加强农村文化的引领

山东省滕州市洪绪镇郝洼村坚持以良好家风带淳朴民风促文明乡风，实现了美丽乡村建设与文化振兴的同频共振，利用"家风堂"为载体，统一制作成精美展示牌悬挂上墙，让乡村家风家训亮出来。② 在 2019 年实行环境卫生"笑脸"积分制的基础上，2021 年，宁夏吴忠市利通区高闸

---

① 《阜阳界首舒庄镇：发挥模范作用 引领乡风文明》，搜狐新闻，https：//www.sohu.com/a/329197276_114731。

② 陈庆武：《枣庄滕州市洪绪镇推进法治创建 点亮美丽乡村》，鲁网·枣庄，http：//zaozhuang.sdnews.com.cn/zzzf/202009/t20200910_2792295.htm。

镇把推进乡风文明建设与改善农村人居环境相结合开展文明实践、环境卫生、志愿服务、移风易俗四张"笑脸"积分制，实施乡风文明评比活动。利通区坚持乡村基础设施和乡风文明建设同时抓，"培育新型农民、文明乡风、良好家风、淳朴民风，加快构建农村公共文化服务体系，农民精神风貌不断提升，文明新风正吹拂在乡间村里，滋润着百姓生活，提升村民精气神，为乡村振兴提供强大精神动力"。① 福建漳州芗城区以项目为载体，各地就不同主题进行打造学习场馆，兴建党员干部廉政教育基地家风馆，打造农村传统文化阵地的"文化地标"文化公园、特色主题展厅初心记忆馆，以全面宣传和弘扬良好家风家训，培育文明、和谐、向上的家风，展示红色革命、古代先贤、浦南印象以及民风民俗等满足群众精神文化需求。② 郴州市在新冠肺炎疫情发生后，把防疫教育工作与贯彻落实《新时代公民道德建设实施纲要》《新时代爱国主义教育实施纲要》相结合，引导城市和乡村群众丧事简办快办、婚事延缓和其他事不办，培育疫情防控期间健康文明新风尚。③

四、推进依法治理，提升乡村治理水平

（一）加强法治乡村建设

1. 法治乡村建设有序推进

通过修改和完善村规民约等，把基层民主自治导入法治轨道，对推动农村依法开展自治工作，实现法治、德治有机统一起到良好促进作用。一是增强了基层干部群众法治意识和学法用法守法的自觉性。二是满足

---

① 杨娜：《宁夏吴忠："笑脸"盈门文明乡风扑面而至》，吴忠文明网，http：//nxwz. wen-ming. cn/dfcz/202007/t20200701_6556208. shtml。

② 《全面推进乡风文明建设 让乡村振兴"活"起来》，漳州文明网，http：//fjzz. wenming. cn/xqdt_7336/xqdt_xc/202012/t20201227_6879737. html。

③ 《移风易俗战疫情"冷"了场面"暖"了心》，郴州文明网，http：//hncz. wenming. cn/jujiao/202003/t20200310_6339612. shtml。

了基层法律服务需求。通过各类法律服务，有效防范了法律风险，为基层群众处理经济社会事务提供法律援助，维护了村民的合法权益。三是维护了基层社会和谐稳定。四是推进了基层"三治"有机结合，引导农民办事依法、遇事找法、解决问题用法、化解矛盾靠法。通过把基层民主自治导入法治轨道，提升了法治乡村建设水平，促进了乡村治理体系建设和治理能力现代化。

2. 开展"民主法治示范村"建设

"民主法治示范村（社区）"的创建对扩大基层民主，维护社会稳定，提高基层法治化水平，增强干部群众法律意识和法律素质具有显著作用。云南省高度重视"民主法治示范村"建设工作，为了表彰和树立、创建活动中的先进典型，2020 年 11 月，云南省司法厅、云南省民政厅公示了第四批全省民主法治示范村（社区）表彰名单，通过各县（市、区）申报，各州（市）推荐，省司法厅、民政厅审核，拟表彰五华区大观街道新闻里社区等 301 个村（社区），为第四批"全省民主法治示范村（社区）"。[①]

3. 深入开展农村法治宣传教育活动

针对乡村法律纠纷频发、农村社会利益冲突凸显的现实需求，结合农村基层干部和村民法治意识有待提升与法律知识相对缺乏的现实，广东省惠州市积极落实法治为民行动，全面推行"一村一法律顾问"，充分发挥律师的专业优势，采取法律咨询、法律援助、普法宣讲等方式，化解农村矛盾、解决各种纠纷、维护农民集体及村民的合法权益，增强了农村干部群众的法治意识，提升了法治乡村建设水平，促进了乡村治理体系建设和治理能力现代化。同时，惠州市明确了村法律顾问作为化解矛盾纠纷调解员、法律知识宣传员、村民自治引导员、法律文件审查员等六个角色，特别是基层普法的宣讲员，开展法治讲座和法制宣传，结合实际以案说法，引导群众通过合法途径表达诉求。

[①] 《云南省司法厅 云南省民政厅关于第四批全省民主法治示范村（社区）表彰名单的公示》，云南省民政厅，http：//ynmz.yn.gov.cn/preview/article/16157.jhtml。

4. 加强农村法律服务供给

为了让优质的法律服务进村入户，浙江省桐乡市以志愿服务、法律服务、道德评判为抓手，将定期坐诊、按需出诊、上门问诊相结合，完善志愿者组织体系、公共法律服务体系和道德评判体系，打造市党群服务中心和"一米阳光""法律诊所"等为代表的市、镇、村三级服务组织，2018年以来服务了近3万人次。选派法律服务团中党员身份的"三官一师"（法官、检察官、警官、律师）到村担任"平安书记"，发挥专业优势，加强和规范基层组织建设，结合职能作用和日常工作，促进基层自治活力有效释放。

（二）平安乡村建设初见成效

1. 推进农村社会治安防控体系建设

"雪亮工程"建设是云南省安宁市推进农村社会治安防控体系建设的一个缩影。自2019年12月被国家六部委确定为全国首批乡村治理体系建设试点县（市）以来，安宁市聚焦乡村治理能力建设，不断健全自治、法治、德治相结合的治理体系。目前，安宁市已完成9个街道100个村（社区）337个村小组视频监控全覆盖，实现市、街道、村（社区）三级视频会议、安全监控纵向联通，社会治安综合治理中心与公安部门公共安全视频监控系统联网率达到100%，让群众安全更有保障。[①]

2. 加强农村警务工作

云南省沧源佤族自治县加强农村警务工作，通过"军警地共建"推进边境安宁治理机制。一是健全完善党政军警民"五位一体"长效机制，实行组织联建、讲党课、活动联过、党员联管、边防联固。二是健全完善处突维稳机制，做好民情民意收集、异常情况摸排、矛盾纠纷化解、社会治安防控、突发事件救援等工作。建党员"边境安宁"责任区，全面清除边境管控盲点，筑牢边境维稳第一道防线。同时坚持系统治理、

---

① 唐丽：《安宁全面提升乡村治理能力》，《昆明信息港》，https：//www.kunming.cn/news/c/2020-10-29/13078250.shtml。

依法治理、综合治理、源头治理的有机结合，严厉打击整治跨境违法犯罪和零星贩毒，全面维护边境安宁。[①]

3. 加强农村拒毒防毒宣传教育工作

广西南宁市西燕镇通过多元化禁毒宣传提高群众识毒防毒拒毒意识。通过讲解毒品的知识、《中华人民共和国禁毒法》等法律法规，近距离观察仿真毒品和模拟吸毒体验，使大家认清毒品对个人、家庭、社会的危害，了解如何识别毒品、拒绝毒品等方面知识，并告诫广大群众要有警觉戒备意识，要谨慎交朋友，提高对诱惑的警惕性，对诱惑采取坚决拒绝的态度，不要轻信谎言，不要进入治安复杂的场所，不轻易和陌生人搭讪，不接受陌生人提供的香烟、饮料及食品等。同时，充分运用和利用各种媒介、载体平台加大宣传。此外，由公共法律服务协管员、社区戒毒社区康复协管员组成的禁毒服务队正在成为西燕镇戒毒康复的一支重要力量。[②]

4. 依法打击邪教、非法宗教活动

福建省将依法治理作为邪教与非法宗教乡村治理工作的基本方略，把邪教与非法宗教乡村治理工作纳入法制轨道。做好"防范+转化"工作和"配合+建议"工作。密切加强与党政有关部门以及社会相关机构的合作，积极参与其组织开展的活动。[③] 从宗教视角对异端邪教或准邪教组织进行甄别与批驳，将反非法宗教宣传教育和宗教中国化宣讲有机结合，强化信众爱国爱教的思想教育。

（三）基层小微权力腐败得到有效根治

1. 明确权力运行的边界

按照习近平总书记"把权力关进制度笼子""党组织必须坚强、党员

---

① 杨志厅：《努力实现边疆民族地区乡村治理现代化》，云南省人民政府官网，http：//www. yn. gov. cn/ztgg/jdbyyzzsjzydfxfyqj/fxpl/202007/t20200719_207769. html。

② 《西燕镇多元化禁毒宣传 提高群众识毒防毒拒毒意识》，搜狐新闻，https：//www. so-hu. com/a/327142390_120206812。

③ 《抵制非法宗教、邪教向农村渗透》，福建长安网，http：//old. pafj. net/html/2019/fanx-iejiao_0322/106980. html。

必须过硬"的要求，浙江省宁海县委紧紧抓住村干部这个"关键少数"，从 2014 年起推行村级小微权力清单"36 条"制度，把涉农政策制度梳理形成《宁海县村级权力清单 36 条》，基本实现了村级权力全覆盖。重点围绕"36 条"事项编制权力行使流程图 45 张，明确村级权力事项名称、具体实施责任主体、权力事项来源依据、权力运行操作流程、运行过程公开公示、违反规定责任追究 6 方面内容，确保村级权力运行"一切工作有程序，一切程序有控制，一切控制有规范，一切规范有依据"。

2. 健全权力的监督制度

小微权力能否做到规范运行，强化监督制约是关键。安徽省天长市把压实责任作为发挥监督作用的有效途径，通过健全制度、强化督查，对小微权力实行全方位监督。一是强化监督执纪问责。市委建立落实主体责任和监督责任"两书三单四报告"制度，对各镇、村包括小微权力运行在内的履职情况，从承诺、实施到成效全程实行痕迹化管理。该制度的实施，既能让镇党委书记、纪委书记明确分工、有的放矢，也能够主动"自我体检"，抓好补缺补差。二是发挥民主监督作用。编印《村务监督委员会工作指导手册》，建立村务监督制度，引导村民参与监督。

五、整合各方力量，创新乡村治理体制机制

（一）多元共治，健全乡村治理体制机制

深化乡村治理，政府要营造良好的多元共治氛围。与不同的社会组织建立起沟通协作机制，需要社会组织、民间机构的积极参与，各种社会资源的深度融合，吸纳更多的主体参与到乡村治理中。多元治理的实质是建立在市场原则、公共利益和认同之上的合作，其管理机制所依靠的主要不是政府的权威，而是合作网络的权威，其权力向度是多元的、相互的，而不是单一的和自上而下的。多元治理，一方面要改造县乡政府，另一方面要改造乡村社会。县乡政府必须积极扩大与乡村民间组织

的合作，建立相应的制度，使乡村民间组织以多种形式参与到县乡政府的公共管理中来，实行政府与乡村民间组织的共管共治。① 积极探索社会组织参与乡村振兴作为破解乡村治理弱化的重要方式，以全面推进基层组织建设为切入点，整合乡镇和县级部门工作事项，将农村民生和社会治理领域中属于政府职责范围且适合通过市场化方式提供的服务事项，纳入政府购买服务指导性目录，通过推进"云农通"九模块一平台的建设，初步建立了村级组织自治、社会组织协同、民间机构参与、部门帮扶共建的乡村治理格局，形成多元共治乡村治理的氛围。②

云南省大理州对进驻"放管服"服务中心的事项进行全面清理，修改补充完善权责清单，积极推进政府证照分离改革工作，补充完善政务服务基本目录和实施清单要素信息。对农业农村系统办事索要证明事项进行清理，进一步明确综合行政执法内容，使行政服务更加便捷高效，③为加快推进农业农村法治建设和深入实施乡村振兴战略奠定了良好基础。

云南省推进一部手机"云农通"九模块一平台的建设，建设内容涵盖农村基层党建、政策信息、社会治理、农村经济、惠民生活服务、农村养老、农村普惠金融、旅游、扶贫、三农大数据分析等，对推动农业农村发展将发挥积极作用。④ 通过"云农通""一部手机办事通"等涉农服务资源有力推进农业农村数字经济发展，促进乡镇和县级等部门的公益性服务和经营性服务便民化，推动了农村社区综合服务设施建设进程。

（二）多方参与，坚持以人民为中心的根本宗旨

在乡村治理中合理地保存和利用空间形态、社会结构、生态环境和

① 周水仙：《完善乡村治理机制建构多元治理范式》，《沧桑》2007 年第 2 期。
② 张克胜：《多元共治：乡村治理的新实践——孝义市高阳镇创新乡村治理方式的实践与探索》，黄河新闻网吕梁频道，https：//3g. 163. com/dy/article/EHQ168OH05149E7M. html？refer-From＝360&isFromOtherWeb＝true。
③ 《大理州着力深化农业农村领域"放管服"改革》，中华人民共和国农业农村部，http：//www. moa. gov. cn/xw/qg/202004/t20200416_6341723. htm。
④ 《对政协云南省十二届三次会议第 0242 号提案的答复》，云南省农业农村厅市场与信息化处，https：//nync. yn. gov. cn/html/2020/tianjianyibanli2020_1224/375730. html。

文化价值等方面的特质、发挥村民的主体作用保障规划的落地实施是乡村治理的关键。乡村建设行动不能等靠要，乡村振兴离不开农民的积极参与。① 要通过宣传、示范和奖励等引导村民参与社会活动和社会组织，由"要我参与"转为"我要参与"。② 要通过支持多方主体参与乡村治理，结合"以人民为中心"思想中的根本宗旨观、人民福祉观、人民评价观以及工作价值观，切实提升乡村治理现代化水平，推进全省乡村治理体系和治理能力现代化。

支持多方主体参与乡村治理。积极发挥服务性、公益性、互助性社区的社会组织作用。强化组织引导，凝聚合力服务大局。组织引导支持社会组织、社会工作和志愿服务力量科学参与扶贫工作。如云南省迪庆州香格里拉市藏鸡产业行业发展协会以尼西鸡产业带动全州近 3000 农户增收 2000 余万元；云南省普洱市农民专业合作社联合会通过"联合会+合作社+农户"模式，带动 1.3 万贫困人口脱贫。③ 作为农民自己的组织，以服务农村、农业和农民为宗旨，充分保证其为村民服务的基本宗旨，成为乡村发展与治理不可替代的有生力量。

探索以政府购买服务等方式，支持农村社会工作和志愿服务发展。云南省通过政府购买服务聘用县、乡两级民政助理员和村级社会救助协理员 18497 人，有效缓解了基层经办力量不足的问题。④同时发挥市场机制作用，以低成本高收益的方式，优化政府职能，多方汇聚人财物，引入专业化服务，精准对接基层群众办事需求，形成高效率高标准的服务模式。

坚持专业化、职业化、规范化，完善培养选拔机制，拓宽农村社

---

① 石坚、文剑钢：《"多方参与"的乡村规划建设模式探析——以"北京绿十字"乡村建设实践为例》，《现代城市研究》2016 年第 10 期。

② 《乡村振兴不能"等、靠、要"》，中华人民共和国农业农村部，http://www.moa.gov.cn/xw/qg/202012/t20201229_6358996.htm。

③④《回望 2020 云南：兜准兜住兜牢脱贫攻坚底线——夯基垒柱提升民政质量》，中华人民共和国民政部，http://mzzt.mca.gov.cn/article/zt_2021gzhy/hw2020/202012/20201200031260.shtml。

工人才来源，加强农村社会工作专业人才队伍建设。如云南省会泽县拓宽选人视野，采取个人自荐、群众推荐、组织举荐、公开选拔等方式，充分利用青年人才党支部、村（社区）后备干部队伍信息库，重点从致富带头人、外出经商和务工人员、高校毕业生、退役军人、农村实用人才等人才中选择有回村任职意愿的人员进行回引。同时，该县将回引对象作为村级后备力量，纳入乡（镇、街道）青年人才党支部进行管理培养。聚焦脱贫攻坚、乡村振兴、致富带富等内容，进行回引人才的集中培训，支持鼓励回引人才担任村民自治组织、社会组织、群团组织等负责人。① 习近平总书记指出"人才是第一资源"，乡村振兴中更是如此，人才知识能力决定了新型农业经营主体和服务主体发展的质量。坚持人才本土化培养和吸收引进相结合，引导返乡下乡人员创新创业者，同时补齐农业知识短板，发展壮大主体队伍，以人才为基础，使更多农业从业者成长成才，助推乡村振兴发展。

六、结语

乡村治理是国家治理的基石。2020 年 12 月 28—29 日，习近平总书记在中央农村工作会议上的讲话进一步指明了加快农业农村现代化的基本方向，明确了全面推进乡村振兴是今后全党全社会的重点工作。农业农村现代化是国家现代化的重要组成部分，以乡村振兴为总抓手加快建设步伐，这也是由中国共产党的历史使命决定的。②

乡村兴则国家兴，乡村问题是关乎国家富强、民族振兴、人民幸福的根本性问题。乡村是社会的细胞，也是国家治理的重点和难点。乡村治理作为实施乡村振兴战略的重要发力点，在不断推进国家治理

---

① 《会泽多措并举回引农村优秀人才》，中华人民共和国农业农村部，http://www.moa.gov.cn/xw/qg/202009/t20200908_6351684.htm。
② 李国祥：《中央农村工作会议精神解读 举全党全社会之力推动乡村振兴》，《中国青年报》，http://news.youth.cn/sz/202101/t20210111_12657569.htm。

体系和治理能力现代化的过程中发挥着不可或缺的作用。① 乡村治理是一项复杂的系统工程，我们应当在习近平新时代中国特色社会主义思想指引下，结合乡村治理发展的一般规律和实际，同时加强党对乡村治理工作的领导地位，不断完善乡村治理体系，提升基层自治能力；增加公共服务有效供给，大力营造乡村治理氛围；综合施策，依法治理；多方参与，多元共治，协同推进，形成乡村治理合力，积极推动乡村社会治理的创新与发展，才能把乡村建设得更加美丽和谐。

---

① 吴玲玲、郑兴明：《乡村振兴战略下乡村治理创新的内在逻辑、现实困境与路径选择》，《云南农业大学学报（社会科学版）》2020年第4期，第8-13页。

2019—2020 年中国乡村脱贫攻坚报告

摘　要：党的十八大以来，以习近平同志为核心的党中央团结带领全党全国各族人民，组织实施了人类历史上规模最大、力度最强的脱贫攻坚战。经过八年持续奋斗，我国如期完成了新时代脱贫攻坚目标任务，现行标准下农村贫困人口全部脱贫，贫困县全部摘帽，消除了绝对贫困和区域性整体贫困，取得了令世界刮目相看的重大胜利和可供世界其他国家借鉴的宝贵经验。针对贫困具有长期性、动态性、相对性等特点，我们要结合实际建立起稳定脱贫长效机制，实施脱贫攻坚与乡村振兴的有机衔接，进一步解决相对贫困问题，最终实现共同富裕。

关键词：新时代；脱贫攻坚；绝对贫困；乡村振兴；精准方略

消除贫困是人类的共同理想，也是古今中外治国理政的大事。习近平总书记强调："消除贫困、改善民生、逐步实现共同富裕，是社会主义的本质要求，是我们党的重要使命。"中国共产党和中国政府始终把人民过上好日子作为奋斗目标，并进行了长期艰苦卓绝的努力。特别是党的十八大以来，以习近平同志为核心的党中央团结带领全党全国各族人民，把扶贫开发工作纳入"五位一体"总体布局、"四个全面"战略布局，作为实现第一个百年奋斗目标的重点工作。党的十

* 贺全进，中共山东省委党校（山东行政学院）党的建设教研部，讲师，省派第四批第一书记。

八届五中全会提出实施"脱贫攻坚工程"，把脱贫攻坚摆在治国理政的突出位置，组织实施了人类历史上规模最大、力度最强的脱贫攻坚战，脱贫攻坚力度之大、规模之广、影响之深前所未有，取得了令全世界刮目相看的重大胜利。

一、脱贫攻坚取得决定性胜利

2020 年 12 月 3 日，中共中央政治局常务委员会召开会议，听取脱贫攻坚总结评估汇报，中共中央总书记习近平主持会议并发表重要讲话指出，"经过八年持续奋斗，我们如期完成了新时代脱贫攻坚目标任务，现行标准下农村贫困人口全部脱贫，贫困县全部摘帽，消除了绝对贫困和区域性整体贫困，近 1 亿贫困人口实现脱贫，取得了令全世界刮目相看的重大胜利"。[①]

（一）如期完成新时代脱贫攻坚目标任务

自 1986 年开始，我国划定了 18 个集中连片贫困地区和一批国家级、省级贫困县，开始有组织、大规模、有计划的开发式扶贫。按照 1986 年扶贫标准[②]（见表 1），全国共有 1.25 亿贫困人口。2007 年，我国全面实施农村最低生活保障制度，扶贫开发进入与最低生活保障制度衔接阶段。2011 年，中共中央、国务院颁布实施《中国农村扶贫开发纲要（2011—2020 年）》，提出新的扶贫目标和扶贫战略，扶贫标准大幅调高[③]，根据国家统计局发布的数据，同年，全国农村扶贫对象为 12238 万人。

---

① 《中共中央政治局常务委员会召开会议 听取扶贫攻坚总结评估报告 中共中央总书记习近平主持会议》，《人民日报》2020 年 12 月 4 日，第 1 版。
② 1986 年的贫困线为农民年人均收入 206 元，该标准以每人每日 2100 大卡热量的最低营养需求为基准，再根据最低收入人群的消费结构进行测定。
③ 2011 年扶贫标准为年人均收入 2536 元。

表 1　中国农村贫困标准①

标准名称	标准类型	标准	标准解释
1978 年标准	低水平生存标准	按 1978 年价格每人每年 100 元	在该标准下食物支出比重约为 85%，基本能保证每人每天 2100 大卡热量，但食物质量较差，主食中粗粮比重较高，副食中肉蛋比重很低，只能勉强果腹
2008 年标准	基本温饱标准	按 2008 年价格每人每年 1196 元	在该标准下食物支出比重降低到 60%，基本保证实现"有吃、有穿"
2010 年标准	稳定温饱标准（现行农村贫困标准）	按 2010 年价格每人每年 2300 元	在该标准下食物支出比重在 50% 左右

　　为集中使用扶贫资金，我国制定了国家重点扶持贫困县标准。1986 年，国家以 1984 年农民人均纯收入 200 元为贫困线确定了 331 个国家级贫困县；1994 年《国家八七扶贫攻坚计划》启动，重新确定了 592 个国家级贫困县；2001 年《中国农村扶贫开发纲要（2001—2010 年）》出台，将贫困县改称为国家扶贫开发工作重点县，并调整名单，数量仍为 592 个；2011 年《中国农村扶贫开发纲要（2011—2020 年）》将集中连片特困地区作为扶贫攻坚主战场，包括片区县和扶贫开发工作重点县在内的共 832 个国家级贫困县。

　　党的十八大以来，以习近平同志为核心的党中央高度重视扶贫开发工作，明确提出到 2020 年贫困户年人均纯收入稳定超过国家扶贫标准，达到不愁吃、不愁穿，义务教育、基本医疗、住房安全有保障。八年来，我国扶贫开发工作稳步推进。贫困人口逐年递减：2012 年底，全国贫困人口为 9899 万人；2019 年底贫困人口减少至 551 万人；2020 年底，我国现行标准下农村贫困人口全部脱贫。贫困县逐步实现摘帽：2016 年，28 个贫困县摘帽；2017 年，125 个贫困县摘帽；2018

---

①　根据国家统计局网站整理，http：//www.stats.gov.cn/tjzs/cjwtjd/201308/t20130829_743 25.html。

年，283 个贫困县摘帽；2019 年，344 个贫困县摘帽；2020 年，全国
剩余的 52 个贫困县全部摘帽（见表 2）。

表 2　全国贫困县变化表 　　　　　　　　单位：个

年份	数量	具体分布
2014	832	新疆 32；西藏 74；青海 42；甘肃 58；四川 66；云南 88；宁夏 8；内蒙古 31；陕西 56；重庆 14；贵州 66；山西 36；河南 38；湖北 28；湖南 40；广西 33；海南 5；河北 45；安徽 20；江西 24；黑龙江 20；吉林 8
2016	804	新疆 27；西藏 69；青海 39；甘肃 58；四川 64；云南 88；宁夏 8；内蒙古 31；陕西 56；重庆 9；贵州 65；山西 36；河南 36；湖北 28；湖南 40；广西 33；海南 5；河北 42；安徽 20；江西 22；黑龙江 20；吉林 8
2017	679	新疆 25；西藏 44；青海 32；甘肃 52；四川 54；云南 73；宁夏 7；内蒙古 30；陕西 52；重庆 6；贵州 51；山西 33；河南 33；湖北 26；湖南 35；广西 32；海南 5；河北 31；安徽 19；江西 16；黑龙江 15；吉林 8
2018	397	新疆 22；西藏 19；青海 21；甘肃 38；四川 37；云南 40；宁夏 4；内蒙古 20；陕西 29；重庆 4；贵州 33；山西 16；河南 14；湖北 16；湖南 20；广西 23；海南 3；河北 13；安徽 9；江西 6；黑龙江 5；吉林 5
2019	52	新疆 10；宁夏 1；甘肃 8；四川 7；贵州 9；云南 9；广西 8
2020	0	

（二）贫困群众收入水平大幅度提高

20 世纪中叶以来，世界许多国家和国际相关组织提出和实施了一
系列反贫困战略，其总体目标都是要提高贫困群体的收入水平。习近
平总书记也特别强调："我们坚持开发式扶贫方针，把发展作为解决
贫困的根本途径，既扶贫又扶志，调动扶贫对象的积极性，提高其发
展能力，发挥其主体作用。"[1] 令人欣喜的是，截至 2019 年底，全国

---

① 习近平：《携手消除贫困，促进共同发展在 2015 减贫与发展高层论坛的主旨演讲》，
《人民日报》2015 年 10 月 17 日第 1 版。

建档立卡贫困人口中，90% 以上贫困人口得到了产业扶贫和就业扶贫支持，2/3 以上主要靠外出务工和产业脱贫，工资性收入和生产经营性收入占比上升，转移性收入占比逐年下降，自主脱贫能力稳步提高。统计数据显示，2019 年贫困地区农村居民人均可支配收入为 11567元，比上年名义增长了 11.5%，扣除价格因素，实际增长了 8.0%，实际增速比全国农村快 1.8 个百分点。从收入来源看，2019 年贫困地区农村居民人均工资性收入 4082 元，名义增速 12.5%；人均经营净收入4163 元，名义增速 7.1%；人均财产净收入 159 元，名义增速 16.5%；人均转移净收入 3163 元，名义增速 16.3%。从增收贡献看，2019 年工资性收入对贫困地区农村居民增收的贡献率为 38.0%，经营净收入的贡献率为 23.0%，财产净收入的贡献率为 1.9%，转移净收入的贡献率为 37.1%，转移净收入贡献率同比下降了 2.7 个百分点（见表3）。2019 年全国建档立卡贫困户人均纯收入也达到 9808 元[1]，贫困群众"两不愁"质量明显提升，"三保障"突出问题总体解决。

表3　2018 年、2019 年全国贫困地区农民人均可支配收入情况[2]

类型 \ 年份	2018			2019			增长贡献率同比增长
	收入水平（元）	名义增速（%）	增长贡献率（%）	收入水平（元）	名义增速（%）	增长贡献率（%）	
人均可支配收入	10371	10.6		11567	11.5		
人均工资性收入	3627	13.0	42	4082	12.5	38.0	-4
人均经营净收入	3888	4.4	16.5	4163	7.1	23.0	6.5
人均财产净收入	137	14.8	1.7	159	16.5	1.9	0.2
人均转移净收入	2719	17	39.8	3163	16.3	37.1	-2.7

---

[1]　习近平：《在决战决胜脱贫攻坚座谈会上的讲话》，《党建》2020 年第 4 期。

[2]　数据来源：根据《2019 年贫困地区农村居民收入情况》，国家统计局网站，http://www.stats.gov.cn/tjsj/zxlb/202001/t20200123_1724697.html 及《国家统计局发布 2018 年脱贫攻坚成绩单》，中国农网，http://www.farmer.com.cn/2019/02/16/99499309.html 整理。

（三）贫困地区基本生产生活条件明显改善

《中国农村贫困监测报告2019》显示，实施脱贫攻坚以来，我国贫困地区①农村居民住房及生活条件得到了显著改善，基础设施得到了大幅提升。据统计，2018年，贫困地区农户居住在钢筋混凝土房或砖混材料房的比重为67.4%，比上年提高了9.3个百分点；居住在竹草土坯房的农户为1.9%，比上年下降了2.2个百分点。贫困地区住宅外道路硬化的农户比重为88.4%，比上年提高了9.5个百分点。饮水有困难的农户比重为6.4%，比上年下降了4.4个百分点。贫困地区自然村通电话比重达到99.9%，通有线电视信号比重达98.3%，通宽带比重达94.4%。教育设施继续改善，从便利性来看，2018年所在自然村上幼儿园、上小学便利的农户比重分别为87.1%和89.8%，比上年分别提高了2.4个和1.8个百分点。医疗卫生条件继续提高，贫困地区所在自然村有卫生站的农户比重为93.2%，所在自然村能进行垃圾集中处理的农户比重为78.9%，分别比上年提高了1.0个和17.5个百分点②。

2019年，基础设施建设更进一步。具备条件的建制村全部通硬化路，村村都有卫生室和村医，10.8万所义务教育薄弱学校的办学条件得到改善，农网供电可靠率达到99%，深度贫困地区贫困村通宽带比例达到98%，960多万贫困人口通过易地扶贫搬迁摆脱了"一方水土养活不了一方人"的困难。贫困地区群众出行难、用电难、上学难、看病难、通信难等长期没有解决的老大难问题得到普遍解决，义务教育、基本医疗、住房安全有了保障。

（四）谱写了人类反贫困史上的辉煌篇章

贫困是一个困扰全球发展和治理的世界性难题。在2000年联合国

---

① 贫困地区是指集中连片特困地区和片区外的国家扶贫开发工作重点县，共832个县。
② 数据来源：《中国农村贫困监测报告2019》，第31-35页。

确定的千年发展目标中，居于首位的就是消除极端贫困和饥饿。2015 年
9 月，联合国可持续发展峰会通过了《改变我们的世界：2030 年可持续
发展议程》，将 2030 年前清除一切形式的贫困作为目标之一。中国 2020
年率先清除绝对贫困，这不仅在中国历史上具有划时代意义，在人类反
贫困史上也具有里程碑式的意义。联合国秘书长古特雷斯表示，精准扶
贫方略是帮助贫困人口、实现 2030 年可持续发展议程设定的宏伟目标的
唯一途径，中国的经验可以为其他发展中国家提供有益借鉴。不仅如
此，中国一直是全球减贫事业的积极倡导者和有力推动者，在推进国际
减贫合作方面贡献巨大。例如，中国作为非洲第一大贸易伙伴和重要投
资国，中非经贸合作和中国在减贫方面向非洲提供的帮助为非洲国家的减
贫事业作出了贡献。2018 年中非合作论坛北京峰会，中国推出以实施"八
大行动"[1] 为核心的上百项务实合作措施，被科特迪瓦外长塔诺誉为
"诚意满满，为非洲减贫发展、就业创收、安居乐业作出重大贡献"[2]。

可以说，新时代中国脱贫攻坚成就显著，它破解了困扰中华民族
几千年的绝对贫困，创造了中华民族发展史上的奇迹；它为世界解决
贫困问题提供了中国经验、中国智慧和中国方案；它充分彰显了中国
特色社会主义制度的优越性，为开启全面建设社会主义现代化国家新
征程创造了有利条件。

二、脱贫攻坚的宝贵经验

（一）坚持党的领导，强化组织保证

脱贫攻坚，加强领导是根本。中国共产党的领导是如期完成新时

---

① 2018 年 9 月，中非合作论坛北京峰会成功召开。习近平主席宣布，中国将同非洲共同实
施产业促进、设施联通、贸易便利、绿色发展、能力建设、健康卫生、人文交流、和平安全的
"八大行动"。

② 《特稿：脱贫攻坚，中国经验吸引世界目光》，新华社，http://www.xinhuanet.com/pol-
itics/2020lb/2020-05-27/c_1126038645.htm。

代脱贫攻坚目标任务的决定性因素。习近平总书记曾满怀深情地说："40多年来，我先后在中国县、市、省、中央工作，扶贫始终是我工作的一个重要内容，我花的精力最多。"① 他始终挂念着贫困群众，几乎走遍了我国最贫困的地区。他先后在陕西延安、贵州贵阳、宁夏银川、山西太原、四川成都、重庆和北京7次召开脱贫攻坚座谈会，分阶段、分专题部署推进工作。他努力奋斗，寻求改变，他要让中国许多像梁家河那里受苦受穷的人民摆脱贫困。正是在总书记的努力下，脱贫攻坚成为全党共识。党的十八大以来，几乎每年的中央一号文件中都会涉及脱贫攻坚，党的十八届五中全会、中央扶贫开发工作会议、党的十九大、党的十九届四中全会等一系列重要会议对脱贫攻坚都做出了决策部署；《中共中央国务院关于打赢脱贫攻坚战的决定》《"十三五"脱贫攻坚规划》《关于打赢脱贫攻坚战三年行动的指导意见》等一系列文件先后印发；全国派出25.5万个驻村工作队、累计选派290多万名县级以上党政机关和国有企事业单位干部到贫困村和软弱涣散村担任第一书记或驻村干部②。

（二）坚持精准方略，提高脱贫实效

脱贫攻坚，精准是要义。党的十八大以来，以习近平同志为核心的党中央，根据我国扶贫开发工作面临的新形势、新问题、新要求，提出了精准扶贫、精准脱贫的基本方略，实现了扶贫开发的历史性转变。2013年11月，习近平在湖南湘西考察时首次提出"精准扶贫"理念，他强调扶贫工作要"实事求是、因地制宜、分类指导、精准扶贫"③。2014年国务院扶贫办相继出台《关于印发建立精准扶贫工作机制实施方案的通知》和《关于印发扶贫开发建档立卡工作方案的通

---

① 杜尚泽、王汉超：《总书记和乡亲们的脱贫故事》，《人民日报》2021年2月23日第1版。
② 习近平：《在决战决胜脱贫攻坚座谈会上的讲话》，《党建》2020年第4期。
③ 中共湖南省委：《努力书写精准扶贫时代答卷》，《求是》2020年第13期。

知》，在全国范围内正式启动精准扶贫工作。2015 年 10 月，习近平在减贫与发展高层论坛上提出扶贫开发工作要做的"六个精准"和实施"五个一批"① 的脱贫工程。可以说，脱贫攻坚取得显著成就，充分展示了精准扶贫精准脱贫的科学性和真理性。

（三）坚持加大投入，强化资金支持

脱贫攻坚，资金投入是保障。习近平总书记强调，扶贫开发投入力度，要同打赢脱贫攻坚战的要求相匹配。党的十八大以来，党中央加大扶贫脱贫财政力度，坚持政府投入在扶贫开发中的主体和主导作用，同时积极吸引社会资金参与扶贫开发。据统计，中央投入的财政专项扶贫资金年均增长 21%，省级投入的财政专项扶贫资金年均增长 28.4%，市县两级投入的财政专项扶贫资金也大幅增加（见图 1、图 2）。2016 年至 2019 年，全国 832 个贫困县累计统筹整合使用财政涉农资金 1.2 万亿元。② 此外，国家还出台扶贫小额信贷和扶贫再贷款等相关政策，加强资本市场对扶贫的支持。

（四）坚持社会动员，凝聚各方力量

脱贫攻坚，各方参与是合力。习近平总书记强调，必须坚持充分发挥政府和社会两方面力量作用，构建专项扶贫、行业扶贫、社会扶贫互为补充的大扶贫格局，调动各方面积极性，引领市场、社会协同发力，形成全社会广泛参与脱贫攻坚格局③。在实践中，政府、社会组织、企业共同参与，政府充分发挥在扶贫资源规模、扶贫干预稳定性上具有的优势，社会组织充分发挥精细化、能力建设突出等方面的

---

① "六个精准"是指扶持对象精准、项目安排精准、资金使用精准、措施到户精准、因村派人（第一书记）精准、脱贫成效精准。"五个一批"是指发展生产脱贫一批、易地搬迁脱贫一批、生态补偿脱贫一批、发展教育脱贫一批、社会保障兜底一批。

② 《对十三届全国人大三次会议第 1672 号建议的答复》，国家乡村振兴局网站，http://www.cpad.gov.cn/art/2020/11/5/art_2202_184983.html.

③ 习近平：《在打好精准脱贫攻坚战座谈会上的讲话》，《求是》2020 年第 9 期。

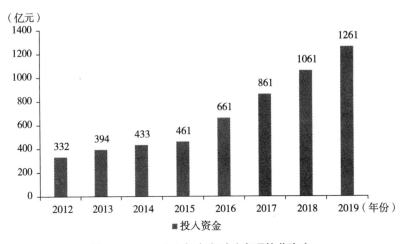

图 1　2012—2019 年中央财政专项扶贫资金

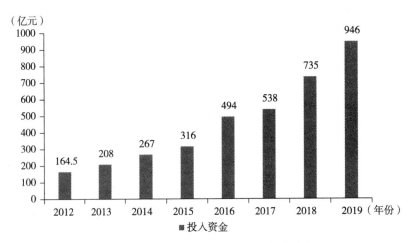

图 2　2012—2019 年省级财政专项扶贫资金

优势，企业充分发挥资源配置优化和效率方面的优势，形成了独具特色的脱贫攻坚动员体系。东部 9 省市帮扶中西部 14 个省区市，全国支援西藏和新疆，东部 343 个经济较发达县市区与中西部 573 个贫困县开展携手奔小康行动。308 家中央单位定点帮扶 592 个国家重点县，地方各级党政机关、国有企事业单位都承担了帮扶贫困县和贫困村的任务。全军部队定点帮扶 4100 个贫困村。民营企业、社会组织和个人也被动员起来参与脱贫攻坚，其中 9.99 万家民营企业结对帮扶 6.56

万个贫困村①。在全党全社会参与脱贫攻坚新形势下，三者深化合作，实现精准扶贫精准脱贫主体的协同与动员。

（五）坚持从严要求，促进真抓实干

脱贫攻坚，从严从实是要领。习近平总书记强调，必须坚持把全面从严治党要求贯穿脱贫攻坚工作全过程和各环节，实施经常性的督查巡查和最严格的考核评估，确保脱贫过程扎实、脱贫结果真实，使脱贫攻坚成效经得起实践和历史检验。② 为此，十九届中央第一轮巡视将脱贫攻坚工作纳入 14 个巡视省区监督内容；十九届中央第二轮巡视对 13 个省区市和 11 个中央部门、2 个中管企业进行脱贫攻坚专项巡视；8 个民主党派中央对口民主监督 8 个脱贫攻坚任务重的省区③；国务院扶贫开发领导小组每年开展一次脱贫攻坚督查巡查。除此之外，还有新闻媒体、12317 热线等社会监督渠道和国务院各部门的行业监督。

（六）坚持群众主体，激发内生动力

脱贫攻坚，群众动力是基础。按照马克思主义唯物辩证法，扶贫政策、经济物质等这些都是脱贫攻坚的"外因"，而贫困地区贫困群众的内生动力是"内因"，在脱贫攻坚实践中既要注重内外因相结合，更要认识到内因才是解决贫困问题的根本。所以，脱贫攻坚必须坚持依靠人民群众，充分调动贫困群众积极性、主动性、创造性，坚持扶贫和扶志、扶智相结合，正确处理外部帮扶和贫困群众自身努力关系，培育贫困群众依靠自力更生实现脱贫致富意识，培养贫困群众发展生产和务工经商技能，组织、引导、支持贫困群众用自己辛勤劳动实现

---

① 数据参见国家乡村振兴局官网，http：//www.cpad.gov.cn/。
② 习近平：《在打好精准脱贫攻坚战座谈会上的讲话》，《求是》2020 年第 9 期。
③ 在脱贫攻坚民主监督中，民革中央监督贵州，民盟中央监督河南，台盟中央监督甘肃，民建中央监督广西，九三学社中央监督陕西，民进中央监督湖南，致公党中央监督四川，农工党中央监督云南。参见 http：//www.minge.gov.cn/n1/2019/0402/c415139-31009132.html。

脱贫致富，用人民群众的内生动力支撑脱贫攻坚。

三、脱贫攻坚面临的困难与挑战

（一）巩固脱贫成果难度大

贫困具有长期性和动态性，解决贫困问题不仅要"摘穷帽"，更要"拔穷根"。习近平总书记曾经指出："已脱贫的地区和人口中，有的产业基础比较薄弱，有的产业项目同质化严重，有的就业不够稳定，有的政策性收入占比高。据各地初步摸底，已脱贫人口中有近 200 万人存在返贫风险，边缘人口中还有近 300 万存在致贫风险。"[1]

从产业方面来看，目前扶贫过程中产生的"家门口"就业工程多以劳动密集型企业为主，多集中在种植业、养殖业等方面，产品可替代性强，市场竞争力不强，所依靠的地方宣传和价格优势很难抵御市场风险，这种企业随着经济社会的发展，必然面临转型问题。经过调研发现，在实际工作中所开发的部分扶贫产业还存在以下几个方面的问题：第一，扶贫产业前期论证不严谨，地理、环境、市场、劳动力等诸多因素考虑不周；第二，扶贫产业项目采取租赁经营模式动作，收益较低；第三，光伏发电产业项目资金折旧率逐年大幅递增，光伏发电项目收益率逐年降低；第四，部分扶贫产业项目技术要求相对较高，而农村从事生产的多以"50 后""60 后"为主，农村参与扶贫项目的能力不足，或产业收益有限，贫困户参与意愿不高等。

从帮扶政策来看，目前精准扶贫识别主要考虑收入标准，但因支出导致的贫困即所谓的支出型贫困也应值得关注。所谓支出型贫困家庭是指由于突发事件、重大疾病、慢性病、身体残疾或者子女就学等特殊原因造成家庭长期刚性支出过大，导致家庭在一定时期内陷入贫

---

[1] 习近平：《在决战决胜脱贫攻坚座谈会上的讲话》，《人民日报》2020 年 3 月 7 日第 1 版。

困的低收入家庭。支出型贫困家庭可分为两类：一类是经过各种救助后仍然存在突出困难的；另一类是现行救助政策未能覆盖的农户。统计显示（见表4），尽管中国农村人均可支配收入不断上升，但农村人均消费支出的攀升速度却高于农村人均可支配收入的增长速度。

表4　2014—2019 年全国农村年人均可支配收入及消费支出

年份	全国农村人均可支配收入			全国农村居民人均消费支出		
	金额（元）	名义增长（％）	实际增长（％）	金额（元）	名义增长（％）	实际增长（％）
2014	10489	11.2	9.2	8383	12.0	10
2015	11422	8.9	7.5	9223	10.0	8.6
2016	12363	8.2	6.2	10130	9.8	7.8
2017	13432	8.6	7.3	10955	8.1	6.8
2018	14617	8.8	6.6	12124	10.7	8.4
2019	16021	9.6	6.2	13328	9.9	6.5

（二）解决相对贫困问题任务更重

贫困本身是一个程度的概念。从经济学角度来看，贫困可以划分为三类：赤贫、生存贫困和相对贫困。在实际使用中通常简化为两类，即绝对贫困和相对贫困。所谓绝对贫困是指家庭或个人收入不足以支付基本生活需求的一种生存状态；而相对贫困是指家庭或个人收入低于社会平均收入水平时所维持的生活状态。绝对贫困一般按照基本需求不足来确定，相对贫困一般按照一定的最低百分比来确定。当前，世界银行将收入低于社会平均收入 1/3 的社会成员视为相对贫困人口。

贫困是相对的，也是永恒的。我国当前的脱贫攻坚主要针对绝对贫困问题，以"一超出、两不愁、三保障"为退出标准，这易于在短时间内通过集中力量的方式解决绝对贫困问题，但相对贫困则不然。

全面完成脱贫攻坚任务之后，中国长期处于社会主义初级阶段的基本国情没有变，我国还会存在较多的低收入人群，他们的收入水平也只是略高于基本需求。2019 年统计数据显示：2018 年全国农村居民人均可支配收入低收入组为 3666 元，比国家贫困线高不了多少，且农村收入差距呈现长期变大、短期波动的趋势（见图 3）。

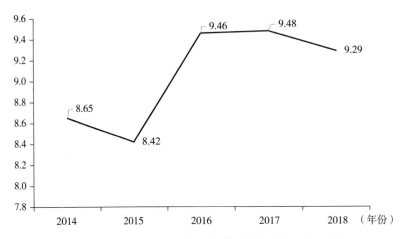

图 3　2014—2018 年全国农村人均可支配收入高收入组与
低收入组收入的比值变化情况

（三）脱贫攻坚与乡村振兴的有效衔接

2012 年，党的十八大提出到 2020 年全面建成小康社会。2017 年，党的十九大召开，明确提出乡村振兴战略。2018 年中央一号文件明确指出，做好实施乡村振兴战略与打赢精准脱贫攻坚战的有机衔接。中国特色社会主义进入新时代，社会主要矛盾已经转化为人民日益增长的美好生活需要和不平衡不充分的发展之间的矛盾。中国面临的主要问题不再是生产力落后而是发展不平衡、不充分。这种不平衡不充分的一个突出体现就是连片特困地区、深度贫困地区和广大乡村地区。实施脱贫攻坚与乡村振兴的有效衔接，既是不平衡不充分发展的解决之策，也是乡村发展的规律。乡村发展的规律表明，城乡二元将最终走向城乡融合。如何实现两者的有机衔接，是我们面临的新课题。

四、几点建议

（一）建立稳定脱贫长效机制

第一，多元共治构建大扶贫格局。毫无疑问，目前我国贫困治理中政府是主角，但消除贫困是一项长期的任务，需要更加注重多方参与、协同联动的合作型扶贫模式。对政府来讲，应该更加注重顶层设计，注重提供基础性建设。对企业来讲，应该将社会责任和企业效益相结合，为贫困地区提供合适的产业项目，带动贫困地区脱贫的同时解决企业的盈利问题。对社会来讲，就是要从资金、技术等方面对贫困地区结对帮扶。对贫困户来讲，就是要不断提高自身技能，积极主动参与脱贫。

第二，提高脱贫的内生动力。要正确处理产业扶贫和产业发展的关系，防止出现产业扶贫变为产业扶持。要针对贫困地区、贫困户选择合适产业，做到因村施策、因户施策，特别是对村集体和农户因能力弱等原因而造成脱贫意愿不强，要将组织建设和产业扶贫结合起来，增强内生动力。

第三，加强人才队伍建设。摆脱贫困，人才是关键。政府必须加大支持力度，通过优化乡村环境和完善社会保障制度等方式吸引更多青壮年返乡创业；通过企业和社会组织就业培训，提高农户的技能本领，增强其脱贫攻坚的信心；通过第一书记等驻村指导，改变贫困村特别是软弱涣散村的工作状态，提升基层组织发展生产、服务群众的本领。

（二）治理相对贫困，走向共同富裕

相对贫困治理是一个长期的过程，它的解决只能通过更长时期的全面发展逐步缓解。从实践经验来看，当前治理相对贫困既要改善外部减贫环境，又要为贫困者赋能；既要分层分类施策，又要进行宏观顶层设计。

第一，要综合平衡贫困户、非贫困户，贫困村、非贫困村的政策支持，促进他们互相支持。在聚焦贫困人口的同时，也要关注低收入人口或临界人口，防止他们陷入贫困，形成新的贫困群体。

第二，要多样化地运用一些扶贫举措，促进共同富裕。比如以工代赈、公益性岗位、有条件转移支付、订单加工等，形成开发式扶贫与保障式扶贫并举的扶贫格局。

第三，更好地发挥财政再分配的作用。在财政上加大对中西部落后地区的帮扶力度，让转移支付成为缓解贫困、缩小收入差距的重要方式，以此逐步缩小贫困地区与发达地区的收入差距。

第四，提高人的能力。对广大农村特别是贫困地区，要通过加大对教育、卫生健康等基本社会服务的投入，提高人的各方面能力，提高劳动生产率，提高致富本领。

（三）脱贫攻坚与乡村振兴有机衔接

第一，要共绘一张蓝图。脱贫攻坚是 2020 年前农村发展的阶段性历史使命，是乡村振兴的前提；乡村振兴是中国农村未来发展的目标。两大战略要协同起来，坚持"一张蓝图绘到底"。要按照产业兴旺、生态宜居、乡风文明、治理有效、生活富裕的"二十字方针"，借鉴脱贫攻坚的经验作法，建立健全乡村振兴的政策体系、措施方法等，推动乡村特别是脱贫摘帽地区走向全面振兴、共同富裕。

第二，要实现可持续发力。脱贫攻坚是一场短时间的"突击战"，乡村振兴则是一场"持久战"。两者有效衔接，既要保障短时间内大量资源的投入，又要确保这种投入的可持续性；既要保障政策措施的连续性，又要实现政策措施的升级换代。

人才振兴篇

Talent Boom Report

内容提要

"人才振兴篇"包括《2019—2020年中国乡村人才发展报告》、《2019年中国乡村基层党组织和党员队伍建设报告》2篇分报告。

乡村人才包括乡村党政人才、乡村企业经营管理人才、乡村专业技术人才、乡村高技能人才、农村实用人才和农村社会工作人才六大类。乡村人才队伍是乡村产业振兴的主心骨、乡村生态振兴的定盘星、乡村文化建设的活水源、乡村组织振兴的生力军，在乡村振兴战略蓝图中扮演着关键性引领角色。2019年，乡村人才总数占乡村人口总量的1.3%，远远不能满足乡村发展的需要。从全局看，乡村人才队伍建设存在人才总量不足、增长乏力、结构不合理、区域分布失衡、人才队伍建设滞后、重数量重形式轻效果等问题。乡村振兴战略对乡村人才队伍的建设提出了更高、更直接、更全面的要求。应多措并举，从优化人才发展环境、健全人才建设体系、创新乡村人才观念、强化人才组织管理、健全人才工作体系、完善教育培训体系等方面破解人才瓶颈制约，推进乡村人才振兴事业，进而推动乡村全面振兴。

乡村基层党组织是党在农村全部工作的基础，是有效实施乡村振兴战略的重要组织保障。党的十九大以来，农村基层党组织通过加强政治建设，推进组织覆盖，抓班子带队伍，加大整顿力度，推进规范化建设，加强廉政纪律建设，使党的政治领导地位不断加强，组织体系不断完善，"头雁工程"初现成效，软弱涣散党组织得到了有效整改，党员干部作风得到了有效改善，"微腐败"问题得到了有效治理。

但农村党员队伍结构老龄化、部分党员党性观念淡泊，带领群众发展致富能力弱等问题依然突出。截至 2019 年底，全国共有以农牧渔为职业的党员 2556.1 万名，533824 个行政村已建立党组织，覆盖率均超过 99%。在全面实施乡村战略的背景下，要提升农村党员培训项目的科学性，落实好新时代组织路线，构建"自治法治德治"体系，提高基层治理能力，壮大村集体经济，从而全面提高乡村基层党组织和党员队伍的组织力、凝聚力和战斗力。

2019—2020 年中国乡村人才发展报告

李 崧 杨衍铨*

摘 要：乡村人才作为具有主观能动性的实践主体，在乡村振兴战略蓝图中，扮演蓝图"执笔人"的角色，可以调动乡村资源、创造农村物质财富、实现乡村时代价值。乡村振兴战略的实施，对乡村人才队伍建设提出了更高、更直接、更全面的要求。在新的要求之下，我国乡村人才队伍建设存在人才总量不足、结构不合理、队伍建设工作不力、队伍培养模式落后等问题。应多措并举从优化人才发展环境、规范乡村人才识别、强化人才组织管理、完善教育培训体系和健全人才保障机制五个方面破解人才瓶颈制约，推进乡村人才振兴，进而推动乡村产业、生态、组织、文化的全面振兴。

关键词：乡村振兴；人才队伍；存在问题；对策建议

党的十九大作出了实施乡村振兴的重大决策部署，乡村振兴是包括产业振兴、人才振兴、文化振兴、生态振兴、组织振兴的全面振兴。实现乡村全面振兴，人才是最关键、最活跃、起决定作用的因素，乡村的各方面发展都需要多元化人才队伍支撑，只有人才振兴，乡村振兴才有底气、朝气和生气。因此应积极创造有利于各类人才成长和发挥作用的良好环境，努力培养造就一支懂农业、爱农村、爱农民的乡村人才队伍。

---

* 李崧，中共山东省委党校（山东行政学院）研究生院 MPA 办公室主任，教授；杨衍铨，中共德城区委党校办公室四级主任科员。

一、乡村人才的内涵和分类

乡村人才隶属于人才范畴，又具有时代特性，是一个较特殊的概念。乡村人才的内涵随着社会的发展不断演进。《2002—2005 年全国人才队伍建设规划纲要》作为我国第一个综合性的人才队伍建设规划，对乡村人才主体的认定主要是围绕拥有较高技术素质的农业生产经营型人才和农业科技队伍。2003 年出台的《中共中央　国务院关于进一步加强人才工作的决定》对于乡村人才的界定范围更加宽泛，包括农村科技、教育、文化、卫生和经营管理等实用人才。2011 年中组部《农村实用人才和农业科技人才队伍建设中长期规划（2010—2020年）》将乡村人才主体进一步细化为农业科研人才、农业技术推广人才、农村实用人才带头人、农村生产型人才、农村经营型人才、农村技能服务型人才。

党的十九大以来，以习近平同志为核心的党中央着眼党和国家事业全局，对"三农"工作作出重大决策部署，提出乡村振兴战略。乡村振兴战略顺应国情党情民心，打开了乡村人才学术研究热潮。但截至目前，关于乡村人才的内涵理论界并无统一界定，研究人员普遍从自身研究角度出发，对乡村人才的内涵进行界定。本文较为倾向于把乡村人才定义为：活跃在乡村建设中，具有一定的专业知识或专门技能，通过其创造性工作，为乡村振兴作出较大贡献的人。具体包括在乡村管理、教育、卫生、服务岗位上工作的人，以及在农村生产、经营、技术推广、民间艺术传承上有带动作用的人。

由于研究角度和研究重点的不同，各专家学者对乡村人才的分类标准和方式并不统一。本文比较认可将乡村人才队伍分为乡村党政人才、乡村企业经营管理人才、乡村专业技术人才、乡村高技能人才、农村实用人才和农村社会工作人才六大类。

二、乡村振兴视角下乡村人才队伍建设的必要性

乡村振兴战略是具有全局性、长远性、前瞻性的国家战略，是以习近平同志为核心的党中央审时度势谋划的战略蓝图。习近平总书记指出，"乡村振兴是包括产业振兴、人才振兴、文化振兴、生态振兴、组织振兴的全面振兴"。[①] 乡村振兴关键在人。实施乡村振兴战略，必须坚持人才为先。

（一）乡村人才队伍建设是乡村产业振兴的主心骨

乡村振兴，产业振兴位列第一。习近平总书记指出："乡村振兴关键是产业要振兴。"[②] 小康不小康，关键看老乡，看老乡就要看老乡的口袋，老乡的口袋鼓不鼓就是要看乡村的产业强不强。马克思主义理论强调经济基础决定上层建筑，只有经济发展了，乡村振兴才有了物质基础，经济停滞不前，乡村振兴无从谈起。产业振兴就是要实现乡村产业经济发展，以农业高质量发展稳产保供，打造有竞争力的特色产业集群，为乡村全面振兴筑牢"真金白银"的坚固地基。

舒尔茨人力资源理论普遍认为对人力资源的投入是当前最直接、最有效的投入，人力资源可以直接有效地为经济发展增速，为实现地区经济和社会发展提供动力、增添活力。乡村人才是产业振兴的主心骨。乡村产业的规划、启动、协调、推动，必须有乡村人才的全程参与。乡村振兴背景下的农村产业逐渐摆脱原始的落后产业，逐步探索新型农业组织，包括最为普遍的新型合作社、"公司+基地"模式、农村专业技术协会、一二三产业融合等，这些新型产业组织都需要经营

---

① 习近平：《在十九届中央政治局第八次集体学习时的讲话》，《习近平关于"三农"工作论述摘编》，中央文献出版社 2019 年版，第 23 页。

② 习近平：《走中国特色社会主义道路》，《人民日报》2017 年 12 月 29 日第 1 版。

型管理人才。乡村产业设备也逐步更新换代，由原本的"粗放式"生产转变为"高、精、尖"现代科技技术。高端设备和现代科技技术急需懂农业、懂技术的农业科技带头人、产业科研领军人、先进设备应用人为乡村产业把方向、稳大局。新时代乡村产业沐浴着信息技术的春风，凭借着物流网络的东风，部分乡村产业已经从实体经济向"实体+电商"融合发展转变。这一重大转变，既需要把握时代脉搏，分析市场需求，借助网络平台，同时又要参与复杂多面的协同工作，乡村振兴也离不开新时代电商人才、网络技术人才、物流运输人才。乡村人才在产业振兴全过程中起到了至关重要的作用。

（二）乡村人才队伍建设是乡村生态振兴的定盘星

"生态兴则文明兴，生态衰则文明衰"，改革开放四十年以来，粗放式农业生产模式曾带来快速经济增长，但是对生态环境造成了不可逆转的危害。面对生态环境和经济发展关系问题，习近平总书记指出："实施乡村振兴战略，一个重要的任务就是推行绿色发展方式和生活方式，让生态美起来，环境靓起来，再现山清水秀，天蓝地绿，村美人和的美丽画卷。"① 这一科学论断，为我们实现高质量发展指明了方向。

人作为改造自然界的主体必然参与在生态环境之中，人如何改造生态环境便成为生态振兴能否实现的关键点。因此，要实现乡村振兴，必须要有乡村人才作为定盘星，在生态理念上积极引导、在生态环境治理上多想方法、在生态宜居上主动作为。生态振兴要处理好历史和现实的关系，一方面要解决"历史遗留生态困境"，例如环境污染、水土流失、土地荒漠化、水资源短缺等问题。另一方面要解决"现实生态难题"，例如部分农民环境保护意识不强、污水垃圾排放不合规、

① 习近平：《走中国特色社会主义道路》（2017年12月28日），《论坚持全面改革》，中央文献出版社2018年版，第403页。

生产方式不科学等。这些问题都需要农业宣传人才、农业治理人才、农业科技人才在一线工作中发现、研究、解决。美丽宜居乡村建设是乡村振兴的题中应有之义，与农民生活息息相关，关系到农民的生活质量，更加需要乡村人才因地制宜、加强谋划、精准施策、系统治理，实现村容村貌美，人居环境宜居宜业，真正做到能够望得见山，看得见水，记得住乡愁。

（三）乡村人才队伍建设是乡村文化振兴的活水源

党的十九大报告指出："文化是一个国家、一个民族的灵魂。文化兴国运兴，文化强民族强。"文化是一个民族兴旺发达的不竭动力，乡村文化是乡村振兴的重要推动力量。乡村文化是中华优秀传统文化的发源地，是中华文化的重要组成部分，主要表现为在几千年悠久历史长河中，人民群众在农业生产、农业生活中形成的生活习惯、社会心理、道德情感等。

乡村文化作为一种无形的资产，需要乡村人才加以继承和发展。改革开放以来，伴随着市场化、网络化、物资化的发展，世代相传的优秀传统文化面临失传，例如风俗习惯、民族艺术表演、传统刺绣雕刻、特色美食服饰等民族文化瑰宝，因"后继无人"而走向消亡。优秀传统文化的传承需要载体，传承的载体就是人。要通过发掘乡村文化能人、本土人才传承老技艺、老传统，让优秀乡村文化后继有人，代代相传。

文化振兴不仅需要传承，更需要在传承的基础上结合社会发展，吸收外来优秀文化，奏响乡村文化交响曲。当前有超过 2/3 的农村文化基础设施建设薄弱，农民受教育程度低，优秀乡村文化创新性转化难，导致优秀传统文化难以走出村庄，难以进一步发展。要通过加强乡村人才队伍培养，为乡村优秀传统文化装上"时代"和"创新"的翅膀，以社会主义核心价值观为引领，以新时代新理念为遵循，以新方式新途径为手段，推动乡村农民世界观、人生观、价值观的革新，推进乡村优秀文化的高质量发展，为乡村振兴提供精神支柱和文化滋养，为乡村振兴工作提供精神引领和资源凝聚。

文化振兴既要塑形，也要铸魂。乡风文明是乡村文化振兴的时代要求，面对部分乡村依然存在的封建迷信、功利主义、陈规陋习，通过加强乡村人才队伍建设，培育挖掘本土乡贤道德模范，回引有思想有能力的新乡贤，形成新时代乡风文明新气象，为乡村振兴各项事业发展提供智力支持和方向引导，从而达到凝聚人心、教化群众、净化乡风的重要作用。

（四）乡村人才队伍建设是乡村组织振兴的生力军

组织振兴处于五大振兴中的核心地位，乡村组织振兴是乡村振兴的政治保障，我们通常所说的乡村基层组织包括基层政权组织、基层党组织和其他组织三大部分，这三大部分涵盖了党在农村的全部工作。乡村基层组织是推动农村改革发展的坚强战斗堡垒，乡村组织人才是联系群众、宣传群众、组织群众、团结群众的生力军，是党的大政方针贯彻落实到村社的组织者和领导者，是乡村基层治理的主力军。组织振兴必须要以党建引领，发挥"头雁效应"，坚持把支部建在田埂上。但是当前乡村基层组织振兴面临乡村组织涣散、乡村人才年龄偏大、受教育水平低、专业技能不足、后备力量断档等诸多亟待解决的难题，只有破解这些难题，才能够为乡村振兴提供良好的乡村政治生态和坚强组织保障。

农村富不富，关键看支部，支部强不强，关键看"领头羊"。一是要持续抓好乡村人才队伍的建设，特别是村两委班子的建设，为乡村振兴打造一批高素质村两委班子，储存乡村振兴的"造血干细胞"；二是要加大基层组织后备人才培养，健全基层人才机制，从返乡大学生、退伍军人、本土致富带头人、种植能手中选拔优秀人才充实到乡村组织队伍中，为乡村组织注入新鲜血液；三是要提高组织人才的治理能力，"群雁高飞头雁领"必须通过全方位多层次的专业化培训、引导、组织人才确立符合时代的乡村治理理念，提升组织人才能够应对乡村复杂问题的治理能力；四是要加强乡村组织人才队伍管理，特别是基层党组织党员队伍，因为乡村党员相对分散，外出打工党员人数较多，难以集中管理，日常开展组织活动不经常且形式单一，要利用好当前网络信息渠道，及时传达上级文件精神和乡村组织安排，加强党员队伍理想信念教育，提高乡村组织人才的干事创业热情。

三、乡村振兴背景下乡村人才队伍建设存在的问题

（一）乡村人才总量不足，增长乏力

截至 2019 年，我国农村常住人口 55162 万人，占全国总人口近 1/3，从全国乡村人才队伍总量上看，占乡村人口总量的 1.3%。据不完全统计，2018 年城镇人口较 2017 年增加了 1800 万人，2018 年农村人口较 2017 年减少了 1300 万人。随着经济社会发展，城镇化进程加快，教育医疗卫生较为发达的城市吸引了大量乡村有思想、敢创新、有文化、懂技术的青年，他们通过进城务工或者个体经营的方式，在城市安家落户，逐渐成为城市的一员。与此同时，思想落后、文化水平低、年老体弱的群体继续生活在农村，这一群体多数为老年人、妇女和儿童，也就是我们俗称的"386199"部队。农村村庄人才涌入城市，村庄"空心化""老龄化"问题日益严重。乡村人才外流，导致人才严重断档，成长起来的青年也会逐渐进入城市，人才出现"断流"趋势。相关数据表明，农业劳动力在初中以下文化程度的占 83%，平均受教育年限为 7.3 年，乡村"文盲"劳动人口是城市"文盲"劳动人口的 5 倍。乡村开设新型农业合作社、集体经济组织缺乏本土管理人才和技

术人才，只能依靠外来人才。虽然近年来国家加大了对农村人才政策的倾斜力度，但是乡村人才的数量远远满足不了乡村人才缺口，严重制约了农村长足发展。

（二）乡村人才结构不尽合理，分布失衡

截至 2018 年，全国现有包括新型职业农民在内的农村实用人才总量在 1500 万人左右，农业技术推广人才总量超过 115 万人，返乡下乡创业人数超过 700 万人，在岗大学生村官约 10 万人，乡村教师约 330 万人，乡村医生约 140 万人。把这些数字平均到全国每一个乡村，每个乡村的人才寥寥无几。一方面乡村人才队伍的年龄结构不合理，乡村人才老龄化严重，后备人才短缺严重。在此基础上，乡村人才中的农村科技人才、实用人才、新型职业农民仅 1690 万人，占农村劳动力的 3.3%。乡村基层组织本土负责人普遍在 50 岁以上，他们多数没有接受过高层次教育、以农业种植养殖为主业，"兼职"从事农村组织工作。他们在体力精力、治理理念、工作方式等方面难以满足乡村振兴的要求，一定程度上妨碍了乡村振兴的前进脚步。另一方面，乡村人才队伍产业分布不均衡。农村实用人才和农村社会工作人才（事业单位人员、村五职干部比例最大）占比超过 70%，而经营管理、高技能人才数量偏少。并且农村实用人才队伍多数从事传统种养殖，少数从事农业产业化经营，新兴的、高新技术产业方面的人才更是相当紧缺。各类乡村专业技术人员也是大都集中在卫生、教育（卫生院、乡镇学校）领域，其他领域相对不足。

（三）乡村振兴背景下乡村人才队伍建设工作不力

实施乡村振兴战略，既是对乡村人才振兴提出新的要求，更是对乡村人才队伍建设提出新的挑战。当前乡村人才队伍建设存在诸多问题。

第一，乡村人才队伍建设工作针对性不强。中国各省市地区为广

纳人才相继出台了人才招引政策，政策给予人才一定的优惠条件，但是详细查看众多政策条例，专门针对乡村人才招引和研判的政策屈指可数。乡村人才短缺问题长期存在，却始终没有出台有针对性可操作的指导意见或规划，导致乡村人才招引成为人才招引过程中的"弱势群体"，没有明确的方向，也没有科学的措施，最终在引进结果上不理想。在招引过程中对乡村人才需求不重视，即使每年各地区都在拓宽招才引智的渠道，条件相对放宽，并且出现了各地组织部奔赴各大高校"抢人"的场面，其结果的确是招引回一大批高层次人才，召唤回一大批本土优秀学生，但是这些人才普遍进入各地机关部门，最基层的去到城市社区，几乎没有直接回到一线乡村服务建设。

第二，乡村人才队伍建设工作主动性不强。当前我们所说的乡村人才，除大学生村官、第一书记、科技特派员等，其他参与乡村建设的人才在身份上存疑，没有明确的认定标准，各地区对于乡村人才的认定工作进展缓慢，导致乡村人才队伍建设工作的主动性不强。因为在身份上没有明确的认定，加之乡村人才覆盖面较广，人员较分散，增大了乡村人才队伍的组织管理工作难度。因为缺乏有针对性的乡村人才信息采集，乡村人才信息库空白，多数乡村人才没有被纳入统一管理，在享受各类政策和待遇方面与县一级的人才差距较大。乡村人才参与乡村振兴过程中，所作出的努力和贡献转化为现实效益的时效较长，很难在短时间内实现质的飞越，并且实践过程中一旦失误，成本谁来承担的问题，也在一定程度上降低了乡村人才投身乡村振兴工作的热情。

第三，乡村人才队伍建设工作灵活性不足。"功以才成，业由才广"，只有人才聚起来，乡村振兴才有了源头活水。几年来虽然各地采取了多种政策措施引人用人，但是在政策使用上过于僵硬，引才用才理念没有紧随时代的发展而更新，还只是停留在单纯靠政策招引人才，政策方面因循守旧、缺乏创新，不能够满足当前吸引高级人才的需求。招引来的人才并不完全符合乡村人才需求，一部分人才"招而不用"，留在城市单位开展与乡村无关的工作，一部分人才"专业不符"，在招引过程中引进相关专业人才的标准过于宽松，人才技能与本地农村真实需求不符，无法解决乡村亟待解决的现实问题。与此同时，乡村人才政策保障执行不到位，特别是针对乡村人才正向激励、农民技术职称的评审等方面，缺乏具有本地特色的人才养成体制机制。

（四）乡村人才队伍培养模式上存在问题

无论是乡村本土人才，还是招引外来人才，都需要进行系统的培养。但是就目前的乡村人才队伍培养现状来看，培养模式落后，不能适应乡村振兴人才队伍建设的需求。一是针对性培训开展的数量过低。目前针对农村人才的专门性培训寥寥无几，多数农村人才的培训集中在培训农村党支部书记，而对于农业技术、生产经营方面的培训少之又少。二是培训开展无序化严重。在原本专门性培训数量少的情况下，培训开展缺乏系统科学的规划，往往是以应付上级检查督查而临时召集多批次、多人数开展集中培训，培训重形式、轻效果。三是培训内容与现实需求相矛盾。在乡村振兴战略背景下，开展的培训内容多数为大政方针的讲解，而对于农村工作的具体开展起不到实质性作用。前来培训的乡村人才"只知道政策，却不知道怎么干工作"。当前乡村人才培训最需要的不是政治理论讲解，而是如何解决农业科技、一二三产融合经营管理、产业集群建设等摆在眼前的难题。四是乡村人才队伍培养没有严格的评价和考核机制，对乡村人才的成长进步没有计量标准，乡村人才队伍工作水平提升缓慢，甚至出现下降的趋势。

四、乡村振兴战略背景下加强乡村人才队伍建设的对策建议

2020 年既是脱贫攻坚的最后一年，也是实施乡村振兴战略三年试

点的最后一年。随着脱贫攻坚取得胜利，我国"三农"的工作重心将转移到全面推进乡村振兴上来。全面推进乡村振兴，人才是关键。面对当前乡村人才出现的问题，必须高度重视、精心筹划、部门联动、多措并举，破解人才瓶颈制约，推进乡村人才振兴，进而推动乡村产业、生态、组织、文化全面振兴。

（一）优化人才发展环境，探索引才聚才新举措

乡村人才服务乡村，奋战在基层一线，任务艰巨、责任重大，加之当前落后乡村工作环境恶劣、条件艰苦，工作开展得十分辛苦，必须要持续探索优化乡村人才的发展环境，持续引进懂农业、爱农村的乡村人才，真正实现"人才因事业而聚，事业因人才而兴"。

一是要健全人才政策体系。因地制宜地结合地方特点建立健全地方乡村人才队伍建设发展规划和指导意见，要从人才引进、培养使用、激励保障、评价考核、选拔任用全方位完善配套保障政策，在资金、技术、税收等方面进行扶持。从人才政策上下功夫，摆出求才引才的诚意，让有志投身乡村建设的人才有盼头。二是加强人才政策宣传。制定综合性的人才政策后需要加大宣传力度，通过网络、电视台、报纸等宣传渠道，广泛宣传招才引才惠好政策，加强重视人才、尊重人才正向舆论引导，在地方形成重视人才、尊重人才、爱惜人才的良好引才聚才氛围，让乡村人才有实实在在的归属感和获得感，积极引导乡村人才投身乡村振兴事业。三是要实施靶向引才工作。引才不能"胡子眉毛一把抓"，要在充分调研的基础之上掌握乡村人才短缺情况，要根据乡村实际发展需求为导向，以乡村特色产业为中心，以乡村技术管理难题为重点，对照需求列出人才需求清单，打破地域身份限制，在全国范围招引乡村紧缺实用人才，灵活采用合作、聘用、租赁等柔性方式吸纳人才，特别针对乡村技术和管理人才，真正做到"聚天下英才而用之"。四是要保障良好日常工作环境。当前我国多数

落后乡村条件艰苦、基础设施差、矛盾问题多，工作和生活环境对工作开展效果起到直接影响，一定要做好乡村人才的后勤工作，确保乡村人才的办公、食宿、交通、通信能够得到保障，按照政策及时投入人才专项基金，科学合理使用人才经费，避免因为生活基础性环境问题影响乡村人才工作的顺利开展。

（二）规范乡村人才识别，树立科学人才新理念

人才是支撑发展的第一资源，2002年5月中共中央办公厅国务院办公厅印发的《2002—2005全国人才队伍建设规划计划纲要》，是我国第一个综合性人才队伍建设规划，提出培养农业产业化经营和农业科技队伍，鼓励农业技术人才到农村开发创业，发展农村人才市场等，标志着国家层面将农业农村人才工作提上日程。之后的多个会议和文件涉及了农村人才队伍，但是乡村人才一词却没有清晰准确的定义和概念。概念的模糊导致乡村人才队伍建设困难，一方面难以确定哪一类人才属于乡村人才范畴，许多从事乡村工作的人，面临角色困惑。另一方面，因为概念的不确定性，在进行乡村人才数量统计上难以获得准确数据，对乡村人才的整体管理困难重重。

第一，首先要树立科学的人才理念，由原本的"高精尖"人才观转化为"新型实用"人才。乡村振兴要依靠懂农业、爱农村、爱农民的乡村人才队伍，这样的人才队伍人员组成多元化，既可以是农村懂农业生产的"土专家"，可以是敢于创新创办新型农业经营模式的"实干家"，也可以是有专业技术帮扶农村的"洋秀才"，还可以是务工返乡创业人员，无论是哪一种人才，都应该得到支持和使用。第二，规范乡村人才识别工作。积极推动相关负责单位建立乡村人才识别标准，构建乡村人才信息库。各地区乡村人才识别标准可以有所差别，要突出地区乡村特色，避免盲目抄袭照搬其他地区人才标准，造成人才识别"泛化"或"错位"。制定符合本地乡村实际发展情况的识别

标准，成立乡村人才识别统计专班，下沉到乡村一线，进行实地信息统计，形成乡村人才信息库。第三，推进乡村人才理论研究。在乡村人才识别基础之上，要重视乡村人才理论层面研究，从本地乡村人才的具体内涵、分类标准、表现特征和划分范围上升到理论层面，通过多部门严格审核，确立为官方文件，并及时发放至各基层单位，为乡村人才识别提供理论支撑。

（三）强化人才组织管理，健全人才工作新体系

伴随乡村振兴战略全面推进，投身乡村建设的乡村人才持续增加。乡村人才队伍人员构成复杂、涉及领域广，如何进行乡村人才组织管理，关系到乡村人才队伍作用的发挥。乡村人才管理不仅涉及人员管理，还涉及流程管理、资金管理、事项管理等，只有把乡村人才队伍管理好，乡村人才能够留得住、干得好。

第一，成立农村人才管理办公室。当前各地区已经建立了以党委牵头的人才工作领导小组，负责抓人才工作，但是工作并没有深入到乡村人才这一层面，还仅仅停留在县区部门或城市社区干部管理层面。要通过成立乡村人才管理办公室，选派熟悉乡村人才的部门领导牵头，抽调各农业相关部门政治素质高、工作能力强的干部参与管理工作，并且在每个乡村指定两名政治威望高、熟悉乡村人才工作的人员作为"联络员"，进一步形成上下贯通的人才管理模式。第二，构建乡村人才动态发展平台。通过对人才的识别和信息统计，运用大数据和互联网管理平台，及时开发有针对性的乡村人才动态管理平台。以平台为契机，建立乡村人才电子档案，按照分类标准合理划分人才，及时更新人才流动情况，记录乡村人才特长领域，登记乡村人才工作成绩。各地区之间可以强化交流，借助乡村人才平台，打造"线上网络人才市场"，跨地区灵活使用人才，实现乡村人才价值最大化，推进人才资源共享。第三，完善乡村人才考核评价体系。一方面是将乡村人才

管理纳入地方党委、政府年终目标考核；纳入主要领导党建工作述职报告；纳入"三农工作"工作成绩考评；纳入人社部门人才管理工作目标责任制，让乡村人才队伍管理走实、走深。另一方面是对于乡村人才的考核评价，利用人才动态发展平台，对乡村人才从事的工作进行公平、公正、公开的考核评价，并将评价结果与绩效奖励和内部晋升挂钩，营造"能者上，庸者下，劣者汰"的干事创业氛围。

（四）完善教育培训体系，实现乡村人才新发展

马克思在《剩余价值理论》中明确指出，"教育会生产劳动能力"，马克思这一论断揭示了教育与劳动能力之间的内在必然联系，指明了教育可以发展人的劳动能力。加强乡村人才的教育培训，开拓乡村人才视野，更新乡村人才工作理念，提高乡村人才劳动质量，提高乡村人才综合素质，不仅具有社会政治意义，而且具有社会经济意义。

一是抓好乡村基础教育。基础教育是距离乡村人民最近的教育，基础教育对乡村地区受教育程度起到根本性作用。要确保每一名适龄儿童都接受义务教育，并且加大对贫困家庭儿童的资助，避免因生活贫困"失学""辍学"，保障乡村儿童受教育的权利；要保障基础教育有充足的经费，不断改善乡村落后的教育基础设施，改善乡村基础教育办学条件，逐步提升乡村教师福利待遇，畅通乡村教师职称评定渠道，依靠政策对口引进"支教教师"、高校免费师范生。二是抓好乡村职业教育。乡村职业教育应该以乡村发展需求为导向，地方政府做好与职业院校、农业农村局、技能培训基地、研究所等有涉农专业的单位进行对接，通过经常性的教育培训，更新乡村人才农业知识，提升农业技能。培训可以采取灵活的方式，可以开设农业应急教育，应对生产中出现的紧急待解决问题，也可以开设长期系统教育，专业课程与社会实践相结合，符合条件的可以获得相应学历，从而打造一批

具有专业技术和技能的新型职业农民队伍。三是建立乡村人才培训制度。将乡村人才培训纳入地区人才培训年度计划，紧密结合本地乡村发展需求，制定多类型的培训方案，科学合理设置培训课程内容，突出实用性和针对性。四是丰富培训方式方法。传统意义上的培训往往是通过面对面集中培训授课的方式，课程受时间、地点的限制较多；随着网络信息技术的发展，"线上教学"如雨后春笋般兴起，"线上教学"可以打破时间、地点的限制，乡村人才可以随时随地打开网络进行学习；"特色产业示范基地"作为"理论+实践"有机结合的培训学习方式，既可以让乡村人才身临其境观看先进典型成果，还可以通过现场教学参与实践学习，培训教育效果更佳。

（五）健全人才保障机制，激发干事创业新动力

"得人才则兴，失人才则衰"，新时代意味着新一轮的人才大战，乡村振兴也不例外。在推进乡村振兴战略的过程中，我们要牢牢地跟上时代发展的步伐，不断完善乡村人才保障机制，深化人才发展体制机制改革，为乡村人才提供更好的发展平台，打造一支高素质的乡村人才队伍，推动新时代"三农工作"迈上新台阶。

第一，健全乡村人才发展配套机制。针对扎根乡村、服务乡村、建设乡村的乡村人才，要从政策层面和实践层面加强人才发展配套服务。保障人才发展所需的食宿、交通、通信基础性需求，保障工作所需的教育培训需求，保障用于乡村振兴的专项资金，保障服务乡村应有的福利待遇。第二，健全乡村人才激励保障机制。激励理论认为：适当有效的激励手段可以激发干事创业的积极性。对于乡村人才的激励，一是要加强政治激励，培育选拔优秀乡村人才进入党员队伍和干部队伍；二是要加强荣誉激励，对于在乡村工作中表现优秀，作出突出贡献的人才，要进行表彰表扬，及时跟进宣传，增强乡村人才的获得感和荣誉感；三是要加强待遇激励，逐步提高薪资待遇、偏远地区

补贴，并且设立专项奖励基金。第三，健全乡村人才流动上升机制。乡村人才作为乡村振兴的主力军，发挥着不可替代的作用。乡村人才既要引进外来的"女婿"，也要向外推荐自家的"儿子"。一方面依靠政策吸引外来人才流入本地；另一方面，优秀的乡村人才不能只限制在服务某一个乡村或者地区，相关人才管理部门要及时发现、推荐优秀乡村人才，打破身份和地域限制服务"三农"工作，带动乡村发展和村民致富。

2019年中国乡村基层党组织和党员队伍建设报告

卜昭滔*

摘　要： 乡村基层党组织是党在农村全部工作的基础，是有效实施乡村振兴战略的重要组织保障。党的十九大提出了新时代党的建设总要求，为掌握乡村基层党组织和党员队伍情况，通过走访调研和收集整理相关资料，较为系统地总结归纳了当前乡村基层党组织在政治建设、组织建设、作风建设和廉政纪律建设等标准化方面取得的成效，同时也总结发现部分农村党员队伍结构不合理、党性观念淡泊、发展致富能力弱等问题。对此，还需通过加强党员教育、发挥头雁作用、提升治理能力、壮大集体经济等方式来进一步提高乡村党建质量。

关键词： 中国共产党；乡村党组织；现状；问题；建议

乡村基层党组织是党在农村全部工作的基础。党的十九大对新时代党的建设作出重大部署，明确提出以提升组织力为重点，突出政治功能，加强基层党组织建设。2018年9月，中共中央政治局审议通过了《中国共产党支部工作条例（试行）》，2019年6月，中共中央政治局审议通过了《中国共产党农村工作条例》，这些条例体现了新时代党的建设总要求，是新时代党的农村基层组织建设的基本遵循。这也对于我们坚持和加强党对农村工作的全面领导，打赢脱贫攻坚战、

---

　*　卜昭滔，中共山东省委党校（山东行政学院）党建部副教授。

深入实施乡村振兴战略，提高农村基层党组织建设质量，具有十分重要的意义。

一、乡村基层党组织建设基本情况

（一）加强政治建设，政治领导地位不断加强

坚持党管农村工作，是乡村振兴战略实施的重要原则。毫不动摇地坚持和加强党对农村工作的领导，健全党管农村工作方面的领导体制机制，确保党在农村工作中的政治领导地位，为乡村振兴提供坚强有力的政治保障。党的十九大以来，不断加强基层党组织的政治建设，各级党委特别是县级党委，认真履行农村基层组织建设主体责任，农村基层党组织领导地位不断巩固，为农村改革发展稳定提供了坚强保证。

在总的定位上，明确乡镇党委全面领导乡镇各类组织和各项工作，村党组织全面领导村的各类组织和各项工作。把加强村级党组织的政治建设摆在标准化建设的首位，以党的政治建设统领标准化建设，围绕增强"四个意识"，坚定"四个自信"，做到"两个维护"，把理想信念教育作为首要任务，强化理论武装，特别是以学习贯彻习近平新时代中国特色社会主义思想这条主线，确保将基层党组织建设成为宣传党的主张、密切联系群众、推动改革发展的坚强战斗堡垒。加强对群众的教育引导，组织广大群众学习习近平新时代中国特色社会主义思想，用中国特色社会主义文化、社会主义思想道德牢牢占领农村思想文化阵地，做好群众思想政治工作，增强党组织的影响力和凝聚力，农村基层党组织弱化、虚化、边缘化的问题得到了有效改善。

在实践中，切实把党的政治建设摆在首位，坚持组织路线服务政治路线的要求，着眼于打赢脱贫攻坚战、推动新时代乡村全面振兴，

充分发挥农村基层党组织战斗堡垒作用和党员先锋模范作用。比如新冠肺炎疫情发生以来，辽宁省第一时间组建农村党员突击队 1.1 万个，设立党员先锋岗 1.8 万个，19.9 万名党员主动加入战"疫"队伍……全省农村基层党组织充分发挥战斗堡垒作用和党员先锋模范作用，全面打赢了辽宁疫情防控阻击战。①

（二）推进组织覆盖，党的组织体系不断完善

乡村基层党组织是党在农村全部工作的基础，是党的理论和路线方针政策的直接执行者，是有效实施乡村振兴战略的重要组织保障。

进一步规范、优化组织设置。按照党组织设置的原则、方式和程序，结合农村经济社会发展需要，不断健全完善基层组织体系。特别是根据农村党员从事的产业类型、实用技术特长等因素，探索设置"功能型"党小组，对党员进行分类管理，做到哪里有群众哪里就有党的工作，哪里有党员哪里就有党的组织，实现党组织的有效覆盖。一是明确以行政村为基本单元设置党组织。二是适应农村改革发展新变化及时跟进建立党组织，扩大组织覆盖和工作覆盖。比如农村经济组织、社会组织具备单独成立党组织条件的，村改社区的调整或者成立党组织。三是对跨村跨乡镇的经济组织、社会组织理顺党组织隶属关系。四是规范乡镇党委和村党组织的委员人数及主要构成，规定乡镇党的委员会和村党的委员会、总支部委员会、支部委员会每届任期5 年。中共中央组织部对 2019 年中国共产党党内统计数据显示，截至 2019 年 12 月 31 日，以农牧渔民为职业的党员有 2556.1 万名，533824个行政村已建立党组织，覆盖率均超过 99%，构成了严密的组织体系，乡村基层党组织具有团结带领亿万农民创造美好幸福生活的强大组织力。

---

① 《辽宁：打造坚强农村基层党组织 引领乡村振兴——全省农村基层党建工作综述》，中华先锋网，http://www.zhxf.cn/html/tt/20200729/388197.html。

（三） 抓班子带队伍，"头雁工程" 初现成效

办好农村的事，关键在领导班子和带头人。培养造就一支素质过硬、结构合理、作风优良、群众认可、专职专业的农村党组织书记队伍，为巩固党在农村的执政基础，切实打好脱贫攻坚战和实施乡村振兴战略奠定了坚实基础。

实施村支部书记队伍优化提升行动。近年来，各地高度重视支部书记建设，积极创新村干部培养选拔机制。大力实施"能人强村"战略，"头雁工程"等，注重从本村致富能手、外出务工经商返乡人员、本乡本土大学毕业生、退役军人中的党员培养选拔，同时积极储备村级后备力量。比如广东省委出台了《广东省加强党的基层组织建设三年行动计划（2018—2020 年）》，通过实施"头雁工程"，着手构建基层党组织书记后备队伍。海南省海口市委组织部出台《关于实施"头雁工程"加强新时代村级党组织带头人队伍建设三年行动计划》。山东省东明县制定出台《关于从机关企事业单位和社会人员中选派村（社区） 党组织书记的意见》《东明县农村党组织书记"头雁工程"创建评价标准》《东明县村党组织书记考核意见》，确保"头雁"评选的公平公正。山东省兰陵县实施的村党组织书记"头雁工程"，构建了较为系统的村书记选拔任用、教育管理、激励保障长效机制，通过提升村书记的经济和政治待遇，提高村书记工作的积极性。

实施备案管理制度。浙江省大力实施村级班子整固提升行动，以备带建、提级管理，所有县（市、区）建立村党组织书记县级党委备案管理制度。大力选树先进典型，总结宣传三门县城西村 8 任书记典型，推选认定首批 50 名省级兴村（治社）名师，评选表彰 300 名"浙江省担当作为好支书"。①

2018 年以来，山东省启动实施"村村都有好青年"选培计划，通

---

① 《浙江乡村振兴报告（2019）》，http：//m. 576tv. com/ULTZ/a/area/0/id/94834/flash。

过技能培训、政策支持，帮助返乡在乡青年创新创业，并优先推荐符合条件的乡村"好青年"入党，将其列为村级后备干部，为乡村振兴注入青春力量。两年多来，山东省已选树乡村"好青年"12.8 万名，带动一大批青年活跃在乡村振兴第一线。①

通过大力实施"头雁工程"，健全村党组织书记选拔培养、按需培训、动态调整、正向激励、分类提升"五项机制"，全力锻造一支活力足、能力强、动力大的带头人队伍，为全面建成小康社会和全面实施乡村振兴战略提供坚强的组织保障。

（四）加大整顿力度，软弱涣散党组织得到有效整改

在全面掌握软弱涣散党组织的问题现状和主要症结的基础上，各地将党组织作用发挥不明显、班子不团结、制度不健全、管理混乱、矛盾纠纷突出、拉票贿选等问题作为整顿重点，制定整顿实施方案。按照"一村一策"的原则，分类指导，强化责任，严格督查。实行县级领导联点、乡镇领导包抓、确定整改方案、一抓到底的整顿措施。同时，成为乡镇党委抓基层党建工作专项述职评议考核和年度目标责任考核的重要内容，建立定期督查通报制度。

开展对村级党组织评价定级工作。围绕基层党组织建设的薄弱环节，江苏省徐州市委在全市范围内开展了村级党组织组织力的评价定级工作，全面掌握村级党组织的情况。从 2018 个行政村党组织中确定了 372 个软弱涣散（后进）村党组织。通过对所有村班子的运转情况和 1.6 万余名村干部履职情况综合分析研判，逐一"过筛子"，共清理不胜任现职村干部 619 人，同步补齐配强 449 人。② 广东省潮州市通过开展党员评星定级，重点突出村（社区）破解党员教育管理"宽松

①《山东：启动"村村都有好青年"选培计划 村里的年轻人干得欢》，《人民日报》2020年 12 月 2 日第 11 版。

②《江苏徐州分类施策，整治农村党组织"软、弱、散、乱"问题》，《人民日报》2020年 12 月 2 日第 13 版。

软"等难题，在全省率先从市级层面全领域探索实施党员评星定级，探索出一条具有本地特色的强化党员管理有效途径。

加强对村党组织带头人的审查，防止黑恶势力进入基层党组织。湖南省在2019年实施村党组织带头人整体优化提升行动，全面落实村党组织书记县级党委组织部门备案管理制度，完善村干部"凡进必审"机制，坚决遏制和防范黑恶势力和宗族势力干扰，在村"两委"换届中坚决清理了受过刑事处罚、存在"村霸"和涉黑涉恶等问题的村干部。2020年，山东全省选派9078名工作队队员开展"加强农村基层党组织建设"，以提升基层党组织建设质量，使基层党组织能够当好党的政策"宣传队"，当好农村党建"施工队"，当好乡村治理"推进队"，当好为民办事"服务队"，打造一支"讲政治、办实事、敢担当、守纪律"的过硬工作队伍。

（五）推进规范化建设，作风得到有效改善

根据《中国共产党支部工作条例（试行）》明确要求，加强党支部标准化、规范化建设，不断提高党支部建设质量。各地根据条例，结合本地实际，制定并细化了相关内容。湖南省委大力推进"支部设置标准化、组织生活正常化、管理服务精细化、工作制度体系化、阵地建设规范化"，切实提升党支部标准化规范化水平。甘肃省制定《甘肃省农村党支部建设标准化手册》，重点对党支部的思想建设、组织建设、作风建设、廉政建设等进行了完善。抓好制度建设，强化制度执行力度，有的地方制发《关于严格执行"三会一课"制度进一步提高党的组织生活质量的通知》《党的组织生活"标准化"纪实手册》，进行规范指导；对执行制度不规范、组织生活质量不高或简单化的党组织，直接约谈所在镇（街道）党（工）委书记。各类驻村干部对乡村党组织规范化建设发挥了积极作用。

加强基本阵地建设，做好乡村党组织的基础保障。在村级党组织

活动场所建设规模、门牌标识、基本设施和管理维护等方面进行规定，积极推进场所规范化建设，完善场所服务功能，保障场所面积达到规定标准、硬件配置齐全、标牌设置统一规范、固定资产权责明晰、管理维护制度健全，不断满足党员活动和服务群众的需要。

健全以财政投入为主稳定的村级组织运转经费保障制度。落实村干部基本报酬、村级组织办公经费、服务群众经费、党员活动经费、正常离任村干部生活补贴，建好、管好、用好村级组织活动场所等。各省相关文件明确规定，全面落实村干部报酬待遇和村级组织办公经费，建立正常增长机制，保障村级公共服务运行维护等其他必要支出。2019 年，江苏省规定，全省村级运转经费保障标准每年不低于 30 万元，省财政对困难地区给予适当补助。2020 年 6 月，财政部、中央组织部印发《关于建立正常增长机制，进一步加强村级组织运转经费保障工作的通知》，将村干部基本报酬和村级组织办公经费两项合计由每村每年不低于 9 万元，提高至每村每年不低于 11 万元，建立正常增长机制，进一步激励农村基层干部担当作为。同时，完善村级经费管理制度，确保村级经费落实到村，使用在村。

积极探索"互联网+党建"模式，着力构建信息化党建管理服务体系。例如，广西省梧州市借助农村智慧党建平台，已覆盖全市 545 个村级党组织，6.5 万多名农村党员。针对外出务工农村党员逐步增多，流动党员不好管理、不便教育的特点，各地建立党员微信群、QQ群，方便党组织与党员的沟通与联系，加强对流动党员的管理教育，比如，河南省洛阳市汝阳县通过"六定期"强化流动党员管理，即定期排查党员外出情况、定期告知、定期联系、定期培训、定期开会、定期慰问，真正使流动党员"离乡不离党"。

规范化建设确保工作规范。对党内组织生活的基本要求、操作流程、相关记录等统一标准，既对党员起到及时提醒作用，又从操作层面发挥指导作用。通过制度化建设，定期开展党组织活动，让党员养成经常参加组织生活的习惯，增强对党组织的归属感。比如山东省临沂市把主题党日予以制度保证，强化政治性、体现庄重感，使之成为党员学习日、党员议事日、党员奉献日。有的地方建立和完善村干部坐班值班、全程代办、一站式服务等方面的制度机制。

抓好基层党组织作风建设。各地结合本地实际，创新形式，开展党员联系农户、党员户挂牌、承诺践诺、设岗定责等活动，为党员发挥作用创造条件。比如江苏省徐州开展"党员中心户"的实践探索，在村党支部的领导下，以党小组为单位，选出骨干党员负责联系带动周边十几户村民，以自家为纽带，将群众聚拢起来。又比如湖南省湘潭市委，坚持以党建引领乡村振兴，深入开展"三亮三联三带"活动，即党员亮身份、亮职责、亮承诺，党组织联项目、党员干部联网格、普通党员联群众，带动经济建设促发展、带动精神文明建设促新风、带动乡村治理促和谐，逐步构建起"镇党委—党总支—党支部—党小组—党员骨干"的组织体系，这种推行普通党员联系群众制度，可以调动农村部分无职党员的积极性，多帮助群众解决问题。①

（六）加强廉政纪律建设，"微腐败"问题得到有效治理

推行村级小微权力清单制度，加大基层腐败惩处力度，严厉整治惠农补贴、土地征收等领域侵害农民利益的不正之风和腐败问题。中央纪委从 2018 年到 2020 年持续开展扶贫领域腐败和作风问题专项治理，并将 2018 年定为扶贫领域"作风建设年"。治理重点一：扶贫领域存在的突出腐败问题。比如农村低保、危房改造、易地搬迁、产业扶贫、对口帮扶以及贫困地区基础设施建设等项目资金的使用，是否有贪污侵占、行贿受贿、虚报冒领、截留挪用、挥霍浪费、吃拿卡要、优亲厚友等问题。治理重点二：相关责任落实不力的问题。比如地方

---

① 何勇、王富强：《湖南湘潭开展"三亮三联三带"活动党建出实招 乡村添活力》，《人民日报》2020 年 12 月 28 日第 11 版。

党委、政府在脱贫攻坚工作中履行主体责任不力、态度不坚决、工作不扎实、敷衍应付，相关职能部门履责不力、监管不严、推诿扯皮、不作为、慢作为、乱作为等问题。治理重点三：在脱贫攻坚工作中搞形式主义、官僚主义的问题。比如搞形式主义、官僚主义，盲目决策、弄虚作假、数字脱贫，扶持对象、措施到户、脱贫成效不精准，以及贫困县、贫困村、贫困户虚假"摘帽"等问题。党的十九大以来，截至 2018 年 11 月，全国共查处扶贫领域腐败和作风问题 13.31 万个，处理 18.01 万人。四川省凉山州 2018 年以来立案 1410 件、处分 1337 人。[①] 从青海省扶贫领域情况看，2018 年处理处分 1174 人，2019 年处理处分 747 人，2020 年 1—9 月处理处分 217 人。[②] 从总体趋势反映出，扶贫领域腐败和作风问题专项治理取得了减存量、遏制增量的明显成效，为决战脱贫攻坚提供了坚强的纪律作风保障。突出落实"四议两公开"议事决策程序，建立和完善监督体系，强化党务、村务公开，畅通监督渠道，及时解决涉及群众利益的难点、热点问题。加大对于村干部"微权力"的惩处力度，从治标入手，辅之以文化治理，在遏制村干部"微腐败"增量、消减存量的同时，逐步实现乡村"微腐败"治理的标本兼治。

二、当前乡村基层党组织和党员队伍建设存在的问题与不足

（一）农村党员队伍结构不合理

农村党员队伍结构不合理，主要表现在两个方面：一方面，党员

---

① 王军：《紧盯"权、情、点"深入治理扶贫领域腐败和作风问题》，《四川党的建设》2019 年第 15 期。

② 滕佳材：《青海：扶贫领域腐败和作风问题专项治理成效明显》，《中国纪检监察》2020年第 20 期。

老龄化问题依然突出。尽管近年来加大对农村青年党员的发展，但是农村党员老龄化问题依然突出。其主要原因是：部分农村青年信仰意识淡漠，入党积极性不高；农村党组织组织群众、宣传群众、凝聚群众、服务群众能力偏弱，导致党组织对优秀的青年人吸引力不够；农村党员干部责任心不强，个别干部在发展党员问题上存在不端正的思想，担心发展了优秀年轻党员，会动摇自己在村里的领导地位。另一方面，党员的整体文化程度不高。中央组织部最新党内统计数据显示，截至 2018 年底，54.3 万名村党组织书记中，大专及以上学历的占 20.7%，45 岁及以下的占 29.2%，致富带头人占 51.2%。对部分农村党员受教育程度调查显示，具有小学、初中、高中学历的农村党员占绝大多数比例，党员的整体文化素质不容乐观。

以上这些结构不合理的状况，对新时代农村基层党建工作产生重大影响。既会影响党中央惠农政策与大政方针的落实效果，又会影响党群关系，还会造成农村基层党组织缺乏新活力，不能很好地引领经济发展。

（二）党性观念淡泊，存在形式主义

2019 年初，中央巡视办的调研报告显示，目前已对 14.3 万个行政村展开了巡查，发现群众迫切希望解决的重点问题达 39 万个，其中群众反映强烈的突出问题主要集中在：落实中央惠农利民、脱贫攻坚、乡村振兴等政策不到位；贪污挪用、截留私分、优亲厚友、虚报冒领等群众身边的不正之风和腐败问题；村级党组织软弱涣散，基层干部推诿扯皮、冷硬横推等民生领域问题以及乡村治理中的突出问题等方面。

走访调研发现，部分地区的农村基层党组织已经建立起了党员活动室、支部办公室，但未能充分利用党员活动场所和相关的基础设施。"三会一课"等制度执行存在形式主义。比如在召开民主评议会时，一部分党员信奉好人主义，不敢动真碰硬，民主评议出现走过场的嫌疑，不利于党员素质和能力的提高。

（三）带领群众发展致富能力弱

经调查发现，有的农村基层党组织不善于引领农村改革，不懂得盘活农村资源和发展村集体经济，带领群众共同致富的能力不足；有的村干部发展没有思路，带富能力不强；有的农村党员思想保守，发展意识不强，没有一技之长。特别是部分"空壳村""薄弱村"，缺乏项目支撑，扶贫造血功能力度不够。由此，导致农村产业发展难、村民致富难。村集体经济实力薄弱，可支配财力少，不仅削弱了党组织凝聚群众、服务群众的物质基础，也影响了党员干部的威信。这是影响乡村振兴的重要问题之一。

三、实现乡村振兴，突出抓好组织振兴

加强农村基层党组织建设，是一个长期的系统的过程。通过开展基层党组织标准化建设，完善了制度机制，强化了基础保障，进一步加强了村级班子力量，激发了党员活力。同时，针对当前农村基层党组织存在的问题与不足，下一步要在继续认真贯彻落实《中国共产党农村基层组织工作条例》的基础上，持续发力，不断提升党组织建设的质量，进一步增强党组织的组织力、凝聚力、战斗力，从而推动实施好乡村振兴战略。

（一）提升教育培训科学性，强化党组织的政治功能

党的十八大以来，农村基层党员干部的教育培训有所加强，但是教育培训的针对性、实效性和系统性与预期目标还存在着差距，导致培训效果不理想。因此，一是要增强培训内容的全面性和系统性，重

点加强党员干部的领导能力、党建工作能力、协调能力和服务能力等方面的培训，进一步强化政治意识。二是要扩大培训范围，不仅要对村党组织书记进行培训，而且要对村两委班子成员和党员进行培训，还要对入党积极分子、党员发展对象进行有针对性的培训。通过系统教育培训，使农村党员干部进一步增强"四个意识"，坚定"四个自信"，做到"两个维护"，更好地引导和团结带领农村党员群众，更加坚定不移地跟党走，更加自觉贯彻中央各项决策部署，推动党的路线方针政策在农村落地生根。

（二）落实好新时代组织路线，发挥好领头雁作用

严格政治标准，加强农村党员干部队伍建设。大力鼓励具有实用技能的打工回乡青年、青年企业家以及返乡创业大学生进入基层党员队伍，为农村党员干部注入新的活力。扩大选人用人视野，拓宽乡村干部来源渠道，优化干部队伍结构，选优配强乡村党组织领导班子，特别是党组织书记。注重从农村致富带头人、外出务工经商人员、复员退伍军人、在外工作的退休干部、大学生村官中，选优配强村"两委"班子。坚持选派优秀年轻机关干部到村任第一书记，对党组织软弱涣散村全覆盖。提高村干部的政治待遇和经济待遇，探索村干部队伍专职化管理，建立村级后备干部人才库。拓展村干部发展空间，加大从优秀村党组织书记中定向考录乡镇公务员、公开遴选乡科级领导干部、招聘事业编制人员的工作力度。

（三）构建"自治法治德治"体系，提高基层治理能力

在乡村治理体系机制方面，加强乡村基层党组织对各类组织的统一领导，健全党组织领导的自治、法治、德治相结合的乡村治理体系，完善"四议两公开"决策机制、村民自治机制、民主监督机制。推进乡村法治建设，提升乡村德治水平，建设平安乡村，依法严厉打击农

村黑恶势力、宗族恶势力、宗教极端势力、村霸，加强农村政治生态建设，积极运用现代信息技术提升乡村治理的智能化水平等。积极在改善农村人居环境、传承农村优秀传统文化、开展新时代文明实践活动等方面创新性地开展活动。

（四）壮大村集体经济，带领村民共同致富

大力发展壮大村集体经济，把强村与富民结合起来。乡村基层党组织要明确发展思路，立足地域特色，充分发挥和挖掘各自的资源优势、增收潜力，因村制宜，宜农则农，宜工则工，宜商则商，选准符合自身实际、切实可行的发展路子。整合各方资源，大力推进村党组织领办合作社，大力发展生产经营型合作社、劳务服务型合作社，促进村集体经济发展。鼓励引导农村基层党组织和党员干部解放思想、带头创业，在发展村集体经济和带动村民共同致富上下功夫，坚持农民增收与集体增利相统一，实现强村与富民的有机统一。充分挖掘利用好村内致富能手、创业能人的带动作用。加强培训，提高农村基层党员干部创新创业能力、经营管理能力和生产技能等，使之拥有一技之长，成为推动乡村振兴的先行者、排头兵、致富能手。

案例篇

Case Report

内容提要

"案例篇"共收入7篇乡村振兴案例，包括：《云南乡村振兴的实践、挑战与战略对策》《乡村振兴的诸城实践》《泗水龙湾湖："三生三美"融合发展的乡村振兴之路》《农业农村发展集团有限公司助推全面乡村振兴示范市创建的思考——以湖南省岳阳市临湘市詹桥镇为例》《青田：艺术融入乡村的可能性》《以党建为引领 助力乡村振兴——乡村振兴的明月村案例》《乡村治理的峨眉实践》。

云南省以实施乡村振兴战略作为新时代云南"三农"工作的总抓手，立足工业基础薄弱、多民族、边疆地区等基本省情，奋力扶贫攻坚，推动农业供给侧改革，促进城乡一体化进程，农村公共服务和社会事业达到新水平，农村基层党组织建设不断强化，乡村振兴的制度框架和政策体系基本形成。针对实施乡村振兴面临的困难和挑战，云南省应确立乡村振兴的阶段目标，构建自治、法治、德治相结合的现代乡村治理体系，完善金融投入机制，打造新型农业经营体系，发展高原特色农业，持续推进全省乡村振兴事业。

改革开放以来，山东省诸城市形成了以全域党建融联一体化发展为引领，以城乡融合发展为主线，充分发挥农业产业化、农村社区化两大优势，生产园区、生活社区、生态景区"三区"共建共享的"诸城模式"。在全面实施乡村振兴战略的背景下，诸城市通过推动"五个振兴"，赋予"诸城模式"新内涵、新标准、新要求，促进农业全面升级、农村全面进步、农民全面发展、城乡融合发展，为打造乡村振兴的"齐鲁样板"提供了极具操作价值的示范路径。

山东省泗水县龙湾湖乡村振兴示范片区积极探索现代农业与乡村旅游服务业的融合发展，通过科学规划，在区域内形成了乡村艺术创意、乡村研学体验、儒家文化传承等新兴服务业态和甘薯科技展示研发、中草药花卉种植加工等复合农业业态协调推进的格局，实现了区域内多个村庄整体发展，为县域乡村振兴提供了有益的借鉴。

农业农村发展集团有限公司是乡村振兴背景下新出现的政府工具平台，如何发挥其作用，对于全面推进各地乡村振兴至关重要。关于湖南省岳阳市农业农村发展集团有限公司助推全面乡村振兴示范市创建的思考，为各地相关部门提供了一定的启示。

乡村文化振兴中如何处理人与传统的关系？广东省佛山市顺德区杏坛镇青田村出现的艺术融入乡村建设的"青田范式"为此提供了一种新视角。"青田范式"的核心在于传统村落文化空间的修复及人与空间之间多重文化关系的再次联结，而其"多主体互动"共建方式也具有重要的示范意义。

四川省成都市蒲江县甘溪镇明月村在村支两委带领下，以党建为引领，通过融合发展，打造特色农业、文创和旅游产业，助推产业振兴，走出了一条农商文旅融合发展的振兴乡村之路，成为远近闻名的示范村、文明村、四好村。

峨眉山市在乡村治理过程中不断探索创新，以党建为核心，通过加强基层组织建设、建好带头人队伍、问计群众听民声、党风带民风促进治理等方式，形成了富有特色的乡村治理路径。

云南乡村振兴的实践、挑战与战略对策

穆美琼　唐　庆*

摘　要：实施乡村振兴战略是新时代做好云南"三农"工作的总抓手，是巩固提升脱贫攻坚成效的关键举措，也是推动实现高质量跨越式发展的重要基础。云南省贯彻落实中央关于实施乡村振兴战略的意见，农村公共服务和社会事业达到新水平，农村基层党组织建设不断强化，乡村振兴的制度框架和政策体系基本形成，现行标准下的建档立卡贫困人口实现全面脱贫。针对实施乡村振兴面临的困难和挑战，云南明确乡村振兴的阶段目标，构建自治、法治、德治相结合的现代乡村治理体系，建立完善金融投入机制，构建新型农业经营体系，实现农业产业振兴，发展高原特色农业，建立持续性人才激励机制，加强基础设施建设，强化保障和改善民生。

关键词：云南；乡村振兴；挑战；战略对策

党的十九大提出实施乡村振兴战略的重大历史任务，对新时代"三农"工作举旗定向、擘画蓝图、开新图强，具有划时代的里程碑意义。中共云南省委省政府坚持以习近平新时代中国特色社会主义思想为指导，深入贯彻落实习近平总书记关于"三农"工作重要论述和考察云南重要讲话精神，根据《中共中央　国务院关于实施乡村振兴战略的意见》，中共中央、国务院关于印发《乡村振兴战略规划（2018—

---

* 穆美琼，云南师范大学马克思主义学院教授；唐庆，北京工商大学马克思主义学院副教授。

2022 年）》的通知和《中共云南省委、云南省人民政府关于贯彻乡村振兴战略的实施意见》（以下简称《实施意见》），编制了《云南省乡村振兴战略规划（2018—2022 年）》。该规划全面贯彻党的十九大精神，全面落实习近平总书记对云南工作的重要指示精神，按照产业兴旺、生态宜居、乡风文明、治理有效、生活富裕的总要求，对全省实施乡村振兴战略作出总体设计和阶段谋划，分别明确 2020 年全面建成小康社会和 2022 年召开党的二十大时的目标任务，细化实化工作重点、政策措施，部署重大工程、重大计划、重大行动，以确保全省乡村振兴战略目标的具体落实，同时该规划是指导全省各地区各部门编制本地规划和专项规划、梯次有序推进乡村振兴的重要依据。实施乡村振兴战略是巩固提升脱贫攻坚成效的关键举措，是新时代做好"三农"工作的总抓手，是推动云南实现高质量跨越式发展的重要基础，也是把云南建设成为中国最美丽省份和谱写好中国梦云南篇章的现实要求。

一、云南实施乡村振兴的现状

（一）基本情况

党的十八大以来，在以习近平同志为核心的党中央坚强领导下，云南省委省政府始终坚持把解决好"三农"问题作为全局工作的重中之重，持续加大强农惠农富农政策支持力度，扎实推进高原特色农业现代化和新农村建设，全面深化农村改革，农业农村发展取得了历史性成就。

1. 脱贫攻坚得到习近平总书记的高度重视，为乡村振兴战略创造了条件

习近平总书记始终把脱贫攻坚摆在治国理政的突出位置，亲自研究、亲自部署、亲自督战。由于云南特殊的省情，习近平总书记格外

关注、格外关爱、格外关心。2015 年 1 月，习近平总书记到脱贫攻坚任务最重的昭通市指导工作，接见脱贫难度最大的独龙族群众。2020 年 1 月，习近平总书记再次到云南考察督战脱贫攻坚工作。2020 年，在现行标准下云南全省农村贫困人口全部脱贫、88 个贫困县全部摘帽、8502 个贫困村全部出列，11 个"直过民族"和"人口较少民族"实现整体脱贫，困扰云南千百年的绝对贫困问题得到了历史性解决。

2. 脱贫攻坚开创新局面，为全面脱贫与乡村振兴有效衔接奠定了坚实基础

云南省政府公布的数据表明，贫困地区农民收入增速持续快于全省平均水平，集中连片特困地区内生发展动力明显增强。2014 年至 2018 年，全省累计 525 万农村建档立卡贫困人口脱贫，脱贫攻坚取得了决定性进展。坚持开发式扶贫方针，引导和支持有劳动能力的贫困人口依靠自己的双手摆脱贫困，贫困群众"两不愁三保障"质量水平明显提升，特色产业不断壮大，产业扶贫、电商扶贫、光伏扶贫、旅游扶贫等发展较快。贫困户就业增收渠道明显增多，贫困地区农民人均可支配收入由 2015 年的 7070 元上升到 2019 年 12 月的 10771 元，年均增长 11.1%，增速快于全省平均水平 1.5 个百分点。已脱贫人口人均纯收入达到 6949 元，比 2015 年的 3905 元增加 3044 元，建档立卡贫困人口中人均纯收入 5000 元（含）以上的比例由 2015 年的 5% 上升到 2019 年的 90.6%，其中有产业支撑的比例由 4.5% 上升到 93.6%，有稳定就业的比例由 9.2% 上升到 55.1%。住房安全保障上，云南省累计实施农村危房改造 130 万户、500 万人，改造后的农房达到了"安全稳固"的基本要求；饮水安全上，云南省 1363.3 万农村人口的饮水安全保障水平得到了巩固提升，其中贫困人口 280.5 万人。云南省深度贫困地区贫困人口由 2015 年底的 250.3 万人下降到 2019 年底的 36.5 万人，贫困发生率从 24.13% 下降到 3.52%，3539 个深度贫困村已有 3158 个出列，27 个深度贫困县中有 3 个县在 2018 年实现脱贫摘

帽、17 个县在 2019 年申请摘帽，迪庆州实现整体脱贫，怒江州减少贫困人口 9.8 万人，贫困发生率降至 10.15%。截至 2019 年 12 月，全省实现 136.8 万贫困人口净脱贫、3005 个贫困村出列、33 个贫困县申请摘帽，全省建档立卡贫困人口减少 95%，贫困村减少 95%，贫困县预计减少 92%。2020 年 11 月 13 日，云南省政府宣布全省 88 个贫困县全部退出贫困县序列，脱贫攻坚取得了决定性进展。

3. 农业供给侧结构性改革取得新进展

农业综合生产力明显增强，农业供给侧结构性改革取得新进展。国家统计局云南调查总队统计显示，2014 年至 2018 年，粮食总产量连续 5 年保持在 1800 万吨以上。2019 年云南粮食总产量达 1870.03 万吨，比 2018 年增加 9.49 万吨，增长 0.51%；粮食单位面积产量 4489.06 公斤/公顷，比上年增加 32.21 公斤/公顷，增长 0.72%。农业生产经营方式发生重大变化，农业结构不断优化，茶叶、花卉、蔬菜等优势特色产业发展势头良好，农产品出口额稳居西部省区第一，农村新产业、新业态、新模式蓬勃发展，农村生态环境恶化问题得到初步遏制。

4. 城乡一体化迈出新步伐

2014 年至 2018 年，云南省 410 万左右农业人口转移成为城镇居民，农村常住居民人均可支配收入年均增长 10.7%，高于城镇居民 1.9 个百分点，城乡居民收入相对差距缩小，农村消费持续增长，农民收入和生活水平明显提高。云南省政府公布的数据表明，截至 2020 年 12 月，全省 159 万人从农民变成市民。

5. 农村公共服务和社会事业达到新水平

农村水、电、路、信息网建设全面提速，人居环境整治扎实推进，教育、医疗卫生、文化等社会事业加速发展。累计完成 430 余万农村人口饮水安全的巩固提升，中心村电网全部改造，农村公路通车里程达 19.6 万公里，移动宽带用户普及率提高到 68.6%，九年义务教育巩固率达 93.6%，乡镇卫生院、行政村卫生室、新型农村合作医疗全覆盖，县、乡、村三级文化设施网络初步形成。

6. 基本完成"两不愁三保障"硬任务

2020 年 5 月 10 日，云南省第十三届人民代表大会第三次会议的《政府工作报告》显示：云南基本完成"两不愁三保障"硬任务，脱贫攻坚取得决定性进展。云南统筹整合省级以上财政涉农资金 482.5 亿元，50%以上投向深度贫困县，控辍保学成效显著，基本医疗保障持续全覆盖，存量危房全面清零，饮水安全问题有效解决。产业扶贫覆盖 169 万贫困户，新增生态护林员 8.8 万人，科技扶贫取得新成效。中央定点扶贫单位和上海市、广东省在项目资金投入、产业就业扶贫、智力人才帮扶等方面给予了大力支持，帮扶成效更加凸显。

7. 农村基层党组织建设不断强化

农村基层组织和民主法治建设不断加强，党群干群关系更加融洽，社会和谐、民族团结、宗教和顺局面持续稳定，党在农村的执政基础进一步夯实。云南省"三农"改革发展站在了新的历史起点上，为全面实施乡村振兴战略奠定了坚实基础和创造了优势条件。

（二）主要措施和成效

自 2018 年以来，云南省财政厅统筹安排中央农村综合改革专项资金 3.5 亿元，开展乡村振兴试点试验示范工作。同时，依据地域特点，云南省财政厅统筹 1.5 亿元开展"美丽乡村+文化"试点工作。专项项目覆盖全省 16 个地州，共计 35 个乡村振兴试点试验示范项目和 28 个"美丽乡村+文化"试点项目。"美丽乡村+文化"试点按照 300 万元至 1000 万元的资金规模，以建设美、经营美、传承美"三美"同步推进为重点，围绕红色文化、民族风俗、历史文化等，注重美丽乡村建设与文化的融合，通过项目建设，提升美丽乡村内涵，展现云南美丽乡村魅力，融入全域旅游，支持乡村文化振兴。为了进一步丰富和提升云南省美丽乡村建设的内涵和品质，打造美丽中国的乡村样板村和乡村振兴的示范村，除财政支持外，云南省还采取以下几个方面的措施：

1. 全面加强党对农村工作的领导，乡村振兴的制度框架和政策体系基本形成

云南省坚持把实施乡村振兴战略作为"三农"工作的总抓手，强化党政一把手第一责任人责任，五级书记抓乡村振兴。一是加强组织领导。为实施《中国共产党农村工作条例》实施办法，成立省委、省政府主要领导担任组长的云南省实施乡村振兴战略工作领导小组，州（市）、县（市、区）设立党委农村工作领导小组，129 个县（市、区）的书记全部担任农村工作领导小组组长，党委统一领导、政府负责、党委农村工作部门统筹协调的农村工作领导体制和省负总责、市县乡抓落实的工作机制不断健全。二是加快构建政策体系。省委、省政府编制实施云南省乡村振兴战略规划，分别明确至 2020 年和 2022 年的目标任务，细化工作重点和政策措施，部署若干重大工程、重大计划、重大行动。相继制定出台建立健全城乡融合发展体制机制的政策措施、开展农村人居环境整治三年行动、打造世界一流"绿色食品牌"、加快乡村产业发展、促进农民就业、推进移风易俗建设文明乡风任务清单、加强和改进乡村治理任务清单，并制定出台为全面提高农村基层干部群众综合素质、增强农村发展动力和发展能力等一批政策文件，省级有关部门及其各州（市）、县（市、区）结合工作实际制定推进落实意见或方案，乡村振兴的政策体系加快构建。三是逐步健全考核制度。省委、省政府严格落实每年度向党中央、国务院报告乡村振兴战略推进落实情况，同步建立各级党委、政府向上级党委、政府报告制度。省委每年召开农村工作会议，连续 3 年的省委一号文件聚焦乡村振兴重点任务，制定出台市县党政领导班子和领导干部推进乡村振兴战略实绩考核意见，按照年度重点工作，设置考核指标体

系并组织开展考核，考核结果实行通报制度，并作为对市县党政领导班子和有关领导干部综合考核评价的重要依据，实施乡村振兴战略的责任制度和激励机制逐步完善。

2. 脱贫攻坚取得历史性减贫成效，千百年来的绝对贫困即将消除

习近平总书记指出，打好脱贫攻坚战是实施乡村振兴战略的优先任务。省委、省政府坚持以脱贫攻坚统揽经济社会发展全局，举全省之力攻克深度贫困堡垒，各地各部门坚持把脱贫攻坚作为重大政治任务、发展头等大事和第一民生工程抓好抓实，坚决打赢精准脱贫攻坚战，精准施策、集中力量抓好精准脱贫"十大行动"，脱贫攻坚取得了历史性减贫成效，累计实现95%的贫困人口脱贫、95%的贫困村出列、90%的贫困县摘帽，9个"直过民族"和人口较少民族实现了整族脱贫，150万人通过易地扶贫搬迁实现"挪穷窝""断穷根"，如期高质量打赢脱贫攻坚战，农村同步全面建成小康社会的目标即将实现。脱贫攻坚的过程，是全省经济社会高质量跨越发展的过程，是农村发生深刻变化、农业发展水平不断提高、农民生活持续改善的过程。2019年，全省贫困地区农村居民人均可支配收入首次突破万元大关，达10771元，增长12.3%，广大干部群众更加坚信"脱贫只是第一步，更好的日子还在后头"。"十三五"期间，全省累计525万农村建档立卡贫困人口脱贫，脱贫攻坚取得了决定性进展。

3. 高原特色农业提质增效，现代农业多元发展特征逐渐显现

产业兴旺是解决农村一切问题的前提。各地各部门全面贯彻落实习近平总书记两次考察云南时关于发展高原特色农业的重要指示精神，坚持新发展理念，按照"两型三化"和"两端两精"发展路子，深入推进农业供给侧结构性改革，高原特色现代农业产业、生产、经营体系初步形成。一是农业基础性地位持续巩固。划定粮食生产功能区和重要农产品生产保护区，夏粮、早稻和秋粮产量均保持稳定，比如在早稻的主产区采用"公司+农户"的经营模式，粮食产能稳步提升，

粮食产量连续增长。二是农业现代化特征初步显现。产业发展围绕消费升级着力调整农业产业结构，按照"大产业+新主体+新平台"发展路径，全力打造世界一流"绿色食品牌"，创建20个"一县一业"示范县、20个特色县，重点发展茶叶、花卉、蔬菜、水果等8个产业。设计注册云南省"绿色食品牌"LOGO商标，评选认定云南省绿色食品"10大名品"100个，有效提升品牌知名度和影响力。各地充分发挥云南"天然温室"和"天然凉棚"优势，进一步调整优化农产品结构，建设重要农产品生产保护区、特色农产品优势区，大力发展品牌农业，提升"云系""滇牌"农产品影响力，增加绿色优质农产品供给，特色经济作物实现稳定发展。在开放发展方面，全省交通、信息、物流等基础设施大幅改善，云南省成为承接产业转移的优先目的地和投资热土；优质特色农产品越来越受到更多消费者的青睐，出口120个以上国家和地区，出口额多年来一直保持在西部省份前列。三是乡村特色产业蓬勃发展。各地立足气候立体、生态优良、生物多样、民族文化富集等资源禀赋，发掘农业农村多种功能和价值，以"粮头食尾""农头工尾"为抓手，大力发展农产品加工流通，延伸农业产业链、提升价值链、打造供应链，提高农业全产业链收益，具有独特品质和小众类消费群体的产业加快发展，1376个"一村一品"专业村建设有序推进，创响一批"土字号""乡字号"特色产品品牌，传统农产品、乡土手工业、家庭老作坊来唤醒人们"舌尖上的记忆"和"记忆中的乡愁"。农村新产业、新业态、新模式不断涌现，休闲农业和乡村旅游精品工程有效实施，休闲观光、乡村民宿、健康养生等业态不断发展，成为农民就业增收的支撑力量和新的增长极。

4. 生态文明价值观深入践行，美丽宜居乡村建设成效明显

2019—2020年，云南深入践行"绿水青山就是金山银山"的发展理念，紧紧围绕"建设中国最美丽省份"目标和"国土山川大绿化"要求，积极实施林业重要生态系统修复工程，创新生态治理和修复模

式；着力推进森林乡村建设，实施乡村绿化美化工程，推进全省乡村绿化美化工作，扎实推进生态宜居美丽乡村创建，建设农民群众的美丽家园。一是村庄规划管理进一步加强。建设镇村规划管理系统，构建省、市、县、乡、村、组六级村庄管理体系，推进全省"多规合一"实用性村庄规划编制工作。全国农村人居环境整治第三方监测报告显示，全省农村人居环境整治监测总成绩在西部地区排名第三。二是示范创建成效明显。创建国家级农村人居环境示范县 3 个、省级示范县 23 个、省级示范村 300 个。708 个传统村落列入中国传统村落名录，列入总数居全国第 2 位。235 个行政村被评为国家森林乡村。三是绿色发展推进有力。加大乡村生态保护与修复力度，统筹山水林田湖草系统治理，深入实施退耕还林还草、天然林保护、石漠化综合治理、陡坡地生态治理等林业生态修复工程，森林覆盖率、森林蓄积量、湿地保护率继续实现"三增长"。聚焦水清、岸绿、景美，实施美丽河湖建设行动，严格落实河（湖）长制，九大高原湖泊保护治理成效明显。林业生态建设和水环境治理成为全省农业绿色发展最具代表性的符号。

5. 农村基础设施和公共服务短板加快补上，农村群众获得感、幸福感显著提升

坚持把增进农民福祉作为"三农"工作的出发点和落脚点，按照抓重点、补短板、强弱项的要求，统筹城乡基础设施建设和公共服务发展，农村生产生活条件大幅改善。一是推进基础设施建设向农村延伸。2018 年以来，全省新改建农村公路 4.94 万公里，实现建制村100% 通硬化路、100% 通邮，具备条件建制村 100% 通客车。全省重点水网建设全面加快，新建了一批大中型灌区，农村供水和饮水安全得到有效保障，巩固提升农村人口饮水安全保障水平，同时实施农村危房改造。阶段性实现国家新一轮农网改造升级目标，自然村 100% 通动力电。所有建制村实现光纤宽带网络覆盖，行政村基本实现 4G 网络

覆盖。全省 96 个县列入全国电子商务进农村综合示范县，数量居全国第一。二是推进公共服务向农村覆盖。实施义务教育薄弱环节改善与能力提升工程，农村学前教育和普通高中教育加快发展，中等职业教育农村学生全部纳入免学费政策范围，城乡义务教育均等化水平不断提升。实施基层医疗卫生机构设备标准化建设工程，提升乡镇卫生院和村卫生室标准化建设水平，基层医疗卫生服务体系建设明显加强。"文化大篷车、千乡万里行""戏曲进乡村"活动持续开展，更多的群众共享到了文化艺术繁荣发展的成果。三是强化公共服务领域的人才储备，健全覆盖城乡的公共就业服务体系。聚焦人才振兴提素质，广泛开展职业技能培训，充分利用教育部和北京大学、清华大学等高校对口帮扶的智力优势培养人才，着力加强本地管理人才和技术人才的培养。进一步畅通智力、技术、管理下乡通道，着力培养、造就一支"三农"工作队伍。设立乡村振兴人才培养专项，组织专家团队深入乡村开展"三下乡"活动，组织名师送课到校，深入实施技能强州行动计划。实施行政村优秀人才回引计划，鼓励引导大中专毕业生回原籍工作，积极扶持返乡人员创业创新。2020 年以来，全省农村劳动力转移就业 1400 余万人。坚持就地培养本地人才和激励吸引外部人才相结合，实施"十万能工巧匠""十万回乡创业就业能手"工程和乡村产业扶贫带头人培育行动，建设省级星创天地，投身乡村干事创业的人才队伍不断壮大，乡村振兴人力基础得到夯实。

二、云南实施乡村振兴面临的挑战

虽然云南农业农村发展取得了巨大成就，但经济社会发展中最明显的短板仍存在于"三农"，现代化建设中最薄弱的环节仍是农业农村。主要表现在：农业发展方式转变任务较重，农业产业结构与市场结合度不高，农业产业化程度低，农产品竞争力不强；农产品加工产值与农业总产值比不高，科技支撑能力不强；农村一二三产业融合发展深度不够，农业供给质量和效益亟待提升；村社组织能力式微，农村基层党组织对乡村振兴的引领力不强；农村贫困面积大、程度深的问题仍然突出，地区收入差距扩大化；乡村文化发展参差不齐，缺乏乡村文化建设观念；基础专业人才缺失，人才流失严重；农村资源低效利用，生态环境亟待改善；乡村基础设施薄弱，公共服务落后；等等。

三、云南实施乡村振兴的对策建议

云南实施乡村振兴战略需要立足省情，全力以赴，必须用乡村振兴战略统揽"三农"工作，按照产业兴旺、生态宜居、乡风文明、治理有效、生活富裕的总要求，谱写新时代云南乡村全面振兴新篇章。

（一）明确乡村振兴的阶段目标和内容

云南省按照决胜全面建成小康社会、分两个阶段实现第二个百年奋斗目标的战略安排，提出了实施乡村振兴战略三个阶段的奋斗目标。到2020年，全省乡村振兴取得重要进展，制度框架和政策体系基本形成；到2035年，全省乡村振兴取得决定性进展，农业农村基本实现现代化；到2050年，全省乡村全面振兴，与全国同步全面实现农业强、农村美、农民富。乡村振兴坚持农业农村优先发展，统筹谋划农村经济建设、政治建设、文化建设、社会建设、生态文明建设，加快推进农业农村现代化。一是重视产业兴旺，推进高原特色农业现代化；二是重视生态宜居，促进乡村绿色发展；三是重视乡风文明，提高乡村社会文明程度；四是重视治理有效，构建乡村治理新体系；五是重视生活富裕，提高农村民生保障水平。切实做好实施乡村振兴战略与打好脱贫攻坚战的有机衔接，把提高脱贫质量放在首位，坚决打好精准脱贫这场对全面建成小康社会具有决定性意义的攻坚战，不断增强贫困群众获得感。

（二）构建自治、法治、德治相结合的现代乡村治理体系

云南乡村治理体系构建应当打造共建、共治、共享的乡村治理格局，确保乡村社会充满活力、和谐有序、民族团结。一是以农村基层党组织建设为主线，通过健全组织体系、加强带头人和党员队伍建设、强化责任与保障，把农村基层党组织建成宣传党的主张、贯彻党的决定、领导基层治理、团结动员群众、推动改革发展的坚强战斗堡垒；二是坚持自治为基、法治为本、德治为先，突出村民自治机制创新、乡村法治建设、乡村德治水平提升、平安乡村和民族团结进步示范乡村的建设，推动乡村社会治理和服务重心向基层下移；三是以加强基层政权建设、创新基层管理体制机制、健全农村基层服务体系为重点，科学设置乡镇机构，构建简约高效的基层管理体制，健全农村基层服务体系，夯实乡村治理基础。

（三）建立完善金融投入，构建新型农业经营体系

以完善农村金融服务为重点，建立健全乡村振兴投入保障机制，构建新型农业经营体系。一是要引导农村信用社、农村商业银行等农村金融机构扩大对三农服务的范围，创新农业融资担保服务和配套服务；二是规范农村资金互助社等非正规合作金融机构，完善相关法律法规以确定其合法地位，加强对其有效监督和扶持，使民间资金取之于农、用之于农；三是深化农村要素市场改革，为社会资本参与乡村建设逐步破除制度障碍。优先满足三农发展所需要素供给，鼓励社会资本盘活农村闲置宅基地、发展农产品加工、乡村旅游等涉农业务，支持社会资本进入农民办不了、办不好的领域；四是坚持家庭经营在农业中的基础性地位，构建家庭经营、集体经营、合作经营、企业经营等共同发展的新型农业经营体系，发展多种形式适度规模经营，发

展壮大农村集体经济，提高农业的集约化、专业化、组织化、社会化水平，有效带动小农户发展。

（四）实现农业产业振兴，发展高原特色农业

一是切实改变农业生产思想观念，推进农业由增产向提质转变。以消费者需求为导向，大力发展优质安全、市场销路好的农产品，满足居民多样化、多层次的农产品需求。二是鼓励农业生产经营者加强对环境的保护，建立市场化、多元化的生态保护补偿政策体系。完善农业资源保护补贴政策，积极稳妥发展生态产业，建立健全绿色标识、绿色采购、绿色金融、绿色利益分享机制，引导社会投资者对生态保护者进行补偿，使得生态保护者和受益者互动关系更加协调。三是结合特色优势农产品与优势区建设，创响一批特色农产品品牌，用更高的标准严格要求生产过程，建立完善的产业链条，推动特色产业的做大做强，使农民获得更高效益。构建支撑现代农业发展的农资产业体系，提高农业投入品的质量和加强对污染物的控制，提高资源利用的精准化和生态化。四是立足云南高原特色现代农业，充分发挥资源禀赋、产业发展优势，加快转变农业发展方式、调整优化农业产业结构，围绕高原特色现代农业建设、打造世界一流"绿色食品牌"目标，重点推进6个千亿元级大产业、2个600亿元级产业的建设，培育壮大省级以上龙头企业、农民合作社等新型经营主体，进一步夯实农业生产能力基础、强化农业科技支撑、建设农业服务平台、提升农业对外开放水平。

（五）践行社会主义核心价值观，塑造乡村文化生态

要以传承发展云南优秀传统文化为核心，以乡村公共文化服务体系建设为载体，积极推进文明村镇创建行动，培育乡风文明、民风淳朴、家风良好，建设邻里守望、诚信重礼、勤俭节约的文明乡村。一

是加强乡村思想道德建设。要坚持不懈地用习近平新时代中国特色社会主义思想武装教育全体人民，以培养担当民族复兴大任、乡村振兴大业的时代新人、弘扬共筑美好生活梦想的时代新风为根本任务，深入推进农村精神文明建设，提高乡村社会文明程度。二是传承弘扬中华优秀传统文化。加强非物质文化遗产的保护工作，实施传统工艺振兴行动计划，加强国家级非遗代表性项目和非遗项目代表性传承人申报，大力弘扬以德孝礼义为核心的优秀传统文化，致力于繁荣新时代乡村文化，不断厚积文明土壤。三是丰富乡村文化生活。要以满足乡村广大群众高质量、多元化精神文化需求为导向，推动城乡公共文化服务体系融合发展，使更多资源向农村和农民倾斜，加强基层优秀乡村文化产品和服务供给、文化阵地建设和文化人才培养，提升农村文化生机活力。

（六）加强专业人才引进，建立持续性人才激励机制

一是加大现代高效农业人才、现代农村建设人才的培养力度，充分用好乡村本土人才，建立区域专业人才统筹使用制度，引导各类人才资源向农村流动。二是强化人才汇聚机制，建立有效的激励机制，增强乡村对人才的吸引力、向心力和凝聚力，鼓励各类优秀人才、实用人才投身乡村建设。三是优化人才发展环境。完善人才培养、引进、使用、激励等方面的政策措施，营造良好环境，促进人才向农村集聚。四是不断提高农民综合素质，积极贯彻落实培育新型职业农民、加强农村专业人才队伍建设、鼓励社会人才投身乡村建设等措施。

（七）推进农业清洁生产，集中治理农业环境突出问题

一是进一步加强村庄规划管理。建设镇村规划管理系统，构建省、市、县、乡、村、组六级村庄管理体系，推进全省"多规合一"实用性村庄规划编制工作。二是推进农村人居环境整治。加大农村生产生

活设施投入建设力度，完善农村供水保障，开展农村生态环境整治提升活动，提升农村公路沿线、村庄周边、农房庭园的美化绿化层次，开展"厕所革命"，重点加强山区农村公厕和无害化户厕普及建设。三是加大乡村生态保护与修复力度，统筹山水林田湖草系统的治理，深入实施退耕还林还草、天然林保护、石漠化综合治理、陡坡地生态治理等林业生态修复工程，维护良好的生态环境、保护宜居的环境。将农村人居环境整治考核纳入乡村振兴战略的实绩考核。

（八）健全基础设施建设，保障和改善民生

一是继续把基础设施建设、劳动力就业质量提升、公共服务供给重点放在农村，持续加大投入力度；二是重点解决农村的"出行难、运输难"的问题，以及如何解决水资源合理配置、农村现代能源体系完善、更高质量充分就业、就近全面接受义务教育、就近享受优质医疗服务供给等农民群众最关心、最直接、最现实的利益问题；三是实现城乡基础设施互联互通、农村地区更高质量和更充分的就业、城乡基本公共服务均等化，推动农村从传统的生产、生活、居住功能向休闲旅游、养生养老、创意创业等复合型新功能拓展。要加快补齐农村民生短板，提高农村美好生活保障水平，让农民群众有更多实实在在的获得感、幸福感、安全感。

（九）强化乡村振兴的保障措施

一是创新乡村振兴体制机制。明确第二轮土地承包到期后再延长30年的政策，完善农村承包地"三权"分置制度，推进房地一体的农村集体建设用地和宅基地使用权确权登记颁证，探索宅基地所有权、资格权、使用权"三权"分置，深入推进农村集体产权制度改革。二是健全乡村振兴财政投入保障制度。政府财政投入要与乡村振兴目标任务相适应，新增财力重点向"三农"倾斜，推进行业内资金整合与

行业间资金统筹的相互衔接和配合，撬动金融和社会资本更多投向乡村振兴。三是提高金融服务提升乡村振兴水平。健全适合农业农村特点的金融体系，更好地满足乡村振兴多样化的金融需求，鼓励政策性金融机构加大对乡村振兴中长期信贷支持等。四是保障农村新产业新业态发展用地。允许县级政府通过农村土地利用规划，调整优化村庄用地布局，有效利用农村零星分散的存量建设用地，允许预留部分规划建设用地指标用于单独选址的农业设施和休闲旅游设施等建设。五是强化乡村振兴人才支撑。全面建立职业农民制度，推行乡村教师"县管校聘"，加大基层全科医生的培养力度，扶持培养农业职业经理人、经纪人、乡村工匠、文化能人、非遗传承人等。建立有效激励机制，鼓励社会各界人才通过下乡担任志愿者、投资兴业、行医办学、捐资捐物等方式投身乡村建设。

（十）加强党对实施乡村振兴的组织领导

2020年中央一号文件强调，各级党委和政府要提高对实施乡村振兴战略重大意义的认识，真正把实施乡村振兴战略摆在优先位置，把党管农村工作的要求落到实处。云南省《实施意见》从四个方面作出明确要求。

一是完善党的农村工作领导体制机制。健全和强化党委统一领导、政府负责、党委农村工作部门统筹协调的农村工作领导体制，实行省负总责、州（市）、县（市、区）、乡（镇）抓落实的工作机制。党政一把手是第一责任人，五级书记抓乡村振兴。县（市、区）委书记要当好乡村振兴的"一线总指挥"，建立健全各级党政领导班子和领导干部推进乡村振兴战略的实绩考核制度。二是加强"三农"工作队伍建设。大力培育懂农业、爱农村、爱农民的"三农"工作干部队伍。三是全面加强农村基层党组织建设。坚持以政治建设统领农村基层党建工作，强化农村基层党组织领导核心地位，持续整顿软弱涣散村党组织。健全从优秀村党组织书记中选拔乡镇领导干部、考录乡镇机关公务员、招聘乡镇事业编制人员制度。加强农村党员教育培训，推行村级小微权力清单制度，加强基层党风廉政建设，发挥党组织的战斗堡垒作用。四是强化乡村振兴规划引领。省级部门要制定专项规划或方案，各州（市）、县（市、区）要制定本地区规划或实施方案。实施乡村振兴战略是一项长期的历史性任务，要坚持因地制宜、分类施策、典型引路，既尽力而为，又量力而行，不搞层层加码，不搞一刀切，不搞形式主义。发挥农民群众主体作用，尊重基层创造精神，营造乡村振兴良好氛围。

总之，乡村振兴体现了党的使命，是新时代的呼唤，是发展的必然、人民的期盼。乡村兴则云南兴，乡村美则云南美。云南乡村具有广阔的地域范围、重要的地域经济社会单元功能、独特的地域民族文化魅力的特点。乡村振兴战略的实施，既是云南发展的重大历史机遇，也是重大时代命题，更是必须完成的新时代答卷。乡村振兴是云南如期实现脱贫攻坚目标后，如何实现高质量跨越式发展，把云南建设成为中国最美丽省份，确保与全国同步实现"两个一百年"奋斗目标的重大战略。乡村振兴必须紧紧围绕党的十九大确定的战略目标，深入贯彻落实习近平总书记对云南工作的重要指示精神，把实施乡村振兴战略作为闯出一条跨越式发展路子的重要的支撑基础，全力打造乡村振兴云南样板。

乡村振兴的诸城实践

王申贺　李学华[*]

　　摘　要："诸城模式"一直坚持党建引领下的城乡一体化发展道路，在现代化进程中探索"三农"的未来，尤其是用城市化的视角推动农村社区化改造完善，打破城乡资源要素的隔离，实现了城乡功能互补，融合发展。这些探索直接关系到现代社会中农民的未来出路问题，可以通过政治、经济、文化、社会、生态资源的均等化配置形成农村社会的内生动力和新价值创造体系，在市域治理的大框架内实现总书记提出的乡村"五个振兴"，从而铸就诸城"三区"共建共享的特殊价值，从制度层面为改善农民生存和发展状态提供了支持，探索出乡村振兴、城乡融合的新途径新模式。

　　关键词："三区"共建共享；城乡融合；市域治理

引　言

　　2018 年 3 月习近平总书记在参加十三届全国人大一次会议山东代表团审议时，两次对农村改革发展中的"诸城模式"给予了充分肯定。"诸城模式"到底具有什么样的优势让习近平总书记如此挂念？"诸城模式"能否承载新时代解决"三农"问题、实施乡村振兴战略的重任？我们通过实地调研观察到，从联产承包责任制至今，诸城一

---

　　* 王申贺，中共山东省委党校（山东行政学院）教授；李学华，中共滨州市滨城区委党校高级讲师。

直致力于农村振兴本土化方案探索和农村社会整体发展创新相结合，到今天形成了以全域党建融联一体化发展为引领，以城乡融合发展为主线，充分发挥农业产业化、农村社区化两大优势，推进生产园区、生活社区、生态景区的"三区"共建共享，推动"五个振兴"，赋予"诸城模式"新内涵、新标准、新要求，促进农业全面升级、农村全面进步、农民全面发展，为乡村振兴的"齐鲁样板"提供了极具操作价值的发展路径。

一、背景情况

中国的改革历来都是与农村政策深度交织的，农村连接起中国社会的历史、现实和未来。"诸城模式"发端于 20 世纪 80 年代，是对诸城商品经济大合唱、贸工农一体化、农业产业化、农村社区化发展等不同阶段创新成果的集中概括，在今天更有了"三区"共建共享的创新实践。"诸城模式"作为中国改革的一个缩影，得益于党和人民群众勠力奋进，始终紧跟时代步伐，不断丰富自身的创新内涵，在乡村振兴进程中进行了独具特色的探索，实现了从经济振兴到农村社会发展质量的全面提升。正基于此，"诸城模式"才会给总书记留下了深刻的印象。

（一）农业产业化铺就"诸城模式"向社会发展拓展之路

农业产业化的"诸城模式"主要着眼于农业生产关系的调整完善和农业生产力水平的提高，是适应改革开放初期商品经济、市场经济发展水平不高，农民这个新的市场主体适应大市场能力不强等时代特点而采取的创新举措。其本质是推动农业生产要素在更大范围内、更高层次上的优化配置；方向是提高农业产业化水平、推动农业高质量发展；关键是坚持问题导向、大胆改革创新；归根结底就是解放生产力、发展生产力。

新时代，"诸城模式"能否适应满足人民群众美好生活的要求，能否继续承载实现"三农"持续发展、实现乡村全面振兴的历史重任，必须破解党组织引领能力、基层治理能力、全面发展体制机制、城乡统筹协调、资源要素融合、现代科技运用等方面存在的问题，通过深化拓展创新提升，让"诸城模式"焕发强大生机活力。

随着农村经济社会结构的深度变化，农村社会治理模式已经变得相对滞后。2007年诸城市在全市推行农村社区服务与建设，完善农村社区组织建设，构建起了以社区党组织为核心、村民自治组织为主体、群团组织和各类经济社会服务组织为纽带的区域化基层组织建设新体系，形成了"多村一社区"的农村社区治理模式，实现了以行政村为单元的社会治理向以社区为单元的社会治理模式的转换。在社区党委领导下，统筹推进社区公共服务、政治、经济、文化、组织、居住形态等融合发展，着力建设布局合理、功能完善、服务便捷、治理高效的新型农村社区。

（二）"三区"共建共享谱写城乡融合的乡村振兴新篇章

诸城在探索中逐渐认识到，必须把城乡融合、全面发展理念统一到乡村振兴战略中。乡村振兴绝不是孤立地发展农业，而是全面发展农村产业体系；不是孤立地发展经济，而是全面发展"五位一体"的农村社会体系；不是孤立地发展乡村，而是全方位建立发展城乡融合体系。原有农业产业化的探索，无法解决经济之外的社会治理问题。乡村振兴的基本出路是城乡融合发展，城镇化、城乡一体化不是消灭农村，而是要消灭城乡之间的不平等，在互通互助互补中得到共同发展。诸城在发展中深刻总结到，乡村振兴不是一个乡村的事情，必须诉诸整个县域，整合全县的党建资源和社会资源。

如今，一不靠海、二无矿产和交通优势的诸城，已形成了以汽车、食品、服装纺织、装备制造和生物医药等优势为主导产业，培育了福田汽车、新郎希努尔、诸城外贸等 14 家主营业务收入过 10 亿元的企业，是亚洲最大的经济型商用车生产基地、全国食品工业强市、中国男装名城、山东省高端装备制造产业基地。2019 年，诸城完成财政总收入 91.0 亿元，人均 GDP 达 57468 元，常住人口城镇化率达62.39%，农村居民人均可支配收入达 21897 元。

诸城市被评为国家农村产业融合发展示范园、国家生态文明建设示范市、全省乡村振兴"十百千"工程示范县，通过"三区"共建共享全域推进乡村振兴的做法也被确定为全省乡村振兴可复制、可推广的 7 种典型经验之一。

二、主要做法

诸城市委坚定地贯彻以人民为中心的发展思想，以不断满足新时代人民群众对美好生活的向往，不断提升人民群众的幸福感、获得感为出发点，着眼于解决过去发展中存在的单一发展、片面发展等问题，探索实践党建融联一体化发展路径，推动生产园区、生活社区、生态景区"三区"共建共享，全域推进乡村振兴的创新实践，极大丰富了"诸城模式"的内涵，绘就了一幅农业产业强、农村社区美、农民安居乐业、城乡统筹融合的画卷，为全省乃至全国乡村振兴实践提供了可资借鉴的样板。

（一）党建融联一体化引领"三区"共建共享

按照潍坊市委"坚持产业为基、全面振兴，坚持片区带动、全域提升，坚持城乡融合、全要素支撑，坚持组织引领、全民行动"的部署要求，坚持区域组织联合、城乡组织联建，统筹融合各类党建资源，助推乡村振兴发展。

1. 完善基层组织体系建设，推动农村区域内资源融合

党的力量来自组织。诸城市适应农村生产生活方式变化和农村社区化发展实际，加强农村基层组织体系建设，重构农村基层党组织体系。依法撤销原来1249个行政村的党支部和村委会，以社区为单元选举产生208个社区党委和社区村民委员会，社区党委成为社区领导核心。在社区党委以下，以居住地为单位设立1265个农村网格党支部，将农村社区党组织工作的"触角"延伸到每一个聚合区或自然村。加强社区自治组织和经济组织建设。以农村社区为单元，依法选举产生社区村（居）委会及经济发展、规划建设、社会发展、社会保障、调解维稳等下属委员会和社区事务监督委员会，推选产生村（居）民小组长和村（居）民代表。以自然村为单位选举产生经济联合社，承担原行政村集体资产的管理和运营工作。完善社区配套组织，健全社区工会、青年、妇女等群团组织，指导成立行业协会、中介组织、志愿者团体等新型经济社会组织，协同做好基层管理服务工作。

农村社区党委发挥领导核心作用，推动社区内各类组织科学、合理、高效运转，促进优质干部队伍资源融合、优质服务资源融合、优质发展资源融合，实现了资源有效聚集，提升了农村基层党组织组织力和服务发展、服务基层、服务群众的能力。

2. 坚持城乡组织联建，推动城乡间要素融合

突破"就城市抓城市、就农村抓农村"的传统模式，本着"按需对接、优势互补、资源共享、互利共赢"的原则，引导市直部门单位、城市社区、企业党组织，跨层级、跨地域、跨行业与农村网格党支部建立616个城乡联建党总支，实现了农村、城市、企业、机关"党建融联一体化"发展。联建党总支书记由城区党组织书记担任，副书记由农村党组织书记担任，委员由农村党组织其他班子成员担任。

城乡联建党总支以党建为媒，打破了城乡结构壁垒、行业界限，促进了以工商资本为核心的各类要素更多向农村流动，推动了城乡党建资源互促融合、城市人才资源互动融合、农村产业发展深度融合，在农村形成了人才、土地、资金、产业、信息等方面资源要素的良性循环、跨界配置。

党建融联一体化发展是应对农村生产生活方式改变、城乡发展不平衡的现实而进行的创新实践，其生命力来源于经济社会发展的需要。经调研发现，诸城市约 70 万农民，有 85% 的农民转移到了第二、第三产业，从土地上解放出来。而且随着农业现代化进程的推进，产业园区建设对土地、资本、劳动力、管理、技术等要素需求日益高涨，传统区域分散的、城乡割裂的要素供应难以适应新的发展。这就需要把农村各类经营主体和农民群众紧紧凝聚在党组织周围，实现互促共进、抱团发展。为应对这一发展形势，诸城市创新推进了全域党建融联一体化的发展路径，把党的组织优势转化为乡村振兴、城乡融合发展优势，取得了显著成效。同时也应看到，城乡之间的差距依然存在，2019 年全市农村居民人均可支配收入 21897 元，仅为城市的 51.8%，农村区域内经济融合的程度还不高，深化党建融联一体化发展，还需要持续用力、久久为功。

（二）"三区"共建共享创新提升"诸城模式"

诸城市按照"突出重点、示范带动、梯次推进"的思路，逐年推进"三区"共建共享，2019 年完成了 34 个示范社区创建，截止到 2020 年底，完成"三区"共建共享 60% 以上示范社区创建（105 个示范社区），预计到 2022 年底，将实现"三区"共建共享全覆盖，推动乡村振兴取得重大突破。

1. 坚持产业为要，建设特色生产园区

产业振兴是乡村振兴的基础和关键，产业化也是"诸城模式"的突出优势。新时代产业振兴对品牌化、园区化、标准化、社会化、融合化提出了更高的要求。如何放大传统优势，寻找新的发展契机，实现产业发展新突破，是实现"三区"共建共享的重要环节。诸城市以产业资源、生态优势等资源要素为依托，坚持产业组织联动，推动园区"片区化"融合，引导社区规划建设特色产业园区。采取区域联合、典型引领、龙头带动、资源共享等模式，推进种养殖业向高端、高质、高效和绿色化特色化品牌化转型，培育现代农业发展新动能，开创现代农业发展新优势，加快农业转型升级。

产业链上建组织，汇聚发展合力。结合现代农业园区跨村庄、跨社区的实际，坚持园区党（工）委统筹，将产业园区内原隶属不同党组织的党员融合起来，成立农业园区党总支，构建"产业党总支+多个产业党支部"的"1+N"党建工作联盟，把党的组织和工作覆盖到整条产业链上。

重构利益联结机制，多形式增加农民收入。每年流转土地 10 万亩以上，打造肉鸡、生猪、食材、茶叶、榛子、中药材等领军型农业产业化联合体。推行"大区域多主体""大园区小农户"等利益联结机制，探索"产业联盟+龙头企业+特色园区+种养农户"等发展模式，鼓励农民以土地、资金、资产入股，增加农民经营性、财产性和工资性收入。目前，全市"三区"共建示范社区新建特色产业园区157 个。

提升产业组织形式，推进养殖业转型升级。坚持政策引领、典型带动，加快养殖业向标准化、园区化、生态化、智能化、品牌化转型，建设德友、舜沃等 30 个标准化生猪、肉鸡养殖项目，着力打造年出栏 2 亿只肉鸡、300 万头生猪的种养循环产业体系，加快"畜牧业联合体"的建设，成立肉鸡产业联盟，建设"产业联盟+龙头企业+特色园区+养殖户"的现代组织形式，重建诸城畜牧产业优势。

创新服务平台模式，提升食品加工业质效。坚持龙头带动、链式发展，依托惠发、得利斯等龙头企业，建设餐饮食材供应链平台，大力推行中央厨房团餐定制模式，加快食品产业向高端化、融合化、品牌化转型，推动企业由加工型迈向"生产+服务"型。

2. 坚持宜居为本，建设新型生活社区

补齐"三农"发展短板，围绕推进组织振兴和文化振兴，坚持生产方式与生活方式同步提升，着力建设新型生活社区。主要将现代社会管理、社会服务观念引入农村社区，让广大农民共享现代社会建设的文明成果，在居住品位、社会服务、文明氛围等方面缩小乡村与城区的差距，让农民享受城乡均等的公共服务，提升群众获得感、归属感、幸福感。

提升基层党组织组织力。发挥社区党委、城乡联建党总支、网格党支部的组织力量，开展"基层组织治理能力提升"专项行动，重点解决组织领导能力弱、集体经济发展慢、精准服务水平低、协同共治意识差 4 个方面共 26 个问题。推进农村干部精准化考核，实行差异化报酬制度，深化农村党员积分制管理，完善奖惩关爱机制，激发基层党员干部的干事创业热情。

提升公共服务功能。实施社区服务中心功能提升工程，健全社区服务标准化体系，推进新时代文明实践中心、为农服务中心建设，提供便利高效的社会保障、就业指导、物业管理、环卫保洁、法治宣传教育等服务，打通服务群众的"最后一公里"。充分利用棚改旧改、增减挂钩等政策，在协商自愿的基础上引导农民聚合居住，截止到 2020 年 11 月，新建安置楼 28 万平方米，整个社会秩序井然。

提升社会治理水平。坚持党建引领，深化自治、法治、德治"三治"融合，打造共建共治共享的乡村善治格局。社区党委严格落实"五四二"运行机制，即党委初议—"两委"联席议事—决策听证—公开办理—民主评议的五步议事流程，每月 9 日公开社区党务、自治事务、财务和服务，在自然村落实民事户决制和议事协商制。落实好

"阳光议事日"制度，建立社区小微权力清单，实行自主议事、自治管理、自我服务。健全治安防控体系，强化矛盾纠纷排查调处，深入开展扫黑除恶专项斗争，努力建设平安乡村。

提升乡风文明水平。开展多层次精神文明创建活动，推动核心价值观在乡村落细、落小、落实；传承发展优秀传统文化，深入开展文化惠民活动，创新开展"炫艺龙城"全民综艺大赛，打造"社区文化节"品牌，2019年演出127场，参演群众9000多人（次），现场受众20多万人，网络受众200多万人；积极推进移风易俗，发挥好村居红白理事会作用，倡树文明新风尚，弘扬社会正能量。

3. 坚持绿色为基，建设优美生态景区

贯彻"绿水青山就是金山银山"生态发展理念，将生态景区作为优势战略予以培植，把生态宜居发展成农村生活的比较优势，凸显给人们留下一片乡愁的乡村特色，"让城里人想到咱这儿找寻田园生活"成为一个发展诉求。诸城市围绕推进生态振兴，依托生产园区、生活社区和生态资源、文化资源，着力建设优美生态景区，实现社区园区生态化、生态资源文化资源景区化。

深化全域生态化建设。坚持全地域覆盖、全资源整合，打造"一镇一特色、一村一幅画"的全景诸城，打造美丽乡村精品片区和特色村，让良好生态成为乡村振兴的支撑点。

深化美丽乡村标准化建设。实施"五化一通"工程，以垃圾污水治理、厕所革命和村容村貌提升为重点，推广街巷长制，持续深化乡村环境综合整治。2020年继续打造100个美丽乡村示范村，力争全市美丽乡村B类以上村庄达到1120个以上，美丽乡村覆盖率达到90%以上。

深化生态环境保护。实施"绿满龙城"五大行动，深入开展"十河共治"，组织实施水源地保护区"清零"行动，境内水质达标率100%；规划建设小游园、微绿地，打造花园式社区；创新畜禽粪污资源化利用，治理农业面源污染，不断改善生态环境总体质量。

"三区"共建共享从农业产业的单兵突进到农村社会发展全面提升，难度和压力可想而知。我们在调研中也发现"三区"共建共享中还存在不少问题，特别是在三区如何平衡发展的问题上存有较大争议。农业产业化本是"诸城模式"的传统强项，但在实际操作层面也存在不小阻力，有政策问题，也有农民的接受度问题，农村在走向现代社会的进程中各种矛盾或许远比人们了解的要复杂得多。与常山永辉生态农场接壤的一户农民在山坡地耕种三亩小麦，遇到 2020 年天旱，总共收入不足 500 斤，而和他们相邻的常山永辉生态农场敞开接收农民的流转土地，每亩年转让费 1000 元，并可提供就业机会。在这样的对比中，该户农民仍不愿意将土地转让。

"三区"共建真正考验的是生活社区、生态景区建设，这要直面人民群众对美好生活的追求与不平衡不充分发展之间的矛盾，大量问题属于社会建设领域，比经济发展更具挑战性。现在广大农民群众需求的层次极大提升，需要更好的教育、更稳定的就业、更满意的收入、更可靠的社会保障、更高水平的医疗卫生服务、更舒适的居住条件、更优美的环境、更丰富的精神文化生活等，如此多的目标叠加，必须转向全面发展、融合发展、统筹协调、可持续发展的新思路，但是许多问题非一县之力可以解决。诸城在生活社区、生态景区的建设上投入很大，但仍存在建设质量不高、可持续能力不强的问题。我们看到有些生态景区建设质量差，建成后因缺乏资金、游人稀少等方面因素，出现脏乱差、设施破损等问题。而且前期投入很多没有经济效益，长远如何持续发展已成为问题。这在很大程度上也影响到"三区"共建共享实践的成色。

（三）"三区"共建共享为"诸城模式"注入新的活力

在乡村振兴大背景下，以组织体系创新为着力点，探索党建融联一体化发展，积极推进"三区"共建共享，使"诸城模式"的内涵外延得到了拓展和提升，主要表现在以下方面：

1. 由追求单一发展转向促进全面发展

由单一追求农村经济发展，专注于提高农业产业水平，实现农村生产力的提升和生产关系的调整，转变为坚持农村现代化与农业现代化一体推进，追求农业全面升级、农村全面进步、农民全面发展。放大农业产业化发展优势与补齐农村农民问题短板同步推进，深刻体现了五大振兴全面推进的时代要求。

2. 由着眼于量的积累转向注重质的提升

传统"诸城模式"主要着眼于物质生存条件和基本服务的满足，致力于农民增收、村增积累。新时代则着眼于满足人民美好生活的全面需要，在提高物质生活和基本服务水平的同时，重视精神文化生活的满足。在"三区"设计规划中充分考虑村民的就业、入学、休闲、社会服务等全方位需求，在发展方式和理念上由粗放发展逐步转向集约发展，由牺牲生态环境转向强调绿色发展，实现了质的提升。

3. 由解决条块分割转向推动融合发展

传统"诸城模式"强调各级各部门服务于农业产业发展，形成"农民发展我发展，我与农民共兴衰"的服务理念，解决部门与民争利、服务粗放等问题；新时代注重理顺城乡之间、农企之间、行业之间的利益关系，不断打破藩篱，实现融合发展。在"三区"共建共享中着力推动农村三次产业融合，生产生活生态"三生"融合，着力构建城乡融合发展的体制机制，在城乡组织、城乡生产要素、区域发展等方面形成你中有我、我中有你的局面，加快形成工农互促、城乡互补、全面融合、共同繁荣的新型工农城乡关系。

4. 由追求物质富足转向强调文明进步

从大的历史进程看，富强转向文明应该是通过经济现代化、社会现代化的有机融合达到社会升级。传统"诸城模式"把促进农民增收作为出发点和落脚点，主要是通过产业发展实现物质财富的丰富，让农民钱袋子鼓起来，彻底摆脱贫困，重点强调经济效益。新时代则更加强调经济效益和社会效益统筹兼顾，强调适应社会主要矛盾的转化推进农民文明方式和生活方式现代化。在推动农业强、农村美、农民富的过程中，通过文明创建、道德治理、文化发展、法治建设等措施，从经济社会建设多角度解决"三农"问题，从制度层面为改善农民生存和发展状态提供支持，在乡村振兴中维系公平正义，让农民群众成为真正意义上的现代农民。

（四）"三区"共建共享发展中存在的主要问题

1. 创新提升"诸城模式"不够有力

对"诸城模式"在新时代的新内涵、新标准、新要求，研究推进力度不大，督促落实办法不多；推进"三区"共建共享示范区建设标准不高、进度不快，引领带动作用发挥不够；农民群众的积极性、主动性、创造性尚未充分地调动起来，没有形成创新提升"诸城模式"的内生动力；农村社会的情况相当复杂，至今我们都不能完全理解农村社会的真实状态，这也使一些决策部门乃至研究者，在不经意间误入迷途，产生经济、文化与政治等不同视角上的常识匮乏与一厢情愿，如果做得过度甚至可能断送农村正常健康发展的可能性。

2. 农业结构调整质量不高

种植业方面，大路产品多，特色果品、高端蔬菜、优质茶叶等高效经济作物面积较小，没有在全国全省叫得响的农业品牌，与总书记指出的"农业结构调整就是要多发展附加值高、品质好的特色农产品"的要求有很大差距；养殖业方面，规模化、标准化养殖场少，养殖效益比较低；食品加工产业龙头不强，在品牌打造、质量保障、市场营销等环节还有短板，没有真正形成全产业链条。

一是农业智能化、产品品牌化程度不高。全国性的品牌只有茶叶。

二是初加工欠缺。全市农产品加工企业很多，潍坊市级以上的农业龙头企业有 141 家，国家级的有 4 家，但是原料初加工规模较小。

三是农业方面的大数据运用不够充分，信息化程度不高，导致农民把握不好种植品种和规模，出现增产不增收的情况。

四是职业农民缺口较大，农业高层次人才引进较少；农村金融服务产品种类少、服务能力不高，工商资本下乡力度不够大；农村集体经济和农民收入增长不快，2019 年全市收入 3 万元以下的经联社尚有282 个。

3. 生活社区问题更为明显

一是基础条件建设管理的差距。通过实施基础提升工程，村庄晴天一身土、雨天一身泥的问题已经得到较好解决，但垃圾清理不及时、晚上黑灯瞎火等问题还在一定程度上存在。从解决群众生活的深层需求考察，相关设施配套存在较大差距。如社区卫生中心、基本养老设施、休闲娱乐设施等，特别缺乏日间照料、托老养老等养老场所设施；从居住条件看，存在反差很大的老旧住房。再就是在设施改造以后，如何保障运行？如社区保洁公司的日常工作谁来协调？谁来监督？发现问题谁来处置？迫切需要建立完善一整套现代管理机制制度来保障。

二是公共服务水平的差距。实施"三区"共建共享，其中关键一环是要打通社区服务"最后一公里"的问题。诸城通过实施社区服务中心功能提升工程，推进新时代文明实践中心、为农服务中心建设，新改造提升社区服务中心 30 个，7 个社区（村）被确定为山东省乡村振兴示范村。但真正做到方便快捷规范的服务还有很大的提升空间。村民在办事中跑冤枉路、遭遇冷板凳、推诿扯皮等问题还有一定存在。一些社区还没有从生活社区化的新高度去思考提升公共服务质量的问题。

三是群众文明水平的差距。生活社区化不是简单的硬件水平提升，更重要的是人民群众思想道德文化层面的转变提高，这是生活社区化的核心要义，是生活社区化从形式内容的改变到内涵提升的根本所在。从社区角度上看，群众文明道德文化水平参差不齐，给"三区"建设、乡村治理增加了难度。有的社区存在党的领导核心作用发挥不到位、宣传教育引导力度不够、群众性建设活动单调无味等问题，使群众的道德观念、生态理念、文明意识等得不到有效提升。

4. 生态景区建设的问题不容忽视

一是建设质量不高。有的镇街及社区在推进生态景区建设过程中，存在短期行为、应付心理，景区建设质量差，其中的历史文化内涵表现粗糙。

二是维护不到位。建成后，由于缺乏资金、游人稀少等方面因素，有的对后期维护不重视，有的有心无力，使得部分景点出现脏乱差、设施破损等问题。

三是经济效益开发不够。前期投入后，没有经济效益产出，与社会效益不匹配，鉴于社区经费方面的限制，长远来看如何持续发展已经成为一个问题。

三、经验启示

诸城市通过"三区"共建丰富了"诸城模式"的内涵，初步破解了乡村振兴的难题，为实现乡村振兴提供了路径选择。

（一）推进乡村振兴必须夯实战斗堡垒，充分发挥党组织的领导作用

习近平总书记在中央农村工作会议上强调，办好农村的事情，关键在党。"三区"共建共享作为"诸城模式"的新内涵，能够稳步推进，得益于以党建为总揽，充分发挥党的领导优势，以全域党建融联一体化促四方合作，搭建"三区"共建共享的政治生态，形成全域共

同发展的新格局。

诸城市创新推行的党建融联一体化发展路径，打破固有的"就村庄抓村庄"组织设置形式，通过社区党组织、联建党总支建设，实现区域内、城乡间党建资源的集聚集约，有效化解了农村基层党组织班子散、能力弱、发展慢等问题，巩固提升了农村基层党组织的领导核心地位和引领发展能力。最重要的是，这种城乡"一盘棋"的发展理念和基层组织设置形式，在农村区域内、城乡之间搭建起互联互通、优势互补的桥梁，有效集聚、整合农村区域内的优质干部、党员、人才等组织资源，并积极推动城市党建资源下沉农村，以资金集约化、人才集中化、信息技术集聚化和土地规模化，激活乡村一池春水，犹如一剂"催化剂"提升了农村党组织的战斗力、凝聚力，办成了许多农村干部"想干干不了"，甚至是"想都不敢想"的事情，为引领和推进城乡融合发展提供了坚强的组织保障。

（二）推进乡村振兴必须坚持以农为本，激发农民的创造力

"三区"共建共享的实践告诉我们，要用制度和机制保障农民分享改革红利，而不是剥夺农民利益，这是保持农村活力的关键，也是一种底线思维。以农为本是坚持以人民为中心发展理念的体现，也是改革成功的根本，更是当前实现乡村振兴的基石。诸城的改革，始终坚持农民是改革的主角。农民既是改革的主体，即实施者和依靠力量，又是改革的客体，即受益者。诸城在推进资本下乡助力乡村振兴的过程中，通过"三区"建设提升农民的存在感和归属感，发挥农民的能动性和创造性，维护农民利益，共享改革成果。比如把流转土地同安置农民居住、就业、子女上学、公共服务同步考虑，流转出土地的同时，农民获得稳定的土地租金、农业工人工资、社区福利等。城乡联建党组织利用自身资金、产业、技术等优势，帮助联建的农村党组织

厘清发展思路，壮大农村集体经济，探索推行入股分红、优先用工等方式，既延伸了产业发展链条，扩大了产业发展规模，又让群众共享发展成果，实现了在家门口增收致富，农民群众的获得感、认同感、幸福感不断增强，最终实现了从"坐着等""站着看"到"跟着来""一起干"的转变。因此，乡村振兴要坚持把维护农民利益、促进农民发展放到优先位置。领导者推进乡村振兴，进行乡村振兴的实践探索，都要让农民成为主角，把做大做强农民作为根本目标。把资本下乡作为增强农民造血功能、带动农民提升自我发展能力的手段，要避免"富了老板，穷了老乡"的现象出现。只有这样，乡村振兴才会充满生机和活力。

（三）推进乡村振兴必须坚持统筹协调发展，调动多方参与的积极性

诸城在发展中意识到，由于历史和现实的原因，农村经济发展受限。因此乡村振兴不能就农村论农村，而是要结合新型城镇化，拓宽农民收入渠道，在推进农业增产、增效的同时，发展现代农业、乡村旅游等新业态，实现三产融合发展。一是将党的领导与村民自治有效统筹，坚持党的领导，结合各地实际，实现区域性有效治理。市委成立农业农村工作委员会，设立由市级领导牵头的五个振兴工作专班，下沉工作力量，选派 56 名第一书记、35 名干部参与"万名干部下基层"乡村振兴服务队等，助力乡村振兴。二是促进单一管理向多元治理统筹转变，多方汇聚力量，提升乡村振兴与治理的效率。坚持治理主体多元化，创新群众自治、乡贤治理、能人治理的有效途径。三是推进城乡发展统筹融合，以城市资金、技术、人才、管理带动乡村，以乡村振兴成果反哺城市，实现功能互补、城乡融合发展。此外，应进一步完善乡村振兴长效投入机制，加大各级政府部门对乡村振兴工作的投入力度，形成逐年按比例配置的稳定机制，进一步推动农村基层社

会治理资源的整合提升。

（四）推进乡村振兴必须以增强集体经济实力为抓手，提高基层组织话语权

农村集体经济是中国特色社会主义经济的重要载体，它是基层组织发挥作用的重要基础，也是农村脱贫攻坚的重要抓手和农村发展稳定的重要保证，还是改善村民福利、优化治理氛围、增加农民收入的关键举措，在实施乡村振兴战略过程中发挥着举足轻重的作用。实践中，诸城市通过创新成立社区农业发展公司，为新时代发展新型农村集体经济开创了一条新路。改革创新使农村社区集体经济发展难题得到有效破解，实现了农民增收和集体增财"双丰收"。诸城社区公司的运作模式形成了政府投资注入型、社区党委领办型、城市社区（居）企业转换型三种类型，分别占总数的34%、52.4%、13.6%。依托社区农业发展公司的强力驱动，2020年1—9月，全市农村集体经济总收入1.82亿元，同比增长10.5%，其中174个社区集体经济收入达到年初制定的15万元以上目标，占83.7%。

（五）推进乡村振兴必须坚持差异化发展，凸显乡村特色优势

乡村振兴不是照搬外地经验蜂拥而上，而应突出乡土特色、生态特色等坚持因地制宜谋发展。诸城重点构建"三带、六廊、八基地、六个特色小镇"的现代农业产业格局，就是坚持差异化发展的成果。如"六个特色小镇"就是发挥产业比较优势，挖掘文化资源，打造桃林休闲农旅小镇、皇华生态观光农业小镇、林家村山林康养小镇、昌城健康食品小镇、龙都恐龙小镇、积沟尽美红色文化旅游小镇，重点推进实施"一镇一特色、一社区一品"工程。

坚持差异化发展，一要尊重历史、人文差异，二要立足资源禀赋

差异，三要强调产业基础差异等，不搞统一模式，因地制宜、精准施策、发挥优势、打造亮点，既考虑共性要求，更凸显个性特点，积极探索符合本地实际、特色鲜明的共建共享发展道路。在产业发展上，应强调一村一品一业，做大做强做优地方特色优势，避免同质化、低质化；在社区建设上，宜合则合，充分尊重群众意愿。要充分发挥社区群众在社区治理中的作用，制定村规民约要在充分尊重历史文化和风俗习惯差异的基础上，充分体现新时代新要求。

"诸城模式"昭示我们，农业现代化、城乡融合发展有很长的路要走，现代化、产业化、城镇化是基本方向，必须在市域治理理念下推动顶层设计与农民的良性互动，实际上更依赖持续的、制度的改革创新。因此，需要坚持情怀、坚守初心，像习近平总书记提出的那样："一件事情接着一件事情办、一年接着一年干，锲而不舍向前走"，自强不息、不断完成自我挑战，更需要科学的决策、超人的付出和耐心的等待，力避理想主义和急躁冒进。这样才能孕育出与时代契合、创新活力持续涌流的发展模式。

泗水龙湾湖："三生三美"融合发展的乡村振兴之路

牛竹梅*

摘　要：泗水县龙湾湖乡村振兴示范片区通过党建引领、产业聚人、科学规划和共建共享，在区域内形成了乡村艺术创意、乡村研学体验、儒家文化传承等新兴服务业态和甘薯科技展示研发、中草药花卉种植加工等复合农业业态协调推进的格局，实现了区域内多个村庄整体发展，成为实现乡村振兴齐鲁样板的先行者。

关键词：贫困山区乡村；区域乡村振兴；融合发展

乡村振兴齐鲁样板示范区始建于 2019 年 7 月，是山东省围绕扎实推进乡村"五大振兴"，加快齐鲁样板打造启动的一项工作。目标是到 2022 年山东省分别创建省、市、县级示范区 100 个、200 个和 300 个，以加快推进农业农村现代化。示范区建设坚持省、市、县梯次开展，县（市、区）每年集中连片选择 10～30 个行政村、覆盖 20 平方公里左右的面积，创建 1 个县级乡村振兴示范区。示范区以点带面，在促进乡村区域性脱贫和全面振兴方面取得了成功经验，为各地乡村振兴发展探索提供了齐鲁样板。泗水县龙湾湖乡村振兴示范片区建设就是典型代表之一。

---

* 牛竹梅，中共山东省委党校（山东行政学院）新动能研究院教授。

一、龙湾湖乡村振兴示范片区概况

山东省泗水县龙湾湖乡村振兴示范片区规划面积 7.9 万亩，涉及南仲都、东仲都、夹山头等 18 个村。东仲都村是龙湾湖示范片区的核心村之一，位于泗水县县城南部，距县城 8 公里，圣水峪镇驻地北 3.4 公里。该村由三个自然村构成，全村 316 户、1087 人。2018 年之前，这里还是个省定扶贫工作重点村，集体收入几乎为零，1100 多人中每年有 400 多人外出务工，70 多户农房闲置。2018 年之后，东仲都村党支部带领大家返租土地建冬暖式大棚种植西红柿、黄瓜、辣椒等蔬菜，种植菌类、林果 1660 亩，利用沟边和湖边种植葡萄和樱桃约 334 亩。2020 年中秋、国庆假期前两天，泗水县东仲都村每天吸引 10000 多名游客，两天收入达 70 多万元。在村党支部和农民的共同努力下，实现了农业增效、农民增收、农村增绿、村集体经济增强。龙湾湖区内，整修龙湾湖水面 7500 亩，生态公益林 2.8 万亩，林木覆盖率 64.7%。种植汇源葡萄庄园 4000 亩，珍珠油杏园 1500 亩，核桃园 3600 亩，芳香花卉 2500 亩，设施农业 1000 亩，实现农业产业结构升级；培育新型经营主体 34 家；建立和引入乡村赋能电商平台 1 处，汇源矿泉水等涉农企业 6 家，等闲谷艺术粮仓、龙湾湖艺术小镇等文旅项目 9 个，产业融合发展格局正在形成。2019 年示范区内 18 个村集体收入均达到 10 万元以上，实现村集体收入和群众收入双增长。生产美产业强、生态美环境优、生活美家园好的"三生三美"生活方式正在泗水龙湖湾乡村振兴示范片区成为现实。

二、经验做法

（一）科学规划，合理布局绘蓝图

为实现整个园区的科学规划，市县有关部门专门聘请了浙江大学城乡规划设计研究院和等闲谷艺术粮仓文化发展公司，从区域区位、产业、自然、资源条件实际出发，对示范区内总体发展进行了全面、系统的科学规划。一是功能目标定位明确。确定园区总体"由南北两核+两园"构成并承载六大功能，努力把龙湾湖片区打造成乡村振兴齐鲁样板示范区，为下一步推进示范区建设提供了重要遵循。二是以南北核心区相互作用、带动引领整体发展。北部以夹山头、东仲都、南仲都、西仲都四个村为核心区，布局乡村艺术创意、乡村研学体验、儒家文化传承等业态；南部以鹿鸣厂村为核心，布局甘薯科技展示研发、中草药花卉种植加工等业态。两区配合，共同打造第一、第二、第三产业融合发展的新格局。三是通过加快建设省级现代农业（甘薯）产业园、省级圣水峪田园综合体，承载六大乡村发展新功能，体现新的价值，乡村研学游体验区、儒家文化传承区、甘薯产业引领区、林果生态产业区、山水林田湖康养区、返乡创业人才集聚区，通过各区之间协调推进，实现全区乡村全面振兴，实现乡村振兴齐鲁样板发展目标。

（二）优化结构，构建现代经济体系

一是优化种植结构，提升传统农业价值。通过反复考察论证，东仲都村借助大棚种植技术打出"季节差"，种植高价值经济作物葡萄和樱桃，优化升级传统种植结构。同时，成立了泗水县龙湾湖木耳种植专业合作社，发展木耳栽培项目，每亩木耳纯收入可达 4 万元。二是构建"农业+"产业链，提升农业价值链。示范区打造了集"农业+教育+艺术+旅游"于一体的龙湾湖艺术小镇；集艺术创作、交流、培训、文创产品研发于一体的等闲谷艺术粮仓；集采摘、体验、旅游于一体的南仲都农业生态园；集"农业+文旅+居住"于一体的凤凰谷智慧科技农业园。三是建立现代产业园，发展现代农业体系。构建了以优质甘薯为核心，涵盖甘薯科技研发、冷链仓储、产品检测、农村电商等七大功能的现代农业（甘薯）产业园，对甘薯产业发展进行了高标准规划。四是发挥科技的引领作用，促进农业高质量发展。利用农科院的技术力量，围绕甘薯优质种苗选育、田间生产机械化、后期储运物流、质量保证、产品营销等都做了规划策划，构建了甘薯全产业链发展体系，提升了产业价值，为最终将泗水县打造成为全国品类最全的甘薯健康种苗繁育基地、全国最有影响力的甘薯全产业链产品加工集散中心、国际甘薯科技要素集聚高地奠定了基础。

（三）党建引领，利益联结，合作共享

为建立利益联结机制，实现资源发展合作共享，示范区实行了以下举措：一是建立党建联盟，强化党建引领作用。为促进区域内协同发展、资源有效整合、利益有效衔接，区域打破传统模式下各基层组织独立、边界明显的壁垒，整合了基层党组织的党建资源，以党建为纽带，搭建各种平台、整合各方力量，形成治理合力。龙湾湖示范区建立了党建联盟，区内18个村党支部为党建联盟单位，市、县、镇联合对村级党组织带头人进行重点教育培训和重点管理，村村联手，共谋发展，在党建引领下，区内产业发展、社会建设等工作联动互促的效应正在形成。二是完善提升利益共享模式，探索建立了"龙头企业+基地+农户""村集体经济组织+电商+农户"等发展模式，企业、村集体、村民结为利益共同体。利益联结机制的建立调动了农民的积极性，保障了文旅产业顺利发展，实现了农民增收、企业增效。一方面，拓宽了农民收入来源渠道、增加了村集体收入：①土地流转和房屋租赁。依托村"两委"，流转土地179亩，村民每亩获600元收入；租赁房屋47套，根据第三方评估，补偿村民几万元到二十多万元不等。②吸纳村民务工。目前，参与设施建设、卫生清洁、园艺锄草、果树打药、民宿服务等工作的当地村民有40多人，每人每天工资性收入100多元。③组织在家就业。利用文化匠人和设计师资源，培训村里

剩余劳动力，让他们通过手工艺制作、工艺品加工等提高收入。例如，与柳编匠人合作，教授村民编织技能，由基地统一设计、统一订单、统一销售，成为"建在家里的扶贫车间"。④带动加盟运营。对有参与民宿经营意愿的村民，基地将提供免费设计，由村民自己改造装修运营，达到标准后纳入基地统一管理（评级评价、导流顾客、结算账款等），主要收益归村民所有。村集体也可以采用这种方式参与合伙经营。⑤"研学基地+合作社+农户"。比如，东仲都村与龙湾湖艺术小镇项目合作，村集体、村民以土地、房屋入股，盘活空闲宅基地56处，本味农特小院、龙湾宿舍等研学游项目顺利运营；吸纳当地村民50余人务工，每人每天工资性收入100多元；由村集体成立合作社，组织农户开展高标准种植养殖，艺术小镇项目方负责产品包装、线上线下销售和品牌宣传。由村集体成立合作社，组织农户进行高标准种养殖，与阅湖尚儒研学基地对接。基地负责产品包装、线上线下销售和品牌文化。目前，已经成立了三淼木耳种植专业合作社，在本味农特产小院展示展销，线上日销售营业额可达5000多元。另一方面，在工作推进过程中，尊重农民主体地位，做好发动群众、组织群众、服务群众工作，提升了新型职业农民生产技能和经营管理能力。

（四）人才振兴，探索合伙人新模式

通过政府资源集中扶持，以共赢思维搭建平台，用合伙模式吸引人才，制定晋升机制（基础合伙人—成长合伙人—核心合伙人），通过有效激励机制和激励方案动员社会各界广泛参与，制定不同业态、不同专业的合伙人制度，吸引各类相关创业伙伴入场。从规划、入场、资金与空间支持、运营服务、升级发展等方面给予创业伙伴以各方面的帮扶与激励，目前已召集乡村振兴合伙人30人，行业涉及餐饮、种植、民宿、管理、研学、文创等，其中包括山东旅游协会民宿专业委员会委员张建军、传统木艺非物质文化遗产代表性传承人马明文、东篱居创始人杜淑贤、北京那时影业影视部总监王贺等。下一步，将继续加大力度，招募更多合伙人参与创业。

（五）政府支持，强化资源要素保障

为促进示范区更好地发展，市县各部门积极配合，一是抓投入保障。在政府投入方面，加大市、县财政涉农资金整合力度，已投入资金1.29亿元，同时积极对上争取试点和政策项目支持，重点做好道路、水利等基础设施建设和生态修复工作。在社会资本投入方面，鼓励金融资本参与，运作好"鲁担惠农贷"；持续开展招商引资，吸引更多社会资本助力示范区建设。二是抓人才保障。充分发挥示范区作为"省乡村振兴合伙人招募试验区"的平台作用，招募合伙人26个、落地资金5000万元；开展"泗郎回乡"，充分利用乡情、亲情、友情招引20余名外出务工经商人员返乡创业。三是抓土地保障。积极盘活闲置宅基地、闲散土地等土地资源，开展农村土地综合整治，实施城乡建设用地增减挂钩，积极破解土地制约问题。四是抓队伍建设。加强片区内乡镇党委书记、村级党组织书记和农村致富带头人"三支队伍"建设，以培训班、外出学习、片区交流等形式帮助他们开阔眼界、丰富知识、提高能力，在乡村振兴中发挥更大作用。

（六）乡村治理，构建文明和谐乡村

为构建文明和谐的乡村，要重点抓好三个方面建设：一是完善乡村治理体系，探索推进乡村现代治理的现实路径。实施村民议事协商和村级事务阳光工程，规范乡村"小微权力"运行，建立规范示范区内村委会运行机制；深化"一村一法律顾问"机制，深入推进移风易俗，倡树乡村文明新风，崇德向善、文明和谐的社会风气正在形成。二是完善养老机制，加大农村养老服务力度。坚持"居家养老为基础、集中养老为补充"制度，以东仲都村、西仲都村、南仲都村三个村为试点，先行探索农村"幸福院+周转房"集中居住养老模式，在东仲都村建设一处新型农村幸福院，实现吃、住、娱、医、服等"一院多能"。试点取得成效后，再逐步向整个示范区推广。三是加大人居环境整治力度。以生活垃圾分类处理、污水治理、改厕为重点，加强突出环境问题综合治理，不断改善农村生产生活条件，同时抓好新时代文明实践站建设，深入实施文化惠民系列工程，建立省级美丽乡村、省级文明村。

三、成功经验

（一）因地制宜，科学规划

一是利用资源生态，发展文旅服务。发挥东仲都村位于泗水县圣水峪镇龙湾湖西岸，毗邻尼山圣境，依山傍湖、生态优美、风景秀丽、农产丰富的区位环境优势。建立阅湖尚儒研学基地，内设龙湾书房、鲁班记忆工坊、陶朱工坊、儒雅茶艺舍、豆腐坊、川上咖啡、七间民宿、厚厨餐厅，发展蔬菜、灵芝、蚕桑种植采摘，形成了集农耕文化、田园文化、非遗传统文化体验于一体的研学写生基地。发挥南仲都村位于泗水县圣水峪镇北部，村内古树林立，溪水潺潺，石院、石屋、石板路，古朴幽静，空气清新，民风淳朴，生态优美，宛如"山重水复疑无路，柳暗花明又一村"的世外桃源的生态和产业优势，设立体验采摘的农游乐趣，品尝龙湾湖里的野生鱼虾、特色野菜的农家乐，以及回归自然、返璞归真、彻底放松心灵的休闲度假游。发挥夹山头村坐落于泗水县济河街道，群山环抱，生态优美的乡村田园风光优势，利用闲置的旧仓库创建民俗与创意、现代艺术与传统艺术交相辉映的闲谷艺术粮仓、乡村音乐厅、乡村民俗博物馆、书吧、"粮舍·山居"民宿等，是思考与创作的理想清净之地。二是发挥产业优势，科学特色布局。甘薯（当地人称为地瓜）产业作为泗水独特资源"三蛋一水"（地瓜蛋、石头蛋、坷垃蛋、矿泉水）之首，是发挥泗水水质、土壤、空气零污染和农产品绿色健康优势的远近闻名的优势产业。示范区以南部鹿鸣厂村、皇城村、营里村等村为核心，建立现代农业甘薯产业园。采用智慧化循环农业技术，布局现代化甘薯种植、中草药种植等发展。以上的规划布局形成了现代产业体系：① "+文化创意"，挖掘非物质文化遗产资源，建设文创中心，打造集培训、设计、制造、展示售卖、体验于一体的文创街。② "+餐饮娱乐"，满足集体就餐、品鉴美食、休闲娱乐需求，开设小吃街、商业街、茶舍、咖啡酒吧，带动周边村民开办"农家乐"。③ "+特色农业"，打造农特产品小院，建设电商平台，带动当地林果种植、粉条制作等特色产业发展。④ "+休闲度假"，开发亲子游、成人游项目，打造民宿聚集区，承接曲阜三孔、尼山圣境、圣水峪田园综合体等景点游客资源。⑤ "+教育培训"，争取成为乡村振兴示范教育基地，加快研学旅行发展模式宣传推广。⑥ "+节庆活动"，举办艺术节日、学者沙龙、品牌发布、商贸会展活动，提升研学旅行品质和文化内涵。

（二）搭建平台，聚集要素

探索人才引进的合伙人制度。乡村振兴人才是基石，龙湾湖示范区通过"乡村振兴合伙人"的探索，吸引一批有资本、有情怀、有能力的人才回归创业。乡村振兴合伙人模式由政府投资打造环境，合伙人企业化管理，市场化运作，平台和合伙人统一支配盈利收入。合伙人可分为基础合伙人、成长合伙人、核心合伙人，逐步享受更多合伙资源。目前，项目招募签约了 33 名乡村振兴合伙人，签订合作项目30 个，创新实施了 20 余种不同业态，实现了专业的人做专业的事。一是乡情合伙人。"人生旅途崎岖修远，起点站是童年。人第一眼看见的世界就是生我育我的乡土。"故乡的一切在每个人身上都打上了深深的烙印，每个人对故乡都有一种特别的感情，这是挥之不去的血脉之情。以田彬等4人为核心的创业团队有共同的乡村振兴情怀，有质朴的邻里乡亲情感，有丰富的创新创业经验，有各自不同的领域专长，思路视野宽，创业劲头足，对研学基地建设倾注了大量心血，为稳健发展提供了坚强保障。二是"合伙人"的"合伙人"。走南闯北干过建筑工程、室内装修设计的田彬作为发起人之一，建立了"合伙人"制度。通过一级合伙人提供项目，合伙人有意愿加入后作为二级合伙人开展合作，二级合伙人再招募三级合伙人，慢慢形成一个合伙人的招募链，实现了多产业业态的融合发展。以基地总部"艺术粮仓"为平台，打造返乡创业人才"蓄水池"，广泛会聚艺术家、设计师、文化匠人等各类人才，带动资本、项目、技术等要素向乡村流动，为乡村振兴带来发展新动能。田斌等4名合伙人在村里空闲废弃的宅基地上进行投资，政府负责货币补偿或者安置流转宅基地的农户，修路、绿化、治污、配建5G基站一系列政府投资项目也向示范片区集中。以合伙人招项目、用项目招合伙人，规划建成民宿、砭石小院、蚕桑小院等，日渐成型的业态空间又吸引更多合伙人共同运营。再如，东仲都村的大学毕业生李根，辞去外地工作，回乡当起合伙人，注册三淼木耳种植专业合作社，创办泗水县三淼木耳种植基地，从事农产品种植、加工和销售，如今年销售额可达100万元。

济宁市泗水县委副书记、县长赵鑫表示，"整个围绕着打造平台，我们目前已经累计投入2.5亿元，用来做优做足、做实基础设施配套。通过各个方式吸引一些人才到大山里来，给我们未来的发展注入了活力，也是一个新的引擎"。目前，仅泗水县就已招募173位合伙人，促成项目146个，落地资金6亿多元，带动就业1万多人。

（三）共建共享，联结共赢

研学基地建设始终贯穿共建共享理念，把村集体、村民和项目合伙人利益放在优先位置，最大限度降低风险，最大程度实现共赢，最大范围凝聚力量，形成支持参与基地建设运营的合力。探索了六种促进了农户和村集体增收的利益联结模式：一是推进土地依法流转、托管，为现代农业产业发展提供土地保障，实现规模化经营，带动农民群众获得长期稳定的土地收益；目前全县已完成土地流转面积21万亩。二是推进农户以空闲宅基地、房产出租或入股方式参与项目合作，为项目方提供建设用地保障，让农户闲置、日渐衰败的不动产盘活利用，增加租金或股金分红收入，让"死资产"变成"现金流"。三是推进集体房屋、建设用地、基础设施等经营性资产租赁、入股，增加村集体经济收入。四是发展订单农业，签定购销合同，支持龙头企业与农户、新型经营主体形成稳定购销关系，确保群众"旱涝保收"。五是通过产业项目实施，为驻地村民提供更多在家门口就业的机会，增加群众务工收入，缓解留守儿童、空巢老人无人照料等社会问题。六是通过线上线下联动，推动农村电商企业与村集体（合作组织）、农户深入对接，促进更多本地优质特色农产品上线销售，拓宽农产品销售渠道，增加村集体（合作组织）、农民收益空间。

（四）开拓创新，示范带动

研学基地为东仲都发展打开空间，为老百姓致富带来奔头，当地干部群众对未来充满信心，盼望搭上"快车"，齐心协力摘掉"穷帽子"、过上"好日子"，与基地建设发展同心同向、同频共振。一是提升培育了新农人。例如，张建军根据多年经营经验，结合当地实际，对七间民宿部分设施进行优化改造，运用济南公司的管理资源，对当地员工进行专业培训，短时间内使其成为合格的"民宿管家"。二是形成了产业体系带动周边乡村产业振兴发展。示范区内围绕研学旅行主题，引进新技术、新产业、新业态、新模式，做大做强传统的种植、矿石、粉条、拓陶等第一产业，与加工第二产业、文旅第三产业连接起来，实现产业链相加、价值链相乘，打造农业"新六产"，为区外的乡村发展起到示范带动作用的同时带动其发展，极大地促进了乡村的全面振兴。三是践行了"绿水青山就是金山银山"的发展理念。示范区文旅产业发展中把现代融入传统，最大限度保留石砌、合院等原有建筑元素，充分利用原有的建筑工艺、拆旧的建筑材料、原本的建筑范围，将现代元素和传统乡村融合；把人工融入自然，尊重自然、顺应自然、慎砍树、不填湖，保留村落原有脉络肌理，留着辖转古井、石磨石碾、村头大槐树，实现人文与自然的和谐统一。并将这些传统的自然人文资源转化为现实生产力，践行了"绿水青山就是金山银山"的发展理念。

四、案例评述

泗水县龙湾湖乡村振兴示范区是一个发展起点为省定扶贫工作重点、集体收入几乎为零的山区乡村区域。综观其发展有以下几点成功经验：一是科学定位。坚持研学为主、旅行为辅，发挥孔孟之乡的儒家文化优势、丰富多样的生态资源优势，形成集游学、科普、体验、拓展等于一体的产业体系，为产业振兴奠定了基础。二是创新模式。以基地总部"艺术粮仓"为平台，打造返乡创业人才"蓄水池"，为人才、资本技术等要素向乡村聚集提供了媒介。三是共享理念。把村集体、村民和项目合伙人利益放在优先位置，最大限度降低风险，最大程度实现共赢，最大范围凝聚力量，为项目运营提供了动能。四是政府支持。省市县各级政府在政策、资金、人才各方面都给予了强有力的支撑。乡村振兴不仅仅是农业、农村、农民的事情，更要靠整个社会各方面的力量共同推动。

农业农村发展集团有限公司助推全面乡村振兴示范市创建的思考

——以湖南省岳阳市临湘市詹桥镇为例

李美军*

摘　要：在乡村振兴背景下，湖南岳阳市各级农业农村发展集团有限公司应抢抓契机，在充分论证和科学规划的基础上，联合各县镇共创若干全面乡村振兴示范乡镇，各县级农业农村发展集团有限公司则联合各级乡镇共创若干全面乡村振兴示范村居，争取撬动千亿规模的乡村市场，有序、有力、有效推进全市全面乡村振兴。基于全市13个县市区的资源禀赋和市场潜力评估，市农业农村发展集团有限公司可先与临湘市战略合作，在湖南卫视主持人李湘、何炅的家乡包装首个全面乡村振兴示范镇项目，打造一个服务长株潭和武汉两个城市圈的卫星城镇——詹桥花酒古镇。

关键词：乡村振兴；示范乡村；农发投；新旅游

《中共中央关于制定国民经济和社会发展第十四个五年规划和二〇三五年远景目标的建议》提出，全面实施乡村振兴战略，强化以工补农、以城带乡，推动形成工农互促、城乡互补、协调发展、共同繁荣的新型工农城乡关系，加快农业农村现代化建设。农村的空间、市场和潜力比城市更大，新的千亿市场在农村能更好地开发和培育。湖南岳阳农业农村发展集团有限公司应抢抓契机，学城市建设投资集

---

* 李美军：岳阳日报社专题新闻部主任。

团抓项目，学湖南城陵矶新港区和岳阳经济技术开发区兴产业，以项目运营带动"三农"全线开发，以市场杠杆撬动乡村全面振兴。岳阳市农发投联合各县市区用3~5年时间分别共创1~3个全面乡村振兴示范乡镇（力争示范镇建成后产值和投融资总额超百亿元），县市区农发投联合各乡镇分别共创1~3个全面乡村振兴示范村居（力争示范村建成后产值和投融资总额超五亿元），然后在实践中不断夯实"1+X"（"一镇一战略资本+一村一特色产业"）的创建模式，助推全面乡村振兴示范市创建，强劲培育新千亿乡村市场，逐步形成城市建设投资集团、交通建设投资集团和洞庭新城开发经营新城区、农业农村发展集团投资有限公司全线开发经营新农村的城乡协调发展新格局。

一、示范乡镇共创五问

全面乡村振兴有何"钱"途？在全面乡村振兴背景下，农村蕴藏着巨大的市场潜力和投资空间，如特色产业做强做大、高标准农田水利建设、示范街（路、园、基地、片区）创建、"秀美屋场"（村居、乡镇）创建、乡镇基础设施和公共服务升级、集镇改扩建或重建、功能性地产等，"钱"途可谓一片光明。

联合创建示范镇"钱"从何来？根据城市开发经营的成熟模式和成功经验，主要从银行贷款、产业招商、乡友和民间投资、项目争资、战略资本、经营收益、发行债券七个方面筹措。因此，农业农村发展集团有限公司要相应做好这七个方面的工作，初创阶段可重点在银行贷款、产业招商、乡友和民间投资、项目争资、战略资本五个方面发力，特别是力争国开行、农行、农发行等国有银行能够提供更多的免息、贴息、低息等政策型贷款，确保市农发投起好步、开好局、出好彩、示好范。

联合创建示范镇价值几何？为贯彻落实中央、省、市"三农"工作会议及各级一号文件精神，进一步回应人民的期盼，农业农村发展集团有限公司要广泛开展强强联合，不断开创"1+1>2"的双赢和多赢局面。一方面，要努力争取各级各类政策和金融机构的大力支持，强力推进与国内国际各行各业的上市公司、龙头企业等工商资本和产业平台的广泛合作，尤其是已经或即将项目落地岳阳的融创中国控股有限公司、中国交通建设投资有限公司、中国中车股份有限公司、华侨城集团有限公司、深圳华强集团有限公司、恒大集团有限公司、美的集团股份有限公司、天邦食品股份有限公司、连捷投资集团有限公司等工商资本，全力打造"一镇一战略资本、一村一特色产业"的全面乡村振兴示范乡镇"1+X"创建模式；另一方面，农业农村发展集团有限公司要全力整合专家、成果、平台、政策支持、项目经费、开发资金、龙头企业、产业联盟等一系列稀缺资源，携手合作县高质量打造全面乡村振兴示范乡镇，确保示范乡镇建成后产值和投融资总额远超百亿元，如果岳阳全市 13 个县市区（管委会）各成功创建一个示范乡镇，则产值和投融资总额远超千亿元。

战略合作双方权责怎么界定？要本着公平公正、互惠互利、优势互补、合作多赢的原则，双方不忘初心、牢记使命、勇于担当、砥砺前行，共同签订目标明确、权责清晰的战略合作框架协议。例如协议应包括以下内容：双方在专家、人才、成果、平台、土地、资金、项目、产业、招商、融资等方面提供哪些资源资金和政策支持？负责哪些事项？承担哪些义务？拥有哪些权利？

创建示范镇战略合作怎样推进？一是高位推动。市委常委会召开书记、县市区长参加的常委扩大会，专题研究部署市农发投与各县市区分别创建 1~3 个全面乡村振兴示范乡镇工作，并成立书记任政委、市长任组长、副书记任常务副组长、分管副市长为副组长、相关秘书长任办公室主任、职能部门负责人为成员的领导小组；书记、市长等市领导带头深入示范创建乡镇调研督导和强力推进招商融资工作。二是出台文件，市委市政府两办出台政策支持的专门文件，明确一名市级领导联点一个示范创建乡镇，要求各县市区按时申报示范创建的乡镇，与市农发投签订共同创建的战略合作合同，同时启动示范乡镇创建的整体规划。三是成立专班，各县市区成立领导小组，战略合作双方联合成立创建专班，共同制定示范乡镇创建的实施方案，然后按照时间表、路线图"挂图作战"、全力攻坚。

二、卫星城镇首开合作

鉴于13个县市区的资源禀赋和市场潜力，岳阳市农业农村发展集团有限公司可先与临湘市开展战略合作，在湖南卫视主持人李湘、何炅的家乡包装首个全面乡村振兴示范镇项目，打造一个服务长株潭和武汉两个城市圈的卫星城镇——詹桥花酒古镇。

项目围绕"闲、情、奇、商、养、学"新旅游六要素，在花酒古镇、酿酒小镇、华夏酒歌、古长城、温泉休闲中心、富硒农业、特色产业、农旅康养、集镇改造、示范街路、美丽屋场和集镇改扩建、新商业街、集中建房、景区商旅街区、洋房小区、高层住宅小区等功能性地产方面大开发壁山革命老区，从而获取开发项目的主体资格、运营企业的蓝海市场、撬动市场的战略支点。同时创新打出一套建体制机制、重平台经营、推成果转化、调产业转型、兴特色产业、强产业联盟、攻招商融资、聚乡友民力、创示范乡镇和控债保利的抓项目、兴产业的"组合拳"。

岳阳市农业农村发展集团有限公司力争用3~5年与临湘共同包装打造1~3个全面乡村振兴示范乡镇，临湘农业农村发展集团有限公司力争与所属各乡镇分别包装打造1~3个全面乡村振兴示范村居，力争临湘全面乡村振兴示范乡、村创建产值和投融资总额超300亿元，强劲助推岳阳市全面乡村振兴新千亿规模市场建设，有序、有力、有效推进全市全面乡村振兴。如此，既让市农业科学院整体盘活专家、成果、市场、平台等资源资产，又让市农业农村发展集团有限公司战略开发全市新农村，还让全市农业农村人以实际行动创新推进和示范引领全市全面乡村振兴，为加快建设"三区一中心"蹚出一条新路子。

三、花酒古镇基本概况

詹桥花酒古镇，让城里人爱上乡村。

岳阳市委书记王一鸥、市长李爱武都曾要求，把临湘摆到岳阳发展的大局中来定位和谋划，全力建设区域中心县城，奋力谱写岳阳建设现代化省域副中心城市的临湘新篇章。

花酒古镇，是湘鄂边陲重镇、"花""酒"强镇、湖南卫视主持人李湘和何炅家乡——临湘市詹桥镇融生态优先、绿色发展、樱花小镇、酿酒大镇和乡村振兴于一体的农（文）旅康养综合体项目。项目总体按照"前店后厂"的规划设计理念，分"前店"和"后厂"两个部分，其中"前店"为大开发璧山革命老区的门头子，主要包括高速出口东边（A区）、西边（B区）和对面南山（C区）三个片区；"后厂"为大开发璧山革命老区的产业基地，主要包括康养小镇、方特、欢乐谷等农（文）旅产业。在项目"梧桐树效应"和乡友助力下，积极对接各集团，联合开发康养小镇、方特、欢乐谷等大型文旅项目和旅游地产，共同助力美丽乡村农（文）旅游、富硒农业、特色产业等乡村产业发展。

大开发革命老区的门头子——花酒古镇，初步规划三个片区：A区——花酒狂欢区，在樱花东园通过打造一个以民俗群艺、美食宵夜为主的明清特色风情街，推出一个传承古法酿酒文化的花酒狂欢不夜城，村民以集中建房方式获取物业产权，通过享有永久收益权吸引酒老板回乡投资兴业（已办理集中建房立项和岳阳市政府农转土地审批单等手续，目前正在进行土地补偿）。B区——花酒体验区，打造一个传承古法酿酒文化的主题体验区。在樱花西园创作一台再现祭酒、巡酒、造酒、品酒、饮酒、斗酒、藏酒和研学等的动态群艺实景演出——华夏酒歌，使游客和顾客在不知不觉中也成为剧中演员；在太师椅形状的龙山上布局高端洋房民宿、阳光时尚民宿，在山间布局特色民俗吊脚楼民宿，在太师椅龙山"座位处"布局韩式温泉休闲中心（含四季昼夜温泉游泳等）和大型剧场，上演与高校战略合作开发的《芈月家国情》《三国情殇》《二妃千古情》《瑶女祭酒》等本土历史文化情景剧。C区——花酒尖叫区，打造一个明清特色风情休闲度假区，在南山之巅新建一段仿古长城，在三个山头分别布局缆车、"天下第一瓶"（酒瓶状高山负离子酒店标志性建筑）、5D金樽玻璃观景台，山间为特色民俗吊脚竹楼民宿，山下为山景洋房、景区商旅和高层住宅等功能性地产。

四、詹桥资源禀赋独特

1. 旅游资源非常丰富

不仅有李湘、何炅等名人资源，而且有大云山景区壁山革命老区、瑶胞堆石遗址、野樱岭景区、药菇山、铜鼓山、鸡笼山、七仙宫、黄金塘古建筑群、团湾水库、溶洞窖藏、峡谷溯溪、雁峰关、泥石流遗址等丰富的景点景观资源。

2. 交通优势催热产业

詹桥半小时高速直达三荷机场、岳阳高铁站，杭瑞高速、G353国道从古镇向前经过，且向东3公里与武深高速互通、向西10公里与京珠高速互通、向西20公里与随岳高速互通，岳阳、临湘、云溪、君山和咸宁、通城、赤壁、崇阳、荆州、监利、洪湖等周边市县均在半小时高速圈内。半小时交通圈将产生类似"香港工作、深圳生活"的虹吸效应，不仅让城里人来花酒古镇休闲度假成为时尚，而且会掀起花酒古镇的投资兴业热潮，尤其是来自京珠、武深、杭瑞、随岳等高速和 107、353 等国道沿线的投资。因此，将会有越来越多人特别是周边城市的人来古镇居住，从而刺激花酒古镇山景洋房、景区商旅、高层住宅等功能性地产的飞速发展。

3. 镇及周边购买力强

詹桥全镇有 5.02 万人，其中有 4 万人在全国各地从事传统酿酒产业（带动周边乡镇亲朋好友外出酿酒人数远超 4 万），酿酒年人均纯收入 15 万元左右、年户均纯收入远超 30 万元，全镇每年酿酒纯收入超 50 亿元。据不完全统计，除港澳台之外，全国很难找到没有詹桥人酿酒和没有詹桥人不动产的县市区。詹桥人基本上家家有楼房、户户有小车，城里还有房子或店面，临湘、岳阳、长沙和武汉等周边大中小城市的商业店铺更是詹桥人的投资热选。

4. 各类地产日趋成熟

我国中部地区民营经济欠发达，作为山区边陲小镇，詹桥 40 年来的传统酿酒产业使该镇及周边乡镇先富起来了。如今，虽然家家有购买力，户户有投资需求，但投资方向极为单一，在买房买车后，30 万元以上的年户均纯收入基本上都投向了商铺和店面。因此，伴随着乡村振兴和乡村旅游的快速发展，詹桥镇对高档社区生活——"景区生态城"的期盼和需求也越来越大。若打造一座服务长株潭和武汉两个城市圈的卫星城镇，满足两个城市圈两小时乡村生活和湘鄂赣周末自驾休闲度假游需求，则五万多人、一万多户的花酒小镇将演变成十多万人、三万多户的花酒古镇。因此，"景区生态城"高档社区、周边外来定居（投资）、学校医院等公共配套和花酒古镇、酿酒小镇、华夏酒歌、大型剧场、温泉休闲中心、山间吊脚楼民宿、山上洋房民宿、方特、欢乐谷等商旅所需的功能性地产将日趋成熟。

5. 耕地山林亟待开发

詹桥镇有 14 个村、377 个居民小组、12630 户、5.02 万人，耕地面积 3.3 万亩，山林面积 15.2 万亩。40 年来，该镇大部分居民在全国各地从事传统酿酒产业，故耕地和山林利用率不高，在中央、省、市高度重视粮食和农副产品安全的大背景下，通过"专家变老板、项目能贷款、经营可合作、村民可入股"等形式充分激发农科院资源资产，逐步创建"专家有阵地、成果可转化、平台有项目、市场有产品"的现代农业产业化发展模式，让该镇丰富的耕地和山林资源变成为花酒古镇增光添彩的高效农业产业。

五、全面乡村振兴现状

1. 产业振兴基础较好

一是酿酒产业。詹桥镇自清末始，古法酿酒工艺代代相传。近几十年也有很多人在全国各地从事相关产业，收入可观。全镇 5.02 万人，有 4 万人在全国各地从事传统酿酒产业，年人均纯收入 15 万左右、年户均纯收入远超 30 万元，全镇每年酿酒纯收入超 50 亿元。二是生态旅游产业。2017 年成功举办第一届湖南樱花摄影节以来，先后接待湘鄂两省游客近 6 万人次。三是特色农产品加工产业。詹桥八味豆豉（品牌包装）曾获国家首届食品博览会银奖，并于 2020 年成功"申遗"，八味豆豉厂于 2019 年扩址新建，年均产量 70 吨、产值达 700 万元，产品远销省内外。四是种养殖产业。2019 年，该镇引进湖南时隐谷农林开发有限公司，先后流转土地 1300 余亩，打造了余湾、壁山、水泉等几个中药材种植样板基地，中药材种植范围逐步向沙团、跳石等村延伸。

2. 人才振兴方兴未艾

一是注重晋升。2019 年该镇接收公务员 5 名，其中 2 名先后提拔到副科级岗位，另外 3 名被选拔到兄弟乡镇担任副镇长。二是选拔贤能。该镇成功引进一批有能力、有文化、年轻有为的乡友进村（社区)。2020 年村（社区）换届，选拔大专以上学历的党组织委员 22 人，新增 35 岁以下的党组织委员 16 名，调整党组织书记 2 人，新任党组织书记 7 人，党组织书记平均年龄年轻 8 岁以上。目前，全镇共有 71 名村支"两委"，其中"80 后"37 名、"90 后"16 名，"85 后"村支部书记 2 人，大专学历以上 40 人。

3. 文化振兴持续推进

1929 年，彭德怀率红五军主力在詹桥壁山成立了第一个中华苏维埃政府，建立了湘北游击队，有力推动了革命发展。目前镇域内有壁山老区苏维埃政府遗址、印刷坡遗址、红军医院遗址和陈文恒烈士墓等"红色文化"。1994 年，该镇壁山村作为典型的边区、山区、老区被湖南省民政厅评为"红色革命老区"。1953 年 9 月 6 日，壁山又被确定为第一批革命根据地老区，载入湘鄂赣苏区史册。

该镇不断加强"红色革命老区"建设，进一步修建和完善"红色遗址"，特别是把老一辈革命家坚如磐石和牢不可破的信仰信念、实事求是和艰苦奋斗的优良传统、心系群众和服务人民的公仆情怀、襟怀坦荡和淡泊名利的可贵精神、廉洁修身和廉洁齐家的道德风范学习好、弘扬好。近年来，该镇在大力实施乡村振兴战略的过程中，越来越重视、发展和培育古法酿酒、中药材、富硒农业等乡村振兴的产业文化。

4. 生态振兴强力推进

该镇始终坚持"绿水青山就是金山银山"的绿色发展理念，通过三个方面的整治强力建设生态绿色詹桥：一是深入推进农村人居环境整治。坚持实行"一周一通报、一月一考核、一季一讲评"的挂销号整改机制，压实压紧责任；通过"干部带领、党员带头、群众带动"的"三带模式"，带动群众参与整治，倡导"门前三包"责任制，引导群众搞好屋前房后卫生。二是加大"空心房"整治力度。实行"挂图作战"，增派一批精干力量，挨村测量、挨户复核、统筹推进。发动各村（社区）联络乡贤宗亲，利用节假日开展座谈会，为家乡建设出谋划策、出资出力，如云山村乡贤李灿个人出资 600 多万元，新建曙光新村 30 栋集中建房。三是"铁腕"整治涉矿涉砂。"重拳出击、铁腕控违"。先后出台《詹桥镇涉矿涉砂专项整治行动工作方案》《詹桥镇关于涉矿涉砂清零行动的十条禁令》等文件，在镇域开展"涉矿涉砂""清零行动"，取缔或关停 7 家砂石洗厂、12 家麻石加工作坊。大力开展矿山"复绿"整治工作，对昔日挖矿挖砂的"重灾区"水泉村、印石村、云山村实施"山体复绿"全覆盖工程。

5. 组织振兴特色鲜明

目前，该镇有党员 1391 人、57 个总（支）部，包括 6 个机关支部、11 个"两新"组织。全镇党组织建设呈现五个特色：一是开展"双百"活动，即百支队伍进村（社区），百项服务下基层。二是支部"五化"，即支部设置标准化、组织生活正常化、管理服务精细化、工作制度体系化、阵地建设规范化。三是坚持"三会一课"。"三会一课"必须单独召开，不能与业务会议合并进行，不能用其他会议代替；党小组会，每月至少一次；支委会，每月至少一次；支部党员大会，每季度至少一次；书记讲党课，每年至少一次，联点领导和支部书记上下半年分开授课。四是争当"五员"。"亮身份、当五员、做表率、添光彩"，争当规范建房监督员、综治维稳调解员、美丽乡村卫生员、森林防火护林员、乡风文明劝导员。五是完善"四议两公开"。"四议"：村（社区）两委提议、村（居）民议事会商议、党员大会审议、村民代表会议或村民会议决议；"两公开"：决议公开、实施结果公开。

六、花酒古镇初步设想

1. 发展"网红"乡村旅游

①爬"长城"，在高速出口对面的南山之巅修一段"长城"，让湘

鄂赣周边游客在自驾休闲度假游时即可体验"不爬长城非好汉"。②览胜景，在"长城"两个高点分别新建两个标志性网红打卡项目——5D金樽玻璃观景台和"天下第一瓶"（云端负氧离子酒店），白天既可在"云端仙境"开展负氧运动，又可揽山川形胜、赏盆地风貌、观大坝全景、眺漫山野樱；晚上既可观星赏月，又可看乡村夜景。③放松精神，尽情减压。尽情品尝舌尖上的美食；体验瑶胞吊脚竹楼康养民宿，亦可野宿帐篷，或在七星阳光客房和云端负离子酒店休养身心。④每天还有与高校战略合作开发的《芈月家国情》《三国情殇》《二妃千古情》《瑶女祭酒》等本土历史文化互动式情景剧演艺可供观赏。

2. 打造古镇实景演出

在高速出口西侧打造酿酒古镇的"五个一工程"，采用实景演出的形式传承、弘扬古法酿酒文化。①新建一批古法酿酒作坊，再现古时酿酒全业态，艺术升华蒸粮、打翻、发酵、吊酒、服饰、祭酒等古法酿酒环节或场景；②修建仿古酒馆客栈商铺，再现明清古镇繁华商旅，彰显国泰民安景象；③新建一批室外和洞内酒窖，传承、推广纯粮佳酿的古法窖藏文化和技术；④遴训一批古法酿酒传承人，遴选和培训一批有技术、有情怀的古法酿酒传承人；⑤创作一台古法酿酒实景剧，推出免费的传承古法酿酒文化的大型实景体验剧——《华夏酒歌》，重点打造杜康塑像处祭酒、酒圣与药圣古镇巡酒等大型群体活动和酿酒、品酒、斗酒、买酒、窖藏和研学等游客体验活动。

3. 适度发展规模农业

充分发挥农科院专家、成果、市场、平台等资源优势，把詹桥的优质山林耕地资源升值、变现，尤其是高效开发壁山几千亩富硒土地，真正做到让专家有"战场"、成果可转化、市场有产品、平台有项目，逐步形成现代农业产业的良性循环。一是发展山地植树、绿化、苗木、花卉、黄茶、水果、牛羊禽兽等高效农林兽牧产业；二是发展稻田虾蟹、田地药材、油菜、有机稻、蔬菜、蘑菇等高效农田农蔬和养殖业；三是大力发展设施农业，积极创建省级优质农副产品供应示范基地（示范片）和现代农业特色产业园省级示范园。

4. 加速建设高标准农田

当前，詹桥镇的水泉、壁山、雁南等小部分村已启动高标准农田建设。花酒古镇项目启动后，整合了相关政策和项目资金，全面完成该镇的高标准农田建设工作。发挥农科院专家、成果、平台、市场等资源优势，共同创建现代农业特色产业园省级示范园；待提质升级后，再共同创建省级优质农副产品供应示范基地（示范片）。

七、花酒古镇远景目标

在项目推进过程中，积极与省、市、县三级政府广泛开展招商引资工作，同时加大融资力度，不断以小资金"撬动"大项目。未来，将重点开发两类项目，进一步做大做强花酒古镇，逐步把詹桥打造成一座服务长株潭和武汉两个城市圈的全面乡村振兴示范卫星城镇。

1. 打造一批地产康养类项目

从杭瑞高速詹桥出口直到革命老区壁山，主要有三条通道：一是东边的游路，是穿行于崇山峻岭、沟壑纵横、草木茂盛、青山绿水之间的湖南（壁山）野樱岭景区 10 公里旅游干线；二是西边的水路，两岸群山环绕、山脉连绵、奇峰兀立、山清水秀，这是一条风景秀美的待开发水上旅游线路，水面连绵 10 多公里，库容 5037 万立方米，并已修建团湾水电站；三是中间的山路，这是高速出口正对面的南山之巅，过去村民上山打柴的山路，山上百草丰茂、树木丛生、鸟语花香、风景如画，尤其是负氧离子远高于湖南境内的其他山脉。

因此，在这座广袤群山上创建国家森林公园、国际文创基地、国家康养基地、国家孕育基地、商业旅游休闲地产和本地、外来定居所需的高档社区生活地产等项目。

2. 打造一批旅游类特大项目

一是合作开发游客集散中心综合体项目，与省市旅游协会、大型旅行社合作，联合开发融研学游、酿酒工业游、观光巴士、旅游商品、商超娱乐、特色餐饮于一体的游客集散中心综合体项目。二是合作开发移风易俗、宗教庙宇类项目，与省市佛教协会合作，联合打造融移风易俗、宗教庙宇于一体的文旅项目，逐步推进迁坟进庙、庙堂新葬、白事新办、宗教祭祀等文明新风活动。三是战略招商开发国家地理实景公园，体验各省主要山川地理河流和特色吃住行游购娱，之后再推出国际地理实景公园。四是战略招商开发特大旅游目的地项目，如香港迪斯尼、株洲方特、武汉欢乐谷等，有计划、有步骤地做强做大生态詹桥、边界重镇、花酒强镇，逐步打造国内新镇、国际名镇。

青田：艺术融入乡村的可能性

刘姝曼*

摘　要：艺术乡建是当代中国乡村振兴事业中的创新路径，艺术家以一种温和、渐进的姿态融入到乡村振兴之中，由当代艺术家渠岩发起并主持的"青田范式"项目是其代表性案例之一。本文基于青田坊艺术乡建实践者的理念和实践，对艺术对乡村可能性展开思考和展望。

关键词：艺术乡建；乡村振兴；文化复兴；青田范式

着眼中国，乡村如何振兴与发展始终是一条艰苦的探索之路。中国传统农耕社会是相对封闭的，"斜光照墟落，穷巷牛羊归"是对田园牧歌的写照，然而我们今天的乡土社会已不再是桃花源般的怡然自乐，而是持续不断与城镇产生深刻且生动关联的社群。我们见证着人类历史上规模最大、速度最快的城镇化进程，乡村则遭遇着前所未有的阵痛与困扰，从环境恶化到贫富加剧，从"空村空巢"到人情冷漠，从习俗崩塌到伦理瓦解，甜蜜与苦涩如影随形。不过，短期飞跃式的建设与发展是暴力的、不切实际的，而艺术乡建则是众多路径中相对温和与渐进的，通过艺术融入在地村民生活，透过外部艺术乡建者和内部社群的持续对话，激发当地民众的创意与团结之力，进而为乡村振兴提供另一种可能性。由著名当代艺术家渠岩发起并主持的

---

* 刘姝曼：中国社会科学院哲学研究所、中国社会科学院中国文化研究中心博士后。

"青田范式"项目，是当下最具代表性的艺术乡建案例之一。

一、青田坊与"青田范式"

青田坊位于广东省佛山市顺德区杏坛镇龙潭村，是当地的一个村民小组，也是几乎"无人问津"的"空心村"和破落之地；也正因其偏僻的地理位置和匮乏的旅游资源，使其在城镇化的裹挟中"幸免于难"。小桥、流水、古树、家宅、庙堂、书院等村落景观，较为完整地呈现出岭南水乡独特的地域风貌、乡村形态和文明秩序。传统线索清晰可见，历史遗存有迹可循，这在高度工业化的顺德难能可贵。

2016 年，渠岩带领广东工业大学艺术乡建团队走进青田坊，艺术参与乡村振兴的探索就此开启。除了与青田村民进行互动外，渠岩团队还与榕树头村居保育公益基金会、青禾田文化旅游公司、岭南乡村建设研究院、顺德杏坛镇政府等展开一系列合作。2017 年 3 月 19 日，艺术家渠岩于"中国乡村文化活动日"在顺德青田正式发布"青田范式"，通过建立九大关系即九条范式追索中国乡村文明的复兴路径：刘家祠堂——人与灵魂的关系（宗族凝聚），青藜书院——人与圣贤的关系（耕读传家），关帝庙堂——人与神的关系（忠义礼信），村落布局——人与环境的关系（自然风水），礼俗社会——人与人的关系（乡规民约），老宅修复——人与家的关系（血脉信仰），桑基鱼塘——人与农作的关系（生态永续），物产工坊——人与物的关系（民艺工造），经济互助——人与富裕的关系（丰衣足食）。① 可以说，"青田范式"是新时期艺术乡建的转型，这九条范式在曾历经战乱的北方很难得到完整的呈现，而青田坊有着得天独厚的环境条件，使地方文脉相对完整地保全下来。渠岩认为，这九条范式囊括青田村的历史、政治、经济、信仰、礼俗、教育、环境、农作、民艺、审美等方面，这些方

---

① 渠岩：《青田村落保护发展与文明复兴项目书》，2017 年。

面在范式中几乎都能追溯到文化线索，进而接续文明，这是其他地方无可企及的。

与以往政府治理、旅游开发等现代化逻辑不同，渠岩在青田的艺术乡建实践，无关乎艺术本体和审美，而是以艺术为载体，重建人与人、人与自然、人与神的关联，修复乡村的礼俗秩序和伦理精神，激发不同文化实践主体的参与感、积极性和创造力，在乡愁中追索传统文明，绵续内心深处的敬畏与温暖，进而探索城乡协调发展的新路径。

二、"青田范式"艺术乡建的实践与过程

在青田艺术乡建者的在地实践中，驻村和设计工作坚持以秉承乡村文化主体精神与村民诉求为要旨，尝试在复杂的互动过程中进行多边对话，在动态的协商中调整行动策略，呈现"多主体互动"的态势，其实践探索体现在乡村的显性和隐性层面。

（一）显性价值：老宅修复与环境改造

老宅是香火延续的空间、血脉传承的殿堂、家族文明的灵魂所在、个体的生命根基和支撑平台。近年来，代表家族宗族的老宅祖屋逐渐为新楼房所取代，这些草率而匆忙的建筑掩盖了乡土建筑的亲昵和灵气，随着一系列新房的"复制黏贴"，村民的传统生活方式和日常伦理也面临着"烟消云散"的风险。不同于伤筋动骨式的大拆大建，"青田范式"倡导用艺术的方式对其进行治愈和修复，目前已成功修复四座闲置民房、两座祠堂、一座村庙，并投入使用。这是一种"因地制宜"的改造方式，从理念上来说：首先，遵循村落整体性保护原则，保持村落的历史延续性与适应时代的有机生命力，避免陷入新一轮"建设性破坏"的漩涡；其次，突出特色、保护原真，修复以民居为代表的古村风貌，坚决不破坏建筑和街道的轮廓线和外立面，保持

村民的传统生活状态；再次，禁止盲目地开发新的建设项目和旅游设施，因为这样只会加速古村的消亡；最后，以自然村落的肌理为主调，恢复淳朴乡村的绿色风貌，强化岭南水乡、水村相依的自然特色。落实到实践中后，在材料上，基本使用青田现有的传统建筑材料；在形式上，追求与建筑历史年代相吻合的痕迹，对于地方特色的图案纹饰等予以重点保护；在功能上，在不破坏建筑外观形态的基础上，把现代生活的需要注入老房子的内部空间，使传统外貌与现代生活并行不悖。这种"修旧如旧"的做法，既保留了青田传统建筑的风貌，又具有现代生活功能，能够给予村民一个重新审视乡村老宅的可能，让村民看到作为乡村文化基本载体的老民居的价值，认识到拆迁老房、改造洋房等现代化手段并非唯一发展途径，逐渐引得村民的关注和效仿。

乡土环境是老宅生存的土壤，按照以往城市规划者的计划，开阔平整的马路、整齐划一的楼房或许比怪异纷繁的乡村样貌更为重要，因为杂乱与破败有碍于整体观瞻。对追求一致、均衡的管理者来说，规划意味着要在顷刻间翻天覆地，建筑起闪亮的整齐划一的楼房；或者，从实用主义的逻辑出发，建立起一座恢宏、华丽的观光胜地。"青田范式"认为，这恰恰是美丽乡村建设的误区，即千篇一律的形式和庸俗乏味的审美。青田坊的环境整修依然坚持"修旧如旧"的方式，不同于设计师一厢情愿的"面子工程"，也并非打造成"一刀切"的旅游景点，而是保留了乡村的自然生长轨迹，对乡土建筑进行加固、对墙体仅做清洁处理；将撬动的青石板路重新铺砌，恢复以往的模样；所有线路均掩藏于地下；公共厕所做下水处理。这些"反规划"的操作看起来"不着痕迹"，但操作难度却比强势的规划美学大得多，因为要是以土地健康和安全的名义，以持久的公共利益为基石，而不是从眼前的开发商利益和短期发展的需要出发，来做土地和城市建设规划，因此细细品味则"别有洞天"。艺术家的优势就在于能够以无害、温和的姿态进入，没有刻意"打造"或"改造"，而是在无望的乡土中构建生活的意义，展现一种新的生存方式，给予村民自主选择的权利。

（二）隐性价值：传统再造与礼俗复兴

"青田范式"的期待不仅是将建筑样板在乡村中进一步推广，更重要的是在修复实体空间的基础上丰富文化空间，恢复乡村文化及信仰体系，重塑被社会改造和市场经济所击垮而逐渐淡去的礼俗社会。岁时年节包含着丰富的仪式和内容，是人与人沟通的契合机缘；也是村落的文化根基，承载着独特的人文意蕴。"龙母诞"是青田坊最隆重的习俗，基于对传统文化消逝的担忧和对修复人与自然关系的憧憬，渠岩以"上善若水"为主题，集结众多艺术家组织策划"岭南乡村文化艺术季"系列活动，比如，富有情怀的艺术家、反哺桑梓的企业家、热心的社会人士以及青田村民共同组建起"青田龙舟队"，装饰一新的青田龙舟在龙潭大涌的竞争中令人刮目相看；再如，行为艺术作品吴高钟的《一口口水》和苍鑫的《敬水仪轨》，带领村民以身体力行的方式与水亲密融合，借此警示人们对水资源保护的紧迫性，表达对水的敬畏之情；又如，民谣歌者赵勤、赵慧儿和诗人刘智峰带动青田村民自己创作和演唱，并在端午演唱会的舞台上留下了《青田引》《青田行吟》《青田八景好风光》等音乐作品，这些脍炙人口的作品也引领着观众加入合唱的行列，人们对家乡的自豪感油然而生。"龙母诞"在艺术家创造性的演绎下，转化为颇具符号效应的"龙舟艺术行动"。这种转换赋予"龙舟精神"以新的文化意义，即在"力争上游""团结奋进"等自我精神的基础上，关涉人与自然和谐相处的重要性，在艺术的美学加持下，将岁时年节的隐性价值升华到极致，将传统与现代联结起来。换言之，地方文化符号能够在多重意义的叠加中获得自我新生。"青田范式"提倡传统礼俗的恢复，当代艺术介入传统节日就是一种全新的尝试，希望以此重建人与环境的情感记忆和神圣秩序；同时，激发民众与地方政府对弘扬家乡文化、保护故乡生态的责任感，以及人们内心深处对家乡的挚爱和自信。更重要的是，这场艺术家们的行动实践，并不仅仅是自我感动的作品，更是以更宽广的姿态将在地村民纳入其中，实现艺术与村民对话的可能性。这是当地艺术乡村建设者们第一次将传统文化和当代艺术进行"打包"，这是"青田范式"倡导的乡村文化、乡村生态和社群参与的"三位一体"保育方式，也是传统节庆现代演绎的尝试。

在传统社会秩序中，仪式通过自身内部运作使社会秩序产生可预见性的、限定方向的、有控制的变革，并且对影响效果产生控制，这些都是事物"自然""原真"秩序的有机部分，即发明的历史已成为知识、运动、民族、国家意识形态的一部分，并不仅仅保存于大众记忆中，而是由专业人士选择、撰写、描绘、普及和制度化后的产物。在这里，节庆已然成为一种"社会戏剧"，通过创造临时的微观世界，把一种存在转换成另一种状态，被赋予了新的意义和逻辑。艺术家此举是通过仪式维持地方的完整性，把有利于当地发展的记忆碎片保留下来并加以强调，让人们不断传习；将当代艺术的全新内涵容纳进去，并对新事物的生成进行合理化解释和正确性辩护，将"新民俗"建构起来，借此形成一种新的连续关系，让人们的认同感长存下去。

三、艺术参与乡村振兴的可能性

艺术的表达方式既没有宏大主题的宣泄，也没有社会情绪的"挑逗"，而是以春风化雨般的柔性姿态，始终提示着改变世界的一种新的可能。"青田范式"特别强调"地方性知识"，尊重地方文脉的延续，因此所有行动都建立在与青田村民沟通交往的基础上。值得一提的是，渠岩尝试以"去艺术化"的方式对乡村社会进行文化重建，这是对以往乡村"美容术"的批评性反思，从而杜绝脱离乡土社会文化脉络与主体诉求的"美丽乡村"建设；同时包含超越学科分类和取消权力命名的意图，将重点放在"多主体"的在地实践，以乡村文化主体精神与传统文明复兴为要旨，在复杂的互动过程中进行多边对话，在动态的协商中调整行动策略。所以，以"青田范式"为代表的艺术乡建，倡导艺术家要谨慎地介入乡村，不能单纯将外来文化进行简单移植，要尊重在地文化即地方性知识，更加耐心地倾听当地人的声音，激发和调动当地人的文化自觉和主体意识，重新唤回人类生活中的"地方性"和"地方感"，形成"多主体互动"的沟通共建模式。

"多主体互动"意味着每个人都要勇于承担责任，人们能够凭借自身的力获得成功，同时吸取了"他者"的力，这是一个交互的过程。村民、艺术家、企业家、政府官员等在这一场域中表达出不同的诉求，谁的理想能否实现则取决于哪一方的拉力更强，但多数情况下，各方总会经过商讨做出让步，使目标与每个主体的距离尽量均衡；发展的阶段不同，各方的力量也不尽相同，最终结果成功与否，不能单纯归结于一方，而是多主体共同作用的结果。但是，乡村并不是真空的乌托邦，无论是村民的日常实践、艺术家的奇思妙想，还是企业家的未雨绸缪，无一不渗透着国家的"隐形在场"。在这样一个上下通达的管道中，多主体受到意识形态和规则制度的制约，随着大环境的不断变化，人们也在持续调整着自己的行为，在不同的场景中各得其所、各取所需，在动态中达到平衡。但需要注意的是，无论这一结构如何变幻，其重心都不应该偏离，即生活在乡村里的人。

没有哪个时代的人们会如今天这般苛求生存环境的周全与清明，今天的人们如此深刻体会到以往的发展思维亟待修正。乡村的发展到底应该如何取舍，如何进行塑造与规划，如何切实建设，如何重拾失落的历史，如何再立遗失的文明，如何让乡村不再只是冰冷的躯壳，而成为一个充满人情味的共同体，都成为我们在当下及今后发展中必然的考虑和选择。艺术参与的意义不在于"重建"，而在于"唤醒"。

"起向高楼撞晓钟，不信人间耳尽聋"，艺术如同一颗种子，尽管它也许不能治愈、复原或合理化我们的乡愁，带我们回到闲庭信步、悠然自得的从前，但可以创造一种状态，在这样一个机会中，让我们用翻新的角度与清晰的视野，再次审视乡土和家园。

以党建为引领　助力乡村振兴

——乡村振兴的明月村案例

中共蒲江县委组织部

摘　要：明月村在村支"两委"带领下，以党建为引领，通过融合发展，打造特色农业、文创和旅游产业，助推产业振兴；秉承绿色发展，按照"景观化、可进入、可参与"和"原生态+新风尚"理念，促进生态本底资源保护与发展，助推生态振兴；坚持传承弘扬，充分挖掘乡土文化时代价值，走出"文创+"的文化振兴之路，助推文化振兴；优化外引内培，通过聚集文创产业、提档升级新村面貌和配套招才引智政策，奠定人才招引基础，助推人才振兴。明月村以其创新发展理念，走出了一条农商文旅融合发展振兴乡村之路，成为远近闻名的示范村、文明村、"四好村"。

关键词：明月村；党建引领；乡村振兴

明月村位于成都市蒲江县甘溪镇，辖区面积6.78平方公里，总人口2218人。2015年起，在明月村党委的带领下，明月村依托茶山、竹海、松林等良好的生态环境和4口古窑的历史文化资源，以安居、乐业、家园为目标，按照新老村民共创共享幸福美丽新乡村的定位，引入陶艺、篆刻、草木染等文创项目及艺术家、文化创客，形成以陶艺手工艺为主的文创项目聚落和文化创客集群，经历了"明确发展定位—引进新村民—新老村民创业—形成产业集群—自然生长"的发展阶段，走出了一条农商文旅融合发展振兴乡村之路。2018年4月，中央电视台《新闻联播》头条以明月村为例着重介绍了通过"外引""内培"双管齐下，打造强有力的乡村振兴人才队伍的做法；同年9月，四川省乡村振兴大会代表到明月村参观考察谌塝塝微村落。明月村获评全国文明村、中国十大最美乡村、中国乡村旅游创客示范基地、国家级西部乡村旅游人才实训基地、四川省文化产业示范园区、四川省"四好村"、首批成都市文创产业园区及主题旅游目的地等荣誉。

一、以融合发展，助推产业振兴

2009年，明月村还是落后、贫穷的市级贫困村。为了推动当地经济发展，明月村党委坚持农商文旅融合发展，强力推进农业与文创、旅游、商贸等跨界融合。一是打造"茶山竹海"特色农业，全域推广土壤改良和绿色防控，建成有机茶叶基地2000余亩，建成雷竹园区6000余亩。"茶山竹海"既是明月村的特色景观又是村民的收入来源，也构成了良好的生态本底。二是大力引进和发展文创产业，目前已引入蜀山窑、明月轩篆刻艺术博物馆、呆住堂艺术酒店等文创项目45个，多元化的文创产业集群塑造了明月村文艺乡村新形态，带来了人气和商机。三是大力发展旅游产业，依托"茶山竹海明月窑"等特色资源，成立明月村乡村旅游合作社，推出农事体验、自然教育、制陶和草木染体验等项目，引导村民发展创业项目27个。打造出集家庭农场、林盘民宿、农事体验、研学课堂于一体的旅游新业态。开发了明月茶、明月果、明月笋、明月染、明月陶等系列明月造旅游商品，实行线上线下同步销售，产品附加值显著提升。2018年接待游客23万人，实现旅游收入约3000万元。

二、以绿色发展，助推生态振兴

"绿水青山就是金山银山"，明月村党委坚持做优生态本底，大力在绿色发展上下功夫。按照"景观化、可进入、可参与"和"原生态+新风尚"理念，加强对茶山、竹海、松林等生态本底的保护与发展，注重保护马尾松林以及凉山渠水系特征，先后实施院落改造和川西林盘整治项目 20 余个。全面实施 G318 线和明月旅游环线环境提升工程，积极推进景观梳理、绿道建设、旅游厕所、农户风貌整治以及院落美化，持续改善乡村环境。推进农村环境治理"三大革命"，实施人居环境整治"七改七化"，构建生活垃圾"户分类、村收集、镇转运、县处理"模式，引入奥北环保组织垃圾回收，建立市场化作业、企业化运营、全程化监管机制，全村自来水覆盖率、天然气入户率均达 95% 以上，生活垃圾无害化处理率达 99.3%、生活污水达标排放率达 90%，光网实现全覆盖，极大改善了群众生活环境。建成 2300 余平方米的文化广场、旅游接待中心、8.8 公里旅游环线、8 公里绿道、7 个生态停车场、6 个旅游厕所，进一步提升明月村旅游承载能力，不断创造满足人民群众美好生活需求的消费场景和生活场景。

三、以传承弘扬，助推文化振兴

乡风文明是乡村振兴的保障。如何以社会主义核心价值观为引领，在"富口袋"的同时提升文明软实力，让明月村不断焕发新的活力？如何激活文化，发掘乡土文化的时代价值？成了明月村党委思考的问题。经过不断的探索实践，明月村党委走出了一条"文创+"的文化振兴之路。一是深挖邛窑历史文化特质。将明月窑陶艺列入非物质文化遗产保护名录，引进技艺和器形各有特点的蜀山窑、清泉烧、火痕柴窑等陶艺品牌；与国内外陶艺家开展陶艺文化交流，开阔视野，提升陶文化内涵品质。二是实施文艺进乡村行动。常态化开展摄影分享会、民谣音乐会、皮影戏、端午古琴诗会、竖琴田园音乐会等文化活动；打造《明月甘溪》等原创歌舞作品，出版发行新老村民共同创作的诗集《明月集》；明月讲堂定期开展特色培训讲座，开阔了村民的发展思路，激发村民的文化自信。三是健全文化阵地，培育特色队伍。创新设置"明月书馆""明月画室""陶艺博物馆""书画展览室"等公共文化空间；孵化培育明月之花歌舞队、明月古琴社、明月诗社、民谣乐队等特色队伍。四是打造明月村文化品牌活动。连续举办八届春笋艺术节（2012—2019年）、三届"月是故乡明"中秋诗歌音乐会（2016—2018年）等品牌文化活动。文化艺术的熏陶让村庄焕发新活力，使村民对"明月村"品牌有了更多的认同感、获得感、幸福感，明月村成了名副其实的理想村。

四、以外引内培，助推人才振兴

乡村要发展，人才是根本。明月村党委认识到只有想方设法引进人才、培养人才、留住人才，才能为明月村的建设发展提供人才基础。按照"外引+内培"的人才战略，明月村党委通过聚集文创产业、提档升级新村面貌和配套招才引智政策，不断提升对全国文创人才的吸引力。引进培育新村民100余人入村创作、创业和生活，包括国家工美行业艺术大师李清，服装设计师、主持人宁远，水立方中方总设计师赵晓钧，美国注册建筑设计师施国平等，新村民带来了资金、理念、品牌、资源、新的生活方式，带动了明月村产业、文化的快速发展。积极组织新老村民参加国内外各项品牌文化展会活动30余场，搭建明月书馆、明月讲堂、明月夜校等培训载体。邀请新村民及全国具有影响力的乡建研究者与实践者来明月村进行产业、技术、文化方面的培训，每年开展明月讲堂不少于12期、明月夜校不少于12期。开展各类专业技能培训，吸引众多大学生、村民返乡创业，乡村人才素质和能力不断提升。

五、以党建引领，助推组织振兴

实施乡村振兴战略，实现"农业强、农村美、农民富"，必须着力推进组织振兴，建强农村基层战斗堡垒。明月村党委以阵地建设、班子提升、党员示范带动为突破点，引领乡村振兴。一是在镇党委、园区党委的领导下，创新"党性教育+文创产业"双培训、"新村民+原住民"双融合、"组织引领+党员带头"双保障的"三双"党建机制。二是积极探索"党建引领、政府搭台、文创撬动、产业支撑、公益助推、旅游合作社联动"发展模式，建立和完善以园区党组织为核心，村民委员会、明月乡村旅游合作社、明月雷竹土地股份合作社、"3+2"读书荟、社区营造研究机构"夏寂书苑"等社会组织多元参与的党群服务中心治理体系，打造新老村民互助融合，共商、共建、共治、共享的幸福美丽新乡村。三是依托园区党群服务中心、明月村党群服务中心，加强与新村民的联系服务指导，全力做好项目策划、要素保障、项目建设、开放运营、品牌推介，健全明月村党群联席会议制度，共同商讨园区建设、产业发展和社区治理；开展党性教育、社区营造、公益文化、文创培训等，引导村民开展村容村貌整治、生态林盘院落改造和保护、发展第三产业，配套旅游服务设施，改善人居环境，提升园区承载能力。

乡村治理的峨眉实践

中共峨眉山市委组织部

摘　要：峨眉山市在乡村治理过程中不断探索创新，形成了富有特色的乡村治理路径：通过加强基层组织建设、建好"带头人"队伍、发挥组织引领作用，强化组织的核心作用；通过问计群众听民声，走访群众解民困，下沉群众纾民怨，走好群众路线；通过党风带民风促进治理、综合自治深化治理、激发活力强化治理，推动分类治理。

关键词：乡村治理；组织建设；群众路线；分类治理

峨眉山市通过"强化一个核心，走准一条路径，推动分类治理"，探索乡村治理新模式。

一、强化领导核心

基层党组织是党团结带领群众贯彻落实党的理论和路线方针政策、推动经济社会发展的重要组织基础，要充分发挥基层党组织领导的核心作用，为乡村治理提供有力支撑。

（一）加强基层组织建设

为贴合乡村振兴的现实要求，在做好村级建制调整改革的"后半篇"文章中，探索创新将党组织建在产业上、建在行业协会上、建在经济合作组织上等十类组织设置方式；每年常态化整顿提升一批村级

421

党组织，通过县级领导挂联指导督促，推进基层党组织的全面提升和全面过硬，为乡村治理提供坚实基础。

（二）建好领头人队伍

"农村富不富，关键在干部"，建好干部队伍是乡村治理的关键。在此次村级建制调整改革中，按照"1+3+N"的模式科学设置村常职干部职数 692 个，在"一肩挑"、副书记（副主任）、文书外，专门设置专干职务，由各乡镇（街道）根据乡村振兴、乡村治理等工作需要，设置专职人员开展工作；严格执行村党组织书记备案管理和村"两委"干部联审制度，对全市村"两委"班子成员、届中调整的村干部人选、村级建制调整改革村"两委"班子成员进行联审，共清理受过刑事处罚的村干部 9 名，取消 13 名预备人选资格，全市 130 名村党组织书记全部通过县级备案管理，为乡村治理把好"人才关"；市上结合村级班子分析研判成果，通过软弱涣散提升、战斗堡垒强化、乡村振兴领航三个班次，对全市村党组织书记进行全覆盖培训，各乡镇（街道）结合实际开展其他村常职干部培训，在政治理论、集体经济、乡村治理、村级事务等方面全方位提升干部队伍素能。

（三）发挥组织引领作用

在乡村治理中充分发挥基层党组的引领力、号召力、战斗力。在体现组织引领力上，峨山街道开展"党员'心'行动"，对党员、入党积极分子、村组干部、后备干部采取积分制管理，激发党员干部干事创业积极性，引领群众走上良性发展道路；在体现组织号召力上，在推进"两停一下山"中，黄湾镇雷岩、张山、报国等村级党组织通过号召群众推行"景区农村产权制度改革"，引导 3853 名景区村民"下山"；在体现组织战斗力上，高桥镇张沟村"两委"坚持"四个一"工作法，仅用 2 小时即完成该村 3100 亩土地征收协议签订，仅用

7 天就完成群众拆迁协议签订和倒房验收工作，提前 80 天完成了征地拆迁任务。

二、走好群众路线

群众是推动社会治理的重要力量，要实现乡村的治理，必须坚持走好群众路线，做好群众工作。

（一）问计群众听民声

全市 35 个单位先后开展了"邀请群众进机关作客活动"，场均邀请 30 余名由人大代表、政协委员、媒体记者、普通群众、服务对象等社会各界人士组成的群众代表团参与活动；通过现场观摩讲解、座谈交流等方式，主办单位领导班子认真解答群众代表提出的疑问，对相关意见建议一一回应，共收集群众问题建议 147 条，整改 107 条，既增进了相互理解，又提升了机关工作效能。持续推进"线上"走进群众工作，及时处置人民网、问政四川、海棠社区、自在社区和微博等平台的诉求 750 余条次；自峨眉山电视台开设"曝光台"栏目至今，共曝光不文明现象、环境问题以及群众身边最关心和亟待解决的问题 160 余期，并在子栏目"回音壁"中一一回访整改落实情况，做到了件件有落实、事事有回音。

（二）走进群众解民困

开展"大走访大服务"走进群众专项行动，全市县级领导干部、机关干部、村组干部、普通党员、"两代表一委员"全面行动，走到群众身边，向群众学习，倾听群众呼声，了解群众诉求，解决群众困难。截至 2019 年底，全市 2.2 万名党员干部共走访城乡居民家庭 15 万余户，基本实现全覆盖，共收集群众问题诉求 18013 个，解决 9955

个，真正解决了一大批群众最关心最直接最现实的利益问题；设立800万元的"纾难解困资金"，专项用于对因生病、子女就学、残疾、受灾等情况导致生活困难的群众给予适当补助，现已帮助2000余名群众解决了实际困难；启动实施了走进群众专项行动问题矛盾化解"五年计划"，从2019年起用五年时间来化解全市"大走访大服务"走进群众专项行动中收集的涉及道路交通、农田水利、安全饮水、住房安全、拆迁安置等方面，需要全市统一规划安排，资金需求量大、复杂程度高的"急难险重"问题。

（三）下沉群众纾民怨

深入实施信访积案化解攻坚和集访非访、缠访闹访专项治理行动，通过"领导包案、一事一议、一案一策、逐案考核"的工作思路，形成县乡上下联动，部门乡镇（街道）齐抓共管的格局，坚持解决突出问题与规范信访秩序并举，2019年摸排信访积案47件，化解处置30件，处理信访违法行为人6名，进一步畅通了信访渠道，提升了社会治理能力。强化干群联动，从源头上织密监督网，扎实开展"阳光问廉"坝坝会活动。截至2019年底，全市各乡镇组织辖区内的村（社区）开展"阳光问廉"坝坝会61场，联系乡镇的县级领导干部、市级部门相关负责人、乡村干部在坝坝会上与群众面对面座谈交流，聚焦"政策宣讲不到位、村务公开不落实、干部作风不深入、问题解决不彻底"等基层群众反映强烈的问题，接受群众现场质询316次，干部现场答复、措施现场明确，通过以问促改，解决、解释群众问题243个，对需要协调解决的73个问题采取"清单制＋责任制"形式限时整改解决，既解决了群众的烦心事，也推进了基层"微腐败"治理，督促了基层党员干部作风的转变。

三、推动分类治理

（一）党风带民风促进治理

针对治理成效还需提升的村，主要以作风促党风，党风带民风，破解干群不和、矛盾频发的难点。峨眉山市大为镇开启"强班子、紧制度、育经济"的基层治理新路，破解干群不和、矛盾频发的难点。从镇村两级干部着手，强化日常工作制度落实，建立科室打分、分管领导评分的"一月一打分"考核机制，用制度约束干部行为，用纪律强化干部作风；通过镇村干部作风提升、党员队伍的引领，纯洁村民风气，引导各村从抗拒管理向接受管理、自我管理转变，扭转了逢"工"必阻、逢"事"必闹的不良风气。

（二）综合自治深化治理

针对治理成效好、班子队伍较强的村，主要通过促进综合自治，推动乡村治理提档升级。绥山镇净安村在全市率先实行"一肩挑"，村"两委"班子战斗力强。由村"两委"牵头，通过"四议两公开"制定有奖举报、排污收费、"门前三包""五星积分"等一系列村规民约，进一步推进了农业生产废弃物综合治理和群众参与共治意识提升；组建由村干部、党员、民兵和志愿者组成的综治巡防红袖标队伍，实现自主联防；整合资源建立"群众之家"，创建"四个一"矛盾化解工作法（一句问候、一杯清茶、一场沟通、一个回复），实现从曾经的软弱涣散问题村、信访重点村到"全国乡村治理示范村"的蝶变。

（三）激发活力强化治理

针对具有特色优势的村，主要探索一条将形而上的特色资源优势，变为群众切身感受，从而激发群众主动参与的积极性的途径。峨眉山市罗目镇以"四清四拆"成果运用为突破口，将古镇旅游开发与群众生产生活相结合，通过对省道 103 和 306 沿线以及临江河沿岸的美化提升、文物古迹抢救性保护、破旧墙壁立面美化等行动，使群众感受到美好生活环境的积极意义，激发了沿线各村群众调整闲置土地、贡献物资、让出立面用于景观带打造的积极性和主动性，变"废"为"景"，大幅改善村容村貌，变基层治理的"一厢情愿"为"两情相悦"。

中国乡村振兴大事记（2017—2020 年）

李蕊芳*整理

2017 年

10 月 18 日　中国共产党第十九次全国代表大会在北京召开。十九大报告首次提出实施乡村振兴战略。

报告强调，农业农村农民问题是关系国计民生的根本性问题，必须始终把解决好"三农"问题作为全党工作重中之重。要坚持农业农村优先发展，按照产业兴旺、生态宜居、乡风文明、治理有效、生活富裕的总要求，建立健全城乡融合发展体制机制和政策体系，加快推进农业农村现代化。

11 月 9 日　农业部副部长张桃林赴江苏省和安徽省调研，强调要以实施乡村振兴战略为总抓手，围绕建立健全城乡融合发展体制机制和政策体系，完善农业支持保护制度，强化科技支撑引领，促进农村第一、第二、第三产业融合发展和生产、生活、生态"三生"共赢。

11 月 13 日至 15 日　集体林业综合改革试验示范工作推进会在四川崇州召开。国家林业局副局长刘东生、四川省副省长尧斯丹出席并讲话。会议指出，要以习近平新时代中国特色社会主义思想为指导，紧紧围绕实施乡村振兴战略，明确目标任务，推进集体林业综合改革。

11 月 16 日　《人民日报》专访农业部部长韩长赋，韩长赋指出

---

* 李蕊芳，中国传媒大学经济与管理学院。

新形势下深化农村改革的主线，仍然是处理好农民与土地的关系。

12月4日　中共中央办公厅、国务院办公厅印发了《关于建立健全村务监督委员会的指导意见》，并发出通知，要求各地区各部门结合实际认真贯彻落实。进一步完善村党组织领导的充满活力的村民自治机制，加强村级民主管理和监督，提升乡村治理水平。

12月8日至10日　2017年国际创新创业博览会（以下简称"创博会"）在北京国家会议中心召开，此次创博会在中华全国总工会等单位指导下举办，以"共享与创新"为主题。来自中国、德国等10多个国家和地区的440多家机构参展，智慧农业、智能养老、民俗文化等贴近百姓的新业态悉数亮相。

12月14日　第三次全国农业普查主要工作顺利完成，普查结果为全面准确把握"三农"基本国情、实施乡村振兴战略提供了重要统计支撑。第三次全国农业普查结果显示，十年来尤其是党的十八大以来，在以习近平新时代中国特色社会主义思想指引下，在党中央、国务院的坚强正确领导下，农业支持保护政策体系不断完善，强农、惠农、富农政策力度不断加大，现代农业建设成就辉煌，农村面貌和环境明显改善，农民生活质量显著提高，为决胜全面建成小康社会和实施乡村振兴战略奠定了坚实基础。

12月17日　结合乡村振兴战略的总体部署和近年来人民银行着力推进农村普惠金融工作情况，中国人民银行金融市场司司长纪志宏提出大力发展普惠金融，补足弱势群体金融服务"短板"；全力做好金融精准扶贫，补足薄弱地区金融服务"短板"；大力发展绿色金融，补足农村生态环境建设金融服务"短板"等理念。

12月下旬　为贯彻落实党的十九大关于实施乡村振兴战略的决策部署，按照《中共中央 国务院关于进一步推进农垦改革发展的意见》等有关要求，财政部牵头筹建中国农垦产业发展基金，发展壮大农垦事业，充分发挥农垦在农业现代化建设和经济社会发展全局中的重要作用。

12 月 22 日　国土资源部、国家发展改革委联合印发《关于深入推进农业供给侧结构性改革做好农村产业融合发展用地保障工作的通知》，就全面贯彻落实党的十九大精神和中央有关要求，深入推进农业供给侧结构性改革，做好农村第一、第二、第三产业融合发展的用地保障，作出具体部署。

12 月 28 日至 29 日　中央农村工作会议在北京召开，这是党的十九大之后中央召开的又一次重要会议。会议深刻阐释了实施乡村振兴战略的重大意义、指导思想、总体要求、主要目标和重点任务，发出了实施乡村振兴战略的总动员令。

习近平总书记站在党和国家事业全局的高度发表重要讲话，对实施乡村振兴战略作出全面部署，是推进农业农村现代化的行动纲领。李克强总理作了具体部署，并提出了明确要求。

12 月 29 日至 30 日　全国农业工作会议在北京召开。会议总结了 2017 年及过去五年工作，研究实施乡村振兴战略措施，部署 2018 年重点工作。

12 月 30 日　29 日中央农村工作会议闭幕，首次提出走中国特色社会主义乡村振兴道路，明确了乡村振兴战略的时间表和路线图。

2018 年

1 月 4 日　司法部召开党组会议，传达学习中央农村工作会议精神，对司法行政工作贯彻落实会议精神，服务乡村振兴战略作出部署。

1 月 4 日至 5 日　2018 年全国林业厅局长会在浙江安吉召开，国家林业局宣布启动乡村绿化美化工程，助力乡村振兴战略，将分两步走建成美丽宜居乡村。

1 月 15 日　交通运输部服务乡村振兴战略推进"四好农村路"建设和脱贫攻坚领导小组会议召开，落实中央经济工作会议、中央农村工作会议和全国扶贫开发工作会议精神，扎实推进"四好农村路"建设，为服务乡村振兴战略和打赢脱贫攻坚战作出更大贡献。

1月15日　2018年全国国土资源工作会议在北京召开。国土资源部部长、国家土地总督察姜大明在报告中指出，新时代国土资源工作要在推动乡村振兴战略实施中有更大担当。

1月19日　科普惠农"双向服务"研讨会暨全国科普惠农乡村 e 站联盟成立大会1月19日在中国科技会堂隆重举行，确定了以市场为导向、科技为先导，走质量兴农、科技兴农之路。

1月23日　中国农科院院长唐华俊在2018年中国农业科学院工作会议上提出，加快构建政产学研用一体化和农业产业上中下游一条龙的科研创新体系，重点突破一批基础前沿技术、攻克一批核心关键技术、集成一批农业绿色发展模式、转化一批科技创新成果、打造一批乡村振兴科技示范样板。

2月　2017年11月20日，十九届中央全面深化改革领导小组第一次会议通过《农村人居环境整治三年行动方案》。2018年2月，中共中央办公厅、国务院办公厅印发《农村人居环境整治三年行动方案》，自起实施。

2月4日　2018年题为《中共中央　国务院关于实施乡村振兴战略的意见》的中央一号文件公布，文件全面部署实施乡村振兴战略。这是改革开放以来第20个、21世纪以来第15个指导"三农"工作的中央一号文件。

2月5日　《国家乡村振兴战略规划（2018—2022年）》的初稿已基本形成，在按照程序进行报批。同时，国务院新闻办公室在国务院新闻办新闻发布厅举行新闻发布会，中央农村工作领导小组办公室主任韩俊、副主任吴宏耀介绍了《中共中央　国务院关于实施乡村振兴战略的意见》有关情况。

2月5日　国务院新闻办公室于2018年2月5日（星期一）上午

10 时在国务院新闻办新闻发布厅举行新闻发布会，中央农村工作领导小组办公室主任韩俊、副主任吴宏耀介绍了《中共中央　国务院关于实施乡村振兴战略的意见》有关情况，并答记者问。

2 月 6 日　2018 年中央一号文件《中共中央　国务院关于实施乡村振兴战略的意见》单行本，由人民出版社出版，在全国新华书店发行。该文件对新时代做好"三农"工作具有十分重要的指导意义。

2 月 11 日　财政部副部长胡静林就中央一号文件指出的"健全投入保障制度，创新投融资机制，加快形成财政优先保障、金融重点倾斜、社会积极参与的多元投入格局"等问题接受新华社记者采访。强调公共财政更大力度投向"三农"；财政支农投向更精准；引导更多金融和社会资本支持乡村振兴；把财政支农资金用在"刀刃"上。

3 月 2 日　国家行政学院 2018 年春季开学典礼在北京举行，"实施乡村振兴战略"专题研讨班成为新学期举办的第一个省部级干部研讨班。

3 月 5 日　第十三届全国人民代表大会第一次会议在北京人民大会堂开幕。国务院总理李克强作政府工作报告，强调大力实施乡村振兴战略，科学制定规划，健全城乡融合发展体制机制，依靠改革创新壮大乡村发展新动能。

3 月 7 日　十三届全国人大一次会议新闻中心在梅地亚中心多功能厅举行记者会，邀请农业部部长韩长赋，农业部新闻发言人、办公厅主任潘显政就"实施乡村振兴战略 推动农业转型升级"的相关问题回答中外记者的提问。

3 月 8 日　习近平总书记 3 月 8 日在参加山东代表团审议时指出，实施乡村振兴战略，是党的十九大作出的重大决策部署，是决胜全面建成小康社会、全面建设社会主义现代化国家的重大历史任务，是新时代做好"三农"工作的总抓手。这一重要论述为实施乡村振兴提供了根本遵循。

3月13日　十三届全国人大一次会议审议的国务院机构改革方案提出，拟组建农业农村部。方案提出，将农业部的职责，以及国家发展和改革委员会、财政部、国土资源部、水利部的有关农业投资项目管理职责整合，组建农业农村部，作为国务院组成部门。

3月16日　农业部部长韩长赋做客新华网、中国政府网《部长之声》，回应社会关切热点。韩长赋总结了过去五年"三农"发展实现"六个新"，并提出推动乡村产业振兴，使乡村振兴有更好的物质基础；深化农村改革，最重要的还是土地制度改革；探索耕地轮作休耕制度；农产品质量问题"零容忍"等理念。

3月20日　全国妇联下发实施意见，就开展"乡村振兴巾帼行动"进行部署，广泛动员组织农村妇女为乡村全面振兴贡献巾帼力量。

3月29日至30日　科技部在浙江省杭州市召开全国农业农村科技工作会议，总结2017年农业农村科技工作，部署2018年农业农村科技重点任务，推动实施乡村振兴战略。

4月9日　2018年博鳌亚洲论坛于4月8日至4月11日在海南举办，4月9日举办"转型中的农民与农村"分论坛。

4月23日　中共中央总书记、国家主席、中央军委主席习近平作出重要指示强调，要结合实施农村人居环境整治三年行动计划和乡村振兴战略，进一步推广浙江好的经验做法，建设好生态宜居的美丽乡村。

4月24日至28日　中共中央总书记、国家主席、中央军委主席习近平在湖北考察。习近平指出，实施乡村振兴战略是新时代做好"三农"工作的总抓手。他强调，乡村振兴不是坐享其成，等不来，也送不来，要靠广大农民奋斗。村党支部要成为帮助农民致富、维护农村稳定、推进乡村振兴的坚强战斗堡垒。

4月25日　国务院办公厅印发《关于全面加强乡村小规模学校和

乡镇寄宿制学校建设的指导意见》，就全面加强两类学校建设作出部署。

5月3日　全国都市现代农业现场在天津举办，36大城市共同发出《质量兴农倡议书》，提出力争到2020年基本实现按标生产，绿色生产与循环发展全覆盖，化肥、农药使用量实现"负增长"，群众对农产品质量安全总体满意度大幅提升。

5月9日　农业农村部和中国邮政储蓄银行提出《关于加强农业产业化领域金融合作助推实施乡村振兴战略的意见》，深入贯彻落实中央关于实施乡村振兴战略的决策部署，提升农业产业化发展质量和效益，充分发挥农业产业化助推乡村振兴的功能作用。

5月11日　教育部基础教育司司长吕玉刚11日就国务院办公厅印发的《关于全面加强乡村小规模学校和乡镇寄宿制学校建设的指导意见》进行解读，聚焦破解城乡义务教育发展不平衡不充分的突出矛盾，切实解决两类学校发展滞后问题。

5月24日　商务部发布《关于推进农商互联助力乡村振兴的通知》，要求进一步加强农产品产销衔接，全面推进农商互联工作，使农产品既要产得出，也要销得好。

5月31日　中共中央政治局召开会议，习近平总书记主持召开中央政治局会议，审议《乡村振兴战略规划（2018—2022年）》和《关于打赢脱贫攻坚战三年行动的指导意见》。置身"两个一百年"奋斗目标的历史交汇期，这两份文件为我们把握历史机遇、如期完成使命任务提供了行动指南。

6月2日　首颗农业高分观测卫星高分六号卫星在甘肃酒泉卫星发射中心用长征二号丁运载火箭成功发射，这是国内第一颗搭载了能有效辨别作物类型的高空间分辨率遥感卫星，为乡村振兴战略实施提供精准的数据支撑。

6月8日　农业农村部部长韩长赋主持召开部常务会议，传达学习中央有关会议精神，研究部署乡村振兴和品牌强农等工作，并通过《农业农村部关于加快推进品牌强农的意见》。

6月11日至15日　科技部人才中心联合宁夏回族自治区科技厅、北京国农科技特派员创新服务联盟举办了"2018年农村基层优秀科技特派员双创训练营"。

6月15日　农业农村部于农业农村部新闻办公室举行新闻发布会，介绍促进农村第一、第二、第三产业融合发展助推乡村振兴有关情况。

6月15日　中央农办、农业农村部下发《关于学习推广浙江"千村示范、万村整治"经验 深入推进农村人居环境整治工作的通知》。

6月23日至24日　农业农村部部长韩长赋在广东调研时强调，要抓住"三农"工作战略机遇期，深入学习贯彻习近平总书记"三农"思想，以乡村振兴战略为总抓手，做好农业农村各项工作。

7月5日　全国实施乡村振兴战略工作推进会议在北京召开。习近平对实施乡村振兴战略作出重要指示强调，把实施乡村振兴战略摆在优先位置，让乡村振兴成为全党全社会的共同行动，李克强作出批示。

8月17日　农业农村部召开安委会第一次全体（扩大）会议，深入学习贯彻习近平总书记关于安全生产工作的重要论述，传达学习李克强总理就全国安全生产电视电话会议的重要批示要求和刘鹤副总理的讲话精神，分析安全生产形势，研究部署下半年重点工作任务。

8月20日　农业农村部和中共浙江省委、浙江省人民政府在北京召开座谈会，签署《共同建设乡村振兴示范省合作框架协议》，共同推动浙江乡村振兴示范省建设，带动全国实施乡村振兴战略。农业农村部党组书记、部长韩长赋，浙江省委书记车俊签署合作框架协议。

8月23日　中央农办主任、农业农村部部长韩长赋主持召开农村人居环境整治工作督导调研汇报会，听取2018年农村人居环境整治工作第一批 13 个督导组督导调研情况。

9 月 18 日　国家统计局发布《农村改革书写辉煌历史 乡村振兴擘画宏伟蓝图——改革开放 40 年经济社会发展成就系列报告之二十》，统计总结了改革开放以来我国农产品增速、农业结构产生的变化、农业物质技术装备的提高、农业生产方式产生的深刻变革，以及农村建设的成效等。

9 月 21 日　中共中央政治局 9 月 21 日下午就实施乡村振兴战略进行第八次集体学习。中共中央总书记习近平在主持学习时强调，乡村振兴战略是党的十九大提出的一项重大战略，是关系全面建设社会主义现代化国家的全局性、历史性任务，是新时代"三农"工作总抓手。我们要加深对这一重大战略的理解，始终把解决好"三农"问题作为全党工作重中之重，明确思路，深化认识，切实把工作做好，促进农业全面升级、农村全面进步、农民全面发展。

9 月 26 日　中共中央、国务院印发了我国第一个全面推进乡村振兴战略的五年规划《乡村振兴战略规划（2018—2022 年）》，该规划共分 11 篇 37 章。明确了今后五年的重点任务，提出了 22 项具体指标，其中约束性指标 3 项、预期性指标 19 项，并首次建立了乡村振兴指标体系。

9 月 27 日　财政部印发《财政部贯彻落实实施乡村振兴战略的意见》（财办〔2018〕34 号），对财政系统贯彻落实习近平新时代中国特色社会主义思想和党的十九大精神，积极发挥财政职能作用，加快推进农业农村现代化作出全面工作安排。

9 月 29 日　国务院新闻办公室举行新闻发布会，国家发展改革委副主任张勇（正部级）、农业农村部副部长余欣荣介绍了《乡村振兴战略规划（2018—2022 年）》有关情况，并对梯次推进乡村振兴作了部署。

10 月 8 日　农业农村部与中信集团签署金融服务乡村振兴战略合

作协议，共同推动金融社会资本支持乡村振兴。

10月19日　中共中央、国务院印发的《乡村振兴战略规划（2018—2022年）》单行本，已由人民出版社出版，并于全国新华书店发行，指导各地区各部门分类有序推进乡村振兴。

10月23日　最高人民法院印发《关于为实施乡村振兴战略提供司法服务和保障的意见》。该意见的印发实施，对于依法推进乡村振兴，落实农业农村优先发展，维护农民合法权益，促进农村社会和谐稳定具有重要意义。

11月2日　由中国农业农村部与联合国粮农组织共同举办的全球农业南南合作高层论坛在湖南长沙成功举办。论坛通过了《全球农业南南合作长沙宣言》，达成多项共识，取得积极成果。

论坛期间，联合国粮农组织、国际农业发展基金、世界粮食计划署与中国农业农村部发布了《关于支持中国实施乡村振兴战略助力2030年可持续发展议程的联合声明》，这是联合国系统首次以正式文件的形式对中国乡村振兴战略明确表示支持。

11月7日　最高人民法院召开新闻发布会，发布了《最高人民法院关于为实施乡村振兴战略提供司法服务和保障的意见》，妥善审理各类涉农案件为乡村振兴提供司法服务和保障。

11月16日　全国农村集体产权制度改革试点推进会议在江苏南京召开，深入学习贯彻习近平总书记关于做好"三农"工作的重要论述和中央关于深化农村改革的决策部署，交流各地农村集体产权制度改革试点经验，部署下一步改革工作。

12月8日　国务院印发《国务院关于探索建立涉农资金统筹整合长效机制的意见》，探索建立涉农资金统筹整合长效机制，是发挥财税体制改革牵引作用、推进农业供给侧结构性改革的重要途径，加快农业现代化步伐和农村全面建成小康社会的有力保障。

12月19日至21日　中央经济工作会议在北京召开，会议中提出扎实推进乡村振兴战略，是对农业农村现代化的再部署再动员。

12 月 23 日　乡村振兴发展指数暨湖州市乡村振兴发展评价报告发布会在北京召开，中国社会科学院城乡发展一体化智库、中国社会科学院农村发展研究所发布了首个乡村振兴发展指数，浙江省湖州市成为首个乡村振兴发展指数评估的样本。

12 月 24 日　农业农村部、国家发展改革委、财政部、中国人民银行、国家税务总局、国家市场监督管理总局联合印发了《关于开展土地经营权入股发展农业产业化经营试点的指导意见》。

12 月 25 日　水利部办公厅下发《关于实施乡村振兴战略加强农村河湖管理的通知》。推进农村河湖系统治理，推进农村河湖面貌持续好转，为建设生态宜居的美丽乡村、实现农业农村现代化的总目标创造条件。

12 月 29 日　农业农村部在京召开乡村振兴科技支撑行动工作部署会议，推动科技与农业农村深度融合，加快构建全面支撑乡村振兴的农业农村科技创新体系，为乡村振兴提供有力的科技支撑。

12 月 29 日　教育部发布了《高等学校乡村振兴科技创新行动计划（2018—2022 年）》，力争通过五年时间，使高校成为乡村振兴战略科技创新和成果供给的重要力量、高层次人才培养集聚的高地、体制机制改革的试验田、政策咨询研究的高端智库。

12 月 29 日　中央农办、农业农村部等 18 个部门印发实施《农村人居环境整治村庄清洁行动方案》。该方案是为深入贯彻落实习近平总书记关于改善农村人居环境的重要指示精神，有力有序科学推进农村人居环境整治工作。

2019 年

1 月 4 日　中央农办、农业农村部、自然资源部、国家发展改革委、财政部五部门制定《关于统筹推进村庄规划工作的意见》（农规发〔2019〕1号），是2019年首个关于扎实推进乡村振兴战略下如何统筹推进村庄规划工作的纲领性文件，意义十分重大。

1月4日　科技部关于印发《创新驱动乡村振兴发展专项规划（2018—2022年）》（国科发农〔2019〕15号）的通知，深入贯彻习近平新时代中国特色社会主义思想和党的十九大精神，大力实施创新驱动发展战略和乡村振兴战略，落实《乡村振兴战略规划（2018－2022年）》有关部署。

1月8日　中央农办、农业农村部、国家卫生健康委、住房和城乡建设部、文化和旅游部、国家发展改革委、财政部、生态环境部八部门联合发布《关于推进农村"厕所革命"专项行动的指导意见》，以小厕所促进社会文明大进步。

1月18日　农业农村部在北京举办金融服务乡村振兴高峰论坛。农业农村部副部长余欣荣在论坛上强调，加快构建起财政优先保障、金融重点倾斜、社会积极参与的多元投入格局，为乡村振兴提供有力支撑。

2月11日　人民银行、银保监会、证监会、财政部、农业农村部联合印发了《关于金融服务乡村振兴的指导意见》，设定短期及中长期目标，切实提升金融服务乡村振兴效率和水平。

2月15日　农业农村部下发《关于乡村振兴战略下加强水产技术推广工作的指导意见》（农渔发〔2019〕7号），该指导意见深入贯彻落实中央关于实施乡村振兴战略的工作部署，把握乡村振兴战略下水产技术推广体系的新使命新任务，强化工作部署，激发体系活力，充分发挥水产技术推广工作在推动渔业绿色转型发展、助力乡村振兴中的作用。

2月19日　题为《中共中央 国务院关于坚持农业农村优先发展做好"三农"工作的若干意见》的中央一号文件公布。这是21世纪以来，党中央连续发出的第16个"一号文件"，为我们做好新时代"三农"工作，促进农业全面升级、农村全面进步、农民全面发展提供了重要遵循。

2 月 20 日　国务院新闻办举办关于中央一号文件的新闻发布会，中央农办主任、农业农村部部长韩长赋表示，文件对"三农"工作围绕全面建成小康社会的硬任务作出重点部署。要逐项明确阶段性工作举措，推动乡村振兴一年一个新进展，不断增强农民群众的幸福感、获得感。

2 月 22 日　交通运输部服务乡村振兴战略推进"四好农村路"建设和脱贫攻坚领导小组召开扩大会议，传达学习中央有关会议精神，研究 2019 年重点工作。

3 月 1 日　中国银保监会办公厅下发《关于做好 2019 年银行业保险业服务乡村振兴和助力脱贫攻坚工作的通知》（银保监办发〔2019〕38 号），该通知提出要大力发展农村普惠金融，实现农村金融与农业农村农民的共赢发展。

3 月 5 日　第十三届全国人民代表大会第二次会议在京召开，国务院总理李克强作政府工作报告时说，对标全面建成小康社会任务，扎实推进脱贫攻坚和乡村振兴。坚持农业农村优先发展，加强脱贫攻坚与乡村振兴统筹衔接，确保如期实现脱贫攻坚目标、农民生活达到全面小康水平。

3 月 8 日　习近平总书记在参加十三届全国人大二次会议河南代表团审议时，与各位代表深入交流，就推进乡村全面振兴作出重要论述。习近平总书记指出，"要扛稳粮食安全这个重任"，"要推进农业供给侧结构性改革"，"要树牢绿色发展理念"，"要补齐农村基础设施这个短板"，"要夯实乡村治理这个根基"，"要用好深化改革这个法宝"。

3 月 12 日　中央农办、农业农村部乡村振兴专家咨询委员会成立大会暨第一次全体会议在京召开。加强专家咨询工作，不断提高谋划"三农"工作的战略性、前瞻性和科学性，推动乡村振兴战略更好地落实落地。

4月16日　农业农村部与中国建设银行在京召开座谈会，签署战略合作协议，共同推进金融服务乡村振兴。

4月19日　全国现代农业产业园工作推进会在广东省江门市召开。农业农村部部长韩长赋出席会议并讲话，广东省省长马兴瑞致辞。农业农村部部长韩长赋在广东新会举行的全国现代农业产业园工作推进会上表示，我国现代农业产业园已成为乡村产业振兴的"牛鼻子"。

4月29日　中国银联联合中国农业银行，在陕西省铜川市宜君县共同发布乡村振兴主题卡。为涉农生产的支付结算、资金信贷和农业信息化建设等重要需求提供解决方案。

4月29日　民政部召开实施乡村振兴战略领导小组第一次全体会议，安排部署民政部实施乡村振兴战略有关工作。民政部实施乡村振兴战略领导小组组长、部党组书记、部长黄树贤出席会议并发表讲话。

5月23日　国家邮政局召开新闻发布会，联合国家发展改革委、财政部、农业农村部、商务部、文化和旅游部、中华全国供销合作总社出台了《关于推进邮政业服务乡村振兴的意见》。深入贯彻落实党中央、国务院实施乡村振兴战略部署，持续提升邮政业服务"三农"能力，加快推进农业农村现代化。

5月29日　自然资源部办公厅下发《关于加强村庄规划促进乡村振兴的通知》（自然资办发〔2019〕35号，以下简称《通知》）。《通知》整合村土地利用规划、村庄建设规划等乡村规划，实现土地利用规划、城乡规划等有机融合，编制"多规合一"的实用性村庄规划。

6月1日　6月1日出版的第11期《求是》杂志发表中共中央总书记、国家主席、中央军委主席习近平的重要文章《把乡村振兴战略作为新时代"三农"工作总抓手》。

文章强调，乡村振兴战略是党的十九大提出的一项重大战略，是关系全面建设社会主义现代化国家的全局性、历史性任务，是新时代

"三农"工作总抓手。我们要加深对这一重大战略的理解，始终把解决好"三农"问题作为全党工作重中之重，明确思路，深化认识，切实把工作做好，促进农业全面升级、农村全面进步、农民全面发展。

6月12日　教育部在位于陕西杨凌的西北农林科技大学召开新闻发布会，解读《高等学校乡村振兴科技创新行动计划（2018—2022年）》，介绍有关工作开展情况，并答记者问。

6月28日　国务院发布《关于促进乡村产业振兴的指导意见》（国发〔2019〕12号），该指导意见充分挖掘乡村多种功能和价值，聚焦重点产业，聚集资源要素，强化创新引领，突出集群成链，延长产业链、提升价值链，培育发展新动能，加快构建现代农业产业体系、生产体系和经营体系，推动形成城乡融合发展格局，为农业农村现代化奠定坚实基础。

7月12日　全国乡村产业振兴推进会在江苏省扬州市召开。中共中央政治局委员、国务院副总理胡春华出席会议并讲话。他强调，要深入贯彻习近平总书记关于"三农"工作的重要论述，按照党中央、国务院决策部署，紧紧围绕农村第一、第二、第三产业融合发展，加快构建乡村产业体系，夯实乡村全面振兴的物质基础。

7月23日至29日　农业农村部在全国组织开展农民手机应用技能培训周活动。重点围绕"手机助力农产品线上营销"主题，大力推进手机应用与农业生产、经营深度融合。

8月7日　国家统计局发布《新中国成立70周年经济社会发展成就系列报告之十三——农村经济持续发展，乡村振兴迈出大步》。报告显示，我国农业生产不断迈上新台阶；乡村基础设施显著增强；乡村公共服务全面提升，为农村生产生活提供了强大支撑以及农村居民收入持续较快增长，生活水平质量不断提高等。

8月30日　审计署发布《关于在乡村振兴战略实施中加强审计监督的意见》。审计是党和国家监督体系的重要组成部分，在乡村振兴战略实施中加强审计监督，是审计机关的重要职责和任务，是审计监督推动政策落实、维护人民根本利益、推进国家治理体系和治理能力现代化的必然要求。

9月1日 2019乡村文化振兴高峰论坛在鄞州召开，来自国内科研文化研究机构、投资圈等300余名权威学者、嘉宾集聚甬城，共商乡村文化振兴之策。

9月8日至11日 十三届全国人大第9期代表学习班在贵州遵义市举行。围绕脱贫攻坚与乡村振兴战略举办全国人大代表学习班，是全国人大常委会深入贯彻习近平新时代中国特色社会主义思想和党的十九大精神，帮助代表提高履职能力、助力脱贫攻坚和乡村振兴的重要举措。

10月27日 中国小康建设研究会主办的"2019乡村振兴暨交通产业发展峰会"在北京举行。大会围绕新形势下交通产业发展的实践思考、交通产业建设在乡村振兴中的作用和地位、"互联网+交通"战略创新发展模式、智慧交通建设的措施和建议、新技术新科技在交通行业的发展应用等多方面内容进行交流。

10月28日 中国气象局启动农业气象服务供给侧改革试点工作，国家气象中心以及安徽、河南、重庆、陕西四省（直辖市）气象局为首批试点单位。通过试点建设，气象部门将构建适应乡村振兴的现代农业气象服务体系，着力解决农业气象服务需求调研不充分、业务布局不合理、产品内容不精准、服务手段不智能、基层气象部门服务能力弱等问题，满足质量兴农、绿色兴农对农业气象服务的新需求。

10月30日 农业农村部规划设计研究院在北京举办农业工程与乡村振兴研讨会，总结回顾建院40年发展成就，谋划农业工程服务乡村振兴的良策和实招。

11月10日 中国小康建设研究会主办的"2019乡村人才振兴战略高峰论坛"在河北省平山县西柏坡村举办，围绕乡村人才振兴政策体系构建、乡村人才培养和服务体系建设、乡村基层干部培训模式等内容展开交流和研讨。

11 月 18 日　农业农村部与中国太平洋保险集团在京召开座谈会，签署战略合作协议，共同推进保险服务乡村振兴。

11 月 26 日　中共中央、国务院下发《关于保持土地承包关系稳定并长久不变的意见》。该意见指出，保持土地承包关系稳定并长久不变，第二轮土地承包到期后再延长 30 年。充分保障农民土地承包权益，进一步完善农村土地承包经营制度，推进实施乡村振兴战略，保持农村土地（指承包耕地）承包关系稳定并长久不变。

12 月 4 日至 5 日　农业农村部和教育部两部门联合，在江苏句容联合召开百万高素质农民学历提升行动计划推进会。会议要求，各省和涉农院校要深入贯彻习近平总书记给全国涉农高校书记校长和专家代表回信精神，将"三农"工作与教育工作紧密结合，政企校多方联动，整合资源、形成合力，加快构建覆盖广泛、层次多样、类型丰富的涉农人才培养新格局。

12 月 21 日　农业农村部在京召开国家农业科技创新联盟和乡村振兴科技支撑行动工作交流会。

2020 年

1 月 2 日　题为《中共中央 国务院关于抓好"三农"领域重点工作确保如期实现全面小康的意见》的 2020 年中央一号文件发布，这是 21 世纪以来第 17 个指导"三农"工作的中央一号文件。

全文共 5 个部分，包括坚决打赢脱贫攻坚战；对标全面建成小康社会加快补上农村基础设施和公共服务短板；保障重要农产品有效供给和促进农民持续增收；加强农村基层治理；强化农村补短板保障措施。

3 月 25 日　农业农村部与中国银行签署战略合作协议，共同推进金融服务乡村振兴。双方将以战略合作协议的签署为契机，不断加大合作力度，共同推动更多的金融资源配置到乡村振兴的重点领域和薄弱环节，更好地满足乡村振兴多样化、多层次的金融需求。

3月26日　农业农村部与中国农业银行签署金融服务乡村振兴战略合作协议，进一步深化双方合作，助力乡村振兴战略深入实施。

3月26日　中央农办、农业农村部乡村振兴专家咨询委员会以构建实施乡村振兴战略的制度框架和政策体系为重点，设置2020年度软科学研究课题。

5月21日至28日　2020年两会在北京召开，参加两会的代表委员在接受采访时表示，全面建成小康社会最艰巨、最繁重的任务在农村，最广泛、最深厚的基础在农村，最大的潜力和后劲也在农村。当前，农民收入快速增长，农村越来越宜居，乡村治理更有效，今后要以乡村振兴战略为总抓手，推动农业全面升级、农民全面提升、农村全面进步。

6月5日　农业农村部部长韩长赋在6月5日的世界环境日表示，要统筹考虑农产品产量、绿色发展、农业效益和农民收益，深入推进农业供给侧结构性改革，走出一条产出高效、产品安全、资源节约、环境友好的农业现代化道路，以绿色发展引领支撑农业高质量发展和乡村振兴。

6月7日　部分省脱贫攻坚与实施乡村振兴战略有机衔接工作座谈会在陕西榆林召开。中共中央政治局委员、国务院扶贫开发领导小组组长胡春华出席会议并讲话。他强调，要深入贯彻习近平总书记关于扶贫工作重要论述，认真落实全国两会精神，在确保如期打赢脱贫攻坚战的基础上，接续推进脱贫攻坚与乡村振兴有机衔接，让脱贫群众过上更加美好的生活。

6月10日　农业农村部、国家发展改革委会同规划实施协调推进机制27个成员单位编写的《乡村振兴战略规划实施报告（2018—2019

年）》（以下简称《报告》）出版发布。《报告》显示，两年来，《乡村振兴战略规划（2018—2022年）》实施稳步推进，各方面重点任务取得显著成效，乡村振兴实现良好开局。

7月16日　农业农村部发布《全国乡村产业发展规划（2020—2025年）》（以下简称《规划》）。《规划》提出，要发掘乡村功能价值，强化创新引领，突出集群成链，培育发展新动能，聚集资源要素，加快发展乡村产业，为农业农村现代化和乡村全面振兴奠定坚实基础。

7月20日　审计署在京举办2020年度扶贫与乡村振兴审计视频培训。审计署党组成员、中央经济责任审计工作部际联席会议办公室主任郝书辰出席培训会并作动员讲话，农业农村部、国务院发展研究中心有关专家学者作专题讲座。

7月22日至24日　习近平在吉林考察时发表重要讲话，为实施乡村振兴战略进一步指明方向、增添活力，在广大干部群众中引起强烈反响。总书记指出，合作社有利于提高农业科技水平、提高农民科技文化素质、提高农业综合经营效益。这"三个提高"正是我们的实践成果。总书记强调，科研人员要把论文写在大地上，让农民用最好的技术种出最好的粮食。这是科研人员的时代课题，激励着广大农业科研人员为国家粮食安全、实现农业现代化做出新贡献。

9月12日　国务院扶贫办主任刘永富在贵州省扶贫办、黔东南州人民政府、国务院扶贫办社会扶贫司主办，丹寨县人民政府、万达集团承办的"动员社会力量 助力脱贫攻坚2020丹寨论坛"上表示，民营企业是脱贫攻坚的一支有生力量，要认真总结民营企业参与脱贫攻坚的先进典型和经验，推动社会扶贫常态化可持续，衔接推进乡村振兴。

9月22日　国务院副总理、中央农村工作领导小组组长胡春华在山西省出席2020年中国农民丰收节活动。他强调，要深入贯彻习近平总书记重要指示精神，认真落实党中央、国务院决策部署，切实形成全社会关注农业、关心农村、关爱农民的浓厚氛围，为促进乡村全面振兴汇聚更多力量。

9月24日　国务院新闻办举办新闻发布会，介绍中共中央办公厅、国务院办公厅印发《关于调整完善土地出让收入使用范围优先支持乡村振兴的意见》相关情况，中央农村工作领导小组办公室副主任、农业农村部副部长韩俊参加发布会。

10月12日至15日　中共中央政治局委员、国务院扶贫开发领导小组组长胡春华在甘肃调研巩固拓展脱贫攻坚成果同乡村振兴有效衔接工作。

10月26日至29日　中国共产党第十九届中央委员会第五次全体会议在北京举行。

大会公布了《中共中央关于制定国民经济和社会发展第十四个五年规划和二〇三五年远景目标的建议》，指出要实现巩固拓展脱贫攻坚成果同乡村振兴有效衔接，为保持脱贫攻坚政策总体稳定、多措并举巩固脱贫成果指明了方向。

同时，在第七个国家扶贫日到来之际，习近平总书记对脱贫攻坚工作作出重要指示强调，接续推进巩固拓展攻坚成果同乡村振兴有效衔接，保持脱贫攻坚政策总体稳定，多措并举巩固脱贫成果。

11月4日　农业农村部办公厅、教育部办公厅下发《关于推介乡村振兴人才培养优质校的通知》，推动形成乡村人才振兴合力，调动全国涉农高校、涉农职业院校、农业科研院所进一步发挥优势，创新人才培养形式，加快培养适应农业农村现代化的乡村人才队伍。

11月18日　国家发展改革委、国家林草局、科技部、财政部、自然资源部、农业农村部、人民银行、市场监管总局、银保监会、证监会10部门联合印发《关于科学利用林地资源促进木本粮油和林下经济高质量发展的意见》（发改农经〔2020〕1753号），从科学利用林地资源、引导构筑高效产业体系、全面提升市场竞争能力等方面对新时期林下经济发展作出安排。

11 月 27 日　由中央网信办信息化发展局、农业农村部市场与信息化司指导，农业农村信息化专家咨询委员会编制的《中国数字乡村发展报告（2020 年）》发布。

12 月 28 日至 29 日　中央农村工作会议在北京举行。中共中央总书记、国家主席、中央军委主席习近平出席会议并发表重要讲话强调，在向第二个百年奋斗目标迈进的历史关口，巩固和拓展脱贫攻坚成果，全面推进乡村振兴，加快农业农村现代化，是需要全党高度重视的一个关系大局的重大问题。

12 月 30 日　全国巩固拓展脱贫攻坚成果同乡村振兴有效衔接工作会议在京召开。中共中央政治局委员、国务院副总理胡春华出席会议并讲话。胡春华强调确保平稳有序实现巩固拓展脱贫攻坚成果同乡村振兴有效衔接。

致　谢

《中国乡村振兴蓝皮书（2019—2020）》由中国社会科学院哲学研究所、中共山东省委党校（山东行政学院）、山东乡村振兴研究院联合编写。本书的编写得到各方的有力支持。

中国社会科学院哲学研究所、中共山东省委党校（山东行政学院）相关领导高度关注本书编写工作，并给予了全面支持。

中国社会科学院哲学研究所、中共山东省委党校（山东行政学院）、中共四川省委党校（四川省行政学院）、中国社会科学院中国文化研究中心、宁波大学、西南大学、云南师范大学、北京工商大学、中共峨眉山市委组织部、中共滨州市滨城区委党校、中共德州市德城区委党校、《岳阳日报》、中共蒲江县委组织部等机构和部门的数十位学者专家和乡村振兴一线工作者参加了本书的撰稿工作。

十三届全国政协常务委员（民族和宗教委员会主任）、中国社会科学院原院长、中国辩证唯物主义研究会会长王伟光同志欣然为本书撰写了序言。

本书在撰写过程中，曾组织专家学者赴云南省、山东省、湖南省、陕西省、江苏省、广东省、四川省等地的数十个乡村振兴成就突出区域进行一线调研，得到各地相关方面的大力支持。

中国社会科学院哲学研究所毛竹副研究员承担了本书目录和摘要的英文翻译。经济管理出版社掌尚文化分社的编辑们为本书的编写出版付出了大量辛勤工作。

在此一并致谢！

编者
2021 年 6 月